U0686876

華夏文化論壇

HUAXIA WENHUA LUNTAN

中文社会科学引文索引（CSSCI）

吉林大学中国文化研究所　主办

张福贵　主编

第二十一辑

吉林大学出版社

图书在版编目（CIP）数据

华夏文化论坛. 第二十一辑 / 张福贵主编. —长春:
吉林大学出版社, 2019.6
ISBN 978-7-5692-5043-5

Ⅰ. ①华… Ⅱ. ①张… Ⅲ. ①文化史—中国—文集
Ⅳ. ①K203-53

中国版本图书馆CIP数据核字(2019)第129680号

书　　名：华夏文化论坛（第二十一辑）
　　　　　HUAXIA WENHUA LUNTAN(DI-ERSHIYI JI)

作　　者：张福贵　主编
策划编辑：田茂生
责任编辑：宋睿文
责任校对：高欣宇
装帧设计：刘　丹
出版发行：吉林大学出版社
社　　址：长春市人民大街4059号
邮政编码：130021
发行电话：0431-89580028/29/21
网　　址：http://www.jlup.com.cn
电子邮箱：jdcbs@jlu.edu.cn
印　　刷：吉广控股有限公司
开　　本：787mm×1092mm　　　1/16
印　　张：18
字　　数：550千字
版　　次：2019年6月　第1版
印　　次：2019年6月　第1次
书　　号：ISBN 978-7-5692-5043-5
定　　价：98.00元

版权所有　翻印必究

《华夏文化论坛》

学术委员会：（按姓氏笔画排列）

丁　帆　王兆鹏

刘中树　许　结

李守奎　李壮鹰

李学勤　张　法

吴振武　陈平原

莫励锋

主　　　编：张福贵

副　主　编：徐正考　张丛皞

编辑部主任：张斯琦

执 行 编 辑：石珈瑞　刘帅池

目　　录

名家讲坛

中国思想史论

古代文学

现当代文学研究

汉语言文字研究

文化传播研究

地域文化研究

域外视野

比较文学与文化

新闻专业主义研究

创意写作访谈录

CONTENTS

I. Expert Tribune

II. Research on the History of Chinese Thoughts

III. Research on Ancient Chinese Literature and Literary Theories

IV. Research on Modern and Contemporary Chinese Literature

V. Research on Chinese Philology

VI. Research on Cultural Transmission

VII. Research on Regional Culture

VIII. Extraterritorial View

IX. Comparative Literature and Culture

X. Research on Journalistic Professionalism

XI. Interviews on Creative Writing (II)

名家
讲坛

新时代《金瓶梅》的整理与出版

黄　霖

【作者简介】黄霖，男，复旦大学古代文学研究中心教授、博士生导师，上海市古典文学学会会长，中国近代文学学会会长。本文根据黄霖先生于2018年11月5日在吉林大学的学术演讲整理而成。

各位老师，各位同学：

　　四年前，在王汝梅先生的主持下吉林大学曾经召开过一次关于《金瓶梅》的学术讨论会。在那次会上，我曾经也在贵校做过一次学术讲座，主要是为了解决《金瓶梅》长期被污名化的问题而谈了有关《金瓶梅》中的性描写。讲过之后，根据我的录音整理，在《华夏论坛》上发表，对此感到十分荣幸。这次本来是来看书的，结果王先生又给我出了这样一个题目，要我谈谈《金瓶梅》的整理、出版和研究。我事先没有准备，随身带的电脑没有相关的材料，所以今天只能凭空来说了。

　　讲这个题目呢，实际上王先生应该是最权威的，他在这方面做出了很大的贡献，做了多种版本的整理与出版工作。我对《金瓶梅》的词话本、崇祯本、张评本三大系统的一些主要版本，尽管大多都亲眼看到过，有一定的了解，也写过一些论文，但是在整理出版方面，我只是参与了一些工作。今天就根据王先生出的题目讲一讲吧。

　　讲《金瓶梅》的整理和研究，根本的问题就是要先讲清楚《金瓶梅》的版本问题，随后才能谈得上各种版本的整理、出版和研究的问题。

　　《金瓶梅》的版本大致分为三个系统。第一个就是"词话本"系统。最早在社会上知道有这本书是在万历二十四（1596年）年。这是在大名鼎鼎的袁中郎给董其昌的信中提到了这本书。他们看到的是抄本。后来就有刊行本。刊行本前面有一篇署名"东吴弄珠客"写的序言，落款的写作时间是万历四十五（1617年）年，版心也刻着"金瓶梅词话"，不像后来其他系统的本子只刻着"金瓶梅"三个字，所以这部书我们一般称为"词话本"，以后的《金瓶梅》一般都没有"词话"两个字。另外由于那篇序言的落款题了写作的时间是万历四十五年，所以一般人也称这"词话本"为"万历本"。"词话本"与"万历本"，其实是指的同一种书，是一种书的两种称呼。

　　我认为，这部书真正刊成发行，实在天启初年。我们现在看到的最早的《金瓶梅》刊行本当是这一本，即是初印本。这一点，我和王先生两人的观点是一致的。现在对这个版本有不同的看法，有人说这个版本是比较晚的，比我们认为后出的崇祯本还晚，甚至说是清代印的。这种说法我们是不能接受的。有些先生原书都没有看过，也没有什么过硬的文献依据，完全凭想象去推测，这是不行的。版本的问题一定要从版本的文本出发，要有文献的依据，不能全凭推论。

我们现在看到的这一版本的《金瓶梅词话》，在世界上只剩三部半。最早的一部是在1931年山西介休发现的。因为从清代康熙以来，在社会上流传的大多是张竹坡评本，还有少量的崇祯本，根本不知道还有这样的本子，所以当时发现后学界大为震惊。书店在山西收购后，由北平图书馆买进，花了八百元大洋（或说是一千八百元、两千元、两千五百元不等）。原书在抗战时寄存到美国的国会图书馆。当时寄存在美国国会图书馆的还有好多书。美国人把这些书都拍成了照片，到1975年，把这些书还到了台北的故宫博物院。这是第一部词话本。

第二部是藏在日本东京附近日光山上的一个叫轮王寺的庙里的慈眼堂里。那个慈眼堂里藏了好多中国古代的小说，而且有不少是艳情小说，还是孤本。其中就有一部《金瓶梅词话》。这是在1941年，东京大学的长泽规矩也教授首先在一本目录书中发现了这部书。丰田穰教授去看了后首先写文章向外界透露这部书的消息。中国学者、后来在北师大工作的王古鲁先生经日本外务省同意后，在丰田穰的陪同下也去看过。到1954年，长泽规矩也教授有机会参加《朝日新闻》日光学术调查团，在轮王寺里看了这部书，并且与这座寺庙的长老结下了友谊，以后到20世纪60年代就有可能借出来供出版社影印。

第三部是藏于广岛附近的德山毛利氏家族的栖息堂。这部书于1962年由上村幸次教授发现，卷首有"德藩藏书"的印章。德藩是江户时代的德山藩，估计此书入藏距今250年以上。这部词话本，粗看起来与原北平图书馆及慈眼堂藏本是相同的，但仔细一校，还是略有差别。最突出的是第五回的末页是不一样的。

这三部之外，还有半部，实际上早于1931年在山西发现的全本词话本，在日本京都大学所藏的一部由学生所赠的《普陀洛山志》中，发现书的衬纸是《金瓶梅》，抽出来一看，内容关系到二十一回，其中全部完整的不超过七回，被编订成三册，当时称为海内孤本，但不知道它也是一种词话本。今从其行格、字样来看，印得不太好，大概是原北平图书馆藏本的后印本。所以一般研究都并不重视它，主要关注的是以上三部大致完整的《金瓶梅词话》。

上面三部词话本原书都难以看到。台湾的那本是藏在博物院，本是不开放的；日本在庙里的一部更难以看到；日本栖息堂所藏的那本书的主人据说是住在京都，而书藏在广岛附近他的老家，又是私人藏书。所以这三部书都难以看到，长期以来研究者们所利用的都是经过这样或那样处理过的影印本或排印本。所以有必要讲讲用这三部书影印与排印的一些主要版本。

最早的影印本是1933年由北平的马廉发起一些教授集资用"古佚小说刊行会"的名义，将北平图书馆刚购进的《金瓶梅词话》影印了104部。鲁迅在日记里就记了这件事。后来，当事人如日本的长泽规矩也及胡适等都谈到了这件事，当时的报刊上也有各种传闻，有些细节的记忆与描述有些出入。这就是最早的一部《金瓶梅词话》的影印本。简称"古佚本"。古佚本印了以后，在民国期间有好几家出版社，根据它出了一些排印本，删掉了性描写的部分。有的将性描写的部分再装订了一册，另外配送。到1957年，在毛主席的提议下，用"文学古籍刊行社"的名义，以古佚小说刊行会的影印本作为底本，另作了一些修版，印了两千本。尽管当时只在学者与省军级干部中发行，但毕竟发行的量大了，对促进这部小说的流传与研究起了重要的作用，以后内地与香港等地的影印本，以及各种排印本，大多是根据这一部而印的。

再说日本在1962年发现了栖息堂本后，在1963年，有个大安株式会社，主要用栖息堂本作为底本，再将它破损的页面用慈眼堂的本子来补，把两个本子相配，影印成了一种新的词话本，简称"大安本"。长期以来，在一些学者眼中，这是最好的本子，而认为古佚小说刊行会的本子相对较差，其主要理由是认为古佚本缺了两页，后来用崇祯本补上去了。另外一理由是，在流传过程中，不同时代，不同的人，用不同颜色的笔将正文做了修改与批注。这就使好多人认为这本书不干净了，被破坏了，而日本的大安本能真实地保存原貌。这种看法实际上是片面的，那些修改与批注大多是有价值的。

影印本中比较有名的，还有1978年由台湾的联经出版事业公司影印的一部词话本，简称联经本。那部书，我在较长时间内认为是印得最好的。这是在1986年，我在日本九州大学的一位学者的研究室里初次看到时，着实感到惊异。原来的所有影印本，包括古佚本与后来日本印的"大安本"及香港翻印的一些本子，都是把书缩印了，也就是将原书开面比较大的都缩小了。而这部联经本，就搞成和原书一样大。现藏台北故宫博物院的本子上面有好多批语，其中有不少是用红笔批的，它也将不少批语用红色套印。总之搞得像原书一样。在很长时间内我认为它是最好的。

下面说说词话本的排印本。在20世纪80年代初，台湾的刘本栋与魏子云先生，相继由三民书局与增尔智文化事业出版社出版了排印本。刘本是有删节的，魏本是没有删节的。两本对正文都作了不同程度的校释。大陆在1985年由人民文学出版社出过一种由戴鸿森点校的排印本，删去的性描写的文字是用方框打出来的，全书删减了大概两万字不到，也做了一些校注，是改革开放以后第一部由官方认可出版的《金瓶梅》，到现在还是研究者最常用的书。这时候，香港的梅节先生花了很大的功夫将词话本与崇祯本及其他相关文字进行了校勘，在这基础上，他于1987年出了个"全校本"，后来自己在香港登记了一个"梦梅馆"，多次出版、修订了一种作了大量文字修改的词话本，我还帮他作了后50回的注释。这个本子，显然有利于现在读者的阅读，但直接用它来作为研究用书，恐怕是不适宜的，除非将他后来专门出版的校勘文字对照起来阅读，才比较好。其他的如白维国、卜健的《金瓶梅词话校注》、卜健的《双舸榭重校批评金瓶梅》、刘心武评点《金瓶梅》、陶慕宁校注《金瓶梅词话》等，都对词话本或评或注时做过不同程度的校改，我没有完全仔细看过，应该是都有不同的参考价值的。这里的《双舸榭重校批评金瓶梅》比较特殊，它不但是没有删节的，而且其评点是自己的评点，不是辑明清人的评点。刘心武的本子虽然也有校点，但重点也在自评，也出过没有删节的本子。白维国、卜健的《金瓶梅词话校注》，开始在岳麓书社出版的是有删节的，最近由中华书局重排后也印了全本。

以上所说的目前市场上流行的各种影印本、排印本，看来都是从原本出发的，其实我们所据的"原本"本身是有点问题的。发现问题的经过是这样的，2011年，我和王汝梅先生一起在台北参加一个纪念魏子云先生为主题的《金瓶梅》学术讨论会，会后组织去参观台北故宫博物院。由于我俩过去参观过，就去博物院的图书馆去打听一下那部词话本。那天去一问，意外地听说现在可以看了，但那天是星期天，不行。2012年我又一次去台湾参加一个小说与戏曲的国际会，会后再去台北故宫博物院。接待人员说，需要先提出报告，由上面批准才能看。我说，我就只有今天一天时间，明天就要回大陆了，能否让我今天看一下。终于他们同意，就拿出来让我看了，我就在一天时间内将所有批语抄了下来。到2013年，我专程去台北一个月，主要就是去看这部书，大概花了两三个星期，使我仔仔细细地看了三部词话本中最重要的一部书。

在这期间，也就是2013年春夏之间，我又去了日本，在早稻田待了两个月。那时曾经在复旦进修过的日本学生川岛优子助教授告诉我，那个栖息堂本现在能够看了，因为主人将这部私人藏书，捐给了地方的博物馆了。这个学生特别好，她专程到东京来带我去广岛，还请了我的几个日本同行一起去看。管理员安排我们在一个小的会议室里，将书拿出来给我们看。书保存得很好，用包袱包着，放在一个木盒子里。由于这个博物馆在乡下，我们各路人马从各地去，中间又在一个小饭店吃了中饭，到博物馆大概下午一两点了，可用的时间就比较短了。我们就据大安本后面一张有关栖息堂本与慈眼堂本的对照表，选择性地分工将有关的页面拍了照片。这样通过这本栖息堂本也大致了解了日光轮王寺里的那本慈眼堂本的基本情况。

这样，我在亲眼目验两部原本的基础上，了解了目前存世的三种词话本原本的情况，从而写了《关于〈金瓶梅〉词话本的几个问题》等有关的几篇文章，80年来，或者说60年来、40年来，将三部词话本的原本的情况以及有关的影印本的情况做了分析，最后的结论是：第一，通过三个版本的对照，可见目前台北故宫博物院藏的一部最好，无论是印刷还是保存，都是最好的。至于上面有批改怎么来看？我认为还是利大于弊的。那些修改和评点大多还是合理的，有道理的。那些修改，实际上也是一种校改，把原本错误的字在旁边更正了，还是有参考价值的。至于那些用黑色的毛笔将正文中的文字圈掉的，的确使读者看不清楚下面是什么字了，但这种现象并不多，而且现在有"大安本"对照，还是可以知道原文是什么字，对于阅读与研究并无多大的妨害。总体上来说，应该说这个本子还是最好的。第二，尽管日本的大安本将栖息堂本与慈眼堂本择优配成一本，比较好地保存了《金瓶梅词话》的原貌，做了很好的工作，但是他们的工作在匆忙之中，还是有不少疏误。第三，我长期以来认为最好的联经版，实际上是在商业利益的驱动下，并没有真正用原本来影印的，而是用古佚本伪装成原本的样子，实际上它所描的批语或修改的位置和颜色很多都是与原本不一致了。

根据上面所说，目前我们所用的词话本，不管是影印的还是排印的，基本上都没有依据真正的"原本"，而是用的在影印过程中有这样或那样问题的"古佚本"与"大安本"。所以很希望台北故宫博物院所藏的那部《金瓶梅词话》能原汁原味地影印出来，供学界使用。当然，最近新加坡南洋出版社直接用了美国国会图书馆的胶卷重新影印了台北故宫博物院的词话本，比起"古佚本"来更接近了原貌，但由于不能在彩色照相的基础上套印，与真正的原本还是有一些距离的。以上说的就是关于词话本的整理情况。

下面要谈的崇祯本的情况就要比词话本复杂一点了。什么叫崇祯本呢？前面讲那个是万历年开印的一种词话本。后来在崇祯年间，有人将词话本修改了。词话本有好多保存着比较"土"的东西吧，崇祯年间有人就将它修改得更有利于读者的阅读了。崇祯本系统中的本子留下来的比较多，有十几本，目前大家注意得比较多的是北大图书馆藏的一本和日本内阁文库与东京大学藏同版的那一种，另外就是天津图书馆、上海图书馆、日本天理大学图书馆等都藏有不同的崇祯本。崇祯本的出入比较大，有各种各样的分类，我是根据眉批的不同形式而作不同的分类：有的眉批是两个字一行的，有的是三个字一行的，有的是四个字一行的。两字行排的可能是最早的刻本。可惜的是，这本书的图像还保存在国家图书馆，正文却不见了，现在只能在郑振铎当年出的"世界文库"本中看到第一页的影印件，所以仅此一页是很难作出正确的判断的。另外就是四字行的，藏在北京大学图书馆，它的评点比较完整，这本书在"文革"后的80年代影印过。这次影印对于推动崇祯本的研究起了很好的作用。但是，这次影印我觉得有个问题，即在影印的过程中妄描了很多批语，就是有的原本上的字印得不清楚，就根据自己的判断自说自话地描补上去，描错了。在这个本子的基础上，王汝梅先生就是最早把崇祯本汇校后，整理成排印本的，1989年由齐鲁书社出版，后来由香港三联书店与台北的晓园出版公司等重印过。这是一个没有删节的全本，很受读者的欢迎。不过有的地方开始是沿用了北大影印本妄描的批语。以上说的是四字行眉批的崇祯本。

在三字行眉批的崇祯本中，日本的内阁文库与东京大学东洋文化研究所各藏有一部。这两部是同版。这部书的扉页比较特殊，刻着"新刻绣像批评原本金瓶梅"几个字。这里有"原本"两字，所以现在有的学者就认为这是崇祯本中的初刻本。这个本子究竟是不是崇祯本中的"原本"呢？目前学界有不同的看法。我是不同意说它是真正的"原本"的，而是认为这恰是书商作伪的此地无银三百两。因为它的批语与四字行本的北大本是互有出入的，有的这本有那本没有，也有的是那本有而这本没有，所以应该都是从"原本"翻刻而来的。它们不可能是真正的"原本"。最近台湾将内阁本也影印出版了。

三字行本中还有一本藏在首都图书馆的，与上面讲的内阁文库与东京大学藏的有许多不同，其中有一个特别的地方是，在卷首的图像之后印了一首词，署名是"回道人"。有人说，这个"回道人"就是李渔，明清之际的文学家。李渔确实用过回道人的名，但这个回道人绝对不是李渔，更不是崇祯本的修改者。这一点，我与王汝梅先生的看法也是一致的。这个本子应该是之后翻刻的。王先生有个很重要的发现，即唐代吕洞宾也是叫回道人的，而且这首词的确也是吕洞宾的词。所以很清楚，这是某个读者在阅读时将吕洞宾的这首词抄到了上面，后人翻刻时随手也刻了上去的。而且这本书翻刻得十分马虎，粗制滥造，两百幅图才印了一百幅图，减少了一半，又摹刻得十分粗劣。正文的文字、批语也印得非常的简陋，与北大本、内阁本相比缺略了许许多多，所刻的批语也大多数是刻得难以看清的，所以这个本子绝对不可能是初印本。李渔也不可能是这本书的修订者。

其他的崇祯本，还有藏在天津人民图书馆的、上海图书馆的、日本天理大学图书馆的，它们的批语比起北大本、内阁本来，都比较少，除了天津的那本最近有人影印之外，其他都没有人去作太多的关注。崇祯本的情况大致就是这样。

下面讲清代的张竹坡评本。康熙年间徐州有个人叫张道深，号竹坡，他在崇祯本的基础上做了详细的评点。崇祯本虽然已经有评点了，而且这个评点也很重要，但是相对比较简单，三言两语，文字比较少。张竹坡另做了十分细致的评点，卷首有数篇带有纲领性的批评文字，每一回前面都有回评。这些回评集中起来的文字就相当可观，中间又有大量的眉批、旁批、夹批。这些评点对于我们理解小说的艺术表现还是有很高的参考价值的，它提出或发展的一些理论问题也引人注目，所以在中国的小说批评史上具有重要的地位。从20世纪80年代初，大家就开始关注这个本子。当时首先引起人们注意的是流传比较多的"在兹堂"印的本子。这个本子在扉页天头特别刻上醒目的"康熙乙亥年"几个字。由于在张竹坡本子上有一篇署名"谢颐"写的序言，序后署"时康熙岁次乙亥清明中浣秦中觉天者谢颐题于皋鹤草堂"一语，于是有先生就断然认为它是"最早刻本"了。后来又有另一先生将挖掉"在兹堂"三字的本子称作"康熙乙亥本"，另外一些翻刻这个本子又刻上"皋鹤草堂""姑苏原板"等本子统称为"康熙乙亥本"，认为"康熙乙亥本为《第一奇书》的最早刊本"。实际上，用"康熙乙亥本"来统称这组本子本身就不确切，因为所谓"康熙乙亥本"乃是将同板的在兹堂本挖掉了扉页上的"在兹堂"三个字而已，由于挖板的手脚并不干净，还清楚地留着挖去三字的痕迹。前几年，张青松先生买到一本"苹华堂"刊的张评本，李金泉先生据此写了一篇《苹华堂刊〈皋鹤堂批评第一奇书金瓶梅〉版本考》，在将在兹堂本、康熙乙亥本、皋鹤草堂本与苹华堂本的版页做了认真比对的基础上，得出了在兹堂本系统的本子都是"苹华堂本的同版后印"的结论，"彻底的否定"了包括苹华堂本在内的"在兹堂"本系统的本子为初刻本的说法。我认为他说的是有道理的。

除了在兹堂系统的本子之外，目前学界比较看重的是一种刻有"本衙藏板翻刻必究本"。这一系统的本子，就我所见，知道有首都图书馆、日本东洋文库、吉林大学、大连图书馆、张青松先生与韩国梨花女子大学等处都藏有。但六本之间并不完全相同，情况比较复杂。自前几年王汝梅先生与捷克学者米列娜教授一起发现大连图书馆本卷首《寓意说》篇后多出227字，从而认为此本是"本衙藏板、翻刻必究"本的初刻本后，大家普遍认同这一看法。但我最近觉得，这一问题比较复杂，还有进一步研究的必要。

张评本除了上述两个系统的本子之外，后来清代还有不少翻刻本与石印本，尽管大多没有多少研究价值和值得注意的地方，但它的流行淹没了词话本，连崇祯本也很少有人知道了。

到1916年，可能是由王文濡将张评本中的秽语删改后，用存宝斋的名义排印出版了一本《真本金瓶梅》，后来又有卿云图书公司将此书名改为《古本金瓶梅》流行于世。到1933年《金瓶梅词话》影印后，这类本子就逐渐销声匿迹了。20世纪70年代，香港汇文书局、文乐出版社等曾经影印过康熙乙亥本等，近年台湾影印过在兹堂本和苹华堂本。这些本子，大陆的学人可能也难以看到。内地流行的是王汝梅先生点校的本子。王先生最初是在1987年，与其他两位先生一起点校的，书名为《金瓶梅》，所用的底本可能就是吉林大学的，由齐鲁书社出版。1991年作为"四大奇书"本又重印过。1994年由王先生一人再作修订与校注后重印，书名改为《皋鹤堂批评第一奇书金瓶梅》，明确标明所用底本是吉林大学藏，由吉林大学出版社出版。2014年，王先生又将前书重校后，交齐鲁书社出版，书名为《张竹坡批评金瓶梅》，并将评点文字用红色套印。王先生校注的张评本虽有删节，但影响较大，现在大陆学者使用的大多是这一本子。他在整理出版张评本《金瓶梅》的过程中，不断修订，精益求精的精神值得我们学习。

在王先生校点张评本的过程中，据网上消息，三秦古籍出版社于1991年也印过1000本"内部发行"的无删节的张评本的校点本。因未经目验，不知是偷印或盗版，还是正常的出版物，更不知其特点是什么。不过，近几年来，台湾分别影印了张评本中的两种重要版本：苹华堂与大连图书馆藏本，也为大陆学者所了解与购买，这对推动张评本的研究起了积极的作用。

最后，简单讲一下两种会评本。于1994年在香港天地出版公司出版了由刘辉、吴敢先生整理的没有删节的《会评会校金瓶梅》，在辑录崇祯本各本的评点文字之外，也会辑了多种张评本上的评点文字，包括文龙在张评本上的手批文字。2010年，因刘辉先生去世，由吴敢先生修订、增辑后出了第二版。这部书的特点之一，是将评点文字用红色套印的。1998年，中华书局出版了由秦修容整理的《会评会校本金瓶梅》，实际上，此书的"会评会校"只用了20世纪50年代"文学古籍刊行社"影印的词话本、内阁文库所藏的崇祯本及"中华书局藏清张竹坡评本"三种而已，没有注意到崇祯本与张评本都有多种不同的版本。其中所谓中华书局藏张评本，恐怕是首都图书馆藏本的复印件而已。这两种会评的共同之处，都是以首都图书馆所藏的张评本的正文作为底本的。

上面简单地回顾了一下《金瓶梅》整理与出版的过程，说明了我们在这方面已经做了大量的工作，特别是从20世纪80年代以来，一些学者与出版社一起攻坚克难，取得了极大的成绩，这为我们的研究工作铺平了一条道路，功不可没。但在这里也有几点经验教训值得我们记取。

一是忠于原著的原则不可动摇。不论是影印还是排印，都要努力真实地反映原貌，不能妄加增删或随意更改。20世纪30年代影印的古佚本，可以说是一个多世纪来的《金瓶梅》研究的基石，其历史功绩不容抹杀，但在忠于原著方面还是有欠缺的。当然，其原因有些是受了历史条件所限制，如当时不能用彩色照相来影印，将后人的朱笔批改都印成黑色而使读者误认为原本所刊，但如刊落了大量的批点文字，显然是由影印者在主观上不重视批评而造成的。再如北大所藏崇祯本的影印，将不少原本不清楚的地方只凭自己的感觉添描，致使后来有的排印本据此而一错再错。这在搞影印本时特别要注意，因它的迷惑性更大。

二是整理者要加强版本意识，尽力搞清各版本间的联系与区别，不能拿到篮里就是菜。就版本来说，崇祯本、张评本都比较复杂，虽然目前很难断定它们不同版本中的哪一种是初刊，但优劣大致还是清楚的。我们不能将明显后出的劣本，硬说为初刊，将它作为底本，乃至挂羊头卖狗肉，说的是用了所谓初刊的A本做会评，但由于A本实在太差，只是翻刻了前人的几条旁批，实际上不得不用B本来冒充。也有的将张评本做会评，随手拿的一种复印件是没有回前总评的，结果不知用了什么本子将回评补了进来，也没有交代。这些做法都是不可取的。

三是不但要有老实的治学态度，而且还要有细致的工作作风。整理古籍出版，不能大而化之，不能随心所欲，要真实再现原书是最基本的要求。有一些所谓整理工作只是在商业利益的驱动下的产物，不讲原则，粗制滥造就在所难免，如联经版的词话本影印就很典型。但有的失误主要是由于工作中的疏误所造成的。如日本影印的大安本《金瓶梅词话》，工作基本上是认真的，但也偶有一些差错。当然，整理一部大书，要做到万无一失，是有难度的，但这应该是我们的追求。我们现在做《金瓶梅》的整理出版工作，客观方面的各种条件都是空前的好，只要我们坚守原则，追求格调，认真对待，必然会有越来越多、越来越好的整理本问世，为推动《金瓶梅》的研究更加深入，更加科学作出贡献。今天就讲这些，谢谢大家！

中国
思想史论

一代名家的文化遗产

——新版《吕振羽全集》感言

张锦城

【内容提要】吕振羽是著名的马克思主义历史学家，中国马克思主义史学的开拓者和奠基人之一。早在20世纪30年代，他的史学名著《史前期中国社会研究》（1934年人文出版社出版），依据历史唯物主义的理论和方法，结合民族学、民俗学、神话学和地下出土文物作相互印证，探求出史前期中国社会的一般特征。不仅突破了"东周以前无史"的成见，而且揭示出我国原始社会的基本轮廓，填补了中国原始社会研究的空白。

【关 键 词】《吕振羽全集》；马克思主义；哲学社会科学

【作者简介】张锦城，男，华北石油职工大学马列主义教研室主任，教授（任丘062552）。

习近平总书记于2016年5月17日在《全国哲学社会科学工作座谈会上的讲话》中指出："特别是十月革命一声炮响，给中国送来了马克思主义。陈独秀、李大钊等人积极传播马克思主义，倡导运用马克思主义改造中国社会。许多进步学者运用马克思主义进行哲学社会科学研究。在长期实践探索中，产生了郭沫若、李达、艾思奇、翦伯赞、范文澜、吕振羽、马寅初、费孝通、钱钟书等一批名家大师，为我国当代哲学社会科学研究发展进行了开拓性努力。"吕振羽是著名的马克思主义历史学家，中国马克思主义史学的开拓者和奠基人之一。早在20世纪30年代，他的史学名著《史前期中国社会研究》（1934年人文出版社出版），依据历史唯物主义的理论和方法，结合民族学、民俗学、神话学和地下出土文物作相互印证，探求出史前期中国社会的一般特征。不仅突破了"东周以前无史"的成见，而且揭示出我国原始社会的基本轮廓，填补了中国原始社会研究的空白。他对整个古代社会发展规律的揭示，有着不可动摇的意义，因此震动了当时的学术界。翦伯赞评价说："吕振羽的这一大胆尝试……把中国历史研究的领域，突破了'阶级社会'的界限，从殷代再提前到先阶级的原始时代，因此把历史怀疑主义者在中国历史上所设定的封锁线，也彻底毁灭了。在这一点上，吕振羽对于在先阶级社会史的研究上，是进了一个开辟的任务。"①吕振羽的《殷周时代的中国社会》（1936年上海不二书店出版）一书的价值在于创立了殷商奴隶制社会论和西周封建说。这些观点都是吕老在我国史学界首次提出来的，并相沿至今。他一生治史五十年，在中国经济史、

---

① 《历史哲学教程》，新中国书店，1939年版。

政治史、思想史、社会史、中国通史、民族史等诸多领域均有开拓性、创新性成就。他先后投身抗日战争、解放战争，为我国民主革命和民族解放事业做出很大贡献。全国解放以后，吕振羽担任过大连大学、东北人民大学（现名吉林大学）校长，是中国科学院哲学社会科学学部学部委员。1955年他因患脑瘤病离职休养。1959年后应中共中央高级党校校委和杨献珍校长之请，兼任中央党校中国历史学教授、历史教研室顾问。在党校执教过程中，为党校学员的学习与师资培养做了大量工作，与党校理论班师生结下了深厚情谊，"成为中央党校最受欢迎的历史学教员之一"。①

国家"十二五"规划重点出版社项目《吕振羽全集》已由人民出版社出版，它是一部全面、客观、集中地反映吕振羽治史经历和学术成果的大型文献汇编。该书由蔡美彪、张传玺、林甘泉、陶德麟等著名专家关心指导，十多位学者参与编辑。

一、《吕振羽全集》简介

《吕振羽全集》共十卷，内容依次为：第一卷：《中国外交问题》《中日问题批判》《世界资本主义经济》（上）；第二卷：《中国社会史》《中国经济史》《中国民族解放运动史教程》；第三卷：《史前期中国社会研究》《殷周时代的中国社会》；第四卷：《中国政治思想史》；第五卷：《简明中国通史》；第六卷：《中国民族简史》《中国社会史诸问题》《史学研究论文集》《史论集》；第七卷：《中国历史讲稿》《史学评论》；第八卷：《史论》；第九卷：《政论》《教育》《政务》《札记》；第十卷：《回忆录》《学吟集诗选》《日记》《书信》《吕振羽生平著述活动年表》。扣除《活动年表》外，全集约600万字。

二、《吕振羽全集》的特色

（一）全集收入文献，时间跨度长、内容涵盖广、数量全、文种多

全集所辑文献起于1928年12月，止于1980年7月。内容涉及政治、经济和史学的方方面面，数量最全。文种除论文、专著外，还有讲义、报告、回忆录、札记、访谈、日记、诗作、书信、批注。不少内容为首次出版或再版。如第一卷中的《中国外交问题》，出版后被日伪新民会列为禁书；《中日问题批判》《世界资本主义经济》两书，出版不久即遭国民党当局查禁。第二卷《中国社会史》《经济史》讲义，第九卷《教育》《政务》《札记》，第十卷《回忆录》（部分）《日记》《书信》等，皆为初次整理出版。第八卷《史论》、第九卷《政论》，收入了自20世纪30年代以来散见于国内各地报刊的一百余篇论文（已编入论文集者除外）。

这些文献尤其是重新发现整理编入出版的论著，对吕振羽学术思想演变发展和他学术经历的研究，无疑具有重要的历史价值。我们过去一直认为，吕振羽是我国古代史研究中的重要代表。但通过翻阅第二卷吕振羽在湖南塘田战时讲学院撰写的《中国民族解放运动史教程》及第一卷《中国外交问题》《中日问题批判》等书，可知吕老对中国

---

① 郑必坚：《中共中央党校名师·序》，中央党校出版社，2002年版。

近代史及国际关系也有较早的研究。再如第一卷《世界资本主义经济》一书，是1932年吕振羽根据马克思《资本论》、列宁《帝国主义论》来研究1929年后爆发的世界资本主义经济危机，书中引用了一百多个国家经济统计图表来论证。这些珍贵图表主要来自吕振羽在办《新东方》杂志时与莫斯科国际通讯社建立的讯息联系。吕振羽在书中对经济危机下的英国十分形象地说，"这个纸糊的老虎，更动颤不得。愈益构成其恐慌的严重性"①。

在书信部分辑入了吕振羽与政界、学术界（含读者）的通信联系。如1960年7月，李达先生在上海提议让吕振羽撰写"周代社会研究"这一专题，以"科学地解决古代史分期问题"。吕振羽在1961年元旦的复信中，表示愿在"吾师指导下进行"（《吕振羽全集》十卷，615页）。再如1946、1947、1948年吕老致中共中央书记处书记刘少奇的信中，详尽谈了自己对国内时局、政党、阶级关系的看法，以及坚决要求到湖南敌后开展第三条战线的要求。以上这些，都是研究吕振羽学术活动及生平经历的重要文献，也是首次发现编入全集。此外，全集附录了一些政界、学术界名人如田汉、萧三、王学文、范文澜、翦伯赞、张爱萍、孙冶芳等人来信，反映了吕振羽与社会各界的联系与交往。其中胡风、华岗来信颇引人注目。因为他们自20世纪50年代后均遭关押审查，而吕老一直把他们的来信妥善收藏，是他们之间友谊的象征。

（二）全集编排严谨认真，井然有序

由于吕振羽一生著述丰富，已版或未版文献如何进行编排，对此编委会经历多次研究，最后一致同意吕振羽夫人江明同志的意见，在保持著作历史面貌原则下，"按年代顺序、保持原有集名（或书名）、分类编辑，采用本人校阅后的最后版本校刊"。即全集著作或文论一律按时间顺序编排；对已出版专著或文集书名，一律保留原名不作变动；对新发现的文献和未收入论文集的文论，一律分类编排。如过去未收入文集的大量论文，按内容分别编入《史论》《政论》。

全集特别是大量文稿不少距今已七八十年，繁体字、异体字、生僻字不少，又兼繁简皆收，编校难度很大。几年来，各卷编委为保证出版质量，一丝不苟，精心审校。《简明中国通史》《中国政治思想史》等专著及《史论》等卷，含有大量古籍引文。过去的古籍确实存在版本问题，没经过系统整理考证，难免存在某些错讹。为保证全集出版质量，编者均据新版古籍对引文予以核校，订正了原著的某些排印讹误。凡收入论文集的论文，除核阅引文外，编者还要核阅刊名、卷数。如为了查对全集第六卷232页《创造民族新文化与文化遗产的继承问题》一文的刊发出处，编者与吕坚同志先后在北京国家图书馆、社科院图书馆、重庆图书馆查阅，最后在南京中国第二历史档案馆才查对清楚。为一篇文献刊发出处求得准确，编者殚精竭虑，多方查寻，于此可见一斑。

（三）通力合作，细心校勘，确保质量

《吕振羽全集》的编辑是一项大的系统工程，为完成全集的编纂，吉林大学、中国社会科学院、中共中央党校、人民出版社等单位，共同为全集的出版，做了多方面努

① 《吕振羽全集》一卷，287页。

力和周到安排。各位前辈学者、学术同行，以尊重原著、保持历史原貌的原则，分工合作，细心校勘，确保质量，作出很多贡献。吕振羽夫人江明生前为全集编辑做了大量准备工作，精心保存并收集了大量珍贵文献。全集编辑工作，历时四年多，既是对吕老一生治史等方面文献的全面整理，也为今人乃至后人继续史学研究，留下了一份宝贵的文化遗产。

作为吕老20世纪60年代在中央党校执教时的助手，我目睹了吕老在中央党校理论班学员讲授中国通史和教书育人所付出的辛劳及作出的贡献。从2005年以来，我就进行吕老在党校讲学文献的收集。2009年吕老全集编辑工作启动以后，我又参与了《吕振羽全集》第五卷（《简明中国通史》、第七卷《中国历史讲稿》、《史学评论》）的文献编辑与整理工作。经我重新整理的吕振羽《中国历史讲授大纲》和《中国通史问题解答》，作为附录，也编入全集第七卷。如今，看到装帧精致的全集问世并惠及学术界，喜悦之情，溢于言表。因为编辑出版吕老全集，既是学术界多年的殷切企盼，也是我国社会主义文化事业薪火相传和"重在建设"的现实需要。如今企盼终于成为现实，岂不令人击节赞叹！

先秦谥法与一种中国特色的人物品评机制

潘祥辉

【内容提要】先秦谥法是中国古代一种独具特色的人物品评机制，它包含着对一个人品德、功业与行状的描述和"终极评价"，为君臣上下所重视。早在孔子的"春秋笔法"之前，先秦谥法就发挥着"一字褒贬"的评议功能。先秦谥法既是一种公开的传播机制，也是一种"无声的舆论"，包含并内化了一套社会评价机制。与后世谥法相比，先秦谥法的"名实"较为相符，"子议父，臣议君"现象较为普遍，表现出比较鲜明的"民主评议"色彩及追求"客观公正"的精神。先秦谥法也开创了中国"以德取人"的品评传统。先秦谥法这种根据人物德行给予谥号，进而对人物进行褒贬和道德评定的做法，以及对"名实相符"的追求，实开中国特色的"传播公共性"之先河，值得纳入新闻传播史的研究视域。

【关　键　词】先秦谥法；谥号；评论史；传播史；传播考古学；华夏传播学
【作者简介】潘祥辉，男，文学博士，南京大学新闻传播学院教授（南京 210046）。

　　中国现代新闻业虽始自近代，但中国新闻传播的历史却可以追溯到先秦时代。秦理斋在《中国报纸进化小史》一文中认为："我国新闻事业，发轫最早。在昔前商周之际，政府已设置专官，春秋二季，出巡列邦，采风问俗，归而上诸太史……周官太史所掌，亦曰'陈诗以观民风'。大抵今日所传诗歌、《国语》《国策》，要亦当时新闻之流亚。"[①]秦理斋将"采风问俗"当作中国新闻传播之起点。著名新闻史家曾虚白先生则将中国口传新闻的起源追溯到尧舜时代。他先引《汉书》所载："古之治天下，朝有进善之旌，诽谤之木，所以通治道而来谏者也"，进而指出："此类要进之言及批评政治得失之语，就是口传的新闻与言论，实与后世的报纸的内容相类似。而当时之歌谣、古谚、诗经之类，都是最佳的口传新闻，而近年发现之殷墟甲骨文字，似可说是最古之新闻图版；最近出土之楚简，亦有甚多之新闻资料。"[②]的确，早在先秦时代，中国已经出现了广义上的新闻传播活动。由于独特的地理环境和政治历史语境，中国早期的新闻传播还带有自身的文化特色。李敬一先生在《中国传播史》一书中对先秦传播史作了较为全面的论述。在李敬一先生看来，上古的新闻传播主要以"口语传播""谣谚传播"及"文字传播"为主。到春秋战国时期，士阶层崛起，依托传播媒介和传播方式

---

①　刘家林：《中国新闻史》，武汉大学出版社，2012年，第3页。
②　曾虚白：《中国新闻史》，台北政治大学新闻研究所，1981年，第61页。

的发展，形成了一个巨大的较为发达的信息传播网络。李敬一先生对这一时期的"采诗观风""史官记事""烽燧警报""乡校议政""置邮传命""游说诸侯""讲学授徒""著书立说""街谈巷议"等九种传播方式进行了较为详尽的论述。①不过，令人遗憾的是，《中国传播史》对于先秦时期的谥法和谥号却未曾有所提及。实际上，迄今为止，不论中国传播史、中国新闻史抑或华夏传播学的研究或论著，对先秦谥法与谥号几乎都是忽视的，这不能不说是中国新闻传播史研究的一个疏漏。在笔者看来，先秦谥法和谥号委实是一种非常重要，也非常独特的中国新闻传播现象，值得我们关注。

　　所谓谥法，即中国古代对死去的帝王、嫔妃、诸侯、大臣以及其他地位很高的人，按其生平事迹进行评定后，给予或褒或贬或同情的一个称号，相沿成制，称为谥法，所获称号即为谥号。对谥法及谥号的研究历代不乏其人，但在大多数研究者的眼中，谥法不过是强化皇权统治、维护封建等级制度的工具或宣扬封建礼教的手段，②不过在笔者看来，谥号也包含了一种社会评价，它仿佛是一种"无声的舆论"，发挥着社会传播功能。诚如《逸周书·谥法解》所言："谥者，行之迹也；号者，功之表也；车服，位之章也。是以大行受大名，细行受细名。行出于己，名生于人。"③从传播学的角度看，这段话至少包含了三层意思：第一，"谥者，行之迹也。"说明谥号体现了一个人一生的功过是非，它是一种重要的"声誉机制"，呈现和传递了一种有关个人声誉的信息。所谓"社会褒贬"就是通过个人的"声誉机制"而发挥作用的；第二，"谥号"具有"论功行赏"的功能。所谓"大行受大名，细行受细名"之谓也。不同的谥号包含着不同的社会评价。这就与当代媒体和舆论的"品头论足，激浊扬清"的评论功能非常类似；第三，谥号是一种死后称谓，既是死后评价，亦用于死后传播，载入史书或传之后世，这种传播自己无法操纵，全操他人之手，所谓"行出于己，名生于人"之谓也。这种独特性正是"谥号"不同于姓名或"尊号"的地方。皇帝的姓名或"尊号"都是生时所上，而"谥号"则为其死后之名，即便以帝王之尊，也只能假手他人。古人通过这样一种制度设计，保证了"谥号"具有"盖棺定论"的功用。

　　由此可见，中国古代的新闻传播，不仅重视生者的作为与评价，也重视一个人死后的名分与评价。中国古代的王者、权臣与士人不仅活在当前，也活在死后，他的生命即便终结了，身后仍然受到社会的议论和评说。这种"以谥评人"的人物评议机制类似一种超越时空的"纵向传播"。在人类文明史上，"谥法"这一制度为中国文明所独有。也正是在这个意义上，笔者将谥法和谥号视作一种中国特色的"人物评议"机制与传播机制。这种机制值得我们纳入中国新闻传播史的研究范畴。

一、"明别善恶"：先秦谥法的褒贬评议功能

　　作为一种人物评价机制，谥法的起源可以追溯到上古。在"谥法"的起源上，历代

① 李敬一：《中国传播史（先秦两汉卷）》，武汉大学出版社，1996年，第34–61页。
② 参见汪受宽：《谥法研究》，上海古籍出版社，1995年，第260–264页；林德春：《中国古代谥号与谥法评述》，《吉林师范大学学报》，1996年第1期。
③ 黄怀信、张懋镕、田旭东：《逸周书汇校集注》，上海古籍出版社，1995年，第668页。

学者存在不同的看法。有的认为谥法起源于"三皇五帝之时"，如班固所言："黄帝始制法度，得谥之中，万世不易，后世虽盛，莫能与同也。"①有的认为起源于商代，如清人崔述及屈万里都认为，谥法滥觞于殷代。更多的学者则认同"周公制谥说"，认为谥法起源于西周初年。据《逸周书·谥法解》载："唯三月既生魄，周公旦、太师望相嗣王发，既赋宪受胪于牧之野，将葬，乃制作谥。"②当然，也有近代学者质疑这种说法，认为谥法不是起源于周初，而是始自西周中叶以后。如王国维在《遹敦跋》中就认为，"谥法之作，其在宗周共、懿诸王之后乎！"汪受宽教授进一步认为周孝王时（约前909—前895年），谥法才正式成为周朝制度。而郭沫若先生则主"战国说"，可谓见仁见智。③

在笔者看来，先秦"谥法"的发展应当有一个历史过程，不同学者对谥法出现时间的不同划分，主要源于对"生谥与死谥"以及何时谥法成为定制等问题的争议。据笔者所见，虽然较为成熟的谥法制度确实出现在西周中叶以后，但作为与"祖宗祭祀"和"避讳"有关的谥法，必然可以追溯至商代。笔者比较认可今人彭裕商先生的看法：先秦谥法至迟发轫于商代，到西周早期，谥法已然出现。④谥法虽然具有评议功能，但从谥法的发展历史来看，先秦谥法并非一开始就具有这种功能的。谥法一开始的功能只是为了敬祖和避讳之用，是在发展的过程中逐渐带上褒贬评价功能。据彭裕商教授的研究，先秦谥法的形成可分三个阶段：第一阶段在商文丁以前，为谥法的先期阶段。商人以死后选定的祭日和人为的区别字来称呼故去的先王，这一阶段已具备了谥法的一些特征；第二阶段从文丁到商末帝辛，此为谥法的形成阶段，已用文、武、康等美称来称呼故去的先王，但仍保留祭日干支；第三阶段为周文武以后，周人因袭了晚商先王的美号，但不取其祭日干支，径称为某王某公，其形式已与后代谥法无别。此后谥号逐渐增多，遂进入了谥法的成熟阶段。⑤

可见，谥法的发展过程先是出现没有评价色彩的谥号，之后到晚商以后再发展出来美谥。美谥是一种称颂，已具正面评价功能。而到了西周，恶谥也出现了，"谥号"的品评人物的功能就更加明显，也更加全面了。据学者对先秦谥法的行用考证，谥号之有善恶之分始自周昭王（前1000年—前982年）和鲁炀公（约卒于前982年）。⑥到春秋时期，谥法的褒贬原则已普遍为社会所重视。谥号于是也从"辨别生死"的功能演变成"别明善恶"的功能，这一转变使得"谥号"具有了"公共传播"的色彩，成为一种社会传播机制。其演变正如宋代学者郑樵在《通志·谥略》中所言："生有名，死有谥。名乃生者之辨，谥乃死者之辨，初不为善恶也。以谥易名，名尚不敢称，况可加之以恶

①　（清）陈立撰，吴则虞点校：《白虎通疏证》，中华书局，1994年，第70页。
②　黄怀信、张懋镕、田旭东：《逸周书汇校集注》，上海古籍出版社，1995年，第618页。
③　赵东：《20年来谥法研究综述》，《绥化学院学报》，2007年第2期。
④　彭裕商：《谥法探源》，《中国史研究》，1999年第1期。
⑤　彭裕商：《谥法探源》，《中国史研究》，1999年第1期。
⑥　薛金玲：《先秦〈谥法〉行用考》，《四川大学学报》，2012年第6期。

乎？非臣子之所安也！"①

　　作为一种人物评论机制，先秦谥法与后世史家的"论赞"及我们今天的新闻评论有相似之处，都是品评人物，但也具有自身特色。在笔者看来，谥法评议特点主要表现在两个方面：

　　第一，以一字为褒贬。

　　与后世相比，先秦谥法的一大特点就是字数较少。先秦尽管也有复谥（即两个字以上的谥号）出现，如卫武公谥为"睿圣武公"，齐灵公谥为"桓武灵公"，但整体来看，复谥也多不过二三字，这一时期的谥号主要还是以一个字的单谥为主②，这显然沿袭了上古以来的"尚简"传统。先秦谥法通常以单字来对逝者进行评价。《逸周书·谥法解》罗列有100多个谥字。东汉蔡邕所著《独断》载有汉以前帝谥46字，不同的字表示不同的意思，包含对人物的不同评价。

　　"违拂不成曰隐，靖民则法曰黄，翼善传圣曰尧，仁圣盛明曰舜，残人多垒曰桀，残义损善曰纣，慈惠爱亲曰孝，爱民好与曰惠，圣善同文曰宣，声闻宣远曰昭，克定祸乱曰武，聪明睿智曰献，温柔圣善曰懿，布德执义曰穆，仁义说民曰元，安仁立政曰神，布纲治纪曰平，乱而不损曰灵，保民耆艾曰明，辟土有德曰襄，贞心大度曰匡，大虑慈民曰定，知过能改曰恭，不生其国曰声，一德不懈曰简，夙兴夜寐曰敬，清白自守曰贞，柔德好众曰靖，安乐治民曰康，小心畏忌曰僖，中身早折曰悼，慈仁和民曰顺（一曰倾），好勇致力曰庄，恭人短折曰哀，在国逢难曰愍，名实过爽曰缪（立穆切），雍遏不通曰幽，暴虐无亲曰厉，致志大图曰景，辟土兼国曰桓，经天纬地曰文，执义扬善曰怀，短折不成曰殇，去礼远众曰炀，急政外交曰携，治典不敷曰祈（一曰震）。"③

　　可以看出，这些谥字实际上包含了褒贬。依据谥字不同的感情色彩，谥号可以分为三种类型：美谥、平谥与恶谥。美谥即对人物的正面评价，如"惠"与"孝"等，"慈惠爱亲曰孝，爱民好与曰惠"，这是一种褒扬；平谥则不带有很强的评价色彩，一般是表示哀悼或同情，用于早夭或一些死于非命的君臣，如"悼""哀"等谥号；恶谥则是对人物的批评和负面评价，比较典型的恶谥如"幽"和"厉"，"雍遏不通曰幽，暴虐无亲曰厉"。历史上凡得到此种谥号的人，基本上都被钉在历史的耻辱柱上。如我们所熟知的周幽王之所以被谥为"幽"，在于其荒淫无道。为博美人一笑，幽王竟然"烽火戏诸侯"，最终导致亡国。而周厉王倒行逆施，钳制舆论，以致老百姓敢怒不敢言，"道路以目"，被谥"厉"也就在情理之中。其他被谥"幽""厉"谥号的人主也是如此。正如童书业先生所言："谥为幽者，盖非令主，且不得其死。周幽王见杀于犬戎而亡其国，鲁幽公被杀，郑幽公为韩人所杀，晋幽公淫妇人为盗所杀，楚幽王时楚大乱，曹幽伯被杀，赵幽穆王亡国。谥为厉者，皆有昏德，或不终者，周厉王放于彘，齐厉公

---

①　（宋）郑樵《通志二十略·谥略》，中华书局，1995年，第786页。

②　孟凡港：《春秋时期谥法行用考——以周王及鲁、齐等八诸侯国之国君为考察中心》，《北华大学学报》，2016年第6期。

③　（汉）蔡邕：《独断》，北京：中华书局，1985年，第29-30页。

暴虐见杀，宋厉公杀君自立，晋厉公被杀，秦厉公时国亦不宁，郑厉公尝见逐，陈厉公淫乱见杀。"①可见，"幽""厉"这样的恶谥正表达了对"昏君"的批判。

由于先秦谥法多以一字为谥，因此并不限于一字一义，每一谥字都有若干条释义。以《史记正义·谥法解》为例，定、元、康、思各有4条释义，武、孝各有5条释义，文、庄、灵各有6条释义，恭字更多达9释义。②一字多义，可以起到"以少驭多"的效果，也可以区别得谥者的不同情况。如《逸周书·谥法解》中的"安"字谥号，就可以对应16种解释："好和不争曰安；兆民宁赖曰安；宽容平和曰安；宽裕和平曰安；所保惟贤曰安；中心宅仁曰安；修己宁民曰安；务德不争曰安；庄敬尽礼曰安；敬而有礼曰安；貌肃辞定曰安；止于义理曰安；恭德不劳曰安；静正不迁曰安；懿恭中礼曰安；凝重合礼曰安"③在先秦，这些谥号的用字是相对固定的。对不同谥号的解释其实构成了一种"评论标准"，针对人物的生平表现，用谥号进行褒贬。

在先秦谥法的用字上，据学者考证，西周时期实际用谥为31字，其中美谥22个：文、武、成、康、穆、共、孝、宣、魏、献、真、慎、胡、庄、惠、僖、顷、平、靖、贞、戴、桓，约占总谥字的71%，恶谥9个：懿、夷、厉、幽、炀、哀、愍、殇、昭，约占总用谥字的29%。至春秋时，实际用谥号41个，其中美谥27个：平、桓、庄、僖、惠、襄、顷、匡、定、简、景、敬、慎、武、孝、文、宣、成、靖、献、穆、德、康、共、戴、元、缪（通"穆"），约占总用谥字的66%；恶谥14个：灵、懿、隐、愍、昭、哀、厉、悼、殇、出、幽、夷、怀、声，约占总用谥字的34%。战国时期实际用谥16个，其中美谥有元、贞、定、考、威、烈、安、显、慎、靖、肃、易、绵、休，14个；恶谥则只有辟、躁两个。美谥占87.5%，恶谥占12.5%。春秋时期恶谥字比例最高，而至战国时期，美谥占了绝大多数。④可见先秦谥号的使用也是有所变化的。越到后期，"恶谥"的使用则越少。另外值得注意的一个变化是，不同谥号的用法在历史过程中会发生演变。有些谥号先是美谥，后来则变成恶谥，相反的情形也存在。如"灵"这一谥号，有论者对《左传》中晋灵公、陈灵公、郑灵公、齐灵公、周灵王、楚灵王、蔡灵公、卫灵公等行为事迹进行了考察，发现"灵"这一谥号起初并无善恶之别，如周灵王、郑灵公之称"灵"，并没有负面意含。但之后获得"灵"之谥号的君主则以负面行迹居多，"灵"因此成为恶谥。⑤

谥号的这种"一字褒贬"法与孔子的"春秋笔法"极为类似。在《春秋》写作中，孔子首创了一种"一字见义，寓褒贬于记事"的表达方式，被史家称为"春秋笔法"，这种"春秋笔法"也为历代新闻史家所津津乐道。但显然，在先秦，"春秋笔法"不只存在于《春秋》中，先秦谥法当中也包含了一种"春秋笔法"。唐代太常博士李虞仲在

---

① 童书业：《春秋左传研究》，上海人民出版社，1983年，第382-384页。
② 何晓明：《中国姓名史》，武汉大学出版社，2012年，第145页。
③ 黄怀信、张懋镕、田旭东：《逸周书汇校集注》，上海古籍出版社，1995年，第618页。
④ 薛金玲：《先秦〈谥法〉行用考》，《四川大学学报》，2012年第6期。
⑤ 黄圣松、黄羽璇：《从〈左传〉中谥"灵"国君论其定谥之由》，《东华汉学》，2012年第16卷，第89-114页。

进言中也将两者相提并论："谥者，所以表德惩恶，《春秋》褒贬法也"。①这种"一字褒贬法"可谓中国古代品评人物的一大发明。

第二，以"礼"为准绳的道德评判。

从先秦谥法中选用的谥字来看，我们可以发现，"谥号"用字中用以褒贬人物的标准，是儒家的"礼"。实际上，谥法在周代成熟，并运用于对王公贵族的评议，本身是"周礼"的一部分。如果谥法真如《逸周书·谥法解》一书所言为周公所作，那也是周公"制礼作乐"的一部分。

周人的统治建立在"礼"之上，其所倡导的其实是一种"德治"。《礼记·曲礼》言："道德仁义，非礼不成；教训正俗，非礼不备；分争辨讼，非礼不决；君臣上下，父子兄弟，非礼不定；宦学事师，非礼不亲。班朝治军，莅官行法，非礼威严不行；祷祠祭祀，供给鬼神，非礼不诚不庄。是以君子恭、敬、撙、节、退、让以明礼。""德"则是周礼的核心所在。周人"以德配天"，将"天命"与统治者的"德行"联系起来，可以说周代的文化实是一种"道德主义文化"。②这种文化一直延续到春秋战国时代。有德之君，会受到高度评价，相反，无德之人，将受到历史的审判。这种对道德的重视鲜明地体现在先秦的传播思想和传播实践当中，③也毫无例外地体现在先秦"谥号"的选用上。《逸周书·谥法解》："绥柔士民曰德；谏争不威曰德；谋虑不威曰德；贵而好礼曰德；忠和纯备曰德；绥怀来人曰德；强直温柔曰德；勤恤民隐曰德；忠诚上实曰德；辅世长民曰德；宽众忧役曰德；刚塞简廉曰德；惠和纯淑曰德；富贵好礼曰德；功成民用曰德；修文来远曰德；睿智日新曰德；善政养民曰德；尊贤亲亲曰德；仁而有化曰德；忧在进贤曰德；宽果扰毅曰德；直温强义曰德；谏诤不违曰德；周旋中礼曰德；泽及遐外曰德；懿修罔懈曰德。"④

正是因为对"德"的强调，我们可以把先秦谥法视为礼法的一个组成部分，这种谥法因此也具有了强烈的道德评判色彩。⑤先秦谥法的几乎所有的美谥，都与道德上的卓越或完美相关，《礼记·曲礼》首篇即是"毋不敬，俨若思，安定辞"。而"敬、思、安"也都用作先秦谥号。而几乎所有的恶谥，也都与"失德"相关。如《谥法解》中的"戾"谥："不悔前过曰戾；不思顺受曰戾；知过不改曰戾。"足见先秦谥号作为一种传播机制，充分体现和宣扬了周代的"主流意识形态"：即"以德取人"的价值观。这种"道德主义取向"的先秦谥法与孔子作《春秋》的价值立场完全一致。

在笔者看来，就人物评议而言，先秦谥法实开后世"以德取人"的品评人物之先河，也开创了中国"以道德标准"来评价人物的传统。这种传统在后世的谥法、史书的记载中都被承袭了下来。甚至影响到近代以来的新闻理念尤其是报纸评论。

---

① （宋）欧阳修等撰：《新唐书》，中华书局，1975年，第5280页。
② 柳诒徵：《柳诒徵中国文化史》，吉林人民出版社出版，2013年，第145页。
③ 潘祥辉：《华夏传播新探：一种跨文化比较视角》，复旦大学出版社，2018年，第263-265页。
④ 黄怀信、张懋镕、田旭东撰：《逸周书汇校集注》，上海古籍出版社，1995年，第620页。
⑤ 刘超先：《谥号与道德评判》，《广西社会科学》，2006年第1期。

二、公开与"民主"评议：先秦谥法的运作机制

先秦谥法的人物品评功能是随着历史的发展而逐渐显现的。到春秋时期，谥法制度大为流行，恶谥较为普遍，有论者认为，这与春秋时期人物品评活动的兴盛有密切关系。[①]诚然，在品评人物成为时代潮流的语境下，谥法所发挥的评论功能也就更加重要和明显。在笔者看来，就人物评议机制而言，虽然谥法的覆盖面有限，但先秦谥法对人物的品评还是比较"民主"的。与后世谥法主要操君主之手不同，在先秦，由于去古未远，谥法所发挥的"民主评议"功能体现得较为鲜明，充分发挥了一种品评功能，这从先秦谥法的程序和特点可以看出来。

首先，谥号的选定和授予有一定的程序，这些程序具有公开性，这使先秦谥法成为一种准"公共传播机制"。先秦谥法曾经历一个从私谥到公谥，即从贵族私自拟谥敬献祖宗到周王室将谥号收归朝廷，纳入王朝"礼治"的过程。当周王朝将谥法纳入"礼治"后，谥法就不仅成为一种王权传播活动，也成为一种非私密性质的古代社会的"公共传播"行为。

按照周代的给谥程序，大体有"请谥、议谥、定谥、赐谥"这几个阶段。这几个阶段，都体现了传播的公开性。"请谥"就是死者家属向朝廷报告，并依逝者所作所为请求获得一个谥号。具体礼仪程序是先行"赴告"之礼，即某贵族死之后，派使者所行的报丧礼，在赴告的同时行请谥礼。周天子驾崩后，王室则要赴告于天，同时向上天请谥，天意象征着"谥"的公正无私。当然，"天子之丧动四海"，其赴告之礼也要通告天下所有诸侯国。[②]可见这是一个"信息公开"的过程。所谓"议谥"则是根据逝者生平表现，选择一个合适的谥号。在先秦，一般要在死者下葬之前议定其谥号。为什么要选在葬前议定呢？可能因为刚刚去世人们对其记忆犹新，比较好做评价，而死后太久则事迹模糊，难以评定了。

"赐谥"也是一个公开传播的过程。所谓赐谥是将议谥确定后的谥号以上天、周天子或诸侯的名义赐予逝者，并且以礼官公开宣读之。除了公开宣读，赐谥往往还伴随着隆重的仪式，仪式就是一种公开的传播。《周礼·春官·大师》记载了周王的赐谥过程："大丧，帅瞽而廞，作柩，谥。"当王的灵柩运往祖庙之庭举行大奠时，当着前来奔丧的列国诸侯及王室贵族的面，礼官在柩前宣读南郊向天所请的谥文，将其谥号公之于众，以示隆重。诸侯及贵族的赐谥也一样，一般选择在其下葬前赐谥，因为这样更容易使其谥号公开传播。这即是班固《白虎通义·谥》所言："所以临葬而谥者何？因众会欲显扬之也。"一个人最后的公共出场可能就是葬礼了，这个时候赐谥，是最容易使其恶善之名闻于天下，也最容易起到"广而告之"的效果，有利于谥号"显恶扬善"功能的发挥。按照先秦谥法，谥号拟定以后，还要进行公告。如春秋战国时代，各诸侯国的国君去世，除了要报告周天子，也要"赴告"其他诸侯国。谥号拟定后也是如此，理

---

① 孙董霞：《春秋时期谥法的流行及其人物品评性质》，《天水师范学院学报》，2014年第6期。

② 董常保：《〈春秋〉〈左传〉谥号研究》，四川大学出版社，2013年，第2页。

论上必须要让其他诸侯国知道，因为其谥号不仅要载入本国史册，也要载入他国史册。可见先秦谥法作为一种公共传播机制的特征是非常明显的。

其次，先秦谥法中的"议谥"具有一定的"民主协商"色彩，这一点在古代文明史及人类传播史上都是难能可贵的。在先秦，尽管天子谥法和诸侯谥法有所不同，但到春秋战国时代，谥号的拟定过程中"子议父、臣议君"是比较常见的现象。诸侯之谥，通常由大臣和公子议定。显然，这样一种议谥机制，打破了等级森严的礼教制度，不仅使生者获得了对逝者的一种评议权，也使地位等级较低的"臣"和"子"获得了对"君"与"父"的评议权。因而这样一种评议机制具有一定的"民主"色彩。我们从《左传·襄公十三年》所载的楚恭王死后臣子议谥一事可以看出这一特点。

楚子疾，告大夫曰："不穀不德，少主社稷。生十年而丧先君，未及习师保之教训而应受多福，是以不德而亡师于鄢；以辱社稷，为大夫忧，其弘多矣。若以大夫之灵，获保首领以殁于地，唯是春秋窀穸之事，所以从先君于祢庙者，请为'灵'若'厉'。大夫择焉！"莫对。及五命乃许。秋，楚共王卒。子囊谋谥。大夫曰："君有命矣。"子囊曰："君命以共，若之何毁之？赫赫楚国，而君临之，抚有蛮夷，奄征南海，以属诸夏，而知其过，可不谓共乎？请谥之'共'。"大夫从之。（《左传·襄公十三年》）

楚子将死之际，告诉大夫谥自己为"灵"或"厉"，这是一种恶谥。有人认为楚恭王之所以如此是因为他懂得谦卑和谥号"表行迹"的道理，也有人认为这其实是楚恭王的策略，他以退为进，堵死自己被授"恶谥"的可能。不管如何，我们从这则记载中可以看出，楚恭王自己其实决定不了如何被授谥，议谥的权力掌握在卿大夫手里。所谓"行出于己，名生于人"（《逸周书·谥法解》）说的就是这层意思。楚恭王最后没有被授恶谥，依据的是其能"悔过"，也算谥有所本。从这一事例可见"谥号"这种评议机制在春秋战国时代还是发挥了一定"监督"功能的。正是因为这种较为"民主"的监督功能，秦始皇在统一六国后，废除了谥法，其目的就是不想让后人议论自己，以绝恶谥。秦始皇的废谥令在《史记》中有记载："制曰：朕闻太古有号毋谥，中古有号，死而以行为谥。如此，则子议父，臣议君也，甚无谓，朕弗取焉。自今以来，除谥法，朕为始皇帝。"①不过，秦亡以后，谥法还是被重新启用，其用于褒贬人物的功能也为后世所继承。

最后，先秦谥法作为一种有特色的、运行良好的人物评议机制也表现在较高的"恶谥"比例上。研究发现，在中国历代谥号中，先秦"恶谥"的比例是最高的。薛金玲根据《史记》统计了72位周天子及列国君臣用谥，发现其中美谥者54人，占总数的75%，恶谥者18人，占总数的25%。谥为恶谥的君主有"周厉王""周昭王""鲁厉公""齐厉公""蔡厉公""宋厉公""晋厉公""周幽王""鲁幽公""陈幽公""鲁炀公""宋炀公""齐哀公""宋愍公""晋殇公""周懿王""周夷王""鲁懿公"

---

① （汉）司马迁：《史记》，岳麓书社，2002年，第44页。

等，这些得恶谥者，多为失国或行迹极劣者。[①]而据汪受宽先生的《谥法研究》一书统计，从公元前841年至公元前221年，所有帝王、国君获得谥号的总数为234个，其中美谥165个，占比为70.6%，平谥39个，占比为30%，恶谥30个，占比为12.8%。与后世相比，这一时期的恶谥的个数及所占的比例都是最高的。[②]从这一点我们就能看出来，先秦谥法较好地发挥了品评人物的功能。

实际上，美谥与恶谥都代表着一种社会评价，但考虑到"为尊者讳，为亲者讳"的存在，"美谥"难免成为阿谀奉承或"溢美之辞"，使人物评议或口碑机制呈现笔者所讲的"传播失灵"状态。[③]相比之下，"恶谥"呈现的信息则相对真实。恶谥是对失德君臣的一种负面评价，恶谥的比例越高，越能说明这一时期的谥法很好地发挥了人物评议和"舆论监督"作用。如《左传·晋灵公不君》载晋灵公"厚敛以雕墙，从台上弹人，而观其辟丸也。宰夫胹熊蹯不熟，杀之，寘诸畚，使妇人载以过朝。"如此倒行逆施，草菅人命，最后落得一个"灵"的谥号，也就理所当然了。事实上，春秋时代的谥法大多能做到"据事给谥"，并没有太多的溢美之词，因此比较好地发挥了谥号的褒贬善恶的功能。这一点也为时人所理解和重视。《左传》曾记载了这样一个故事：楚成王被迫自缢后，政变者穆王及大臣初议谥其为"灵"，成王闻此死不瞑目。据《左传·文公元年》载："冬，十月，以宫甲围成王。王请食熊蹯而死，弗听。丁未，王缢。谥之曰'灵'，不瞑；曰'成'，乃瞑。"从这个故事中我们可以见出"谥号"的效力及其在人们心目中的地位。

如果说现代传播具有某种所谓"授予社会地位的功能"[④]，那么，在中国先秦时代，类似功能一定程度上则由"谥法"来承担了。在笔者看来，先秦谥法就是一种前大众传媒时代中国特色的人物评议机制，这种机制为中国古人所普遍接受和重视，成为一种独特的传播实践和传播模式。

三、追求"名副其实"：一种中国特色的"公共性"实践

从先秦谥法的实践来看，谥号作为一种人物品行的评论机制既有民主、公开的一面，也有较为客观的一面。正如《逸周书·谥法解》所言："大行受大名，细行受细名"。先秦谥法不论从理念，还是从其实践来看，都在追求一种"客观评价"，追求"名副名实"。因此，在先秦谥法中，包含了一种"公正评价"的理念，这与古代良史所追求的"秉笔直书"异曲同工，也与孔子作《春秋》所追求的"书法无隐"暗合，体现了一种中国特色传播实践的"公共性"精神。

众所周知，中国的史学传统推崇"直书"和"实录"，谥号的选定也是如此。不论是美谥、平谥还是恶谥，都要尽量做到谥行相符。先秦谥法这种实事求是的内在精神是显而易见的。以请谥为例，在《礼记·曲礼下》中，请谥被称为"类见"，"既葬，见

① 薛金玲：《先秦〈谥法〉行用考》，《四川大学学报》，2012年第6期。
② 汪受宽，《谥法研究》，上海：上海古籍出版社，1995年，第51页。
③ 潘祥辉：《传播失灵：一种基于信息传播非理想状态的研究》，《浙江学刊》，2012年第2期。
④ 潘祥辉：《信息货币：大众传媒的功能新论》，《中南民族大学学报》，2013年第5期。

天子曰类见，言谥曰类”，朝廷接到请谥的报告后，并不是随便赐给谥号，而是要严格依据死者的行状来选择谥号。实际上，在请谥的时候，家属就必须报告逝者的生平功业以供参考鉴定。唐代孔颖达在《礼记》疏中说：“请谥于天子，必以其实为谥，类于平生之行也。何胤云，类其德而称之，如经天纬地曰文也。”①可见，请求赐谥的时候必须要公开报告死者的功业，以便给予其一个恰如其分的谥号。先秦谥法的这一传统也为后世所继承。汉代以后向朝廷请谥，都必须附死者“行状”以供议谥参考。

从谥法实践来看，春秋各诸侯国君得美谥者比比皆是，得恶谥者也为数不少。先秦谥号基本能反映其生前的“行之迹”。以谥号“成”为例，《谥法》释“成”为“安民立政曰成”。春秋时，燕有成公，名载；蔡有成侯，名朔；鲁有成公，名黑肱；陈有成公，名午；曹有成公，名负刍；晋有成公，名黑臀；卫有成公，名郑；宋有成公，名王臣；秦有成公，名不详；楚有成王，名熊恽；齐有成公，名脱（一说为“说”）；周有成王，名姬诵。这些谥号“成”的诸侯，其事迹在《史记》中多有记载，根据《史记》的记载，可以看出这些“成”谥诸侯，“谥”与“行”基本是一致的。②薛金玲也对先秦人物的谥号与其行迹进行了考证，他将先秦主要人物谥号行迹与《谥法》对照观察后发现，除“昭”“懿”“夷”三谥字外，其余皆相符，且同谥者，行迹相似，善恶相当。③难怪童书业先生在《春秋左传研究》一书中也指出：“读《左传》、《史记》等书，知西周中叶以来，列国君臣以至周天子谥号，多与其人之德行、事业以至考终与否大略相当。”④由此可见，先秦谥法的“客观性”确实是一种客观存在，我们绝不能因为先秦谥法中存在溢美或名不符实现象就轻易否认这种客观存在。

实际上，这种对“客观公正”的追求也表现在“改谥”上。对于一些与事实不符的谥号，“改谥”行为可以进行纠正。如《左传·宣公四年》载：郑国大夫子家勾结公子宋，杀死国君姬夷，谥为幽公。后子家死，郑之国人将子家之族全部驱逐。改葬幽公，并改其谥号为“灵”。这是春秋史上一次比较著名的“平反”案例。虽然“灵”也属于恶谥，但在“国人”看来，“灵”而不是“幽”更符合姬夷的生平行事。显然，这种“改谥”体现了一种“实事求是”的评价精神。

先秦谥法之所以能够发挥这种“评议功能”，和中国古代独特的历史文化密切相关。中国人重“名”，在中国文化中，“唯名与器不可以假人”，因此中国人十分重视“名分”，重视名实相符。在先秦文化中，对历史的尊崇和敬畏也是一种信仰。在笔者看来，正是这种对“名”的重视以及对历史的敬畏，使先秦谥法恪守一种“事实求是”的精神。谥法追求“不虚美，不隐恶”，与史家“秉笔直书”的精神内在贯通。事实上，“谥号”本身就是一种原始的史料。中国先秦古人注重“以谥评人”，就是因为谥号议定之后是要写入各国史册的。在先秦，记事和修史是一种“准新闻传播方式”，史官通过自己的笔，将已经发生或正在发生的事件记录下来，并且公之于众，起到了“传

① 汪受宽：《谥法研究》，第127页。
② 郭殿忱：《从〈逸周书·谥法〉看战国赵君谥号的承传》，《邯郸学院学报》，2018年第1期
③ 薛金玲：《先秦〈谥法〉行用考》，《四川大学学报》，2012年第6期。
④ 童书业：《春秋左传研究》，上海：上海人民出版社，1980年，第382页。

之其人"和"永垂不朽"的作用。就人物的评价而言,如果谥号本身不客观,史官写史当然就更加难以客观了。反之,先秦史官为了追求"书法不隐",追求"秉笔直书",就必须使谥法和谥号"名副其实"。可见,谥法作为一种人物评议机制和古代史官文化是内在一致,相互协调的,他们都需要对历史负责,对后代子孙负责。如果说中国古代的史官追求一种"其文直,其事核"的写作方式,那么先秦谥法同样追求这样一种"求实"的精神,所不同者,史之写作更加侧重于史事之记录,而谥法则更加侧重于人物之品评;史之写作用字较多,谥法之评价用字较少,如此而以。

在笔者看来,先秦谥法的传播功能相当于历史写作的"知人论世"功能,与后世报纸的"评议"功能也有相近之处。近代报人梁启超曾在1902年发表的《敬告我同业诸君》一文中认为报馆和舆论操"名誉上之监督权":"舆论无形,而发挥之代表之者,莫若报馆,遂谓报馆为人道之总监督可也。"①实际上,早在2000多年前,先秦谥法就体现了这种对"名誉权"的监督,并且这种"监督"还是建立在追求"名副其实"的理念基础上,发挥了类似后世大众传媒的功能。在中国历史上,就"谥法"的品评人物的评议功能而言,先秦无疑发挥得最好,表现得也最为充分,追求"名副其实"的传统也给了后世以积极影响。清人陈康祺在《郎潜纪闻》中还在称道:"(武进赵恭毅公申乔)身后赠谥曰'恭'曰'毅',洵名副其实矣。"②尽管谥法在秦汉以后发生了很大的变化,但仍然具有较为鲜明的评议功能。"议谥"仍然是一项重要而严肃的传播活动。这种议谥"唯真、惟慎"的传统,诚如宋人程颐在《性理大全·谥法》中所言,任何人在论谥定谥时,都"不敢参一毫嫌怨,不敢萌一念恩私",必须"虚心博采、平心议拟,以天下之公是公非,合于本人之真是真非。"③

总之,先秦谥法作为一种古代社会的"公共传播机制"值得我们重新评价,其所开创的这种追求"名实相符"的评议传统,未尝不可视为一种中国特色的"公共性"之滥觞。

---

① 梁启超:《敬告我同业诸君》,见吴嘉勋、李华兴编:《梁启超选集》,上海人民出版社,1984年,第336页。

② (清)陈康祺:《郎潜纪闻四笔》,中华书局,2007年。

③ 汪受宽:《谥法研究》,上海古籍出版社,1996年,第264页。

苏诗唱和与物品交换

——一段关于"仇池石"的记忆

李光生

【内容提要】 元祐八年（1093年），围绕苏轼"仇池石"的唱和活动，引出一段"以石易画"的故事。交易虽未果，然透露出宋代文人日常生活的"经济"意识、艺术品消费与收藏的"物恋"情结、"寓意于物"的审美态度与哲理思考、人生出处情怀的寄托等丰富的文化内涵。

【关 键 词】 苏轼；唱和诗；物品交换；仇池石

【基金项目】 国家社会科学基金一般项目"南宋科举视域下的古文经典化研究"（项目编号：17BZW096）。

【作者简介】 李光生，男，河南师范大学文学院副教授，文学博士（新乡 453007）。

前 言

　　唱和诗在苏诗中占有相当比重，学界多从诗艺角度论之，不乏卓见。然其作为文人间日常交流活动之重要方式而涉及物品交换的内容往往为人们所忽略。元祐七年（1092年），苏轼从程德孺处得到两块石头，赋《双石》诗云："梦时良是觉时非，汲水埋盆故自痴。但见玉峰横太白，便从鸟道绝峨眉。秋风与作烟云意，晓日令涵草木姿。一点空明是何处，老人真欲住仇池。"[1]眼前的石头使苏轼的想象力纵横驰骋，时而把他带到太白山，时而把他带到峨眉山。诗歌最后两句聚焦于石头上的孔穴，在苏轼的想象中，双石变成了他神往已久的仇池山。也因此，苏轼把这两块石头命名为"仇池石"，迷恋之意溢于言表。翌年（1093年），苏轼返回京城，"仇池石"成为苏轼与钱勰、王钦臣、蒋之奇等友人在一段时间内唱和的主题之一。另一好友王诜以小诗借观，意在于夺，引出苏轼"以石易画"的构想。交易因王诜"难之"而未果，然围绕"仇池石"的唱和活动真实再现了宋代文人鲜活生动的生活图景。两块石头，何以引起苏轼等人如此巨大的兴趣？这其中承载了当时怎样的文化语境？"仇池"唱和传达出了宋代文人与石头（玩好之一种）之间怎样的关系？唱和本身具有怎样的文化意涵？下面就这些问题做些探讨，抛砖引玉，就教于方家。

---

① （宋）苏轼：《苏轼诗集》，孔凡礼点校，中华书局，1999年，第1880–1881页。

一、"仇池"唱和与"以石易画"

元祐八年（1093年）苏轼返回京城后，在与钱勰（字穆父）、王钦臣（字仲至）、蒋之奇（字颖叔）等友人的唱和活动中，"仇池石"成为主题之一。苏轼《次韵奉和钱穆父、蒋颖叔、王仲至诗四首》之二《见和仇池》一诗表明，先有三人对"仇池石"的唱诗，尔后苏轼和答。苏诗云："记取和诗三益友，他年弭节过仇池"。①完全可以想见，当时被誉为"元祐四友"②的这几人对"仇池石"的赏玩与钟爱。钱氏诸人的唱诗其实是对苏轼《双石》诗的次韵和答。

"仇池石"因诗歌传播而为苏轼周围的文人圈所知晓（确切地说，诗歌传播只是"仇池石"被知晓的途径之一）。苏轼的老友王诜以诗相投，要求借观。王氏的索求引出了苏轼三首答复长诗中的第一首《仆所藏仇池石，希代之宝也，王晋卿以小诗借观，意在于夺，仆不敢不借，然以此诗先之》③。诗题夸大其词地把仇池石说成是"希代之宝"，这也暗示了苏轼与这两块石头之难舍难分，同时也为两个石头癖好者之间的戏剧性冲突搭好了舞台。诗人敏锐地察觉到，王诜醉翁之意不在借观，而在于"夺"。

苏轼的疑虑并非毫无根据。王诜（1051年—1114年至1117年之间④），字晋卿，宋代开国功臣王全斌之后，英宗驸马。苏、王二人过往甚密，相知颇深，王诜曾在乌台诗案前为苏轼通风报信而受到朝廷重贬。王诜热衷于诗文书画，是当时艺术活动的中心人物之一，也是走火入魔乃至贪得无厌的古玩收藏家，常因有借无还而声名不佳。米芾《画史》对此颇多记载："余（米芾）收易元吉逸色笔，作芦如真，上一鹨鸽活动。晋卿借去不归"⑤"（轼）即起，作两枝竹，一枯树，一怪石，见与后，晋卿借去不还"⑥。王诜还曾借了米芾一块砚石未及时归还而毁了米芾与刘季孙的一桩交易。刘季孙收藏了大量书画，其中包括一卷王羲之和王献之的书法真迹。为得到这幅真迹，"（米芾）约以欧阳询真迹二帖、王维雪图六幅、正透犀带一条、砚山一枚、玉座珊瑚一枝以易。刘见许。王诜借余砚山去，不即还。刘为泽守，行两日，王始见还。约再见易，而刘死矣。其子以二十千卖与王防"⑦。王诜还常在别人的名贵书画上搞恶作剧，以逞作伪之才。米芾《跋快雪时晴帖》云："一日，驸马都尉王晋卿借观。求之不与，已乃翦去国老署及子美跋着于摹本，乃见还。"⑧王诜借了米芾藏品王羲之《快雪时晴帖》，未经同意便擅自剪下原作的名人题跋及章署，合裱在模本后才还给米芾。王诜对艺术品的贪恋及真假参半的作伪行为在当时可谓"臭名远播"，人所共知。

① （宋）苏轼：《苏轼诗集》，中华书局，1999年，第1936页。
② （宋）陆游：《老学庵笔记》，李剑雄、刘德权点校，中华书局，2005年，第138页。
③ （宋）苏轼：《苏轼诗集》，中华书局，1999年，第1940页。
④ 王诜的生卒问题详参张荣国《王诜生卒年新考》（《中国国家博物馆馆刊》2014年第9期）。
⑤ （宋）米芾：《画史》，文渊阁四库全书，台湾商务印书馆，1986年，第813册，第76页。
⑥ （宋）米芾：《画史》，文渊阁四库全书，台湾商务印书馆，1986年，第42页。
⑦ （宋）米芾：《书史》，文渊阁四库全书，台湾商务印书馆，1986年，第813册，第4页。
⑧ （宋）米芾：《宝晋英光集》，文渊阁四库全书，台湾商务印书馆，1986年，第1116册，第58-59页。

对王诜的索求，苏轼自云"不敢不借"。这似乎是诗人对两人身份玩笑式的戏谑之辞，诗最后几句云："风流贵公子，窜谪武当谷。见山应已厌，何事夺所欲。欲留嗟赵弱，宁许负秦曲。传观慎勿许，间道归应速。"①王诜贵族出身，驸马身份，自然是"风流贵公子"。这似乎暗示苏轼是弱势的一方，也注定苏轼最终不得不顺从王诜的请求。但与此同时，"欲留嗟赵弱，宁许负秦曲"句，以"和氏璧"的故事暗示了弱者战胜强者的结局。"传观慎勿许，间道归应速"，这是苏轼提出的两个条件：第一是不得"传观"，第二是尽快归还。

苏轼与王诜围绕"仇池石"的争执，引来了第三方出面调停。这第三方便是钱穆父、王钦臣、蒋颖叔三人。尽管他们三人的诗歌现已亡佚不传，但他们的观点清晰地保留在苏轼第二首超长的诗题里：《王晋卿示诗，欲夺海石，钱穆父、王仲至、蒋颖叔皆次韵。穆、至二公以为不可许，独颖叔不然。今日颖叔见访，亲睹此石之妙，遂悔前语。轼以谓晋卿岂可终闭不予者，若能以韩幹二散马易之者，盖可许也。复次前韵》②。苏轼第一首回复诗不久，所有的人似乎都达成了共识：王诜的"借观"实际上就是"夺"。苏轼似乎也占据了"得道多助"的制高点："故人诗相戒，妙语予所伏。一篇独异论，三占从两卜"、"今朝安西守（蒋之奇），来听阳关曲，劝我留此峰，他日来不速"③。同时，诗人再次表达了守护"仇池石"的决心："守子不贪宝，完我无瑕玉"。然如此的步步为营，却在诗题中早已透露出了"以石易画"的设想与准备：苏轼要用双石去换王诜收藏的韩幹的马画。

骏马画是苏轼那个时代的文人热衷的收藏品之一，尤其是那些出于8世纪画家如韦偃、曹霸、韩幹之手的作品。有一幅韩幹的马画，就在王诜手上。对于一位画家及痴迷成性的古玩收藏家而言，苏轼"以石易画"的交易构想无异于陷阱。当然，王诜的拒绝也在苏轼的意料之中。兴许，苏轼貌似合情合理的提议只是在以王诜之道还诸彼身，所谓"己所不欲，勿施于人"。果然，苏轼的交易构想被王诜所"难"无疾而终。此时，第三者再一次插足介入。钱穆父异想天开，要将石、画据为己有；蒋颖叔则走极端，建议焚画碎石。这些都体现在苏轼的第三首诗的诗题里：《轼欲以石易画，晋卿难之，穆父欲兼取二物，颖叔欲焚画碎石，乃复次前韵，并解二诗之意》④。

二、宋代文人的生活本相

苏轼"以石易画"之提议因王诜"难之"而未果，然围绕"仇池石"的唱和活动真实再现了宋代文人生动鲜活的日常生活图景，透露出深厚的文化内涵。

（一）艺术品交换的"经济"意识

有宋一代，商品经济日趋繁荣，商业活动日益活跃，社会出现了"贱稼穑，贵游

---

① （宋）苏轼：《苏轼诗集》，中华书局，1999年，第1940页。

② （宋）苏轼：《苏轼诗集》，中华书局，1999年，第1945页。

③ （宋）苏轼：《苏轼诗集》，中华书局，1999年，第1945页。

④ （宋）苏轼：《苏轼诗集》，中华书局，1999年，第1947页。

食,皆欲货末耕而买车舟,弃南亩而趣九市……贾区伙于白社,力田鲜于驵侩"①的重商风气。这深深影响着宋代士林,改变着文人士大夫的心态和行为。他们普遍意识到"行商坐贾,通货殖财,四民之益也"②。北宋建国之初,在"视官制禄,所以养贤官"的厚禄养贤政策下,大部分士大夫犹以经商为耻,然时隔不久,皆以货殖是逐,"故今官大者,往往交略遗,营赀产,以负贪污之毁;官小者贩鬻乞丐,无所不为"③,从而形成"专业商贩为急务"的士林风习。

在此背景下,文人士大夫有着精打细算的"经济"意识当属情理之事。这种"经济"意识也渗透到了象征文人士大夫高雅生活情趣并俨成风尚的艺术品领域。在"仇池"唱和中,苏轼"以石易画"之提议虽存在着永久拥有仇池石策略上的嫌疑,然并不排斥出于诚心。虽然苏轼信誓旦旦地说要"完我无瑕玉",且不会贪恋其他的"宝",但其实已经做好了交易准备。他更切实际地给王诜还了个价,要用双石换取王诜收藏的韩幹的骏马画,这无疑是苏轼在艺术品交换中"经济"意识的流露。又苏轼《郭祥正家醉画竹石壁上,郭作诗为谢,且遗二古铜剑》④一诗(实则是对郭祥正谢诗的和答)告诉我们,苏轼为报好友郭祥正之热情好客而醉画竹石(或许苏轼本意并非如此,然竹石一旦画成,就起到了被回报的暗示与作用),郭祥正作了两首诗来答谢苏轼的绘画,苏、郭二人的你来我往事实上构成了一次交易。既然是交易,那么,彼此心中自然存有精打细算的"经济"意识,郭氏赠送的两把铜剑无疑平衡了这桩交易。郭、苏二人的唱和诗不仅记录和解释了物品的交换,还积极地参与到了这次交易过程之中。上文提及刘季孙和米芾的交易未能完成,原因仅在于米芾缺少了一块砚石的砝码。这同样也反映了刘季孙的"经济"意识。

宋代文人士夫进行艺术品交换的行为极为普遍。米芾《书史》载:"朱巨川《告颜书》,其孙灌园屡持入秀州崇德邑中,不用为荫,余以金梭易之;又一告类《徐浩书》在邑人王衮处,亦巨川告也。刘泾得余颜告,背纸上有五分墨,至今装为秘玩,然如徐告,粗有徐法尔。王诜与余厚善,爱之笃。一日见语曰:'固愿得之。'遂以韩马易去,马寻于刘泾处,换一石也。此书至今在王诜处。"⑤这段文字提及了米芾以金梭换颜真卿书法真迹、王诜以韩幹马画换取了米芾收藏的一幅书法真迹、王诜以一块石头换取了刘泾的韩幹马画等交易。显然,在文化消费市场上,艺术品作为等价物进行交换的例子在宋代所在自有,甚至比比皆是。在艺术品交换中,固然不乏朋友之间"君子成人之美"的雅意,如王诜对米芾所藏书法真迹的迷恋,米芾给予成全。然即便如此,米芾在书法真迹与韩幹马画交换过程中所呈现出来的"经济"意识依然清晰可见。

(二)艺术品消费与收藏的"物恋"情结

在仇池唱和中,苏轼视仇池石为"希代之宝"的略显夸张和机智护石,都表明苏轼

① (宋)夏竦:《文庄集》,文渊阁四库全书,台湾商务印书馆,1986年,第1087册,第168页。

② (宋)王偁:《东都事略》,文渊阁四库全书,台湾商务印书馆,1986年,第382册,第635页。

③ (宋)王安石:《临川先生文集》,中华书局,1959年,第416页。

④ (宋)苏轼:《苏轼诗集》,中华书局,1999年,第1234页。

⑤ (宋)米芾:《书史》,文渊阁四库全书,台湾商务印书馆,1986年,第10页。

对物的执迷。这份执迷也促使他不太恰当地把仇池石比喻为妻子。第二首诗前八句云：

相如有家山，缥缈在眉绿。谁云千里远，寄此一蹙足。平生锦绣肠，早岁藜苋腹。纵教四壁空，未遣两峰蹙。①

诗歌提到司马相如和卓文君的故事。其中一处用"文君姣好，眉色如望远山。脸际常若芙蓉，肌肤柔滑如脂"（葛洪《西京杂记》卷二）来描绘卓文君。司马相如和卓文君私奔之后，处于"家徒四壁"的窘境之中。此处仇池石、山和"眉色如望远山"的美女这三个意象实则可以相互指代，因而产生一种暗喻性的类比：仇池石之于苏轼，如同卓文君之于司马相如。不过，苏轼把自己与仇池石的关系说成夫妻关系似乎并不恰当。在中国古代传统婚姻观念里，妻和妾之间一个重大的区别是：妾可以作为物品进行交换。早在西汉，刘安便有《爱妾换马》为题的乐府诗（不传），梁简文帝亦作《爱妾换马》一诗。②至中唐以来，爱妾换马的故事非常流行。唐文宗开成三年（838年），裴度、白居易的诗歌唱和便导演过一出唐代版的爱妾换马故事。裴度看中了白居易的小妾青娥，欲以良马换之。裴度唱诗今只存一联附于白居易和诗前，存诗云："君若有心求逸足，我还留意在名姝。"白居易和诗《酬裴令公赠马相戏》云："安石风流无奈何！欲将赤骥换青娥（按：白居易妾名）。不辞便送东山去，临老何人与唱歌？"③这次交易虽因白居易不舍而未果，然透露出妾作为物品可以交换的事实。张祜《爱妾换马》诗中如此写道："一面妖桃千里蹄，娇姿骏骨价应齐。"④马和姬妾被认为是功能相同的商品。同样，仇池石被女性化后，其化身更像是可以交换与转手的姬妾而非妻子。苏轼这个貌似有悖常识因而并不恰如其分的比喻实则表明苏轼对仇池石的迷恋之深。

苏轼恋石随性而投入，形诸文字，颇多趣事。其《怪石供》记述于元丰三年（1080年）在黄州发现江边多美石，"多红黄白色。其文如人指上螺，清明可爱，虽巧者以意绘画有不能及……齐安小儿浴于江时，有得之者戏以饼饵易之。既久，得二百九十有八枚"⑤。苏轼恋石成痴，即便在被放逐中，亦不改本色。在谪迁惠州经过湖口时，在普通百姓李正臣家中看中一块怪石，形制宛转盘旋，如纳九华山于壶中。因南迁途中的种种不便，交易没能完成。当时苏轼能做的只是给石头取名为"壶中九华"，并为之题诗，以资纪念。题诗有云："念我仇池太孤绝，百金归买碧玲珑。"⑥苏轼念及仇池石"太孤绝"，想让"壶中九华"与之为偶，恋石之意溢于言表。

在宋人眼中，怪石是古玩艺术品之一。作为一部被誉为"鉴赏家之指南"⑦的古玩艺术品鉴著作，南宋赵希鹄的《洞天清禄集》列古琴辨、古砚辨、古钟鼎彝辨、怪石辨、砚屏辨、笔格辨、水滴辨、古翰墨真迹辨、古今石刻辨、古画辨等十类古玩，其中

① （宋）苏轼：《苏轼诗集》，中华书局，1999年，第1945页。
② （宋）郭茂倩：《乐府诗集》，中华书局，1979年，第1042页。
③ （唐）白居易：《白居易集》，顾学颉校点，中华书局，1979年，第769页。
④ （清）彭定求等编：《全唐诗》，中华书局，1960年，第5826页。
⑤ （宋）苏轼：《苏轼文集》，孔凡礼点校，中华书局，2004年，第1986页。
⑥ （宋）苏轼：《苏轼诗集》，中华书局，1999年，第2048页。
⑦ （清）永瑢等纂：《四库全书总目》，中华书局，1979年，第1057页。

便有"怪石辨"。在宋代,像苏轼这样恋石的文人士大夫所在自有。仅从苏轼的诗文中,便可开出一长串恋石者的名单。据周裕锴先生统计,除上文提及的王诜、钱勰、蒋之奇、王钦臣、米芾、李正臣、郭祥正外,还有刘敞(字原父)、文同(字与可)、鲁有开(字元翰)、梅灏(字子明)、程之元(字德孺)等。[①]这些朋友相互赠送欣赏并收藏怪石,相互唱和,形成了人文旨趣极浓的嗜好怪石的文艺圈,体现出宋人浓厚的"物恋"情结。上述"元祐四友"围绕"仇池"唱和所体现出来的对仇池石的赏玩与钟爱,王诜的"意在于夺",钱穆父"欲兼取二物",以八千金易得"壶中九华"的石头迷郭祥正,无不透露出这一点。米芾拜石饱含深情的癫狂,堪为宋代文人"物恋"之典型。《宋史》载:"无为州治有巨石,状奇丑,芾见大喜曰:'此足以当吾拜!'具衣冠拜之,呼之为兄。"[②]就仇池石而言,由于苏轼的称赞,价值倍增。在苏轼死后,仇池石为宫廷所藏。北宋王朝覆灭后,这两块仇池石和宫内收藏的其他奇石一起弃置沟渠。但很快就被赵师严取而藏之。仇池石新得其所,至少又引发了两首诗,押的是苏诗原韵。[③]或许,连苏轼本人也不曾想到,仇池石虽然身为外物,却具有如此的神力:非但不为人所转,而且能让人为之所转。

(三)"寓意于物"的审美态度与哲理思考

文人恋石约始于中唐元和以后,李德裕和牛僧孺可谓开风气之先。李德裕于京师伊阙,南置平泉别墅,"清流翠篠,树石幽奇"[④]。牛僧孺在洛阳归仁里筑私第,"嘉木怪石,置之阶廷,馆宇清华,竹木幽邃"[⑤]。牛氏酷爱怪石,初衷在于适意,然据白居易《太湖石记》载:"公于此物,独不谦让,东第南墅,列而置之,富哉石乎……各刻于石之阴,曰牛氏石甲之上,丙之中,乙之下"[⑥]。"独不谦让"一语及定石品级,透露出牛氏对怪石的迷恋之深及对适意初衷的背离。在这点上,以苏轼为代表的宋代文人在"物恋"之余又往往能抱持一种寓意于物的审美态度,以达理性超脱之境。苏轼《宝绘堂记》云:"君子可以寓意于物,而不可以留意于物。寓意于物,虽微物足以为乐,虽尤物不足以为病。留意于物,虽微物足以为病,虽尤物不足以为乐。"[⑦]一件物品成为审美对象,不在于它本身的属性,而取决于人们的态度,即"寓意于物"抑或"留意于物"。"宝绘堂"乃王诜所筑,藏历代书法名画,王诜日夕观摩其间,苏轼作此记,对

---

① 周裕锴:《苏轼的嗜石兴味与宋代文人的审美观念》,载《社会科学研究》,2005年第1期。

② (元)脱脱:《宋史·米芾传》,北京:中华书局,1985年,第13124页。

③ 见曾协《赋赵有异仇池石次沈正卿翰林韵》。从曾协诗歌题目可知,赵师严(字有异)拥有过仇池石,而沈清臣(字正卿)已经写有一首关于仇池石的诗歌,用的是苏轼原诗的韵。曾诗云:"长公仙去后,兵马遂南牧。尤物落何许,心知委沟渎。何期超世贤,爱石不爱玉。夜半负之走,包裹随革伏。一朝返窗几,时清端可卜。"(北京大学古文献研究所:《全宋诗》卷二〇四七,北京大学出版社,1998年,第37册,第23003—23004页)

④ (后晋)刘昫等撰:《旧唐书》,中华书局,1986年,第4528页。

⑤ (后晋)刘昫等撰:《旧唐书》,中华书局,1986年,第4472页。

⑥ (唐)白居易:《白居易集》,顾学颉校点,中华书局,1979年,第1543页。

⑦ (宋)苏轼:《苏诗文集》,中华书局,1999年,第356页。

挚友"留意于物"不无规劝之意。

宋代文人恋石至深，却也能超然其外。在第三首仇池唱和诗中，苏轼从痴迷的当局者变成了清醒理性的旁观者。诗云：

春冰无真坚，露叶失故绿。鹦疑鹏万里，蚿笑夔一足。二豪争攘袂，先生一捧腹。明镜既无台，净瓶何用蹙。盆山不可隐，画马无由牧。聊将置庭宇，何必弃沟渎。焚宝真爱宝，碎玉未忘玉。久知公子贤，出语耆年伏。欲观转物妙，故以求马卜。维摩既复舍，天女还相逐。授之无尽灯，照此久幽谷。定心无一物，法乐胜五欲。三峨吾乡里，万马君部曲。卧云行归休，破贼见神速。①

该诗结构较为复杂，其言说对象和言说主题具双重性，且叙述中不断穿梭于两个层面之间。当言说对象是王诜时，苏轼谈论的是仇池石和王诜马画的不济（"盆山不可隐，画马无由牧"），并以《庄子》中的典故反映小物之于大物的卑琐。如此贬损艺术品的价值，这对于作为文人画理论先驱和奇石鉴赏家的苏轼而言简直难以置信。但随着苏轼和王诜之间谈判的升级，苏轼不得不否定那些珍物的价值。而对钱穆父和蒋颖叔，苏轼解释了为何不必非要损毁或舍弃某件东西才能避免自己为物所役。"明镜既无台"用六祖慧能改神秀"心如明镜台"之偈的著名故事，说明对于一颗了悟之心而言，任何外在的实际依凭都不再需要，甚至都不用知道这些依凭的存在。不管石头或马如何"逼真"，它们和实物相比都微不足道。然苏轼刚阐明这个观点，却在下一句"净瓶何用蹙"用另一个禅宗公案予以质疑。在这个公案中，百丈、沩山和华林围绕净瓶进行机锋对答，故事的高潮是净瓶被踢倒。②蒋颖叔为了标榜超然物外而采取"焚画碎石"的方式，与公案中"踢倒净瓶"一样极为幼稚，正所谓"焚宝真爱宝，碎玉未忘玉"。为占据哲理制高点，苏轼居然把曾在第二首诗中提出的交换建议重新解释为"转物妙"。"转物"之典源出《楞严经》里佛祖对阿难的布道："一切众生从无始来，迷己为物，失于本心，为物所转。若能转物，则同如来。"③"维摩既复舍，天女还相逐"句用了《维摩诘所说经》魔波旬试探维摩诘的典故。魔波旬将万二千天女交与维摩诘，维摩大士教授了她们佛法，魔波旬返回天宫时想要从维摩诘处把天女要回：

魔言："居士可舍此女？一切所有施于彼者，是为菩萨。"维摩诘言："我已舍矣！汝便将去，令一切众生得法愿具足。"④

被维摩诘传授"无尽灯"后，天女们最终跟随魔波旬回了魔宫。她们身居无限幽冥之中，但心灵却保持"无上正等菩萨"。苏轼有意强调天女们仍归维摩诘所有，并未还给魔波旬。魔波旬讨要时，维摩诘说"我已舍矣"。这里的"舍"，是意念上一种不掺杂占有欲的占有状态。苏轼借此典故，意在表明，他之于那对引发了争夺的仇池石，正如维摩诘之于万二千天女，在将其送给王诜之前，已经在意念上舍掉了它们。"定心无一物"句是苏轼宣称自己达到一种理想境界的明确表达。

①　（宋）苏轼：《苏诗诗集》，中华书局，1999年，第1947页。

②　（宋）释道原：《景德传灯录》，上海书店，1985年，第264页。

③　释智觉撰述：《楞严经注解》，上海古籍出版社，2013年，第328页。

④　鸠摩罗什译：《维摩诘所说经》，宗教文化出版社，2005年，第693页。

在苏轼看来，仇池石不过是盆景中的假山，韩幹所画之马亦非真马。在本真与模拟的对立之中，石、画都失去了价值。虽然，就佛家真义而言，即便是真山和真马也是虚幻的物象。苏轼在此诗中用了一连串佛经和高僧传里的典故，并通过对"无"这种否定性修辞的反复强调来表达心、物两分的重要性，因而具有了哲理批判的意味。苏轼的哲理批判对象并非石、画之假不如真，而是人"欲"之愚不可及。

（四）人生出处情怀的寄托

围绕仇池石的系列诗歌不仅清晰地呈现了北宋文人的"经济"意识、物恋情结、审美态度及哲理思考，事实上也寄托了苏轼本人的出处情怀。这种情怀在《双石》诗及其序中已得到充分的体现。序云："至扬州，获二石。……忽忆在颖州日，梦人请住一官府，榜曰仇池。觉而诵杜子美诗曰：'万古仇池穴，潜通小有天'。乃戏作小诗，为僚友一笑。"[1]诗序以元祐六年（1091年）知颖州时所做的一个奇怪的梦写起，梦中苏轼来到题名为"仇池"的官府，醒后则诵杜甫《秦州杂诗》"万古仇池穴，潜通小有天"之句。"小有天"在河南省王屋山，为道教三十六洞府之一。杜甫将仇池山上的池穴设想为暗通仙境的途径。宋人郭知达编《九家集注杜诗》引王仲至语："吾尝奉使过仇池，有九十九泉石，万山环之，可以避世，如桃源。"[2]苏轼以杜诗来解释"仇池"之梦并以此为双石命名，显然带有浓厚的归隐避世的象征意味。在《双石》诗中，无论是太白还是峨眉，都是道教名山，是能使人得道成仙、躲避世俗之乱的洞天福地。然故乡既不可归，桃源也不可寻，仇池石便成为诗人日思夜梦的山林归隐的替代品，也是诗人身在魏阙、心存江湖的一种心理补偿。"一点空明是何处，老人真欲住仇池"句，是自称为老人的苏轼退隐山林的明确表达。仇池山不再是具体的物象，而是苏轼心中的归隐之乡。这种归隐之思虽仅是一场"仇池"梦而已，却恰恰反映了苏轼大半生的政治浮沉与人生感喟。截至元祐七年（1092年），苏轼经历了进士及第、制科高等的名震天下和任职翰林的无限荣光，也经历了乌台诗案的九死一生，黄州谪居的忧危惧祸，洛蜀党争后历任地方的流离漂泊，归隐还乡之念愈发渴望与强烈。"此生终安老，还轸天下半"之喟叹是苏轼半生宦海浮沉渴望归隐安顿的清晰流露。

苏轼在短暂的知颖州、扬州后，于元祐七年（1092年）九月又被召回京城，参与郊祀大典，进官端明殿学士、翰林侍读学士、礼部尚书，这是其一生中最高的官位。在看似荣耀的背后，政敌依然不断地在弹劾他，使他不安于朝。事实上，此时元祐之政也已日薄西山，苏轼敏锐地觉察国事将变，政治风暴又将席卷其身。"仇池"唱和活动便发生在苏轼留在京城这差不多一年的光景中。如果说，《双石》诗中以"仇池"命名双石已明确透露出苏轼的避世之想，仇池石象征了苏轼归隐之梦的物质寄托；那么，仇池唱和中看似剑拔弩张却心澄如境的艺术品交换似可视为以苏轼为代表的北宋文人对艺术的皈依，并由此达成在艺术之乡的心灵安顿。苏轼在第二首唱和诗中云："吾今况衰病，

---

① 　（宋）苏轼：《苏轼诗集》，中华书局，1999年，第1880页。

② 　郭知达：《九家集注杜诗》卷二○《杜诗引得》，上海古籍出版社，1985年，第321页。

义不忘樵牧。逝将仇池石，归溯岷山渎。"①无论衰病，终不忘山林之念，且要带着仇池石同归故里。这既是仇池唱和赋予的文化意义，也是仇池石对苏轼——当然也包括在乌台诗案中义薄云天的挚友王诜——避世情怀的承载。

三、余论

唱和诗在宋代极为盛行，是文人士大夫日常生活和交往的普遍方式，透露出宋人不俗的生活情趣和审美风尚。其所涉及的内容与功能极为复杂，所谓"小通则以诗相戒，小穷则以诗相勉，索居则以诗相慰，同处则以诗相娱"②。苏轼诸人围绕仇池石的唱和活动，把平凡琐屑的日常生活内容升华到诗的境界，突显了以诗娱情的雅趣和诗歌的交际功能。这种文人间双向甚或多向的酬唱活动，使我们能够找寻到诗人间交相往来的线索，了解彼此因事触发的感受，真正做到知人论世。正如台湾学者梅家玲对唱和诗的精辟见解："由于'礼尚往来'的精神乃是赠答活动所以形成的重要基素，故透过诗作往复赠答，原就蕴含了深具社会性的'人/我'互动。"③围绕仇池石的这段记忆，通过对这种交往图式的体味，展现出了宋代文人的生活本相和深厚的文化内涵。文人间日趋普遍的艺术品交换反映出宋人日常生活的雅化，而交换中流露出的"经济"意识与宋代重商风气不无关联；艺术品交换作为文人间一种互动的文化消费活动，通过诗歌酬唱的形式得以呈现，与收藏风尚一起清晰地透露出宋代文人的物恋情结。以苏轼为代表的北宋文人恋石成痴，却又能抱持"寓意于物"的审美态度与哲理思考而超然石外。围绕仇池石的系列诗歌，也寄托了苏轼本人的归隐之念与避世之想，为我们提供了一个在诡谲激烈的新旧党争中更接近生活本原的诗人图像。

---

① （宋）苏轼：《苏轼诗集》，中华书局，1999年，第1947页。
② （唐）白居易：《白居易集》，顾学颉校点，中华书局，1979年，第965页。
③ 梅家玲：《汉魏六朝文学新论——拟代与赠答篇》，北京大学出版社，2004年，第158页。

满文密本档中的"康熙朝历狱案"

张　璐

【内容提要】1644年，杨光先上书状告汤若望等天主教传教士在华传布邪教、制定错误历法等，掀起一场漫长的诉讼，这便是中西方交流史和天主教传教史中屡屡被提及的历狱案，它往往被描述为一场残酷的政治迫害，是保守愚昧的清朝官员出于对先进文明的嫉妒而制造的一场构陷，并以此来解释中西方文化冲突中中国的立场。这一论断带有基于立场的误读与偏颇。本文跳出西方视角，更多采用新近出版的满文密本档中关于历狱的庭审档案，希望从中国的视角再次回顾整个诉讼过程，并在其中分析清政府的行为逻辑，更为细致地揭示历史事件的复杂性。

【关 键 词】历狱；满文密本档；清代司法

【作者简介】张璐，女，法学博士，中国矿业大学（北京）文法学院讲师（北京100083）。

　　清初康熙朝历狱案是中西方交流史中的一个重要事件，获得研究者颇多关注。现有的研究成果多从天主教传华史、文化交流史、科技史等角度对该案进行考证和论述，关注的焦点多集中于历法之争的原因、历狱案的性质、该案对天主教在华传播的影响等问题。本文将要回到案件本身，从该案争论的焦点出发，以案件审判为线索，以满文密本档中的庭审记录为资料，在完整的司法过程中展示传统法律一方面如何被西方理解和构建，一方面如何按照自身的逻辑运行，希望从法律的角度再次审视这一影响深远的事件。

一、案件缘起

　　目前所见关于历狱的最早档案是康熙三年（1664年）十二月，《刑部题为审理传布天主教及置闰、立春、依西洋新法等案事密本》[①]，从这里可以大致勾画出历狱案的缘起。

　　案件的发起者杨光先于顺治十五年（1658年）看到钉死耶稣的画像，知道天主教就是耶稣教，由此产生弹劾的念头。此后几年，杨光先分别以历法舛误、欺君蔑国、顺治十八年（1661年）历法有误等原因，数次向礼部、通政使司等部门控告耶稣教及耶稣会士，均遭拒绝。杨光先并未灰心，于康熙三年（1664年）七月二十六日，再次撰写《请诛邪教状》具投礼部，掀起"历狱"风暴。

---

① 　《满文密本档·卷137》，摘自第一历史档案馆、中国海外汉学研究中心合编：《清初西洋传教士满文档案译本·档案7》，安双成编译，大象出版社，2015年，第22—27页。以下提及此书简称《档案译本》。

二、案件审理过程

此前的研究已经明确指出，在历狱之争中，以汤若望为代表的传教士及奉教官员与杨光先的争论聚焦在十五个具体问题之上[①]，但是，研究者多将历狱作为一个案件整体来论述[②]，这其实是不确切的。综合清代庭审档案和传教士记录及各传记来看，历狱案的审判是以杨光先控告为起点，从传布邪教、天文历法舛误、荣亲王葬期选择错误三个指控出发，分别按照当时司法审判程序逐一完成。

（一）传布邪教

1. 礼部、吏部初审

康熙三年（1664年）八月初五日，历狱案的审理正式开始。最先被审理的罪名是杨光先控告传教士传布邪教，其中耶稣会士汤若望、南怀仁、利类思、安文思，奉教官员李祖白、潘尽孝、许之渐和许谦八人被列为被告，由礼部会同吏部审理。讯问焦点集中在天主教的由来、教堂在各地的设立及分布、传教士、教徒的行为与活动等问题上，目的在于确认天主教是否是一种邪教。审理过程中，朝廷还根据杨光先的控告派员彻查两个与此罪名密切相关的情况，一是澳门是否西洋人进出中国的中转站；二是就向教堂捐款事宜对官员许缵曾、佟国器进行调查。

十一月十一日，礼、吏二部总结了汤若望等八人十四条可疑之处及罪状，认为传教士用涂抹神油、赦免罪孽来妖言惑众，修建教堂、散发铜像、定期集合，并且禁止教徒为祖先烧纸，"状如邪教"，基本认定杨光先所控属实，决定将汤若望等人革职并交刑部议。此外，拟将京城内两座教堂拆毁，将西洋教画像、书籍等俱行焚毁。

2. 刑部复审

十一月底，审理正式转至刑部，由陕西清吏司和河南清吏司具体承办。因为档案的缺失，综合目前所见之资料，刑部审理的焦点集中在以下几个方面：第一，核实李祖白《天学传概》所载内容；第二，针对入教、受洗、忏悔等天主教教仪的讯问；第三，针对《大清时宪历》封面题有"依西洋新法"五个字的讯问；第四，针对顺治十八年（1661年）置闰的讯问。其核心仍然在于确认天主教是否是一种邪教，奉教官员的行为是否属于大逆谋叛。

经多番讯问，刑部再次确认耶稣会士传布邪教的指控，认为汤若望等人的行为属于谋建邪教，蛊惑众人，其中汤若望为首犯，拟处立绞；李祖白等人为从犯，各杖四十流放宁古塔；许谦为从犯，但因其满洲家人身份，拟枷号三月鞭笞一百。该结果交由三法司核拟。[③]

---

① 安双成：《汤若望案始末》，《历史档案》，1992年第3期。

② 钱志坤：《"钦天监教案"起因探析》，《杭州师范学院学报（人文社会科学版）》，2001年7月；吕江英：《清初历法之争原因再探究》，《烟台大学学报（哲学社会科学版）》，2010年10月；朱昆：《"智礼之争"——从康熙朝"历狱"看清初中西文化冲突》，《贵州文史丛刊》，2014年第1期。

③ 《满文密本档·卷137》，摘自《档案译本》，档案7，第45页。

3. 三法司复核

按照律典，三法司核拟的决定必须在法定期限内做出，但因为其后审讯重点转向荣亲王葬期选择，所以康熙四年（1665年）二月初七，刑部尚书尼满代表三法司上奏，说明当前审讯重点是荣亲王葬期案，传布邪教案的被告汤若望和李祖白也是荣亲王葬期案的主要被告，请示将此案押后再审，获得批准。直至四月十五日，三法司最终核拟确认汤若望等八人传布邪教、造妖书惑众属实。①

（二）天文历法错误

在等待三法司复核刑部关于传布邪教罪名的处理意见时，汤若望等人开始接受杨光先所指控的第二项罪名——天文历法舛误的调查。因为该项指控所针对的内容涉及历法、天文和数学，朝廷一直保持着谨慎的态度。

1. 礼部、吏部初审

康熙三年（1664年）十二月初，初审由礼部和吏部共同主持，审讯的焦点集中在天文历法的事实判断方面。在传布邪教罪的审理中，承审官员可以抓住原告和被告双方供述中的矛盾来获取更详尽的信息，从而做出基本判断。但在天文历法舛误罪名的审理中，原被告的争论聚焦于历法推算依据和具体推算结果之上，这对于不具备相应知识的审判官员来说，无疑是巨大挑战。礼部尚书祁彻白先后两次上奏，表示天文事关重大又太过玄妙，二部无法擅断。朝廷命议政王带领诸大臣"会同酌议具奏"。②

2. 议政王大臣复审

审讯由康亲王杰书带领议政王及各大臣接手。经过多次讯问，杰书否定西洋新法，建议按旧法推算历法。但这一草率的结论遭到辅政大臣的斥责。③杰书第二次上呈审讯结果，又因未能"彻底穷诘"再遭驳回。④直至议政王大臣针对批红中特别提出的关于康熙三年（1664年）立春之日测定的问题进行了第三次讯问，一一列明西洋新法确实存在的错误，做出"将汤若望仍交刑部议罪"的结论，终于获得辅政大臣的准许。⑤

3. 三法司复核

四月十二日，三法司对于天文历法舛误的指控做出判决：确认汤若望在天文历法上的五项错误：改用百刻、立春不准、更调觜参、删除紫气、只进两百年历等，但因其罪行犯在三月初五恩赦之前，且在荣亲王葬期选择案中钦命免死，不予追究。⑥

（三）荣亲王葬期选择错误

杨光先提出的第三个指控是汤若望等人选择荣亲王葬期有误。荣亲王是顺治帝第四子，出生数月即告夭折，后追封为荣亲王。荣亲王死后，钦天监立刻受命选择其安葬地点、日期和时刻。杨光先认为，汤若望带领下的钦天监在选择一事上犯有不可饶

---

① 《满文密本档·卷152》，摘自《档案译本》，档案27，第273页。
② 《满文密本档·卷149》，摘自《档案译本》，档案9，第66页。
③ 《满文密本档·卷149》，摘自《档案译本》，档案11，第117页。
④ 《满文密本档·卷150》，摘自《档案译本》，档案13，第141页。
⑤ 《满文密本档·卷150》，摘自《档案译本》，档案14，第173页。
⑥ 《满文密本档·卷152》，摘自《档案译本》，档案26，第272页

恕的罪行。

1.礼部、吏部初审

初审中，杨光先与汤若望等人争论的焦点集中于二：第一，荣亲王葬期由谁选择；第二，荣亲王葬期依据什么选择。针对第一个问题，奉教官员和非奉教官员的口供截然相反，据此，礼部申请将参与此事的相关官员俱行革职。接着，审理聚焦于葬期选择的依据。杨光先指控汤若望等人选择葬期时不用惯常使用的正五行，而使用别名《灭蛮经》的洪范五行选择，其心可诛。因"夫洪范五行者，即唐丘延翰颠倒生死，编写五行，以哄蛮夷，是以谓为《灭蛮经》"[①]。礼部经调查，认为杨光先所控属实。康熙四年（1665年）正月二十，礼部尚书祁彻白上密本，建议将邪教案与荣亲王葬期选择案由刑部并案处理。[②]

2.刑部复审

二月二十九日，刑部肯定杨光先所控内容，认为汤若望等人因选择错误导致荣亲王葬期"四柱无一吉者"。故此，应对汤若望等涉案官员治以"与主不利，其欲毁宗庙，祖坟及宫殿"的大逆之罪，按律拟处汤若望、李祖白、杜如预、杨宏量等人凌迟之刑。该决定由议政王大臣复核。[③]

3.议政王大臣核拟

康亲王杰书率领的议政王大臣会议后，做出以大逆之罪凌迟处死汤若望等人的决定，但遭驳回[④]。后由显亲王富绶接手继续审理，认定大逆罪成立，但念在过往功绩，全部从轻处理。[⑤]

三、案件审理结果

按照法定程序和特别程序完成案件调查之后，历狱案进入了宣布审判结果的阶段。

（一）判决

康熙四年（1665年）三月初二，京城发生地震[⑥]，三月初五"金星昼见。以星变地震肆赦，免逋赋。"[⑦]这一恩赦，直接影响了日后的判决结果。

三月底，在给议政王大臣会议荣亲王葬期选择错误的批示中，辅政大臣免除了汤若望、杜如预和杨宏量罪行，但李祖白等钦天监奉教官员被判斩立决。

四月十二日，三法司对于天文历法舛误一罪做出判决：确认汤若望在天文历法上的五项错误，但因其罪行犯在三月初五恩赦之前，且在荣亲王葬期选择案中钦命免死，所

① 《满文密本档》，摘自《档案译本》，档案10，第70页。

② 《满文密本档》，摘自《档案译本》，档案10，第97页。

③ 《满文密本档·卷150》，摘自《档案译本》，档案17，第217页。

④ 《满文密本档·卷151》，摘自《档案译本》，档案20，第257页。

⑤ 《满文密本档·卷151》，摘自《档案译本》，档案24，第268页。

⑥ 《清史稿·卷四十四·志十九》。

⑦ 《清史稿·卷六·本纪六》。

以不再追究其传播舛误之天文历法的罪行。①

四月十五日，三法司确认汤若望等八人传布邪教、造妖书惑众属实。因三月初五日恩赦，利类思、安文思、南怀仁和许谦已获准释放；李祖白等人已因荣亲王葬期选择错误被正法；汤若望及其义子潘尽孝免罪。②

（二）余绪

汤若望被革职后，于康熙五年（1646年）七月病逝于寓所，杨光先于八月初五升任钦天监监正，停止推行西洋历法。杨光先主持钦天监工作后，出现多次历法推算错误，康熙八年（1649年）三月，康熙帝启用南怀仁为钦天监监副。不久，南怀仁等呈告杨光先依附鳌拜陷害同僚。此案经以康亲王杰书为首的议政大臣会议得出结论：杨光先出于嫉妒妄生事端，殃及无辜，汤若望谋叛不属实。决定恢复汤若望"通微教师"之名，照生前品级赐恤；李祖白等被处死的官员照原官恩恤；许缵曾等被革职官员获准复职；虽然肯定供奉天主者并无恶迹，但仍禁止聚会传教。杨光先从宽免死，遣回原籍，卒于途中。

历狱一案至此终结。

四、对案件审理的分析

在传教士的记录和传记中，对于此案的描述是完全负面的，充满了"不公""阴谋""残酷""陷害"等字眼。而研究者们对于历狱本身的评价也是大多偏于负面，认为这是一场有意的"陷害"③"惨剧""严酷的政治迫害"④，而历狱的发起者杨光先对于西学和传教士的指控是"情绪化的批判"⑤。再加上四年之后的翻案，人们更有理由相信历狱是一次不公正的审判。

值得注意的是，以往对于历狱案的研究，学者们采用的资料，大多是以传教士的视角来叙述和评价⑥，不免形成较为固定的话语模式：这是一场构陷与迫害，是保守势力对先进文明的绞杀。满文档案的翻译与出版无疑提供了关于此案的另一个观察维度——中国的视角。二十余份详尽的满文庭审记录，为研究者从客观上分析清初统治者对于此案的态度及行为逻辑提供了可能。

（一）从案件的缘起看

根据自述，杨光先弹劾天主教的念头从顺治十五年（1658年）就产生了，先后三次

---

① 《满文密本档·卷152》，摘自《档案译本》，档案26，第272页。

② 《满文密本档·卷152》，摘自《档案译本》，档案27，第273页。

③ 马伟华：《鳌拜被擒与康熙历狱的彻底翻案》，《科学与管理》，2015年第4期。

④ 朱昆：《"智礼之争"——从康熙朝"历狱"看清初中西文化冲突》，《贵州文史丛刊》，2014年第1期。

⑤ 王剑：《情绪化的批判——从杨光先的〈不得已〉说起》，《吉林大学社会科学学报》，2002年1月。

⑥ 在2015年《清初西洋传教士满文档案译本》正式出版之前，研究者使用较多的资料包括：《清史稿》《圣祖实录》；魏特：《汤若望传》；鲁日满：《鞑靼中国史》；收录在《熙朝崇正集》中的多为传教士书写的奏疏和传记，如利类思、南怀仁：《安先生行述》；南怀仁、闵明我、徐日昇：《利先生行述》；徐日昇、安多：《南先生行述》等。

提出控告，俱被退回。杨光先并未气馁，一直对天主教徒的行为保持密切关注，直到康熙三年（1664年）上书《请诛邪教状》，终于引起朝廷关注。

在前三次的控告中，杨光先分别以"历法舛误""奉彼国之正朔"和"顺治十八年（1661年）置闰有误"作为切入点，其共性在于都聚焦在了西洋历法的正确性和正当性之上。事实证明，这并不是杨光先达到目的的最优策略。早在顺治元年（1644年）八月初七，多尔衮即下令"汤若望所用西洋新法，测验精确，密合天行，尽善尽美，见令定造时宪新历，颁行天下，宜悉依此法为准。"①在此后十几年的多次验证下，汤若望及其制定的历法在朝中声望正隆，颇受眷顾。杨光先此时攻击西洋新法有误，并不是一个明智的选择。

康熙三年（1664年），杨光先再次上书终于引起了统治者的重视，而这一次，他控告的是"邪教"。相对于历法错误，邪教的指控无疑更能触及清初统治者的痛点。自入关后，清政府面临的首要问题就是论证自身统治的合法性，为此统治者采取了种种措施，包括采用更为精确的西洋新法以体现其统治基础乃"受命于天"；采取高压手段镇压以宗教为名的秘密组织。

针对严重威胁社会秩序和国家安全的邪教，除了军事镇压之外，清政府在法律层面也制定了一系列严密条款。具体到《大清律例》，包括《名例律》中的十恶；《礼律》中的祭祀、仪制；《刑律》贼盗、人命。历狱针对"传布邪教"罪名的审理中，刑部和三法司都对该指控予以确认，其在奏折中提及作为断案依据的法条正是《礼律·祭祀》中的"禁止师巫邪术"。研读此条可以发现，清律对于邪术、邪教的界定及判罚是从行为所侵害的法益出发。虽然都是供奉神佛，烧香聚集，夜聚晓散，但"重在煽惑人民，以邪乱正"的必须严惩，因为此类行为"愚民易为动摇，恐致蔓延生乱"②，从而危害统治秩序。而传教行为如果只是巧立名目旨在诓骗他人财物，除非确实有煽惑民众的行为，否则另当别论。

杨光先在证明传教士传布邪教这一指控时，除将天主教与白莲教等清廷严加禁止的邪教相提并论外，还特别提到天主教在全国广布教堂，传教士与许缵曾、佟国器等重臣名流过从甚密，而且将澳门"踞为巢穴，接纳海上往来之人"③，每一指控都精准指向"煽惑民众"。果然引起朝廷的重视，命吏部和相关地方详细彻查，尽快呈报。

由此可见，此案虽名"历狱"，由历法而起，但朝廷的关注点更多集中于传教士广布教堂、聚集民众的目的，体现出清初统治者对于危及统治秩序和国家安全行为的警惕和担忧。

（二）从案件的审理过程看

历狱的主要被告是汤若望等身负官职的传教士和钦天监奉教官员，因诉讼主体身份特殊，按律应当适用清代中央司法审判程序中的特别案件审理程序，即一般由刑部或三

---

① 《大清会典·钦天监·时宪科（卷158）》。

② （清）沈之奇撰，怀效锋、李俊点校：《大清律辑注（上）》，法律出版社，2000年，第390页。

③ 《满文密本档·卷137》，摘自《档案译本》，档案7，第29页。

法司会同有关部院审讯，审讯完结后，将依律拟定的结果上奏，待皇帝裁决。而皇帝对于京师职官案件的裁决一般分为四种情形：其一，依法司定拟判决之裁决；其二，法司再行复议之裁决；其三，九卿会议之裁决；其四，另行处置之裁决。[①]

如前所述，历狱案的审判是以传布邪教、天文历法舛误和荣亲王葬期选择错误三个指控为核心分别进行的。三个审判的程序基本相同，初审的重点在于事实调查；再审的重点有二，一是就初审未查明的事实进行再次确认，二是拟出判决意见并上报皇帝等待最终裁决。

具体如下图所示：

所控罪名	审判程序	审判结果
葬期选择错误	礼部、吏部初审→刑部再审议罪→议政王大臣核拟→皇帝裁决	荣亲王葬期选择错误属实；大逆罪；汤若望凌迟处死，其余人斩立决
天文历法舛误	礼部、吏部初审→议政王大臣复审→三法司判决→皇帝裁决	汤若望等传布舛误的天文历法知识属实，但其行为在恩赦之前，不再追究
传布邪教	礼部、吏部初审→刑部再审议罪→三法司判决→皇帝裁决	汤若望等传布邪教属实，但其行为在恩赦之前，不再追究

在葬期选择错误和天文历法舛误两个案件的审理中，除法定程序之外，出现了议政王大臣会议这一特别程序。清代议政王大臣会议是议政王、议政大臣共同决定军国大事的一个重要形式。该制度形成于太祖，太宗继位后开始发挥重要作用，朝中大事都在其所议所决之列，"最多的是复审法司所议罪"[②]。

特别程序的加入，一方面表明了案件审理的难度，另一方面也说明了最高统治者的重视程度。在对天文历法舛误的审理中，礼、吏二部两次上奏表示无力辨别孰是孰非，辅政大臣将此案交康亲王杰书率领的议政王大臣会议。传教士详细记录了这一特殊程序。这个相当庞大的审判团队包括"二十位王公、十四位阁老、十二位尚书、八位最高将帅和七十二位其他官员"[③]，参与审判的官员总数超过两百人，聂仲迁说："这可谓荟萃汉人与满人之英俊于一堂，而予欧洲之科学及其代表者汤若望以裁判了。"[④]这一说法，在鲁日满的笔下也得到了证实。他解释说"大法庭"[⑤]不是一个常设部门，只有涉及最重大的案件才会临时召集，"在中国没有匹敌，除皇帝本人外"。从他的笔下还能看到审理时的状况：每一次审讯时，首先由礼部一位尚书宣读礼部审讯记录，然后这些朝廷重臣开始发问。审判过程冗长，往往长达五个时辰，而且总共开庭十二次。[⑥]特别程序

① 那思陆：《清代中央司法审判制度》，北京：北京大学出版社，2004年，第204页。

② 孙琰：《清初议政王大臣会议的形成及其作用》，《社会科学辑刊》，1986年第4期。

③ 《汤若望传（第二册）》，第164页。

④ 同上。

⑤ 鲁日满将议政王大臣会议称为"大法庭"。

⑥ 鲁日满：《鞑靼中国史》，载何高济译：《鞑靼征服中国史、鞑靼中国史、鞑靼战纪》，中华书局，2008年，第313—314页。

如此漫长的原因在于，朝廷要求以万分审慎的态度调查耶稣会士与杨光先关于天文历法知识的争论。

荣亲王葬期选择错误案件的审理，是与天文历法舛误罪名的审理同时进行的。始料未及的是，当汤若望等人专心应对关于天文历法的事实调查时，葬期选择错误这一指控却引起了极为严重的后果，在该案审讯的末期，"甚至其他罪名的审理都被这一指控掩盖了。"①之所以在这个案件审理中适用特别程序，鲁日满有着自己的解释："中国人和鞑靼人都迷信风水，对于死者的埋葬极为注意，如果葬礼安排得当，对死者本人及其子孙都是吉祥的，但若出现差错或疏忽，将是不可饶恕的大罪，子孙后代都将受到惩罚，经受苦难。"②

启动特别程序可以看出清廷对于历法与选择问题的重视程度。究其原因，从表面看来，这两个罪名所涉事实都与专业知识有关，普通承审官员难以做出孰是孰非的判断，应当由更高级别的官员参与调查和审理。从更深层的角度来看，这两个罪名都与中国人所坚信的天人合一、天人感应密切相关。清朝统治者入主中原不过十几年，各地农民起义时有发生，又恰逢少主登基，从思想上和行动上稳定统治是治理的重中之重。历法精确与否和是否"受命于天"密切相关，荣亲王墓地选择错误则会影响统治根基，这是统治者深信而传教士难以理解的地方。所以，从传教士的记述中，审理过程中遇到的一切都是刁难与构陷，而从清朝统治者的逻辑出发，所有的审判环节和提问都意味着小心与慎重。

（三）从案件结果来看

康熙八年（1649年）五月初十日，康熙帝擒拿鳌拜，二十日，钦定鳌拜等人十二条罪状。二十九日，康亲王杰书上奏，历数鳌拜三十条罪状，康熙帝念其旧功，改立斩为籍没拘禁。此时，康熙帝独揽皇权，清政府权力格局发生重大变化。六七月间，康熙帝一面处理鳌拜党羽，一面调整朝廷官员，一面开始拨乱反正，为苏克萨哈等人平反，由此引发大批昔日受鳌拜整治的官员鸣冤叫屈。

在这一背景下，七月二十日，利类思、安文思和南怀仁上呈名为《诡随狐假，罔上陷良，神人共愤，肯歼党恶，以表忠魂事》的奏折，欲为汤若望等历狱被告平反昭雪。康熙帝下旨令议政王大臣会议此事，历狱全盘翻案。

如果以传教士沉冤得雪来论证历狱是一场诬陷与迫害，并不是一个负责任的结论。与其说康熙帝在对待历狱案上明辨是非曲直，不如说他是站在统治者的立场上从政治的角度来处理这一问题的。

首先，不可否认的是，杨光先担任钦天监监正之后，屡次算错天时，这对虽平定天下但根基不稳的清朝统治者来说并不是一个好消息，初掌大权的康熙帝需要更为精确的历法来巩固统治，而这在当时只有南怀仁等天主教的传教士能够做到，启用南怀仁接替杨光先掌管钦天监是必然选择。

---

① （德）魏特著：《汤若望传（第二册）》，杨炳辰译，知识产权出版社，第175页。

② 鲁日满：《鞑靼中国史》，载何高济译：《鞑靼征服中国史、鞑靼中国史、鞑靼战纪》，第299页。

其次，利类思等传教士时机把握得当，他们敏锐利用鳌拜被擒之后的政治态势变化，将自身遭遇归咎于鳌拜，与其他上奏要求平反的官员一起痛陈冤屈，相互声援，这是康熙帝在清算朝中鳌拜势力时所乐见其成的，而传教士最终得偿所愿。

第三，从康熙帝后来对待天主教和传教士的态度也能略窥一二。康熙帝在科学技术上倚重传教士，他亲自跟随南怀仁学习天文和数学知识，大胆派遣传教士徐日昇和张诚参加《尼布楚条约》的签订。与此同时康熙帝始终对天主教和传教士保持着警惕，他下令限制并监视传教士在地方的活动。康熙四十三年（1704年），教皇克莱芒十一世发布"禁约"七条，命令禁止中国教徒尊孔祭祖，这实际上触动了中国社会的根本秩序，进而危及了清廷统治基础，康熙帝断然拒绝，将教皇特使驱逐出境，同时禁止西洋人在中国行教。

五、结　论

作为中西方交流史中屡屡被提及的著名案件，历狱获得了研究者的大量关注。以往的研究多采用传教士的记录和传记作为研究资料，并在此基础上确立了一套对于历狱案的判断及话语模式，这一模式在一定程度上影响了西方人对于清代司法的认识。本文跳出以被审判者——传教士——为中心的叙事，以新近翻译出版的满文密本档为研究资料，从审判者——清政府——的立场再次回顾整个案件，能够得到一些不一样的启发。

二十余份，共十几万字的奏折详尽展现清政府审理历狱案的过程，其中颇多细节与传教士方的记录相互印证。从奏折中仔细梳理出的历狱审判过程来看，历狱案的审理是以传布邪教、历法舛误和荣亲王葬期选择错误三个罪名为核心，分别按照清代司法普通程序和特别程序一一审理。可以说，在该案整个司法程序中，清政府都秉持审慎的态度，在法律框架内进行处理。该案的审理为从个案的角度观察和评价清代司法提供了一个视角。

从历狱个案的角度看，清代司法在其中展现出了它的严谨和严肃，但是，传教士记录中弥漫的悲情殉道感也并非毫无缘由。传教士将其遭遇简单归结为统治者迫害和司法不公正，其原因在于该案虽以"历狱"为名，但其展现出的复杂性远超天文历法正确与否的争论，而这超出了传教士的理解。在传教士看来，西洋历法的先进性是毋庸置疑的，而审判者对此置若罔闻，做出了不利于传教士和奉教官员的判决，体现了清代司法的黑暗。但站在清代统治者的立场来说，他们又有着自己的考量：精确的历法是统治所需要的，但维持统治秩序显然不能仅仅依靠历法。严守夷夏之防的士人群体对西洋学说的抗拒、根基未稳的清朝统治者对于打着宗教旗号的民间结社的警惕、清廷内部权力格局的变动、汤若望与顺治帝良好的私人关系等方面都是摆在统治者面前的现实问题，必须予以回应。杨光先第三次控告终获成功、后期审判重点从邪教与天文历法转向荣亲王葬期选择，对汤若望的处理从凌迟处死到免死释放，清政府一系列的行为从案件的复杂性中可以得到很好的解释。

从根本上来说，传教士的不理解是异质文明交流中不可避免的误读与排斥。他们基于自我立场，将历狱案中清代法律制度作为一个整体塑造和演绎成带有恶意的、不公正的、抵制"更高文明"的偏于负面的形象，这一形象又随着耶稣会士寄回欧洲的书信、札记和罗马教廷信报制度所要求的书面汇报一起，在欧洲更为广泛地流传开去。长时间以来，历狱都是被作为中西方文化交流中的一个"矛盾"或一个"冲突"来观察，随着时间的流逝和权威的积累，其作为典型的例子被屡屡提及，传教士遭受诬陷，中国法律黑暗不公的言辞和形象构成的话语深深影响了西方对于中国法律的理解。从清政府的角度回顾该案，分析影响统治者行为和案件走向的原因，为重新审视历狱案，更深刻认识中西方交流中的文化冲突，提供了一种可能。

古代

文学

名词铺排与元诗创作

吴礼权

【内容提要】 名词铺排是汉语表达中特有的一种修辞现象，早在先秦时代的《诗经》中便已出现。由于具有独特的审美效果，遂成中国历代诗人的最爱，结构模式不断得以创新发展。元诗是中国诗歌发展史上重要的一环，元诗创作虽在特殊的政治、历史、文化背景下进行，但仍延续了中国诗歌发展的传统与文脉。在名词铺排文本的建构方面亦是如此，既有对之前历代诗歌所创结构模式的继承，也有许多自己独到的创新，不仅推动了中国诗歌的发展，也为汉语名词铺排史续写了新的篇章。

【关 键 词】 名词铺排；修辞；元诗；结构模式；审美

【基金项目】 上海高校高峰高原学科建设经费支持。

【作者简介】 吴礼权，男，文学博士，复旦大学中国语言文学研究所教授、博士生导师，日本京都外大客员教授、台湾东吴大学客座教授、湖北省政府特聘"楚天学者"讲座教授，中国修辞学会会长（上海 200433）。

一

"名词铺排"[①]，是汉语表达中一种特殊的语言现象，也是汉语中特有的一种修辞现象。它最显著的特点是以两个或两个以上的名词（包括名词短语和名词短语组合）联合构句，甚或以一个名词（或名词短语）单独构句。虽然句中没有动词和其他虚词，异于寻常汉语句法，但却能成为一个独立的语言单位，不仅可以写景、抒情或叙事，而且还别具独特的审美价值。因此，中国修辞学界有人将之立为一个修辞格，名曰"列锦"。[②]

作为一种修辞现象，名词铺排并非是今人的修辞创造，而是古已有之的。根据我们的考证，就现存最早的中国文学史料来看，名词铺排文本的建构"在先秦的《诗经》中就已经萌芽。《国风·召南·草虫》：'喓喓草虫，趯趯阜螽。未见君子，忧心忡忡。'其中，'喓喓草虫，趯趯阜螽'二句，便是两个各自独立且彼此对峙的名词句，属于以名词铺排的列锦修辞格运用。"[③]不过，从汉语名词铺排发展史的角度看，《诗经》"喓喓草虫，趯趯阜螽"这一名词铺排文本的建构，虽然以今日审美的眼光来看极富意境之美，但恐怕还不能说是诗人有意而为之，只能说是自然写实的天籁之音。因为

---

① 吴礼权：《名词铺排与唐诗创作》，载《蜕变与开新——古典文学国际学术研讨会论文集》，台湾东吴大学出版社，2011年。

② 谭永祥：《汉语修辞美学》，北京语言学院出版社，1992年，第224页。

③ 吴礼权：《晚唐时代"列锦"辞格的发展演进状况考察》，《平顶山学院学报》，2012年第1期，第114页。

诗句"先以'喓喓'之声领起，由声及物，引出发出'喓喓'之声的主体'草虫'（即蝈蝈）；再以'趯趯'（跳跃之状）之形象领起，由远及近，引出'阜螽'（蚱蜢）。创意造言没有刻意为之的痕迹，完全是诗人不经意间的妙语天成。因为按照人的思维习惯，总是先听到一种声音，然后再循声去寻找发出声音的物体；总是先远远看到某物活动的朦胧形象，再逼近细看活动的主体（人或动物）。因此，我们说诗人以'喓喓'居前，'草虫'在后，'趯趯'领起，'阜螽'追补的语序所建构出来的修辞文本'喓喓草虫，趯趯阜螽'，虽然有一种类似现代电影'蒙太奇'手法的画面审美效果，但这种效果乃是妙趣天成，不是人工雕凿出来的美。"①《诗经·小雅·斯干》篇起首二句"秩秩斯干，幽幽南山"，也是同一类的名词铺排，有着同样的审美效果。

　　不过，应该指出的是，《诗经》中诸如"喓喓草虫，趯趯阜螽""秩秩斯干，幽幽南山"之类的诗句，虽然不是诗人们刻意而为之的名词铺排文本，而是妙笔偶成的天籁之音，但"其妙趣天成的审美效果却成了后代诗人们所热烈追求的境界"。②汉乐府古诗"青青河畔草，郁郁园中柳""迢迢牵牛星，皎皎河汉女""青青陵上柏，磊磊涧中石"（《古诗十九首》）等许多为后人赞赏不已的诗句，跟《诗经》"喓喓草虫，趯趯阜螽""秩秩斯干，幽幽南山"等句一样，不仅句法上都是"NP，NP"式，而且在布局模式上也一样，无一例外地居于诗歌起首。如果要说二者有什么区别，差异只在一为四言诗，一为五言诗。因此，我们认为，汉乐府古诗中这些名词铺排句，"如果说它们是无意而为之，恐怕很难。相反，说它们是模仿《诗经》'喓喓草虫，趯趯阜螽'的名词铺排结构形式，则有相当充足的理由。如'青青河畔草，郁郁园中柳'，也可以变换成'河畔草青青，园中柳郁郁'，表意上没有什么变化，但在审美效果上则有相当大的差异。前者因为是名词铺排文本，接受上就有一种电影镜头式的特写画面感，给人以更多的联想想象空间，审美价值明显很高。后者则仅是一种简单的描写句，类似于陈述事实的性质，提供给读者的是'春天到了，草绿柳郁'这样一个信息，审美价值就打了折扣"。③

　　事实上，名词铺排的审美价值自从被汉代诗人发现后，中国历代诗人都有意识地建构名词铺排文本，而且在结构模式上锐意创新。这一点，我们比较一下先秦、两汉、魏晋南北朝、隋唐五代、宋金元、明清等不同历史时期诗歌中的名词铺排结构模式的种类，以及各个历史时期创造出的许多新结构模式，就能了然于心。那么，为什么名词铺排文本的建构让诗人们那么醉心沉迷呢？究其原因，是与名词铺排所特有的审美效果有着密切关系。上文我们说过，名词铺排的最大特点就是以一个名词或名词短语独立构句，或是以两个或两个以上的名词或名词短语联合构句，以此写景、叙事、抒情，完全突破了汉语句法结构的规约，因此"在语义呈现上必然不会像正常表达那样清晰，甚至可以说是显得相当模糊"。④然而，正是由于语义呈现上具有模糊性（或曰多义性），名

---

① 吴礼权：《先秦两汉诗赋列锦结构模式及其审美特点》，《宜春学院学报》，2014年第4期，第87页。

② 吴礼权：《先秦两汉诗赋列锦结构模式及其审美特点》，《宜春学院学报》，2014年第4期，第87页。

③ 吴礼权：《先秦两汉诗赋列锦结构模式及其审美特点》，《宜春学院学报》，2014年第4期，第87页。

④ 吴礼权：《列锦辞格的审美功能》，《湖北师范学院学报》（哲社版），2015年第3期，第27-28页。

词铺排文本才具有特有的审美魅力。因为这种"模糊性（或曰多义性）"给文本接受者留足了联想想象的空间，"让他们可以凭借自己的生活经验与对文本所写对象的独特感知进行'二度创造'，从而在阅读欣赏中使文本的审美价值得以增量"，①产生"一千个读者便有一千种解读"的效应。另外，名词铺排"通过名词或名词短语的连续铺排来实现其特定的写景叙事目标，其表现手法类似于现代电影艺术中的'蒙太奇'手法，极易创造出某种意境，制造鲜明的画面效果。"②

正因为名词铺排独特的审美价值为中国历代诗人所认同并推崇，所以中国诗歌自先秦时代《诗经》发凡创例之后，名词铺排文本的建构就一直成为诗人们执着的追求。作为中国诗歌发展史上重要的一环，元诗创作虽在特殊的政治、历史、文化背景下进行，但仍延续了中国诗歌发展的传统与文脉。在名词铺排文本的建构方面亦是如此，既有对之前历代诗歌所创结构模式的继承，也有许多自己独到的创新，不仅推动了中国诗歌的发展，也为汉语名词铺排史续写了新的篇章。

二

众所周知，元代是由少数民族蒙古族人执掌政权的时期，是汉民族人民备受压迫的时代。但是，中国文学的发展活力并未受到民族与阶级压迫的削弱。相反，由于汉民族知识分子在政治生活中彻底被边缘化，被迫生活在社会底层，与底层人民的关系更加亲密，因而造就了中国通俗文学的异常繁荣，元曲、元杂剧的高度成就，正是在此背景下达成的。除此之外，中国传统的诗词创作在这一时期也没有消歇，也有不同程度的发展，特别是诗歌创作，就流传到今天的作品来看，还是数量众多，成就不俗的。撇开别的方面不说，单就诗歌中的名词铺排结构模式的发展演进，我们就能毫不夸张地说，元代诗歌在名词铺排文本建构方面的成就绝不逊色于之前的魏晋南北朝、隋唐五代与南北宋等朝代。

根据我们对清人顾嗣立所编《元诗选》（包括初集、二集、三集，初集六十八卷，二集二十六卷，三集十六卷，中华书局，1987年出版，2002年1月第三次印刷）的全面调查，发现元代诗人在诗歌名词铺排文本建构方面，既广泛继承了中国历代诗人所创造的大量旧有模式，又有自己许多独到的创新。既有篇章布局上的创新，也有结构形式上的创新，特别是结构形式上的创新竟达二十五种之多，成为前所未有的特殊现象。

下面我们先谈元诗在名词铺排结构模式上对前代所创模式的继承。根据我们对《元诗选》的全面调查，发现元诗对前代所创名词铺排模式的继承有两个方面：一是篇章布局上的，二是结构模式上的。名词铺排在诗歌中的篇章布局模式，在元代之前共有三种，即篇首名词铺排、篇中名词铺排、篇尾名词铺排。这三种名词铺排的布局模式在元诗中都得到了继承，三种布局模式出现的频率都很高。但相对来说，居于篇中者出现频

① 吴礼权：《名词铺排与唐诗创作》，载《蜕变与开新——古典文学国际学术研讨会论文集》，台湾东吴大学出版，2011年，第160页。

② 吴礼权：《列锦辞格的审美功能》，《湖北师范学院学报》（哲社版），2015年第3期，第29页。

率更高（限于篇幅，这个部分暂时略去不举例，因为在随后结构模式举例中会自然呈现出来）。至于结构上对前代旧有模式的继承，在种类上就非常多了。根据我们对《元诗选》的全面调查，共计达二十七种之多。下面我们分而述之。

1.四言成句的"NP，NP"（叠字领起）式

这种模式，乃先秦时代《诗经》的创造，元诗中还有少数沿用之例。如：

（1）於赫世皇，并用豪杰。一定宇内，橐厥戈甲。……既有兄弟，又多孙子。<u>奕奕勋门，秩秩良材</u>。天之报忠，岂有涯哉。（虞集《万户张公庙堂诗》）

2.四言成句的"NP，NP"式

这种模式，最早出现于汉赋中。出现于诗歌中，乃魏晋南北朝诗人的创造。之后，只有盛唐诗中有沿用之例，其他朝代诗歌中未见。但是，元诗中又有沿用之例。如：

（2）<u>万山雪瀑，一叶莲舟</u>。世人指似，泰华峰头。（滕斌《灵泉翀举自有诗十八章留人间今止存五遂续之》其五）

3.五言成句的"NP，NP"（叠字领起）式

这种模式，乃是汉乐府诗人的创造，历代诗歌中皆有广泛运用。元诗也不例外，无论是诗歌篇首，还是诗歌篇中，都有广泛运用（限于篇幅，最多只举三例，以下同此）。如：

（3）<u>峨峨青原山，洋洋白鹭水</u>。炳炳照舆图，磊磊足多士。四忠与一节，流风甚伊迩。往往举义旗，事由匹夫始。（郭钰《悲庐陵》）

（4）回塘带兰薄，曲槛映朱甍。春雨夜初至，绿波池上生。游鱼荡清涟，细藻承落英。<u>浩浩谢池思，悠悠南浦情</u>。日夕澹无语，燕坐望寰瀛。（陆仁《春草池绿波亭》）

4.五言成句的"NP，NP"式

这种模式，亦是汉代诗人的创造，历代诗歌中都有广泛沿用。元诗中沿用这一结构模式的也非常广泛，在诗歌篇首、篇中都有。如：

（5）<u>朱雀街头雨，乌衣巷口风</u>。飞来双燕子，不入景阳宫。为问秦淮女，还知玉树空。（张宪《子夜吴声四时歌四首》其一）

（6）结屋依山麓，衣冠尚古风。<u>醉人千日酒，扶杖百年翁</u>。云起山松绿，风回野烧红。谁云避世者，犹自在崆峒。（郑玉《黟坑桥亭次以文韵二首》其二）

5.五言成句的"NP（叠字领起），NP（非叠字领起）"式

这种模式，是魏晋南北朝诗人的创造。之后，盛唐、中唐、晚唐诗以及金诗中都有继承沿用。元诗中也有沿用之例，但数量不多。如：

（7）大星芒鬣张，小星光华开。皇天示兵象，胜地今蒿莱。河岳气不分，烛龙安在哉。参赞道岂谬，积阴故迟回。疏风夜萧萧，野磷纷往来。安知非游魂，相视白骨哀。<u>汩汩饮马窟，云冥望乡台</u>。于时负肝胆，慷慨思雄材。（王逢《秋夜叹》）

（8）<u>离离凤食干，绵互亘修峦</u>。君子怀静仪，虚贞媚苍寒。灵厓发潜颖，崇苞阕幽盘。笾邻从蒋诩，永结求羊欢。（丁复《竹山》）

6.六言成句的"NP，NP"式

这种模式，是金诗的创造。元诗中也有沿用，而且相当普遍。如：

（9）<u>三间两间茅屋，五里十里松声</u>。如此山中景色，何时共我同行。（贡性之《题画扇四首》其一）

（10）<u>楚尾吴头旧梦，水边山际闲情</u>。一夜杏园风急，等闲吹老莺声。（马臻《杂咏六言三首》其三）

7.七言成句的"NP，NP"式

这种模式，亦是魏晋南北朝诗人的创造。之后，盛唐、中唐、晚唐、五代、宋、金各代诗都有继承沿用。元诗中沿用这一模式的也非常广泛，居于篇首或篇中、篇尾的名词铺排文本都很常见。如：

（11）<u>十八岩前罗汉竹，百千洞里老龙泉</u>。山僧约我重来日，花落花开五百年。（汪泽民《题崇果寺》）

（12）捐躯难报圣明君，补拙惟将一寸勤。为政但当求实效，劝农何敢具虚文。<u>夜来江上一犁雨，晓起山前万锸云</u>。愿得岁丰民物阜，素餐犹可度朝曛。（王都中《依紫崖韵和彬卿》）

（13）绕郭烟岚溪上来，千峯碧玉一环开。<u>红云岛上熙春路，帘幕重重阖楚台</u>。（元淮《春游忆武阳》）

8.五言成句的"NP+NP，NP+NP"式

这种模式，乃初唐诗人的创造。之后，盛唐、中唐、晚唐、五代、金各代诗歌中都有继承沿用。元诗中沿用这一结构模式的也非常普遍。如：

（14）南浦路东西，佳人不可期。<u>断云荒草渡，归鸟夕阳枝</u>。心事十二曲，头颅太半丝。低徊问流水，去去复何之。（陈普《凭阑二首》）其一

（15）微月悬孤榻，残云过断塍。<u>松风林外笛，茅屋水边灯</u>。久坐忘为客，清吟未得朋。沙头有饥鹬，昏暝亦飞腾。（曹文晦《九月一日清溪道中二首》其二）

（16）伊昔西湖上，孤山几树梅。<u>断篱深院落，流水旧亭台</u>。明月无今古，春风自去来。逋仙不复作，消瘦为谁开。（于石《伊昔四首》其二）

9.六言成句的"NP+NP，NP+NP"式

这种模式，乃是金诗的创造。元诗中也有沿用，但用例不多。如：

（17）<u>冷落襟风杯月，崎岖马足车尘</u>。林下何曾一见，直教羡杀闲人。（雷仲泽《蒲城马上偶得》二首其一）

10.七言成句的"NP+NP，NP+NP"式

这种模式，乃初唐诗人所创。之后，晚唐、五代、宋、金诸朝代的诗歌中都有沿用。元诗中沿用这一结构模式的也很多。如：

（18）碧云双引树重重，除却丹经户牖空。<u>一径绿阴三月雨，数声啼鸟百花风</u>。年深不记栽桃客，夜静长留卖药翁。几度到来浑不语，独依秋色数归鸿。（虞集《费无隐丹室》）

（19）蚺城谁筑溪之涯，层楼簇簇排人家。<u>两岸春风好杨柳，一池霁月芙蓉花</u>。香与清风远方觉，污泥不染尘不著。小亭红瞰碧波心，著我中间看飞跃。（胡炳文《西湖水榭》）

（20）东家老人语且悲，衰年却忆垂髫时。王师百万若过客，青盖夜出民不知。巷南巷北痴儿女，把臂牵衣学番语。<u>高楼急管酒旗风，小院新声杏花雨</u>。北来官长能相怜，民间蛱蝶飞青钱。（潘纯《送杭州经历李全初代归》）

11.五言成句的"NP，N+N+NP"式

这种模式，是五代诗人的创造。之后，历代诗歌一直未见继承沿用。但元诗中有沿用之例。不过，目前只发现如下一例：

（21）仙人悲世换，宴景在清都。寒暑自来往，英雄生钓屠。<u>钱塘江畔柳，风雨夜啼乌</u>。（倪瓒《次韵陈维允姑苏钱塘怀古四首》其三）

12.五言成句的"N+N+NP，N+N+NP"式

这种模式，乃是中唐诗人的创造。之后，晚唐诗、金诗皆有沿用。元诗中也有不少沿用之例。如：

（22）明月照寒水，清霜积厚冰。知君多念我，为客独依僧。<u>湖海十年梦，诗书半夜灯</u>。忽闻江国雁，写寄剡溪藤。（郑守仁《和句曲张外史韵寄上清薛外史》）

（23）溪上花无数，春风别有天。<u>楼台仙子宅，书画米家船</u>。绛雪回歌扇，红霞落舞筵。羽觞飞醉月，应是酒如泉。（张渥《绛雪亭》）

13.五言成句的"NP+NP+N，NP+NP+N"式

这种模式，是晚唐诗的创造。之后，宋诗、金诗都有沿用继承。元诗中也有沿用，但出现频率不高。如：

（24）故人久不见，怅望思迟留。<u>白雁寒沙月，黄云老树秋</u>。风霜侵客鬓，鼓角入边愁。满目关河兴，登临倦倚楼。（萨都剌《和权上人》）

（25）十年前此日，视篆上严州。借服初金佩，峨冠尚黑头。乾坤谁失驭，江海已横流。……屡跋三关马，更乘四渎舟。<u>长城青冢月，大漠黑山秋</u>。甫息台卿担，空余季子裘。解官终欠早，破产复奚尤。（方回《七月十日有感》）

14.七言成句的"NP+NP，NP+NP+NP"式

这种模式，是宋诗的创造。金诗未见沿用继承的，但元诗中有沿用之例。如：

（26）白水青山杳眇边，每怀高节自茫然。不从猿鸟疏名姓，虚托鳞鸿问岁年。<u>灯外檐花清夜雨，江头云树暮春天</u>。须知无限沧洲意，渺渺东风一斾悬。（周棐《次韵顾玉山见寄》）

15.七言成句的"NP+NP+NP，NP+NP+NP"式

这种模式，是初唐诗人的创造。之后，一直未见继承沿用，直到宋诗、金诗才又出现。元诗中沿用这一结构模式的则不少。如：

（27）浦口寒潮频有信，空中鸟迹了无痕。<u>野航落日东西渡，黄叶秋风远近村</u>。（吕诚《秋日雨后二首》其一）

（28）二月春光如酒浓，好怀每与故人同。<u>杏花城郭青旗雨，燕子楼台玉笛风</u>。锦帐将军烽火外，凤池仙客碧云中。凭谁解释春风恨，只有江南盛小丛。（杨维桢《寄卫叔刚》）

（29）塞北凝阴无子规，晓看山色不胜奇。<u>坚冰怪石涧边路，残月疏星马上诗</u>。

（杨允孚《滦京杂咏一百首》其十九）

16.七言成句的"NP+N+N+NP，NP+N+N+NP"式

这种模式，是晚唐诗的创造。之后，一直未见继承沿用，直到元诗中才又有出现。不过，数量不多，只是偶有一见。如：

（30）短棹吴歌花满川，春帆愁断蓼莪篇。<u>小溪蘋藻墙间祭，春雨桑麻墓下田</u>。黄壤有灵终异土，青山无树半荒阡。伤哉巴峡松楸路，狐兔苍寒六十年。（邓文原《清明省墓》）

17.五言成句的"NP"（叠字领起）式

这种模式，是中唐诗人的创造。之后，宋诗、金诗中都有继承。元诗中沿用这种模式的则非常普遍，居于诗歌篇首、篇中、篇尾的都有。如：

（31）<u>潇潇三日雨</u>，苒苒度残暑。草木行变衰，岂不感节序。荒园有络纬，日夕促机杼。念汝戒衣裳，所思恨修阻。（汪珍《秋怀七首》其四）

（32）高堂列绮席，宾御何委蛇。<u>粲粲金芙蓉</u>，春葩照蛾眉。檀槽起清籁，铁拨弦鹍鸡。祇闻筵中曲，不闻曲中词。（毛直方《拟古二首》其一）

（33）城邑带秋水，<u>盈盈笠泽湄</u>。西风一夜起，鸿雁尽南飞。晋日东曹掾，唐朝左拾遗。长揖谢轩冕，<u>悠悠千载期</u>。（陈基《吴江》）

18.五言成句的"NP"式

这种模式，是汉乐府诗人的创造。之后，历代诗歌中都广泛沿用。元诗中这种结构模式的沿用之例也非常多，居于诗歌篇首、篇中、篇尾的都有。如：

（34）<u>八月天台路</u>，清风物物嘉。晴虹生远树，过雁带平沙。日气常蒸稻，天香喜酿花。门前五株柳，定是故人家。（李孝光《天台道上闻天香》）

（35）当年见明月，不饮亦清欢。讵意有今夕，照此长恨端。……不知亲与故，零落几家完。<u>徘徊庭中影</u>，对酒起长叹。死生两莫测，欲往书问难。（张翥《中秋望月》）

（36）阴凉生研池，叶叶秋可数。京华客梦醒，<u>一片江南雨</u>。（鲜于枢《题纸上竹》）

19.六言成句的"NP"式

这种模式，是宋诗的创造。金诗中未见有继承的，但元诗中有沿用。如：

（37）数幅晴云翠岫，千重碧树琼楼。羡杀承平公子，<u>笔端万里瀛洲</u>。（柯九思《题赵千里画八幅》）

20.七言成句的"NP"（叠字领起）式

这种模式，乃是金诗的创造。元诗中也有沿用这一结构模式的，用例还不少，居于诗歌篇首、篇中、篇尾的都有。如：

（38）稍稍林间布谷声，村南村北水云平。偶来竹寺看山坐，闲听清溪遶舍鸣。（麻革《竹林院同张之纯赋二首》其二）

（39）绣纹刺绮春纤长，兰膏鬖鬖琼肌香。芳年艳质媚花月，<u>三三两两红鸳鸯</u>。翠靴踏云云帖妥，海棠露湿胭脂朵。（陈基《群珠太多伤吴帅潘元绍众妾作》）

（40）瑶池积雪与天平，西极空闻八骏名。玉殿重来人世换，<u>萧萧苜蓿汉宫城</u>。（虞集《八骏图》）

21.七言成句的"NP"式

这种模式，是初唐诗人的创造。之后，一直未见有继承沿用的。到了宋诗、金诗，才又有沿用之例。元诗中沿用之例则相当多，居于诗歌篇首、篇中、篇尾的都有。如：

（41）<u>张家宅前萧寺桥</u>，侵晨发船江雾消。村鸡三唱屋角树，柔橹数声沙际潮。此时飞上海底日，锦云满江光荡摇。（许恕《萧寺早行》）

（42）白鹦鹉小穿云幕，碧海波澄浸石扉。<u>一片岩前秋月影</u>，凉风吹上藕丝衣。（周砥《观音岩》）

（43）野水芙蕖绕鹤汀，画桥杨柳挂鱼罾。秋风携手青溪曲，<u>竹杖荷衣一个僧</u>。（至仁《次韵寄唐伯刚断事二首》其二）

22.五言成句的"NP+NP"式

这种模式，是初唐诗人的创造。之后，中唐诗、宋诗、金诗都有继承沿用的。元诗中沿用这一结构模式的用例也相当多。如：

（44）<u>青山圂閶墓</u>，荒草起秋风。古隧苍精化，阴房玉雁空。夕阳明野寺，远树落霜枫。送子难为别，无情楚水东。（郯韶《送郑同夫归豫章分题虎丘》）

（45）金陵南之镇，兴废满目中。青山澹无言，万里江流东。<u>髙楼朱雀桥</u>，野笛交秋风。子行览其余，弹琴送飞鸿。柏台云霄间，貂荐峨群公。为言经济理，所贵贤俊崇。（刘诜《古诗三首赠张汉臣游金陵》其三）

（46）濯濯金明柳，年年照姜容。飞花怨春尽，<u>落日渡江风</u>。（郭翼《柳枝词》）

23.六言成句的"NP+NP"式

这种模式，乃是金诗的创造。元诗中就有沿用这一结构模式的，只是用例尚不多。如：

（47）<u>潇洒枯藤老屡</u>，行行只复行行。泥路野人屐迹，石桥流水琴声。（陈普《野步十首》其二）

（48）访旧五溪薄暮，沙长归路迢遥。虚市人家烧烛，流水孤村断桥。一个残僧待渡，<u>数声短笛归樵</u>。闪闪昏鸦啼后，江风又落寒潮。（吕诚《晚归书事六言二首》其一）

24.七言成句的"NP+NP"（叠字领起）式

这种模式，是中唐诗的创造。但是，晚唐、五代、宋代都未曾有继承沿用的。直到金代，才有诗人沿用继承。元诗中虽有沿用，但目前也只发现如下一例：

（49）寂寂僧房半梦中，<u>萧萧修竹四山风</u>。惟应门外苍髯叟，解乱儋州秃鬓翁。（鲜于枢《净慧寺四绝》其一）

25.七言成句的"NP+NP"式

这种模式，也是中唐诗的创造。之后，晚唐、五代、宋代、金代诗歌都有继承沿用。元诗中继承沿用之例相当多，居于诗歌篇首、篇中、篇尾的都有。如：

（50）<u>东西湖水百花洲</u>，行子归时雪已收。明月可能随客去，浮云自足使人愁。重

来柳树应千尺，相见梅花隔数州。我亦高歌望吾子，东风好正仲宣楼。（李孝光《送人还鄱阳》）

（51）海棠开后月黄昏，王谢楼台寂寂春。<u>柳外东风花外雨</u>，香泥高垒画堂新。（张弘范《新燕》）

（52）遥山近山青欲滴，大木小木叶已疏。斜日疏篁无鸟雀，<u>一湾溪水数函书</u>。（黄公望《倪云林为静远画》）

26.七言成句的"NP+NP+NP"式

这种模式，乃初唐诗人的创造。之后，晚唐、五代、宋代、金代诗歌都有沿用。元诗中沿用之例也相当多，居于诗歌篇首、篇中、篇尾的都有。如：

（53）<u>春风桂楫木兰舟</u>，欲采芳蘅不自由。浅濑潾潾吹暮雨，苍梧云冷易生愁。（柯九思《题风雨泊舟图》）

（54）漠漠江云路不分，<u>小桥流水夕阳村</u>。吟翁马上频回首，一阵东风暗断魂。（叶颙《江路梅香》）

（55）看花醉眼不须扶，花下长歌击唾壶。回首荒城春较晚，<u>淡烟疏雨绿平芜</u>。（朱希晦《次李二丈韵》）

27.七言成句的"NP+NP+N+NP"式

这种模式，是宋诗的创造。但是，金诗中未曾见有继承沿用的。元诗对这一结构模式的继承沿用，目前只发现如下一例：

（56）古木阴阴溪上村，隔溪呼唤隔溪应。<u>柳堤渔艇水双港</u>，山崦人家云半层。早麦熟随芹菜饷，晚茶香和树芽蒸。自惭未得亢桑乐，痴坐寒窗似冻蝇。（方夔《溪上》）

由上所述，可见元诗对中国历代诗歌所创名词铺排文本的结构模式的继承是全面而广泛的，完全接续了中国先秦以来诗歌创作的传统与文脉。

三

众所周知，元代是通俗文学最为发达的时代之一，也是文学的活力最为突出的时代之一。其实，除了元曲、元杂剧有令人耳目一新的局面外，在传统诗歌创作方面元代也有自己的特色。就以诗歌中的名词铺排文本建构来说，元诗就与前代大有不同。根据我们对清人顾嗣立所编《元诗选》的全面调查，发现元诗在名词铺排文本建构方面既有篇章布局上的创新，又有结构模式上的创新，这是非常难得的。

名词铺排在诗歌中的篇章布局模式，在元代之前共有三种，即篇首名词铺排、篇中名词铺排、篇尾名词铺排。篇首名词铺排的布局模式，最先由先秦时代的《诗经》创造出来；篇中名词铺排的布局模式，则是由汉代诗人创造的；篇尾名词铺排的布局模式，则是魏晋南北朝诗人的创造。而到了元代，诗歌中又创造出了一种全新的篇章布局模式，这就是全篇名词铺排。

全篇名词铺排，就是全诗从开首一句至全诗结束为止，每一句都是名词铺排句，中间不夹杂有任何一句正常语法结构的句子。这种布局模式，就目前我们所涉猎的诗歌作品来说，只有元诗中有，而且主要局限于以四句为限的六言诗之中，是陈普、许恕等个别诗人别出心裁的创造。如：

（1）几处渔樵石路，数家鸡犬柴门。灶屋残烟杳霭，溪流淡月黄昏。（陈普《野步十首》其九）

（2）午背斜阳远村，沤边独树闲门。有莘野中耒耜，浣花溪上盘飧。（许恕《题耕乐子卷》）

（3）黄犊眼中荒草，鹭鸶立处枯荷。宦海风涛舟楫，故山烟雨松萝。（陈普《野步十首》其三）

例（1）至例（3）都是全篇由名词短语句构成，只是各例在结构上稍有细微差异。例（1）的结构是"（几处）渔+樵+（石）路，（数家）鸡+犬+（柴）门。（灶）屋+（残）烟+（杳）霭，（溪）流+（淡）月+黄昏"，属六言成句的"NP+NP+NP，NP+NP+NP，NP+NP+NP，NP+NP+NP"式；例（2）的结构是"（午背）（斜）阳+（远）村，（沤边）（独）树+（闲）门。（有莘野中）耒耜，（浣花溪上）盘飧"，属六言成句的"NP+NP，NP+NP，NP，NP"式；例（3）的结构是"（黄犊眼中）（荒）草，（鹭鸶立处）（枯）荷。（宦海）风涛+舟楫，（故山）烟雨+松萝"，属六言成句的"NP，NP，NP+NP，NP+NP"式。这种超乎寻常的名词铺排文本建构，既打破了传统诗歌创作的成规惯例，给人以一种新颖别致之感；同时因为大量名词句的连续铺排，使诗歌画面感特别强，读之让人有在欣赏画卷之感，真可谓达到了"如诗如画"的境界。

尽管元诗中诸如上例的全篇名词铺排文本并不普遍，但其独到的创意却在汉语名词铺排史上具有重大的开创意义。因为这种篇章布局模式，元诗之前未曾有过，元诗之后也不再见，真可谓是"前无古人，后无来者"的创造。从审美上看，它将名词铺排文本的意境拓展空间推到了极致，将诗与画的完美统一推到了一个新境界。

除了篇章布局模式的创新，元诗在文本结构模式上的创新成就也是令人瞩目的。根据我们对清人顾嗣立所编《元诗选》中所有元诗的调查，发现其新创的结构模式竟达二十三种之多，堪称中国历代之最。下面我们分而述之。

1.七言成句的"NP，NP"（叠字领起）式

这种模式，完全是元诗的首创。七言成句的"NP，NP"式名词铺排，魏晋南北朝时代的诗歌中就已出现，之后历代诗歌都有继承沿用。但以叠字领起的，则只有元诗中才有。如：

（4）南山树影糊轻煤，北山云花玉崔嵬。绝怜我辈少姿媚，幻此异景穷奇瑰。……谢公屐齿殊济胜，侣仄蓬宇徒低摧。娟娟新青故堤柳，片片轻白孤山梅。春风佳游讵易得，相与一笑同衔杯。（袁桷《善之携酒招游西湖值雷雨分韵得杯字》）

（5）铁马长驱汗血流，眼前戈甲几时休。谁能宰似陈平社，那免悲如宋玉秋。漠漠微凉风里殿，萧萧残夜水边楼。千村万落荒荆棘，何止山东二百州。（李俊民《即事》）

（6）云巢幽人爱江渚，捕思挥毫写横素。波澜不惊潦水尽，秋气晶明绝烟雾。……孤村城市仅如蚁，百丈牵江直如缕。萧萧木叶洞庭波，历历晴川汉阳树。兼葭宿雁天欲霜，丛苇寒鸦日云暮。（虞集《为汪华玉题所藏长江万鸦图》）

例（4）至例（6）三例皆以两个名词句并立对峙，位居诗歌篇中，画面效果非常鲜明，就像镶嵌于诗中的两个静止画；加上每句皆以叠字领起，兼具韵律之美，因此这三个文本在审美上都臻至了诗、画、乐三者的统一。

2.七言成句的"NP，NP+NP"式

这种模式，亦是元诗的创造。不过，目前只见到如下一例：

（7）长城小姬如小怜，红丝新上琵琶弦。<u>可人座上三株树，美酒沙头双玉船。</u>小洞桃花落香屑，大堤杨柳扫晴烟。明朝纱帽青藜杖，更访东林十八仙。（杨维桢《又湖州作四首》其三）

从句法上分析，例（7）的结构是："（可人座上）（三株）树，（美）酒+（沙头）（双）（玉）船"，属七言成句的"NP，NP+NP"式名词铺排。它以对句形式呈现，居于诗歌篇中，既以鲜明的画面感拓展了诗歌的意境，又以特异的句法调节了诗歌语言的节奏。

3.七言成句的"NP，NP+NP+NP"式

这种模式，亦为元诗的创造。不过，目前只找到如下一例：

（8）大药霜髭竟不玄，白鱼无计满千仙。<u>别离岁月落花雨，歌舞楼台芳草烟。</u>世事荣枯分一日，人生感慨萃中年。刘郎恨满玄都观，重到题诗共几篇。（郭钰《简罗伯英》）

例（8）的句法结构是："（别离岁月）（落花）雨，歌舞+楼台+（芳草）烟"，属七言成句的"NP，NP+NP+NP"式。从审美上看，前后并立的二句虽都是名词句，但画面构图的丰富性有差异。前句就像一个独立的电影特写镜头，后句则恰似三个特写镜头的组合，前后映照，画面更具灵动效果。

4.五言成句的"NP+NP，NP+NP+N"式

这种模式，也是元诗的创造。不过，目前只见到如下一例：

（9）清游及新霁，缓步得嘉宾。<u>古木寒泉寺，鸣鸠乳燕春。</u>山行六七里，舟受两三人。总是曾经处，何须更问津。（郭麟孙《与龚子敬同赋》）

从句法上分析，例（9）的结构是："（古）木+（寒泉）寺，（鸣）鸠+（乳）燕+春"，属五言成句的"NP+NP，NP+NP+N"式名词铺排。二句居于诗中，都有画面效果，但画面色调是有差异的。前句是暗冷色调（"古""寒""寺"），后句是鲜活色调（"鸣""乳""春"），画面的强烈对比效果非常明显。

5.六言成句的"NP+NP，NP+NP+NP"式

这种模式，亦为元诗之所创。不过，目前只见到如下一例：

（10）<u>杨柳轻寒水驿，楝花小雨官桥。</u>回首人间往事，孤灯挑尽春宵。（刘诜《春日偶赋二首》其二）

例（10）的结构是："杨柳+（轻寒）（水）驿，（楝）花+（小）雨+（官）桥"，属于六言成句的"NP+NP，NP+NP+NP"式名词铺排。前句"柳""驿"为一组画面，后句"花""雨""桥"为一组画面，跟现代电影的特写镜头组合完全类似。它们在诗歌起首推出，给人的视觉冲击特别强烈，先声夺人的效果非常明显。

6.五言成句的"N+N+NP，NP+NP"式

这种模式，也是元诗的创造。不过，目前只见到如下二例：

（11）之子梁园彦，才华迥不群。书灯双鬓雪，野饭一犁云。久病怜为客，多愁忍送君。钟山吾旧隐，不用勒移文。（周权《赠别》）

（12）白发新梳见，青云往事嗟。西风惊落木，寒雨淡幽花。鱼稻村村酒，沤波处处家。素怀何必问，一笑数昏鸦。（许恕《次朱九龄韵》）

从句法上分析，例（11）、例（12）的结构分别是："书+灯+（双鬓）雪，（野）饭+（一犁）云""鱼+稻+（村村）酒，（沤）波+（处处）家"，皆属五言成句的"N+N+NP，NP+NP"式名词铺排。它们居于诗歌篇中，不仅画面感非常鲜明，而且杂于众多正常句中，还有调节诗歌语言节奏的效果。

7.六言成句的"NP+NP+NP，NP+NP"式

这种模式，亦为元诗所创。不过，目前只见到如下一例：

（13）木叶西风古道，稻花北坡新田。流水美人何处，夕阳荒草连天。（陈普《野步十首》其十）

例（13）从结构上分析是："（木）叶+（西）风+（古）道，（稻）花+（北坡）（新）田"，属六言成句的"NP+NP+NP，NP+NP"式名词铺排。它居全诗之首，恰似电影开始时首先推出的一组特写镜头，不仅具有鲜明的画面感，还有凌空起势、先声夺人的效果。

8.六言成句的"NP+NP+NP，NP+NP+NP"式

这种模式，也是元诗的创造。如：

（14）夜月小楼笙箫，东风深院琵琶。料理宿醒未了，春光又在邻家。（张宪《夜月》）

（15）堤晚游人争渡，花密流莺乱鸣。近水亭台柳色，转山楼观钟声。（马臻《杂咏六言三首》其一）

（16）仙人杏花满树，处士杨柳当门。白发乌纱棋局，绿水青山酒尊。（郭翼《杂咏三首》其一）

例（14）至例（16）每句都由三组名词短语并列加合成句（基本是两个音节为一个短语单位），整体上均属六言成句的"NP+NP+NP，NP+NP+NP"式名词铺排。它们分别居于全诗篇首、篇中和篇尾，都有增添诗歌画面效果，拓展诗歌意境的作用。

9.五言成句的"N+N+NP+N，N+N+NP+N"式

这种模式，亦为元诗所创。不过，目前只见到如下一例：

（17）试数乱离年，伤情更惘然。牛羊荒草树，天地老风烟。白骨苍苔外，山花野水边。幽禽未栖宿，来往自翩翩。（何中《春郊二首》其一）

从句法上分析，例（17）的结构是："牛+羊+（荒）草+树，天+地+（老）风+烟"，属五言成句的"N+N+NP+N，N+N+NP+N"式名词铺排。它居于全诗篇中，跟其前后各句的句法迥异，不仅有调节诗歌语言节奏的效果，还有电影特写镜头的组合画面效果。

10.七言成句的"NP+NP+NP，NP+NP"式

这种模式，也是元诗的创造。不过，目前只找到如下一例：

（18）旛竿东崎彭家寨，鹿角曾绕刘家村。彭家旗槊落草莽，刘家衣冠遗子孙。百年风土又一变，丛林化墅池成堑。山亭杨柳驿马坊，官道豫章北商店。喆人令族困屠沽，瞳夫互郎高门间。（刘诜《饮南山故居》）

例（18）从结构上看是："山亭+杨柳+驿马坊，官道+（豫章）（北商）店"，属七言成句的"NP+NP+NP，NP+NP"式名词铺排。全诗皆为叙事性的，唯此二句为写景之笔，居于全诗篇中，既有增添诗歌画面感的效果，又有调节诗歌语言节奏的作用。

11.五言成句的"NP，NP，NP，NP"（叠字领起）式

这种模式，也为元诗所创。如：

（19）巍巍百尺台，荡荡昌平原。隆隆镇天府，奕奕环星垣。居庸亘北纪，陕区敛全燕。苍龙左蟠拿，白虎右踞蹲。（周伯琦《龙虎台》）

（20）潇潇山城雨，槭槭书馆风。喔喔邻屋鸡，迢迢远方钟。退思在古人，展转梦魂通。抱拙俗所弃，岁晚将谁同。赋成不轻卖，金尽当忍穷。（刘诜《春寒闲居五首》其二）

（21）猗猗澧有兰，馥馥沅有芷。猎猎石上蒲，泛泛水中芰。鲜鲜三径菊，旎旎百亩蕙。采掇集众芳，灿烂成杂佩。佩服何所从，将以待君子。（许谦《遣兴四首》其二）

例（19）至例（21）从结构上看皆是五言成句的"NP，NP，NP，NP"（叠字领起）式名词铺排。三例皆以四个名词短语句连续铺排，就像电影叙事中连续而下的四个特写镜头，不仅画面效果鲜明，而且因为各句皆以叠字领起，兼具韵律之美，因此整体上便有形、声兼备、音画统一的审美效果。

12.七言成句的"NP，NP，NP，NP"式

这种模式，也是元诗的创造。不过，目前只见到如下一例：

（22）十年京国擅才华，宰相频招载后车。太液苍凉黄鹄羽，玄都烂漫碧桃花。三清风露仙人馆，万里风烟野老家。拂拭旧题如隔世，华星明汉望归槎。（虞集《送胡士恭》）

例（22）四个名词短语句分别以名词"羽""花""馆""家"为中心语，连续铺排而下，不仅画面效果鲜明而丰富，而且在接受上还有一种"大江之水一泻千里"的气势。

13.五言成句的"NP，NP，NP+NP，NP+NP"式

这种模式，亦为元诗的创造。不过，目前只见到如下一例：

（23）湖外三天竺，溪边九里松。禅心秋寺月，诗思晚林钟。齐已名无敌，支郎说有宗。京华同惜别，泽国几时逢。（柯九思《送泽天泉上人》）

例（23）前两句都是表示具象的，后两句则是抽象与具象结合，四句连续铺排而下，不仅有强烈的画面效果，而且对比映衬的效果明显，给人联想想象的空间更大。

14.六言成句的"NP，NP，NP+NP，NP+NP"式

这种模式，也是元诗所创。不过，目前只找到如下一例：

（24）黄犊眼中荒草，鹭鸶立处枯荷。宦海风涛舟楫，故山烟雨松萝。（陈普《野步十首》其三）

例（24）四个名词短语句就是全诗的四句，全以名词短语句形式呈现，就像是由几组特写镜头组成的现代微型视频，纯以景语代情语叙写，因此给人的想象咀嚼空间更大。

15.六言成句的"NP+NP，NP+NP，NP，NP"式

这种模式，亦属元诗的创造。不过，目前只找到如下一例：

（25）午背斜阳远村，汊边独树闲门。有莘野中未耕，浣花溪上盘飧。（许恕《题耕乐子卷》）

例（25）也是全诗皆由名词短语句构成，属六言成句的"NP+NP，NP+NP，NP，NP"式名词铺排。跟例（24）一样，它全以景语代情语，用类似今日电影镜头的叙写方式呈现，因此给接受者的感觉就像是展开了一个画轴。

16.七言成句的"NP+NP（叠字领起），NP+NP（叠字领起），NP+NP，NP+NP"式

这种模式，也是元诗的创造。不过，目前只见到如下一例：

（26）东华厌逐软红尘，一见潘郎兴味真。落落孤松霄壑志，昂昂野鹤水云身。关山客梦三更月，驿路梅花十里春。谁唱渭城朝雨曲，坐中愁绝未归人。（周权《送友东归》）

例（26）四句连续铺排而下，每句皆由两个名词短语联合构句，就像今日电影的两个特写镜头组合。每组镜头组合中的画面有实有虚（第一句是"松"与"志"、第二句是"鹤"与"身"、第三句是"梦"与"月"、第四句是"花"与"春"），不仅画面感强，而且意象丰富，有对比映衬的效果。它居于全诗中部，犹如一串闪耀的珍珠，光耀了全诗。

17.六言成句的"NP，NP+NP+NP，NP+NP+NP，NP+NP+NP"式

这种模式，也是元代诗人的创造。不过，目前只见到如下一例：

（27）几处渔樵石路，数家鸡犬柴门。灶屋残烟杳霭，溪流淡月黄昏。（陈普《野步十首》其九）

例（27）从结构上分析是："（几处）（渔樵）（石）路，（数家）鸡+犬+（柴）门。（灶）屋+（残）烟+（杳）霭，（溪）流+（淡）月+黄昏"，属六言成句的"NP，NP+NP+NP，NP+NP+NP，NP+NP+NP"式，属于全篇名词铺排，在审美上犹如一幅长卷画。

18.七言成句的"NP+NP+NP，NP+NP+NP，NP+NP+NP，NP+NP+NP"式

这种模式，亦为元诗人的独创。不过，目前也只见如下一例：

（28）轻车繁吹尚纷纭，衮衮香浮紫陌尘。杜宇青山三月暮，桃花流水一溪云。东风旗旆亭中酒，小雨阑干柳外人。何许数声牛背笛，天涯芳草正斜曛。（周权《晚春》）

例（28）每句皆由三个名词或名词短语句加合构句，四句连续铺排，就像今日电影中连续推出的四组特写镜头组合，使鸟（杜宇）、山、暮色、花、水、云、风、旗、

酒、雨、阑干、人诸画面要素随着镜头的推摇而依次呈现，不仅画面效果鲜明，而且意境深远，色彩丰富，给人以无限的遐思。

19. 五言成句的"NP+NP+N"式

这种模式，也是元诗之所创。不过，目前只见如下一例：

（29）虚室寒侵骨，疏梅月影床。三更孤雁泪，悲怨不成行。（萧国宝《冬夜》）

从句法上分析，例（29）的结构是："（疏）梅+（月）影+床"，属五言成句的"NP+NP+N"式名词铺排。它虽然只有五个字，却包含"疏梅""月影""床"三个意象，居于诗歌篇中，就像电影叙事中突然插入的一个特写镜头组合，不仅有拓展诗歌意境的作用，也有调节诗歌语言节奏的效果。

20. 六言成句的"NP+NP+NP"式

这种模式，亦为元诗的创造。如：

（30）访旧五溪薄暮，沙长归路迢遥。虚市人家烧烛，流水孤村断桥。一个残僧待渡，数声短笛归樵。闪闪昏鸦啼后，江风又落寒潮。（吕诚《晚归书事六言二首》其一）

（31）流水数株残柳，西风两岸芦花。荒草客愁远道，夕阳牛带归鸦。（陈普《野步十首》其七）

（32）香里寒云满溪，月明津渡人迷。梦入江南旧路，夕阳流水桥西。（叶颙《月夜梅边即事》）

从结构上分析，例（30）至例（32）都是由三个名词短语（每个短语两个音节）并列加合构成，就像三个电影特写镜头的组合，不仅以鲜明的画面感拓展了诗歌意境，也调节了诗歌语言的节奏，使诗歌的韵律感更为显明。

21. 七言成句的"N+N+NP"式

这种模式，也是元诗之创造。不过，目前只见到如下一例：

（33）百花憔悴东风寒，六花烂漫开正繁。东君似欲誇富贵，琼台玉榭真珠阑。……酒酣舞剑情难歇，指点银瓶莫教竭。醉中犹自忆当时，鹅鸭城边一池月。（叶颙《春雪》）

例（33）从结构上分析是"鹅+鸭（城边）（一池）月"（正常语序是：城边一池鹅鸭月），属七言成句的"N+N+NP"式名词铺排。它居于全诗结尾，不仅画面感鲜明，而且别具一种"曲终人不见，江上数峰青"的韵味。

22. 七言成句的"NP+NP+NP+N"式

这种模式，亦为元诗的创造。不过，目前只见到如下一例：

（34）巷南亭馆春风树，魏紫姚黄取次开。翠羽当窗林影丽，红云绕坐国香来。凝酥暖泛金壶酿，群玉晴笼锦帐埃。洧外何能夸芍药，番禺自足愧玫瑰。竟须高宴烦燕女，左手持花右酒杯。（李瓒《牡丹一章奉寄玉山公子》）

从句法上分析，例（34）的结构是："（巷南）亭+馆+春风+树"，属七言成句的"NP+NP+NP+N"式名词铺排。它居于全诗起首，不仅画面感十足，而且别具凌空起势、先声夺人的审美效果。

23.七言成句的"N+N+NP+NP+N"式

这种模式，也是元诗的创造。不过，目前只见到如下一例：

（35）主家池馆西龙塘，龙塘华国参差芳。秋轮轧露春云热，<u>水风杨柳芙蓉月</u>。星桥高挂东西虹，宫花小队烟花红。金丝拂鞍长袖舞，夜静水凉神欲语。草池梦落西堂客，吟诗一夜东方白。（杨维桢《题柳风芙月亭诗卷》）

例（35）虽只七个字，却包含了"水""风""杨柳""芙蓉""月"等五个意象，居于诗歌篇中，就像电影叙事中突然插入的一个特写镜头组合，不仅有力地拓展了诗歌的意境，也调节了诗歌的节奏，使诗歌韵律上亦添美感。

由上述总结，我们可以清楚地见出，元代诗人是富有锐意创新意识的。至少可以说，在名词铺排文本建构及其新模式的创新方面元诗的成就是非常突出的，在汉语名词铺排史上是值得大书一笔的。

闲吟诗人杜荀鹤

王树海　　冷　艳

【内容提要】杜荀鹤才华横溢，仕途坎坷，喜欢游于佛禅、流连自然山水，其诗歌在唐诗中占据独到位置，风格独特，在颠沛流离中难得"闲吟"。解读杜诗风格，要结合其生活经历和诗歌创作，从佛禅思想的角度进行把握，唯此才可诠释诗歌的真正内涵。

【关键词】闲吟；佛禅；杜荀鹤

【作者简介】王树海，男，吉林大学文学院教授、博士生导师（长春 130012）；冷艳，女，吉林大学文学院博士，吉林财经大学新闻与传播学院讲师（长春 130012）。

　　杜荀鹤（846—904年），字彦之，号九华山人，池州石埭（今安徽石台）人。相传为杜牧出妾之子，实妄。初贫寒，读书九华山。累举进士不第，归隐山中15年。大顺二年（891年），登进士第，因时危世乱，复还旧山。宣州节度使田頵辟为从事。天复三年（903年），出使大梁，值頵兵败，遂留大梁。天祐元年（904年），朱温奏为翰林学士、主客员外郎，遇疾，旬日而卒。辛文房称："荀鹤苦吟，平生所志不遂，晚始成名，况丁乱世，殊多忧惋思虑之语，于一觞一咏，变俗为雅，极事物之情，足丘壑之趣，非易能及者也。"[①]先看其《秋夜晚泊》：

　　　　一望一苍然，萧骚起暮天。远山横落日，归鸟度平川。
　　　　家是去秋别，月当今夕圆。渔翁似相伴，彻晓苇丛边。

　　颔联宏阔，在杜诗中较少见，通首读下来仍笼罩着一种萧索苦寒之气。别家经年，月圆人未，孤苦地泊栖于苇丛渡口，"彻晓"唯有"似相伴"的渔翁在，别无俦侣，其孤凄可以想见。与更加惨烈严酷的现实比较起来，上述境界尚属宁境，只是孤寂、苦寒的环境并不可怕，灵魂、精神还能安稳地栖泊，自由地优游，而在《旅泊过郡中叛乱示同志》一诗则不能了：

　　　　握手相看谁敢言，军家刀剑在腰边。
　　　　遍搜宝货无藏处，乱杀平人不怕天。
　　　　古寺拆为修寨木，荒坟开作甃城砖。
　　　　郡侯逐出浑闲事，正是銮舆幸蜀年。

　　握手相见，道路以目。"在腰边"挂着刀剑的叛军面前，家私家产无以藏贮，稍不如意，即"乱杀平人"，没有什么能使他们有何顾忌，连些微的宗教恐惧感都没有。拆

---

① 《唐才子传》卷九，古典文学出版社，1957年，第168页。

寺为寨，掘坟砌防，郡侯逐斥，国君逃蜀，这是何等的年月！平民王侯、天地鬼神俱不得安宁！杜荀鹤"难得"闲吟，实在是不能闲吟。然而，他毕竟是游于佛禅、流连自然山水的闲吟诗人，在如此荒乱里颠沛的杜荀鹤仍能"闲吟"，又洵属"难得"，且看其《自叙》：

> 酒瓮琴书伴病身，熟谙时事乐于贫。
> 宁为宇宙闲吟客，怕作乾坤窃禄人。
> 诗旨未能忘旧物，世情奈值不容真。
> 平生肺腑无言处，白发吾唐一逸人。

　　身居末代乱世，之于荒诞的"时事"，业经"熟谙"，诗人"乐于贫"，只以琴书病酒相伴而已矣，宁为"闲吟客"，不做"窃禄人"，他并没有忘记用世"救物"的责任，然而在"不容真""无处言"的现实面前，他转了一大圈，仍须做"吾唐一逸人"。"闲吟"的"逸人"能做什么呢！只是诗，唯有诗。"生应无暇日，死是不吟时"（《苦吟》），"世间何事好，最好莫过诗"（同上）。诗乃诗人的生命，只有诗可以使乱世中惶恐不定的灵魂有所栖止：

> 久劳风水上，禅客喜相依，挂纳虽无分，修心未觉非。
> 日沉山虎出，钟动寺禽归。月上潮平后，谈空渐入微。
>
> 《舟行晚泊江上寺》

　　有此诗仰，有是禅依，则可见出诗人流离颠沛中的安稳、从容，尽管中含悲疑虑：

> 马上览春色，丈夫惭泪垂。一生看却老，五字未逢知。
> 酒力不能久，愁根无可医。明年到今日，公道与谁期。
>
> 《途中春》

　　"明年"之"今日"，世道能否平安，"公道"可有"期"日，都还是未知数，而诗人怀抱佛旨禅理，就可用新的心境、新的眼光去思忆往事，打量世界：

> 长忆在庐岳，免低尘土颜。煮茶窗底水，采药屋头山。
> 是境皆游遍，谁人不羡闲。无何一名系，引出白云间。
>
> 《怀庐月书斋》

　　现实的刺激，启发起对往昔"闲适""闲吟"的追忆，诗人似乎在追问自己，被诱出山林白云之"闲"的"名系"，能值几何？！从内心深处又靠近了佛禅：

> 道了亦未了，言闲今且闲。从来无住处，此去向何山。
> 片石树荫下，斜阳潭影间。请师留偈别，恐不到人寰。
>
> 《送僧》

　　在频频交游之中，于倾心唱和之际，诗人不仅加深了对禅旨禅趣的领会，亦仿佛察到了诗与禅之间的关系、联系：

> 为僧难得不为僧，僧戒僧仪未是能。
> 弟子自知心了了，吾师应为醉腾腾。
> 多生觉悟非关纳，一点分明不在灯。
> 祇道诗人无佛性，长将二雅入三乘。

见性见佛，不在"为僧""不为僧"，亦不在"僧戒僧仪"，非关衣钵，不赖传灯，"吾师"尽可以打破持戒而"醉腾腾"，仍可以"多生觉悟"，仍能够"一点分明"，我本人虽"无佛性"，但能援诗入禅，以禅济诗，这是南宗禅在唐末最典型、最充分的体现，诗人之所以能以诗证禅、援禅入诗也正在于此，且看《泗上客思》：

痛愁复高歌，饮终不奈何。家山随日远，身事逐年多。

没雁云横楚，兼蝉柳夹河。此心闲未得，到处被诗磨。

禅已支撑了离乱中诗人的精神天地，诗中也传达出了深深的禅意，然而诗人还是宣称，"此心"未得，"闲"亦大得，原因何在？"到处被诗磨"，寻找"此心"，觅得"闲"境、让"被诗磨"一句，道了个正着。这是"不立文字"的别解，又是"不离文字"的实录，诗人在另一《自述》里，表达得更有意味：

四海欲行遍，不知终遇谁。用心常合道，出语或伤时。

拟作闲人老，惭无识者嗤。如今已无计，只得苦于诗。

除了"诗"，仍旧是"诗"，诗是诗人百无仰赖的仰赖，是无事业可托的事，是流离失所中的居所，"旅寄寺中"①渡头马上，舟行晚泊，途次客思，风雪闭门，山中怀友，山水留连处，别亲送僧时，只有诗成全着诗人，滋润、抚慰着诗人的灵魂。诗成为诗人的生存需要，有时不免亦作武器来挥舞。例如其著名的《再经胡城县》：

去岁曾经此县城，县民无口不冤声。

今来县宰加朱绂，便是生灵血染成。

似乎只有在末代才能对官场、剥削有如此精到透辟的认识，如此严厉的斥责，"非止于讽刺也。如此县官，实乃民贼！盖唐末兵祸频繁，因而剥削加剧，县令乃直接人民之官，剥削人民即由其经手，剥削愈甚，则愈得上级之欢心，于是有朱绂之赐"，"如此诗篇，剥削者见之，安得不欲杀之耶？"②所幸的是杜荀鹤并未因诗贾祸，只是因为"兵祸频繁"，"剥削者"尚无力进行"文字"的征伐。诗人的《山中寡妇》之于兵燹、徭役的讨伐似更深刻：

夫因兵死守蓬茅，麻苎衣衫鬓发焦。

桑柘废来犹纳税，田园荒后尚征苗。

时挑野菜和根煮，旋斫生柴带叶烧。

任是深山更深处，也应无计避征徭。

诗人虽欲作"闲吟客"，现实的苦难与种种刺激，使诗人最本色的特征得以充分体现，他必须同情，施展同情并不断学会同情。兵乱裹挟着徭役一齐倾倒在百姓头上，那处于依附地位的妇女之命运、遭际就一倍其痛苦，何况是"山中寡妇"，既然是"夫因兵死"，繁重苛杂的种种徭役亦没法逃脱，"任是深山更深处，也应无计避征徭"，

① 据《鉴诫录》载："杜在梁朝，献朱太祖《时世行》十首，欲令太祖省徭役，薄赋敛。是时方当征伐，不洽上意，遂不见遇，旅客寺中。"

② 陈伯海主编，《唐人绝句精华》，《唐诗汇评》（下），浙江教育出版社，杭州，1995年，第2923页，第2924页。

"总以首句'兵'字作主脑，死守以兵，征徭亦以兵耳"。①诗之颈联"时挑野菜和根煮，旋斫生柴带叶烧"，对于山中寡妇困顿生活的描述，既形象又生动，诗人倾注的同情亦自然流露出来，诗是好诗，句乃佳句无疑，然而也有论者认为"失之肤浅"②，"五、六句尤粗鄙"③，甚至"极为可笑"④等，此类议论，与诗人活生生的艺术传达比较，反教人觉得酸腐不堪，甚或含有一种霉味。

杜荀鹤苦吟、炼句，出于对佳句的追求与珍视，如其《闲居书事》所云：

竹门茅屋带村居，数亩生涯自有余。

鬓白只应秋炼句，眼昏多为夜抄书。

雁惊风浦渔灯动，猿叫霜树橡实疏。

待得功成即西去，时清不问命何如。

诗人对于艺术出新的执着，多有表述，"举世尽从愁里老，谁人肯向死前闲"，"典尽客衣三尺雪，炼精诗句一头霜"，足可见其精神。

诗人虽苦吟苦炼，诗得姚、贾之清、浅多，而少其僻峭，原因其一即杜荀鹤于流离栖泊间与下层百姓多所接触，其生存困境、生活语言对诗人有影响，如其《闻子规》：

楚天空阔月成轮，蜀魂声声似告人。

啼得血流无用处，不如缄口过残春。

俗言入诗，明白如话，平易晓畅，毫无生涩感。后世评者对此褒多贬少，余成教谓："晚唐诗人有佳句而多俗言者，杜彦之荀鹤是也。'承恩不在貌，教妾若为容''溪山入城廓，户口半渔樵''古宫闲地少，水港小桥多''九州有路休为客，百岁无愁即是仙''故园何啻三千里，新雁才闻一两声''高原麦苗新雨后，浅深山色晚晴时'，皆为佳句。'生应无暇日，死是不吟时''举世尽从愁里老，谁人肯向死前休'，虽俗而有意趣。其余如'世间何事好，最好莫过诗''争知百岁不百岁，未合白头今白头'之类，未免诗如说话矣。"⑤其以优、次列为三类，时至今日，已不宜作如是观。杜诗纳"俗言"入诗，是诗之生命力的重要因素之一。如："丈夫三十身如此，疲马离乡懒着鞭。槐柳路长愁杀我，一枝蝉到一枝蝉"（《离家》），虽多俗语，却清新可喜；因感情真挚，旷世而可感。

其实，后世论者在责其"俗"时，往往出于某种正统的政治立场，例如："未免诗如说话矣。其起结之句，尤多率易。人亦奴事朱温，有愧于'孙供奉'多矣。"⑥"杜荀鹤诗品庸下，谄事朱温，人品更属可鄙。其《溪居叟》云：'溪翁居处静，溪鸟入门飞。早起钓鱼去，夜深乘月归。'极有老气。然其诗前四句，亦云僧景之作，殆未必出其手。观其'有园多种橘，无水不生莲''山川多少地，郡邑几何人''九州有路休为

① 《唐诗析类集训》，同上，第2922页。
② 《初白庵诗评》，同上，第2922页。
③ 《瀛奎律髓汇评》卷之三十二"忠愤类"，上海古籍出版社，1986年，第1362页。
④ 郭绍虞选编：《围炉诗话》卷三，《清诗话续编》（上），富寿荪校点，上海古籍出版社，1983年，第553页。
⑤ 绍虞选编：《石园诗话》卷二，《清诗话续编》（下），富寿荪校点，上海古籍出版社，1983年，第1777–1778页。
⑥ 绍虞选编：《石园诗话》卷二，《清诗话续编》（下），富寿荪校点，上海古籍出版社，1983年，第1778页。

客，百岁无愁即是仙''此时晴景愁于雨，是处莺声苦似蝉''争知百岁不百岁，未合白头今白头''举世尽从愁里老，谁人肯向死前闲''回头不忍看羸童，一路行人我最穷'等，辞气粗鄙，亦云至矣"。[1]据《洞微志》载："杜荀鹤谒梁高祖，与之坐，忽无云而雨，祖曰：'无云而雨，谓之天泣，不知何样？请作诗。'荀鹤曰：'同是乾坤事不同，雨丝飞洒日轮中。若教阴显都相似，争表梁王造化工！'高祖喜之。"[2]"不喜"当如何！《鉴诫录》载："梁朝杜舍人荀鹤为诗愁苦，悉干教化，每于吟讽，得其至理。……杜在梁朝，献朱太祖《时世行》十首，欲令太祖省徭役，薄赋敛。是时方当征伐，不洽上意，遂不见遇，旅寄寺中。"诗人后来的苦恼，与此事亦大有关涉，他之所以大事宣称，诗即一切，宁做"闲吟客"，不为"窃禄人"，其中大有隐衷。他把诗、文提到如此高度，亦欲冲淡"奴""谄"之遭际，例如其《读诸家诗》：

> 辞赋文章能者稀，难中难者莫过诗。
> 直应吟骨无生死，只我前身是阿谁。

该诗曲折、真实地反映了诗人的心境。欲做"闲吟客"，却不可能"闲吟"；历动乱间，游于佛禅际，又能得"闲吟"之作，实在难得也。

---

① 《养一斋诗话》卷四，《清诗话续编》（下），富寿荪校点，上海古籍出版社，1983年，第2067页。
② 《诗话总龟》前集卷三"知遇门"，人民文学出版社，1998年，第30页。

黄庭坚台阁名胜记述论

沈文凡　　李　佳

【内容提要】记体文是孕育于战国、生发于两汉、成熟于唐、繁盛于宋的中国古代重要文体之一，台阁名胜记是记体文的重要类别。北宋黄庭坚有29篇台阁名胜记存世，可分为佛院塔记、堂轩记、亭园记、祠庙记四大类型，具有重要的文学与史料价值；这些文章反映了黄庭坚心怀儒道、投身释氏、立新求变的思想情怀，展示了黄氏其人其文的品格与成就。这既是北宋文化孕育的成果，又是北宋文化景观的折射。

【关 键 词】黄庭坚；台阁名胜记；宋代文化

【基金项目】国家社会科学基金项目 "《全唐诗》创作接受史文献缉考"（项目编号：14BZW082）。

【作者简介】沈文凡，男，文学博士，吉林大学文学院教授，博士生导师（长春130012）；李佳，女，文学博士，吉林师范大学职教部副教授（长春 130012）。

"记体文"是中国古代重要文体之一，它孕育于战国、生发于两汉、成熟于唐、繁盛于宋。褚斌杰在《中国古代文体概论》中按记体文内容将其分为四类：即台阁名胜记、山水游记、书画杂物记和人事杂记。在这四大类中，台阁名胜记的数量最多，是记体文的重镇。台阁名胜记内涵是"古人在修筑亭台、楼观，以及观览某处名胜古迹时，常常撰写记文，以记叙建造修葺的过程、历史的沿革，以及作者伤今悼古的感慨等等"①，其外延应包括以各类建筑物，如寺、观、庙、祠、府、衙、轩、楼、斋、阁、楼、亭、台、池、园、城、路、桥、渠、井等为书写对象的记体文。

北宋是记体文发展历程中的繁荣期，笔者依据《全宋文》搜爬出的北宋记体文数量前十名的作家分别为：苏轼63篇，黄庭坚52篇，余靖43篇，欧阳修40篇，曾巩39篇，黄裳38篇，释惠洪33篇，文同31篇，王安石27。黄庭坚的记体文数量位列第二，虽不及苏轼但超越了其他宋代文章名家。黄庭坚是北宋时期的艺术全才与巨擘，他在诗、文、词、书法、绘画、哲学等多个领域成就卓著。然而目前黄庭坚研究主要集中在他的诗歌、书法、词、绘画等领域，文章成就为其他方面所掩，研究较少。鉴于此，本文将从黄庭坚的台阁名胜记文入手，分析黄庭坚台阁名胜记文的类别与特点、思想与情怀，以期还原山谷文章的历史地位，揭示山谷文章的文史价值。

---

① 褚斌杰：《中国古代文体概论》，北京大学出版社，1984年，第331页。

一、黄庭坚台阁名胜记的类别与价值

郭预衡在《中国散文史》中评价黄庭坚文章成就说"从现存之文看来，庭坚文章之最可称者，在于叙、记诸篇。有的文章很有新的特点。"①的确，黄庭坚的记体文数量较多，且极具新意。经查检，黄庭坚记体文共52篇，其中台阁名胜记29篇、山水游记11篇、书画杂物记1篇、人事杂记11篇，台阁名胜记占记体文总量的56%。29篇台阁名胜记按所记建筑类型可分为佛院塔记、堂轩记、亭园记、祠庙记。

（一）佛院塔记

黄庭坚与佛教颇有渊源，他生于洪州分宁县，此处佛教氛围浓厚，他自小便受佛禅思想影响，后来还曾为家乡的禅院作过《洪州分宁县青龙山兴化禅院记》。黄庭坚成年后经历了北宋中晚期党争激烈、仕途蹭蹬的漫长岁月，在思考人生哲理与寻找心性解脱的过程中与佛教越走越近，元丰七年（1084年），40岁的黄庭坚作了《发愿文》，标志着他正式成为一名佛教徒，直至61岁卒于宜州，"他阅藏、参禅，与佛教各派的法师来往频繁，沉醉禅悦之风，深解般若义趣"。②因此，很多与黄庭坚有交情的佛寺住持于佛教建筑新建落成或修缮完毕后会向大文豪黄庭坚乞记刻石，希望以此载其功绩、播其声名。

目前留存的黄庭坚的佛院塔记有13篇，分别是《南康军开先禅院修造记》《洪州分宁县青龙山兴化禅院记》《太平州芜湖县吉祥禅院记》《南康军都昌县清隐禅院记》《怀安军金堂县庆善院大悲阁记》《吉州慈恩寺仁寿塔记》《天钵禅院准禅师舍利塔记》《江陵府承天禅院塔记》《成都府慈因忠报禅院经藏阁记》《萍乡县宝积禅寺记》《石门寺题名记一》《石门寺题名记二》《清隐院顺济龙王庙记》。

黄庭坚的佛院塔记占其台阁名胜记总数的45%，比例甚大；他13篇的数量也超过了苏轼8篇、苏辙7篇、王安石8篇、曾巩8篇的北宋其他文章大家的佛院塔记数量。从创作特色看，黄庭坚佛寺塔记的"史家笔法"鲜明，相较于苏轼的《中和盛相院记》《四菩萨阁记》《黄州安国寺记》《荐诚禅院五百罗汉记》等佛寺塔记重自我感受、文气十足的特点，黄庭坚的佛寺塔记则质朴、谨严的多。黄庭坚又称"黄太史"，曾作《神宗实录》，作文惯用写史笔法，"记"之本源为客观记录以备不忘，与"史"之意旨颇为相似，那么黄太史作佛寺塔记时融汇史家笔法也是自然。

《南康军开先禅院修造记》，根据黄庭坚年谱和行迹推测，大约写在他吉州太和任上，当时黄庭坚40岁左右。文章先记载了庐州开先寺第十四代主僧行瑛，兴旧起废，修缮扩建开先寺，耗时九年，终于落成，行瑛乞记于黄庭坚，黄庭坚有感于行瑛的品格与功业，欣然作记这一事件。全文千余字，首先极其详细的梳理了禅院的兴建原由与变迁历程：南唐中主李璟于庐山买地、做书馆、建僧舍、开先寺命名及壮大的历程，历时约

---

① 郭预衡：《中国散文史》（中），上海古籍出版社，2011年，第537页。
② 孙海燕：《黄庭坚的佛禅思想与诗学实践》，博士学位论文，北京语言大学，2008年，第1页。

150年，先后历经了14位主僧。其中将李璟的"无经世之意，喜物外之名"①的性情、"先主开国""中主嗣国数年"的国运与开先寺的兴建发展融汇叙述。李璟年少时，有农野村夫将庐山的一片土地献给李璟，李璟爱之，在此地建了书堂，后改书堂为僧舍，这便是禅院的雏形。后来，李璟称帝，觉得野夫献地的举动是国家统一富庶的祥兆，就赐院名为"开先"，太平兴国二年（977年），又赐名"开先华藏"，声名日隆，到现在已经传到第十四代主僧行瑛一辈。

接下来，褒扬了行瑛病痛之中立志修寺，坚持九载，终有所成，功绩深远，沾溉后人的事迹：

"卧病坊者余三年，乃作意一新之 ……开先之屋无虑四百楹，成于瑛世者十之六，穷壮极丽，迄九年乃即功。方来之众与其勤旧，虽千人宴坐，经行冬夏，无不得其所愿……此上人者，盖如来藏中之说客，菩提场中之游侠邪。"（1638）

以上文字，从文学的角度看，黄庭坚用语精简，短短数句，基本描绘出行瑛其人的来历、才能、性格与成就，可看作是黄庭坚史传笔法在记体文中的延伸。

然而，这类文章另一重要价值，便是它的史料意义。史书容量有限，许多人因身份限制无法成传，然而其又代表了那个时代鲜活重要的一群人，譬如行瑛。北宋以降，僧人多如恒河沙数，如果没有此记中对"行瑛"的大略记载，行瑛这位民间僧人可能要淹没于历史长河中了。何以作此说？行瑛者，《宋史》《宋高僧传》都未见其传，我们目前所能见到的行瑛资料主要集中在一些方志与词典中，如《永福县志》《粤西丛载》《江西省宗教志》《中华佛教人物大辞典》中有所涉及，胡适的《庐山游记》写到开先寺时也谈了此人。不过以上所有文字几乎都是此段文字的直引或转述，其中对行瑛的记载最为翔实的《粤西丛载》中这样介绍"僧行瑛，开先行瑛，桂州永福人，毛氏子。受业本州之菩提寺，长即出游。至吉州隆庆院，褐庆闲，多所开悟。次参照觉，顿息诸疑，出世庐山之开先。瑛材器广大，果于立事，任人役物，如转石于千仞之溪，无不如意，有照觉遗风。在开先几二十年。初苦痰癖，屡求去，未得，卧病者三年。一旦起，将梵刹鼎新之，九年乃成。见者骇叹。黄太史鲁直，尝戏谓瑛为如来藏中之说客，菩提场中之游侠云。"②通过比对发现，除了第一句介绍行瑛师承外，其余皆为山谷记文中语。行瑛非名士，史料甚少，至今其生卒年仍不可考，假若不是黄庭坚《南康军开先禅院修造记》中的记载，我们不会知晓他有什么样的性情与才能、他与开先寺的壮大和庐山人文精神积淀有着怎样密切的关系。

依此类推，黄庭坚的其他佛寺塔记如《洪州分宁县青龙山兴化禅院记》记载了兴化禅院的地理位置、发展沿革和住持以弼的扩建功绩，并且从行文"绍圣丙子岁众请章州僧以弼住持……七年而大厦弥山"（1189）一段叙述中，可推断扩建完成于北宋崇宁二年（1103年），此记也为当时所写；《太平州芜湖县吉祥禅院记》记载了吉祥禅院自晋

---

①　（宋）黄庭坚著、郑永晓整理：《黄庭坚全集辑校编年》（册），江西人民出版社，2008年，第1638页。（下再引此者，俱随文括注页码）。

②　（清）汪森：《粤西丛载校注》（中）．广西民族出版社，2007年，第518页。

以来的兴衰历程和住持庆余在禅院芜废之时立志兴院、八年乃成的事迹。

总之，黄庭坚的这13篇佛寺塔记以其简练的史家笔法记录了很多佛家建筑与人物的史实，具有重要的文学价值与史料价值。

（二）堂轩记

黄庭坚心有所感或受人所托书写了此类作品，行文中多表达了浓厚的人生哲理，此类作品共8篇，分别是《鄂州通城县学资深堂记》《阆州整暇堂记》《冀州养正堂记》《北京通判厅贤乐堂记》《大雅堂记》《自然堂记》《朋乐堂记》《张仲吉绿阴堂记》，各篇文章中的黄庭坚为轩堂名称释意处，几乎成了此篇的文眼。

《自然堂记》中，"自然堂"是黄庭坚为一间依旧室改建的堂室起的名字，在文中他道出了所以命名的缘由：

"动作寝休，颓然于自得之场，其行也不以为人，其止也不以畏人，时损时益，处顺而不逆，此吾所谓自然也。"（1641）

这里的自然不是自然景观，而是不被世俗荣辱、名利羁绊的自然心性中，体现出的生活起居、与人交往的自然状态。

《阆州整暇堂记》意在通过释"整暇"之名来发表自己的政治见解、人生观点。"整暇"二字，源出《左传》，整指整齐有序，暇指从容不迫。黄庭坚移花接木，借古说今，在文中进一步阐释整与暇的辩证关系，从而生发出为政有为与无为，人生功业与闲适的内在联系：

"无事而使物，物得其所，可以折千里之冲谓整；有事而以逸待劳，以实击虚，彼不足而我有余之谓暇。"（1021）

接下来用整暇之关系解释太守鱼仲修的治化与燕乐的关系。

"荥阳鱼侯仲修，为阆中太守，知学问为治民之源，知恭俭为勤学之路，先本后末，右经而左律。在官二年，内明而外肃，吏畏而民服，乃作堂以燕乐之……堂成而鱼侯甚爱之，问名于江南黄某，某曰'若鱼侯，可谓能整能暇矣'。故名之曰'整暇'，所以美其成功而劝其未至也。"（1021）

综上所述，黄庭坚阐释"整暇"的意思相当于未雨绸缪、居安思危，如此方能临事而有余暇，才可能实现治所安定与个人优游，他以这个道理赞美、勉励仲修，也反映出黄庭坚自己对功业追求与生活适意二者如何达到最佳结合点、如何实现二者长久平衡的看法。

堂虽为休憩、燕乐的场所，但在儒释融通的黄庭坚心里，却带上了由于思考人生、历史、现状而悟到的义理色彩。其他如《冀州养正堂记》中"养正"之意义，《北京通判厅贤乐堂》中"乐"与"贤"的意义，《大雅堂记》"大雅"的意义，莫不如是。究其原因，正如黄宝华在《黄庭坚评传》中所讲"他本人并不单纯以文人自居，终其一生他都对道德伦理问题表现出极大的关注，并有着匡正世道人心的强烈使命感。"①

---

① 黄宝华：《黄庭坚评传》，南京大学出版社，1998年，第116页。

（三）亭园记

中国亭园因它的独特和美妙在世界建筑史上享誉盛名。在起居建筑之外中国人为什么要煞费心思地建造亭园，刘致平讲"（中国人）非常需要摆脱一切人世苦恼而投到大自然的怀抱里，又加上老庄的哲学鼓励人们清高脱俗无为，返回自然，所以人们在居住的宅第之外，常喜建置一片极其自然的富于曲折变化的园林"。[①]的确，中国人因向往自然、投身自然而创建出了浑融于自然的亭园建筑，与堂轩、衙府等功用性较强的建筑类型相比，它将人与天地自然联系得更加紧密。园亭建筑生而承载人与自然紧密关系的特性，很自然的带到亭园记的创作中来。唐代韩愈《燕喜亭记》，宋初欧阳修《醉翁亭记》、苏舜钦《沧浪亭记》、曾巩《醒心亭记》，作者莫不以笔墨营造了一个美轮美奂、生机盎然的自然境界，从而带读者进入了一个强烈的"有我之境"。然而，当亭园记发展到北宋末期已大变，山水色彩渐退，人文理趣更浓，黄庭坚的亭园记足以反映这种变化。黄庭坚的庭园记共7篇，分别是《筠州新昌县瑞芝亭记》《河阳扬清亭记》《东郭居士南园记》《松菊亭记》《吉州西峰院三秀亭记》《幽芳亭记》《吴叔元亭壁记》。

黄庭坚的《筠州新昌县瑞芝亭记》介绍了作记原由，邵叶任新昌宰三个月，在他的室内长出了十二棵五色灵芝，官吏与百姓认为这是祥瑞之兆，预示着邵叶将有嘉政福泽百姓。于是改室为亭，命曰"瑞芝亭"，人们奔走来向黄庭坚谒记。黄庭坚是怎么写的这篇记文呢？他既只字未提瑞芝亭的规模景致，又没称颂邵叶政治功绩，而是借此事来反对虚妄、提倡求实。

"抑使民田亩有禾黍，则不必灵芝生户庭；使民伏腊有鸡豚，则不必麟凤在郊橄。黠吏不舞文，则不必虎北渡河；里胥不追扰，则不必蝗不入境。此其见效优于空文也邪？"（620）

强调不要去迷信虚幻的灵芝、麒麟、凤凰会带来幸福，百姓实实在在的好日子是田地里长满庄稼，暑伏腊月有鸡有猪，官员们不讲空话、不克扣追扰，这些现实成效远胜于空言赞美。关于灵芝能否预示祥瑞，黄庭坚又进行了深入的探究，首先引《神农草木经》的记载说明五色灵芝都是养生之药，不是瑞世之符；接下来又对汉代斋房中长芝草而作《芝房》歌事件的真伪存疑并论证。北宋士人多集文人、官员与学者等多重身份于一身，这篇文章便很好地印证了黄庭坚是一位富有怀疑与探究精神的学者。他学识渊深，博古通今，对一些惯有说词，绝不人云亦云，对一些问题，他也努力寻本溯源、辨伪存真。

黄庭坚的亭园记中虽将立意由描绘景色转向阐发观点，但并非完全没有景物描写。在这7篇亭园记中，《东郭居士南园记》《张仲吉绿阴堂记》两篇就非常精彩洗练的描绘了自然风物和游乐趣事。但就总体而言，黄庭坚在亭记中发议论、释哲理，还进行学术质疑与探究，相比之前的亭记实为罕见，极富特色。相较之下，景物描写在黄庭坚亭园记中所占体量很小，已不是表达重心所在了。

---

① 刘致平：《中国建筑类型及结构》，建筑工程出版社，1957年，第33页。

（四）祠庙记

"祠庙建筑，祠庙祭祀建筑，特指祀奉先贤圣人的建筑，更多称为'祠庙'。此类建筑，采取传统的中轴对称的布局，一般气势宏大，与宫殿建筑有相似之处。根据祭祀内容，可将'祠庙'分为祭祀历史人物、圣贤哲人、地方君主、传说俗神等。"①祠庙新建或修缮后，常常请名人作记，以记录建修的目的、时间、地点、过程及所涉人物。黄庭坚的祠庙记仅《伯夷叔齐庙记》一篇。

《伯夷叔齐庙记》开篇简单的交代了作记原由：王闢之在河东县任时，翻新扩建伯夷叔齐旧庙，人们商量作文以记载此事，遂向黄庭坚乞记。接下来用大篇幅引典故、发议论，认为伯夷叔齐之事除了孔子、孟子所说之外，都不足为信。

"故孔子以为：'不降其志，不辱其身。身中清，废中权。求仁而得仁，又何怨。'又曰：'齐景公有马千驷，死之日，民无德而称焉；伯夷叔齐，饿于首阳之下，民到于今称之。'孟子以为：'非其君不事，非其民不使，不立于恶人之朝，不与恶人言，故闻伯夷之风者，贪夫廉，懦夫有立志。'此则二者之行也。至于谏武王不用，去而饿死，则予疑之。阳夏谢景平曰'二子之事，凡孔子、孟子所不言，可无信也。其初盖出庄周，空无事实，其后司马迁作《史记·列传》，韩愈做《颂》，事传三人，而空言成实。若三家之学，皆有罪于圣人者也。徒以文章擅天下，学者又弗深考，故从而信之'，以予观谢氏之论，可谓笃信好学者矣，然可谓智者道也"。（585）

这一段可见，黄庭坚学识渊博，具有怀疑探索精神，他曾在《论作诗文》中讲读书之法："读书不贵杂博，而贵精深。作文字须摹古人。"（1627）因此按惯例应是以记录事件始末为主的记体文，他也追求突破藩篱、自成一家，以深厚的谈经论道之议论代替简易平直之叙述，其儒学功底与创新精神可见一斑。

二、黄庭坚台阁名胜记蕴含的思想情怀

（一）心怀儒道，关注时政

记体文发展到了宋代，文风嬗变，由记为议。明代吴讷曾梳理记体文的发展脉络，指出了这种变化："记之名，始于戴记、学记等篇。记之文，文选弗载。后之作者，固以韩退之画记、柳子厚游山诸记为体之正。然观韩之燕喜亭记，亦微载议论于中。至柳之记新堂、铁炉步，则议论之辞多矣。迨至欧苏而后，始专有以议论为记者，宜乎后山诸老以是为言也。大抵记者，盖所以备不忘……至若范文正公之记严祠、欧阳文忠公之记昼锦堂、苏东坡之记山房藏书、张文潜之记进学斋、晦翁之作婺源书阁记，虽专尚议论，然其言足以垂世而立教，弗害其为体之变也。"②吴讷强调，北宋范仲淹、欧阳修、苏东坡之后的记体文已从客观记录变为主观议论，有些记体文道德伦理性之强，足可以垂事而立教，此时的记体文与最初相比已成为"变体"。黄庭坚的29篇台阁名胜记，浸润了北宋的理学与经术思想，几乎篇篇关乎道德修养、社会治化，凸显了儒家的"穷则

---

① 李剑平：《中国古建筑名词图解辞典》，山西科学技术出版社，2011年，第350页。

② （明）吴讷：《文章辨体序说》，人民文学出版社，1962年，第41页。

独善其身，达则兼济天下"的精神。

《鄂州通城县学资深堂记》讲兴建学校讲堂对政通人和的重要意义，并称赞了曹君等人不畏艰难兴办县学的功劳；《松菊亭记》讲世间名利不可守，人最重要的是修身适意；《吉州西峰院三秀亭记》先痛心庐陵先前不治之状，继而赞颂魏侯吏能名世、数措并举，使庐陵焕然一新。以上虽出自不同的台阁名胜记篇目，但其核心意思都是讲做人要以修心养性为本，为官处事要淡泊名利、恤民爱国，基于此文章中鲜明的表达出对黠吏酷吏的痛斥、对廉吏能吏的褒扬。洪炎《豫章黄先生退听堂录序》云："大抵鲁直于文章天成性得，落笔巧妙，他士莫逮，而尤长于诗。其法援以治心修性为宗本，放而至于远声利、薄轩冕，忧国爱民，忠义之气蔼然见于笔墨之外"[①]实为中肯。

（二）投身释氏，心性通达

宋代古文创作承袭了中唐韩愈、柳宗元一脉的传统，视"道"为文章的核心因素，黄庭坚亦不例外，他在《次韵杨明叔序》中云："文章者，道之器也；言者，行之枝叶也"，然而不同于韩愈、欧阳修的排佛，苏轼、黄庭坚等苏门文人大多信佛。宋代陈善《扪虱新语》卷三引张方平讲北宋中晚期佛教盛行的情形"儒门淡泊，收拾不住，皆归释氏"，很多文人士大夫对佛禅领悟很深，跟僧人交往密切。释惠洪是北宋名僧，与黄庭坚过从甚密，两人有很多唱和诗文，他曾作《山谷老人赞》称赞黄庭坚"情如维摩诘，而欠散花之天女；心如赤头璨，而着折角之幅巾。岂平章佛法之宰相，乃檀越丛林之韵人也耶！"[②]展示了黄庭坚融通儒释，既入世又超然的风神。黄庭坚的诗文中有大量的涉佛作品，仅就记体文来看，涉佛记体文17篇，占记体文总数的三分之一；佛寺建筑记12篇，占台阁名胜记总数的45%。在佛寺建筑记中黄庭坚写了大量佛教事件和佛禅思想。

黄庭坚与僧人探讨佛法。他在《南康军开先禅院修造记》中与释行瑛有问有答，讨论佛法尤为精辟："有大经卷量等三千大千世界，藏在一微尘中，彼又安能火吾书？无我、无人、无佛、无众生，彼又安能人吾人？虽然，妙庄严供，实非我事，我于开先，似若凤负，成功不毁。"（1638）

他还在台阁名胜记中为佛发声，《江陵府承天禅院塔记》驳斥了佛教耗费国民财力的观点，认为旱涝虫灾、疫情传染、军旅战争等因素才会对国家财政造成大影响。认为佛教可以善化人的内心，以补政治。即便在《幽芳亭记》这类非佛院建筑记文中，黄庭坚也能借题发挥，阐释佛理，可以想见黄庭坚内心妙悟与通明，他以"兰生香气"这样的平常事，来揭示深刻的禅理。这种突破一切桎梏，平淡自然，惟心所向的性情与笔法，很能说明山谷为人与作文的理念。郭预衡评价这篇记文说："以禅理为文，虽然不自庭坚始，但这样的文章，在前辈古文家的文字中确是很少见的。"

（三）为文求变，自成一家

黄庭坚以儒学为本、通融释道的哲学思想为基础，兼具深厚的学养、极高的天赋

---

① 郭预衡：《中国散文史》，上海古籍出版社，2000年，第548页。

② 傅璇琮：《黄庭坚和江西诗派资料汇编》，中华书局，1978年，第30页。

以及求新的精神，终成一代诗、文、词、书、画具精的艺术全才。"元祐文章，世称苏黄"①他与苏轼相颉颃，不仅在当时极具影响力，而且从后世的角度回望，他已经成为宋代文化与文学的重要标志性人物。

黄庭坚的台阁名胜记只是他2800多篇散文中的一小部分，但窥一斑而知全豹，这些台阁名胜记也可体现黄庭坚文章从立意到谋篇不同于前人的独特风貌。他的台阁名胜记中将记事件、描风光、引诗文、议事理融于一体，既见学养深厚、文心赤诚，又见为官中正、参禅超尘。如《东郭居士南园记》记南园景致一段描摹景色的文字，以园中的"青玉堂""翠光亭""冠霞阁"等建筑作为观察点，在解释各自命名意义中带出"岁寒木落""风行雪堕""草木金石之气""日月风露之景"等风光，并指出了"冠霞"的命名出自鲍明远的诗句。黄庭坚的台阁名胜记与前人相比，更加注重学养与议论。在29篇台阁名胜记中，他谈禅说理，引经据典，"点铁成金"，使得台阁名胜记的功能、结构、手法与表现范围都大大扩展，形成了黄庭坚独有的文风特色。黄庭坚深知"文章必自名一家，然后可以传不朽，若体规画圆，准方作矩，终为人之臣仆。古人讥讽屋下架屋，信然。……鲁直诗云'随人作计终后人'，又云'文章最忌随人后'诚至论也。"②自成一家的成就源于他有意突破藩篱、立新求变的创作追求。如此敢为人先，终能开宗立派。

总之，黄庭坚的台阁名胜记，代表了黄庭坚在文章领域的杰出成就，反映了他的文学理念，彰显了他的情怀品格，这既是北宋文化生态孕育的结果，又是北宋文化景观的折射。

---

① 傅璇琮：《黄庭坚和江西诗派资料汇编》. 中华书局，1978年，第60页。

② 傅璇琮：《黄庭坚和江西诗派资料汇编》. 中华书局，1978年，第60页。

"外师造化，中得心源"：浅论贯休诗歌的佛禅意蕴

王泓力　　　李　静

【内容提要】贯休是唐五代时期著名的诗僧，其诗歌与佛禅因缘颇深。贯休凭借深厚的佛学修养和艺术才华，真正将禅与诗融会贯通，自发性地推演着"外师造化，中得心源"的思想，使这一命题得以历史地建立。贯休以"中得心源"为本，将禅家的终极境界落到实处，糅合南宗禅的"随缘任心"与北宗禅的"拂尘净心"，追求生命的真性。同时，贯休"外师造化"，在审美活动中崇尚本然如实的"自然"、合规律与合目的的"人情"、流动不息的"圆融"之境，在灿烂的感性中发现生命的真实。

【基金项目】教育部人文社会科学研究规划基金一般项目《唐宋词集笺注史研究》（项目编号：19YJA751021）。

【关 键 词】造化；心源；贯休；诗歌；佛禅

【作者简介】王泓力，女，吉林大学文学院中国古代文学专业博士研究生（长春130012）；李静，男，文学博士，吉林大学文学院中文系教授、博士生导师（长春130012）。

贯休是唐五代时期著名的诗僧、画僧，有"流传三绝画书诗"[①]的美誉，现存诗歌七百余首，他生逢禅门的发展与转型时期，其诗融合了南宗禅与北宗禅的佛禅思想，自发性地推演着"外师造化，中得心源"这一命题，展现艺术之胜境，是值得研究的重要人物。然而，禅宗创立后，佛门虽然涌现了一大批文人士大夫的追随者，引起了众多学者的关注，但诗僧仍是被忽视的群体，佛禅究竟怎样与其诗歌发生关系，鲜有论者涉及。因此，本文将结合"外师造化，中得心源"这一理论，发掘贯休诗与禅的内在联系，探讨其诗歌的佛禅意蕴，展现唐五代时期文学与佛学的发展状况，对诗僧研究进行开拓性尝试。

一、"中得心源"：顿悟与渐修的糅合

（一）心源为本

"外师造化，中得心源"是唐代以来重要的艺术理论，谓以生命之真性观照万物，与造化同游，在天地间自由俯仰，世界自在地呈现，与禅宗的发展渊源颇深，学界已有诸多学者进行剖析，兹不赘述。需要指出的是，"外师造化，中得心源"以"中得心源"为根本，"心源"谓心乃万法之根源，亦指人的真性或"本来面目"，《观音玄

---

① 　（清）朱彝尊：《曝书亭集》，四部丛刊初编本。

义》曰："夫心源本净无为无数非一非二，无色无相非偏非圆，"①道信曰："夫百千法门同归方寸，河沙妙德总在心源，一切戒门定门慧门神通变化，悉自具足不离汝心。"②朱良志先生曾指出，"外师造化，中得心源"最根本在于"心与物合的性真"，"确立了'性'的本体"③。"心性"成为"一切原则的原则"，是人性与佛性的凝聚、诗心与真性的融合，禅宗及中国艺术理论的许多重要命题皆由此派生演绎。

　　据贯休之徒昙域《禅月集序》及赞宁《宋高僧传》载，贯休七岁出家，少有诗名，受具足戒后便开始了游方生涯，曾于洪州开元寺讲训《法华经》《大乘起信论》，在佛学与诗学上造诣颇深。作为精通佛理的僧人，贯休尊"心"为"师"："若师方术弃心师，浪似雪山何处讨。"④（《了仙谣》）"心师"指"我心之师"⑤，《涅槃经》云："愿作心师，不师于心。"⑥贯休虽广涉儒释道三家思想，但在宗教归属及思想传承的问题上，他的立场非常明确：尊释教，且仍以禅家的心性论为主。贯休又尝以"猿"喻心性，例如："桓玄旧辇残云湿，耶舍孤坟落照迟。有个山僧倚松睡，恐人来取白猿儿。"⑦（《再游东林寺作五首》其二）此诗作于咸通年间贯休漫游庐山之时，首句原注云："昔桓玄入山礼远公，遂舍辇，至今在远公堂下。"⑧"耶舍"指白莲社十八贤之一的佛陀耶舍，表达了贯休对庐山慧远及其结社盛事的追忆、敬仰之情。关于"白猿"，《法苑珠林》云："众生心性，譬若猕猴戏跳攀缘欢娱奔逸，不能瞑目束体端心动意，"⑨因此末句有"守心"之意。心是妙悟的根本，南阳慧忠国师云："未审心之与性，为别不别，师云：迷则别，悟则不别。云经云：佛性是常，心是无常。今云不别，何也？师云：汝但依语，而不依义，譬如寒月，水结为冰。及至暖时，冰释为水。众生迷时，结性成心。众生悟时，释心成性。"⑩寒山就有"心中无一事，万境不能转。心既不妄起，永劫无改变"⑪，皎然有"积疑一念破，澄息万缘静。世事花上尘，惠心空中境"⑫，至明代《西游记》中孙悟空"心猿"的形象，心本体的塑建已成为影响佛学与文学发展的重要因素。贯休说："至理至昭昭，心通即不遥。"⑬（《避地毗陵上王慥使君》）从彼岸回归此岸，从出世间返回世间，关键在心，这是禅宗的理论支点与核心命

---

①　（隋）智顗说，灌顶记：《观音玄义》卷下，《大正藏》第34册，第887页。

②　（宋）道原：《景德传灯录》卷第四，《大正藏》第51册，第227页。

③　朱良志："外师造化，中得心源"佛学渊源辨》，《中国典籍与文化》，2003年第4期。

④　（唐）贯休：《禅月集》卷第二，四部丛刊初编本。

⑤　丁福保编：《佛学大辞典》，上海：上海书店，1991年，第707页。

⑥　（北凉）昙无谶译：《大般涅槃经》卷第二十八，《大正藏》第12册，第534页。

⑦　（唐）贯休：《禅月集》卷第二十一，四部丛刊初编本。

⑧　（唐）贯休：《禅月集》卷第二十一，四部丛刊初编本。

⑨　（唐）道释：《法苑珠林》卷第八十四，《大正藏》第53册，第902页。

⑩　（宋）道原：《景德传灯录》卷第二十八，《大正藏》第51册，第438页。

⑪　（清）彭定求等编：《全唐诗》卷八〇六，中华书局，1999年，第9177页。

⑫　（清）彭定求等编：《全唐诗》卷八一六，中华书局，1999年，第9268页。

⑬　（唐）贯休：《禅月集》卷第十四，四部丛刊初编本。

题，正如契嵩大师说："《坛经》之宗，尊其心要也。"①

　　既然心源为本，就要用心去悟，贯休曾在《题曹溪祖师堂》中写道："空传智药记，岂见祖禅心。"②以"禅心"概括禅宗六祖惠能的禅法，那么，何为"禅心"？那个曾经"破柴踏碓"③的惠能写下了一首石破天惊的偈语，同时又指出："若起正真般若观照，一刹那间，妄念俱灭。若识自性，一悟即至佛地。"④惠能利用大乘空观对传统禅法进行了改造，只要认识到本心的绝对虚空便可到达西方，实现精神的超越，因而在这"刹那间"也体悟了永恒的境域。这就是顿悟，即惠能的"禅心"。由此，惠能在《坛经·定慧第四》中提出"定慧等学"："定慧一体，不是二。定是慧体，慧是定用。"⑤他为芸芸众生指示了一条去往佛国的通天大道，将传统禅法"由定发慧"的理路改造为"即定即慧"，定慧不二即是"一""大""全""圆"，是宇宙无意识，也正是《维摩诘所说经》所提出的佛性境界——"不二法门"。故而贯休称赞惠能："非色非空非不空，空中真色不玲珑。可怜卢大担柴者，拾得骊珠橐籥中。"⑥（《道情偈三首》其二）诸色皆空、万物有形，这"空中真色"的佛性乃天地之大本、造化之珍宝。只要领悟到虚空的本体就是禅定，由迷到悟只在本心，不待外求，早已不同于印度那结跏趺坐式的冥想。顺着这一理路，般若空观进入人们的终极信仰世界。然而，中唐之后，禅宗利用大乘空观进行了一场否定之否定的运动，它否定了传统的修行方式，甚至也否定了那个抽象的本体，白云无心，青山在目，大地含情，佛性与人性的界限消失，佛教绕了一圈又回到肯定世俗生活的道路上，终极意义向世俗生活回归，佛性转化为人性，成为人的情感中的一部分，于是，自然主义、自由主义的风气肇开，南宗禅大盛，五宗的时代即将到来，正如贯休说："唐人亦何幸，处处觉花开。"⑦（《遇五僧入五台五首》其四）

　　（二）随缘任心与拂尘净心

　　那超越和绝对的终极境界，应该怎样到达？对此，贯休为我们提供了两条路径：随缘任心与拂尘净心。

　　先谈随缘任心。宋代诗人李涛曾揭示出贯休与洪州禅的密切关系："诗学贯休体，心参马祖禅。个中真有得，名下岂虚传。"⑧（《僧本均乞蒙泉稿》）贯休亦自谓："清高慕玄度，宴默攀道一。"⑨（《寄杜使君》）"道一"即中唐江西洪州禅的宗师。马祖道一于洪州开元寺说法，创立了"洪州禅"，他将般若空观彻底化，提出从"即心即

①　（元）宗宝编：《六祖大师法宝坛经》，《大正藏》第48册，第346页。
②　（唐）贯休：《禅月集》卷第十八，四部丛刊初编本。
③　（元）宗宝编：《六祖大师法宝坛经》，《大正藏》第48册，第348页。
④　（元）宗宝编：《六祖大师法宝坛经》，《大正藏》第48册，第351页。
⑤　（元）宗宝编：《六祖大师法宝坛经》，《大正藏》第48册，第352页。
⑥　（唐）贯休：《禅月集》卷第十九，四部丛刊初编本。
⑦　（唐）贯休：《禅月集》卷第十四，四部丛刊初编本。
⑧　（宋）陈起编：《江湖小集》卷八十三，清文渊阁四库全书补配清文津阁四库全书本。
⑨　（唐）贯休：《禅月集》卷第三，四部丛刊初编本。

佛"到"非心非佛"到"平常心是道"的理路，消除了佛性与人心的最后的隔阂，将终极意义的信仰构建在世俗伦常之中，认为"平常心无造作无是非无取舍无断常无凡无圣""只如今行住坐卧应机接物尽是道。"①肯定了人的自由意志和日常生活，将禅门引向自然主义、自由主义，受到了士大夫的欢迎，在与北宗禅的较量中获得了胜利，刘禹锡、白居易、贾岛等人都与南宗禅宗师多有来往。洪州禅是禅门发展和转型的关键，贯休一生有十余年的时间寓居江西，洪州禅对他的影响不容忽视，在大中十二年（858年）入洪州开元寺研修《法华经》后，贯休写下了很多简洁明快、描绘生活情状的诗作，打上了洪州禅的烙印，如

　　渔父无忧苦，水仙亦何别。眠在绿苇边，不知钓筒发。②（《上冯使君五首》其二）
　　红黍饭溪苔，清吟著数杯。只应唯道庇，无可俟时来。树叠藏仙洞，山蒸足爆雷。从他嫌复笑，门更不曾开。③（《桐江闲居作十二首》其六）

　　诗作描写的虽是平平凡凡的日常生活，但它不止于描绘日常生活图景，而是在这些感性经验、具体的观照中达到了解脱性灵、涤荡灵府的超越目的，具有"活泼泼"的生命感，正如贯休说："行亦禅，坐亦禅，了达真如观自在。"④（《戒童行》）洪州黄檗希运禅师说："汝每日行住坐卧一切言语，但莫著有为法。"⑤日常生活经验取代了宗教仪式，具有了准宗教心灵境界的品格。贯休走上了由马祖道一等洪州禅师开辟的道路，在世俗生活中拾取真性、建立平凡的佛性我，我们看"远寻鹧鸪鸡，拾得一团蕈"⑥（《春野作五首》其二），"薪撮纷纷叶，茶烹滴滴泉"⑦（《赠灵鹫山道润禅师院》），肯定俗世的生活意趣，在寻常日用中参禅悟道，不正是洪州禅的修行方式么？贯休鲜有乏味枯燥的禅理诗，这类禅情诗却占了绝大多数，其动人之处就在于：它超伦理超道德，感性又超感性，准宗教式的人格神已落实为个体的心灵——情感的塑造，成为日常化、生活化的佛性我的建立过程，即"我意识我活着"。

　　次谈拂尘净心。贯休说："我有一面镜，新磨似秋月。"⑧（《古镜词》）"庐山有石镜，高倚无尘垢。"⑨（《谢卢少卿惠千文》）心有净、染二分，就需拂尘净心，《四十二章经》云："譬如磨镜，垢去明存，即自现形；断欲守空，即见道真。"⑩这种拂尘看净的观念恰如神秀的偈语："时时勤拂拭，勿使惹尘埃，"⑪人的心灵就如同明

①　（宋）道原：《景德传灯录》卷第二十八，《大正藏》第51册，第440页。
②　（唐）贯休：《禅月集》卷第四，四部丛刊初编本。
③　（唐）贯休：《禅月集》卷第十，四部丛刊初编本。
④　陈尚君：《全唐诗补编》，中华书局，1992年，第1537页。
⑤　（唐）裴休集：《黄檗山断际禅师传心法要》，《大正藏》第48册，第383页。
⑥　（唐）贯休：《禅月集》卷第六，四部丛刊初编本。
⑦　（唐）贯休：《禅月集》卷第十五，四部丛刊初编本。
⑧　（唐）贯休：《禅月集》卷第三，四部丛刊初编本。
⑨　（唐）贯休：《禅月集》卷第四，四部丛刊初编本。
⑩　（东汉）摩腾共法兰译：《四十二章经》，《大正藏》第17册，第722页。
⑪　（元）宗宝编：《六祖大师法宝坛经》，《大正藏》第48册，第348页。

镜，本来清净，"无明"烦恼就像镜上的尘埃，若想去垢存明，就必须通过修行实践。宗密在《圆觉经大疏释义钞》总结北宗禅的思想为："众生本有觉性，如镜有明性，烦恼覆之，如镜之尘，息灭妄念，念尽即本性圆明，如磨拂尘尽镜明，即物无不极，此但是染净缘起之烟。"①这种承认净、染分别的观念，实则承认了佛性与人性的差别，若想证悟佛性，必须恪守外在的修行，这是"由定发慧""二而一"的渐修的路径。虽然南宗禅发展迅猛、声势浩大，然而在8世纪后半叶至9世纪前半叶，北宗禅的影响尚有余绪。即便贯休在《寄大愿和尚在》中以"终须一替辟蛇人，未解融神出空寂"②表示自己对"融神出空寂"式的渐修路数的不认同，然而，有趣的现象是，贯休的几句小诗很有北宗禅的意味：

> 汀花最深处，拾得鸳鸯儿。③（《上冯使君五首》其一）
> 水蹴危梁翠拥沙，钟声微径入深花。④（《春游灵泉寺》）

据胡大浚先生《贯休诗歌系年笺注》考证，这两首诗均作于咸通年间贯休在江浙一带禅游之时。诗人以一条由浅入深的路径，体悟那极致而神秘的佛性。这是贯休对北宗禅法的接受和实践，随物婉转，与造化同游，外在的形式已转化为情感形式，颇有"道不自器，与之圆方"⑤的美感。这类诗只有四例，我们不能凭此把贯休强行划入北宗禅的阵营。山河大地、花月楼台，皆在一心耳。

二、"外师造化"：水流花开的世界

（一）尚"自然"的审美倾向

虞集在《诗家一指》中说："心之于色为情。天地、日月、星辰、江山、烟云、人物、草树，响答动悟，履遇形接，皆情也。拾而得之为自然，抚而出之为己造。"⑥这段讨论恰道出"自然"之枢机，心源为根本，以生命的真性观照世界，万物自然而然地呈现，与造化优游缱绻，方得天地之大本。前蜀藏书家王锴评价贯休云："长爱吾师性自然。"⑦（《赠禅月大师》）道出了贯休的僧家本色："自然"，佛语就有"自然""自然智""本来面目"的说法。它决定了贯休的诗美理想。

贯休向往"自然"，即生命真性的开显，展现为不假修饰的、不造作的、自然而然的态度和表达。贯休说"至理契穹昊"⑧（《送崔尚书朝觐》），"文章拟真宰"⑨（《遇叶进士》），认为人要参赞天地化育，语言文字也要效仿天地的运转，自然地表

①　（唐）宗密：《圆觉经大疏释义钞》卷第三，《卍新续藏》第9册，第532页。
②　（唐）贯休：《禅月集》卷第五，四部丛刊初编本。
③　（唐）贯休：《禅月集》卷第四，四部丛刊初编本。
④　（唐）贯休：《禅月集》卷第二十，四部丛刊初编本。
⑤　（唐）司空图著，郭绍虞集解：《诗品集解》，人民文学出版社，1963年，第31页。
⑥　陈广宏等编校：《明人诗话要籍汇编》，复旦大学出版社，2017年，第1573页。
⑦　（清）彭定求等编：《全唐诗》增订本，中华书局，1999年，第8720页。
⑧　（唐）贯休：《禅月集》卷第十四，四部丛刊初编本。
⑨　（唐）贯休：《禅月集》卷第三，四部丛刊初编本。

现生命的真实，有如"目即往还，心亦吐纳"①，"是有真宰，与之沉浮"②，且看贯休说："好句慵收拾，清风作么来？"③（《秋居寄王相公三首》其一）"道情不向莺花薄，诗意自如天地春。"④（《春末寄周琏》）诗谓好诗，句如清风自来，兴会之致，自然感发，好比参禅时即定即慧的体验，颇有邵雍"月到天心处，风来水面时"⑤的境界和韵味。"自然"令贯休性灵舒展，得返天全。他并非强调偶然性，而是根植于文化——心理结构的某种先验形式，是一种合"度"的运动性与自由感。所谓"一切声是佛声，一切色是佛色"⑥，以法眼观世界，岭头白云、曲涧流水，已是活泼泼的新世界，因此贯休感叹道："支公放鹤情相似"，⑦"溪鸟林泉癖爱听"。⑧

　　有趣的现象是，贯休一边崇尚"自然"，又一边苦吟："坐侵天井黑，吟久海霞蔫。"⑨（《闻新蝉寄桂雍》）"高奇章句无人爱，淡泊身心举世嫌。"⑩（《山居诗》其五）这岂不是自相矛盾？贯休曾以"举世言多媚"⑪（《读孟郊集》）概括当时的社会及文学风气，故而他以僻、新、奇等"忤俗"的风格取向反抗晚唐绮丽的诗风，超越现有的僵硬的秩序，求得真性的回归，因此，他批评好友吴融"或以文害辞，或以辞害志，或以诞饰饶借，则殊不解我意也"⑫，道人所未道，仍是"绕路说禅"的表现。贯休说"逸格格难及"⑬（《观棋》），关于"逸格"，《益州名画录》曰："画之逸格最难，傅规矩于方圆，鄙精研于彩绘，笔简形具，得之自然，莫可楷模，出于意表，故目之曰逸格耳。"⑭它仍以不假人工、迥出天机的自然为根本，是一种普遍存在的审美判断。然而贯休却并不能完全达到这样的标准，说明他在为诗的才学上还稍有欠缺。退而求其次，只能苦吟罢！

　　（二）尚"人情"的审美趣味

　　贯休深受中国文化的滋养，徘徊在世间与出世间，他一边随缘任心，一边又拂尘净心；一面实践洪州禅的顿悟，一面又接受北宗禅的渐修，这不是很矛盾吗？他怎样将两者糅合在一起？

---

① （南朝梁）刘勰撰，范文澜注：《文心雕龙》，人民文学出版社，1958年，第695页。
② （唐）司空图著，郭绍虞集解：《诗品集解》，人民文学出版社，1963年，第29页。
③ （唐）贯休：《禅月集》卷第八，四部丛刊初编本。
④ （唐）贯休：《禅月集》卷第二十，四部丛刊初编本。
⑤ （宋）邵雍：《击壤集》卷十二，四部丛刊初编本。
⑥ （宋）道原：《景德传灯录》，《大正藏》第51册，第448页。
⑦ （唐）贯休：《禅月集》卷第二十三，四部丛刊初编本。
⑧ （唐）贯休：《禅月集》卷第二十四，四部丛刊初编本。
⑨ （唐）贯休：《禅月集》卷第十三，四部丛刊初编本。
⑩ （唐）贯休：《禅月集》卷第二十三，四部丛刊初编本。
⑪ （唐）贯休：《禅月集》卷第七，四部丛刊初编本。
⑫ （唐）贯休：《禅月集》卷末，四部丛刊初编本。
⑬ （唐）贯休：《禅月集》卷第十七，四部丛刊初编本。
⑭ （宋）黄休复：《益州名画录》，四川人民出版社，1982年，第6页。

　　这与情本体的积淀与塑建有关。伽达默尔说："艺术的万神庙并非一种把自身呈现给纯粹审美意识的无时间的现时性，而是历史地实现自身的人类精神的集体业绩。所以审美经验也是一种自我理解的方式。"①作为历史中的个体，贯休需要完成自我理解，以"人活着"为核心，思考"人如何活"的多种途径和可能，他的语言凝聚着历史的积淀，融合着与之同存的一切事物，在境遇中作出真实的回答。因此，尽管贯休身为方外之人，他的独立性中必然潜藏着历史的积淀，即情本体的塑建。《周易》有"类万物之情"②，《论语》有云："祭如在，祭神如神在。子曰：'吾不与祭，如不祭。'"③孔了重视内心情感的满足，并将仁学构筑在以血缘关系为基础的现实生活中，逐渐形成了重视实用的文化传统；而庄子虽否定为物所役的"物之情"，却仍提倡"吾所谓无情者，言人之不以好恶内伤其身，常因自然而不益生也"④的"无情之情""性命之情"。这就导致了中国禅并不排斥伦常日用和情感体验，"如人饮水，冷暖自知"⑤成为禅家的常用话头。李翱云："圣人者，岂其无情也？圣人者，寂然不动，不往而别，不言而神，不耀而光。制作参乎天地，变化合乎阴阳，虽有情也，未尝有情也。"⑥情理交融在一起，理性蕴藏在感性生命中，共同塑造着人的文化——心理结构，在这个过程中，儒家功不可没。贯休"家传儒素，代继簪裾"⑦，精通儒学，面对百姓罹难、战事纷起的时局，常流露出忧国忧民的情怀："政乱皆因乱，安人必籍仁。"⑧（《送吏部刘相公除东川》）"男儿须展平生志，为国输君合天地。"⑨（《塞上曲二首》其二）然而，他的感伤和豪情最终都归于平静："在尘出尘，如何处身？见善努力，见恶莫亲。……安问世俗，自任天真。奇哉快哉，坦荡怡神。"⑩（《大隐四字龟鉴》）禅成为先验的形式，渗透在他的感性生活中，使其情理结构具有了"度"的合理性，贯休成为真正生存于世俗中的和尚，情感体验和寻常日用是"活着"的根本和源泉，洪州禅的"平常心是道""触类是道而任心"就与心理——情感本体的构建有关。同时，贯休是出色的诗人，他会通过文字表现生命的真性和超越，王国维在《人间词话》中说："一切境界，无不为诗人设。世无诗人，即无此种境界。"⑪所以，无论是随缘任心还是拂尘净心，都是诗人贯休在不同的境遇下展现的生命真性，只是情与理在融合中的比例、节奏、运动不同，即是说，心理——情感本体的内在构成上有差异，并非仅是贯休思想的驳杂。顿

①　[德]伽达默尔著，洪汉鼎译：《真理与方法》，商务印书馆，2013年，第142页。

②　钱穆：《论语新解》，九州出版社，2011年，第49页。

③　（魏）王弼注，（唐）孔颖达疏：《周易正义》卷八，北京大学出版社，1999年，第298页。

④　（清）郭庆藩：《庄子集释》，中华书局，2013年，第202页。

⑤　（宋）道原：《景德传灯录》卷第四，《大正藏》第51册，第232页。

⑥　（清）董诰等：《全唐文》卷六三七，中华书局，1983年，第6433页。

⑦　（唐）贯休：《禅月集》卷末，四部丛刊初编本。

⑧　（唐）贯休：《禅月集》卷第十二，四部丛刊初编本。

⑨　（唐）贯休：《禅月集》卷第三，四部丛刊初编本。

⑩　陈尚君：《全唐诗补编》，中华书局，1992年，第1538页。

⑪　谢维扬主编：《王国维全集》第一卷，浙江教育出版社，2009年，第479页。

悟和渐修的指向皆是那绝对无差别的境界，刘勰说："凭情以会通，负气以适变"①，最终都要建设在真实的情感中，林语堂说得好："当一个人悠闲陶醉于土地上时，他的心灵似乎那么轻松，好像是在天堂一般。事实上，他那六尺之躯，何尝离开土壤一寸一分呢？"②

　　进而，在贯休的诗作中，语言符号的形式美让位于生活的真实，构筑了"人情"之"原美"。贯休说："霞外终须去，人间作么来？"③（《送僧归山》）"孟子终焉处，游人得得过。"④（《经孟浩然鹿门旧居二首》其一）"作么""得得"等口语、叠词的运用，以"真"为准则，闪动着"人情"的光辉，我们从中感受到的不是兢兢业业的苦行僧形象，或吟咏风月的士大夫，而是憨态可掬的长者形象。通俗的语言背后是"人情"，这是贯休最为可贵之处。

（三）尚"圆融"的审美境界

　　清凉文益禅师说："贵在圆融。"⑤所谓"圆融"，"圆者周遍之义，融者融通融和之义，若就分别妄执之见言之，则万差之诸法尽事事差别，就诸法本具之理性言之，则事理之万法遍为融通无碍，无二无别，犹如水波，谓为圆融"⑥。圆融是当下证悟的佛性，强调与我共存的世界，是贯穿佛性论、修行论、境界论的重要津梁。这里我们探讨贯休的圆融观。

　　贯休虽然反复申明三界唯心的道理："吾师别是醍醐味，不是知心人不知"，⑦（《禅师》）但在创作上，他亦注重与之同存的生命世界，强调"平等不二""梵我一体"的统一性与通透性。贯休尝云："对花语合希夷境，坐石苔黏黻黻衣"。⑧（《陪冯使君游六首·游灵泉院》）关于"希夷境"，《老子》曰："视之不见名曰夷，听之不闻名曰希。"⑨这不可言说的境界正是"不二法门"，是当下证悟的圆满。又如："真风含素发，秋色入灵台"。⑩（《诗》）"坐来惟觉情无极，何况三湘与五湖"。⑪（《中秋十五夜月》）等等，皆呈现出"梵我合一"的"圆融"境界，当"我"的心性体察世界，世间万物亦以自在的状态进入我的灵府，是贯休在即定即慧的体验中，实现的"物我互观"，这仍是主体的创造和超越，但它不止于心灵的物态化，而着眼于物我的双向流动过程。"共感"是圆融的前提，洞天不在尘寰之外，就在这活泼的感性世界中，花

---

① （南朝梁）刘勰撰，范文澜注：《文心雕龙》，人民文学出版社，1958年，第521页。
② 林语堂：《生活的艺术》，陕西师范大学出版社，2003年，第1页。
③ （唐）贯休：《禅月集》卷第十六，四部丛刊初编本。
④ （唐）贯休：《禅月集》卷第九，四部丛刊初编本。
⑤ （唐）文益：《宗门十规论》，《卍新续藏》第63册，第37页。
⑥ 丁福保编：《佛学大辞典》，上海：上海书店，1991年，第2337页。
⑦ （唐）贯休：《禅月集》卷第二十二，四部丛刊初编本。
⑧ （唐）贯休：《禅月集》卷第二十四，四部丛刊初编本。
⑨ （魏）王弼注，楼宇烈校释：《老子道德经注》，中华书局，2011年，第35页。
⑩ （唐）贯休：《禅月集》卷第十六，四部丛刊初编本。
⑪ （唐）贯休：《禅月集》卷第二十二，四部丛刊初编本。

自飘零水自流，我在清风明月间，槿篱茅舍中自有山家风味。

　　然而，贯休在圆融的体验中，诗人的视点还没有完全失落，我们仍旧可以找出那个隐藏着的"我"在。这仍与当时的禅风有关。马祖道一提出"即心即佛"等命题肯定了人的日常生活，实则承认了个体的生命价值和存在意义，其法嗣南泉普愿曾对门人说："尔若是佛，休更涉疑。"[①]更是将"我"作为信仰的支点，贯休就以"长忆南泉好言语，如斯痴钝者还稀"[②]表达对南泉普愿的赞赏和认同。所以，无论是"有我之境"，还是"无我之境"，关键在"我"，都要归结于己"心"的体悟和创造，如同王昌龄说："凡属文之人，常须作意。凝心天海之外，用思元气之前，巧运言词，精炼意魄。"[③]刘禹锡说："心源为炉，笔端为炭。"[④]贯休说："寄谢天地间，毫端皆我有。"[⑤]从心源上悟，再到得物之真，境界生成，我"心"或隐或显，成为潜藏的轨迹贯穿始终，流动不息，周流六虚，圆融无碍，所谓"圆融心海，本无障碍"[⑥]，"心"是根本和源泉。"外师造化"，仍要回归心源，回到根本。

三、结语

　　贯休禅法与才学兼备，是诗僧中的佼佼者，元徐琰《跋》云："若夫禅月国师，又高出一头地。……后人详味其语，正宜高著眼。"[⑦]晚清胡凤丹《重刻禅月集序》云："贯休亦奇哉！若夫证圆通于水月，参妙谛于烟云，一字一言，无非棒喝；读是诗者，当蓺妙香奉之。"[⑧]贯休真正将禅与诗融会贯通，他凭借极高的佛学造诣和艺术天赋，在禅与诗不断地交融和渗透中，契合天地造化，复归生命的本明，自觉反抗晚唐的绮丽诗风，自发性地推演着"外师造化，中得心源"思想，使这一命题得以合理地历史地建立起来。他摒弃了外在的宗教迷狂，始终以具有人情味的"自度"追求终极境界，在灿烂的感性中发现生命的真实，是真正地生活在人间的和尚，亦如贯休高唱："数声清磬是非外，一个闲人天地间。"[⑨]天地苍茫间，唯我而已。

①　(宋)道原：《景德传灯录》卷第二十八，《大正藏》第51册，第445页。

②　(唐)贯休：《禅月集》卷第二十三，四部丛刊初编本。

③　张伯伟：《全唐五代诗格汇考》，江苏古籍出版社，2002年，第163页。

④　(清)董诰等编：《全唐文》卷六三七，中华书局，1983年，第6113页。

⑤　(唐)贯休：《禅月集》卷第四，四部丛刊初编本。

⑥　(明)交光真鉴：《楞严经正脉疏》卷第九，《卍续新藏》第12册，第448页。

⑦　(唐)贯休：《禅月集》卷末，四部丛刊初编本。

⑧　(清)胡凤丹：《退补斋诗文存》文存卷三，清同治十二年(1873年)退补斋鄂州刻本。

⑨　(唐)贯休：《禅月集》卷第二十三，四部丛刊初编本。

苏轼游寺诗析论

赵　舒

【内容提要】苏轼作品中有大量游寺诗，通过这些诗歌我们可以考察苏轼的佛寺活动以及对佛禅的态度。苏轼游寺目的从早年略带被动的一般游览转变为中年热衷亲近佛禅的主动游览，诗歌中对世俗因素的关注由多到少，对佛缘的论述也由浅到深。苏轼对佛教的态度是传统士大夫吸收佛学思想的典型代表，佛禅也参与了苏轼人生境界的建构，不过他终究是佛门之外的悦禅者、逃禅者。

【关　键　词】苏轼；佛禅；游寺诗；人生境界

【基金项目】国家社科基金项目"南宋文坛师承谱系研究"（项目编号：15CZW034）。

【作者简介】赵舒，女，文学博士，武汉学院人文学院讲师（武汉　430072）。

苏轼集中有大量作品与佛禅相关，大致可以统计出来有490篇诗作与佛禅具有关系。①苏轼涉及佛禅的诗作数量如此之多，让读者很难忽视。但人们在讨论苏轼与佛禅的关系时却得出迥异的结论，宋僧普济修《五灯会元》，以苏轼为黄龙派下黄龙慧南弟子东林常总之法嗣；而明代杨慎却举东坡《议学校贡举状》《中和胜相院记》等文章称苏轼诋佛。②今人研究虽然多认可东坡对佛禅的接受是士大夫式的学习与受容，但更多的是从其诗文中抽取东坡与禅僧的交往、东坡使用的典故、东坡说过的崇佛语句等种种迹象证明预设观点。而另一方面，也有人通过苏轼言行中的蛛丝马迹，阐发"东坡排佛"的观点。③我们则希望通过苏轼诗歌中的蛛丝马迹，寻求苏轼生平与佛禅关系之演进，而苏轼在佛寺的活动以及他对佛寺的观察正是一个较有效的切入点。

宋代佛寺通常兼具宗教场所和公共空间的功能，例如著名的东京大相国寺，在市集开放日就具备公共商业空间的作用。④除此之外，宋代佛寺还容留非佛教徒居住、聚会宴饮、游览休沐等等。这些活动说明宋代佛教有相对的开放性，与世俗生活可以形成互

---

① 木斋、李明华：《论苏轼诗歌创作与佛禅关系的三次转折》，《江西师范大学学报》，2014年第3期。

② （宋）普济：《五灯会元》，中华书局，1984年，第1146页；（明）杨慎：《东坡诋佛》，《升庵集》，《景印文渊阁四库全书》，台湾商务印书馆，1983，第1270册第728页。

③ 例如刘继红《论苏轼对佛禅思想的扬弃》（《长春师范学院学报》2008年第5期）、崔文彬《试论苏轼的排佛》（《安徽广播电视大学学报》2010年第4期）。

④ （宋）孟元老《东京梦华录》卷三《相国寺万姓交易》云："每月五次开放，万姓交易，三大门上皆是飞禽猫犬之类，珍禽奇兽，无所不有。第三门皆动用什物……西廊皆诸寺师姑卖绣作花朵、珠翠头面、生色销金幞头帽子、特髻冠子条线之类。殿后资圣门前皆书籍玩好图画之类"，可谓应有尽有。

动。这有利于佛法普及，广植福田，接引有缘人。苏轼虽然最终未曾皈依三宝，但他对佛禅态度的变化代表了大部分宋代文人的经历。我们拟通过苏轼游寺诗的文本分析，缘迹求真。

一、游寺目的由一般游览到主动亲近

寺院对于不同的人士有着不同的意味。有人愿意亲近佛禅，乐意前往寺院烧香拜佛、听经闻法；也有人因为羁旅行役，路过寺院顺便游览，或有人隐居备考借宿寺院，情况各异，其人对佛禅之态度也有差别。苏轼游寺的目的由相对被动到主动亲近。

东坡于嘉祐二年（1057年）丁母忧，归川守制。服阕与苏洵、苏辙沿江出蜀，途中遇山水名胜辄登临亲近，《寄题清溪寺》《留题峡州甘泉寺》两首诗歌就作于此时。虽然苏轼是主动游览清溪寺、甘泉寺，但长江水道的固定航线在客观上限制了他们的行动自由，水路舟行加速了他们旅途的枯燥烦闷，暂时离船游览需要选择合适的机会。由行船条件决定的旅行，从某种程度上说是被动选择的结果。

嘉祐六年（1061年）苏轼通过制科考试，以大理寺评事赴凤翔府签书判官任。签判凤翔是东坡仕途的起点，但作为一个新科小吏他有很多公务要奔走。因行政事务到寺院居停，也是一种被动选择。例如嘉祐七年（1062年）二月，"有诏令郡吏分往属县减决囚禁"，苏轼"自十三日受命出府至宝鸡、虢、郿、盩厔四县。既毕事，因朝谒太平宫而宿于南溪溪堂，遂并南山，而西至楼观大秦寺、延生观、仙游潭。十九日乃归"。[①]期间东坡有《太白山下早行至横渠镇书崇寿院壁》，诗写道：

马上续残梦，不知朝日升。乱山横翠幛，落月淡孤灯。奔走烦邮吏，安闲愧老僧。再游应眷眷，聊亦记吾曾。

冯应榴辑查慎行《补注东坡先生编年诗》云："《一统志》：崇寿院在郿县动五十里横渠镇南"，可知此诗正是作于此次公务活动期间。东坡山行时"马上续残梦"，是一种早行状态。平时尚在酣睡的时间出门，要在马上补足睡眠，夜晚"落月淡孤灯"，常规的生活状态统统被打破。他虽然也借机游览太白山诸寺院宫观，但是顺便而来，并非专程前往。

同样在凤翔，东坡还曾因求雨到寺院投宿，此种经历恐怕也很难被说成是主动的游寺。苏轼有《七月二十四日以久不雨出祷磻溪是日宿虢县二十五日晚自虢县渡渭宿于僧舍曾阁阁故曾氏所建也夜久不寐见壁间有前县令赵荐留名有怀其人》《二十六日五更起行至磻溪天未明》《是日自磻溪将往阳平憩于麻田青峰寺之下院翠麓亭》《二十七日自阳平至斜谷宿于南山中蟠龙寺》《是日至下马碛憩于北山僧舍有阁曰怀贤南直斜谷西临五丈原诸葛孔明所从出师也》。从诗题可知东坡自七月二十四日到二十七日的祷雨磻溪的行踪。诗中备述道："龛灯明灭欲三更，敧枕无人梦自惊""夜入磻溪如入峡，照山

① 此据苏轼《壬寅二月有诏令郡吏分往属县减决囚禁自十三日受命出府至宝鸡虢郿盩厔四县既毕事因朝谒太平宫而宿于南溪溪堂遂并南山而西至楼观大秦寺延生观仙游潭十九日乃归作诗五百言以记凡所经历者寄子由》诗题，本文所引苏轼诗及其注，若无特别说明，均出自清人冯应榴辑注《苏轼诗集合注》，上海古籍出版社，2001年排印本。

炬火落惊猿""横槎晚渡碧涧口,骑马夜入南山谷"。寺院在苏轼的这次公务活动中,与其说是旅行的地点,不如说是投宿的场所。虽然在此情况下,诗人也有别样的体验,但过程本身并非诗人主动选择。

苏轼在公务闲暇也不是没有主动前往寺院游览,但都透着消遣时光的意味。如其嘉祐七年(1062年)重九,作《壬寅重九不预会独游普门寺僧阁有怀子由》云:

花开酒美盍言归,来看南山冷翠微。忆弟泪如云不散,望乡心与雁南飞。明年纵健人应老,昨日追欢意正违。不问秋风强吹帽,秦人不笑楚人讥。

重九登高怀远是旧时传统,东坡没有参与同侪集会,而是独自游普门寺。在诗中他并没有着笔于寺院,而是将笔触停留在了重九怀弟望乡的情感抒发上。有时候,东坡游寺的时机甚至是常人难以理解的。比如杭州吉祥寺的牡丹非常出众,苏轼写过《吉祥寺赏牡丹》,但他在并非牡丹花开季节的冬至也独自前往游览,并作《冬至日独游吉祥寺》云:"井底微阳回未回,萧萧寒雨湿枯荄。何人更似苏夫子,不是花时肯独来。"此外,他还有因人际交往到寺院送行、饮酒的记录,如《送张职方吉甫赴闽漕六和寺中作》。这些游览活动都可以算是公务需要之外,东坡主动前往寺院游观。其中甚至有不少苏轼与禅林人士交往的诗篇,比如《病中独游净慈谒本长老周长官以诗见寄仍邀游灵隐因次韵答之》《游诸佛舍一日饮酽茶七盏戏书勤师壁》,这都是苏轼逐渐亲近三宝的痕迹。但当时文人访僧论道几乎就是一种风气,单从诗歌来看,苏轼在寺院的这些游览活动,还只能算是一般意义上的游览,而非皈依性的主动亲近。

贬谪黄州以后,苏轼寄寓过定惠院僧舍。东坡在黄州写信给朋友说:"见寓僧舍,布衣蔬饮,随僧一餐,差为得便……闲居未免看书,惟佛经以遣日,不复近笔砚矣"。[1]他不但寄寓佛寺,诵读内典,在生活和精神上都与早期有了很大的不同。他还在佛寺洗浴,并作《安国寺浴》。梁银林教授释读该诗以为:

苏轼在安国寺的这番沐浴,与其说是身体之洗刷,毋宁说是精神之澡雪,心灵之洁净。他要消除的,是尘俗的妄想,是功名利禄的"羁梏",甚至世间的荣与辱、净与秽等分别的概念,他都要将它们从自己的心里"清空",从而成就自己的虚寂清净之心。显然,苏轼的"澡浴"是摒弃了世间烦恼的一次隆重"洗礼",是其归诚佛僧的一个重要标志。[2]

若以此而论,东坡黄州之后游览佛寺的诗歌出现更多思辨的色彩,多出礼敬佛法的意味。所以到后来,他写出《赠东林总长老》《题西林壁》等颇有禅意的诗歌似乎也就不稀奇了。到苏轼晚年贬谪海南后,甚至写出《入寺》这样细致书写朝拜世尊的作品。

总体上说,苏轼的游寺目的从早年略带被动到中年亲近禅僧,是受当时士大夫禅悦之风的影响。而到黄州之后,则更具逃禅的倾向。

① (宋)苏轼:《与章子厚参政书》其一,曾枣庄、刘琳主编《全宋文》第87册,上海辞书出版社、安徽教育出版社,2006年,第329页。

② 梁银林:《苏轼与佛学》,博士学位论文,四川大学文学与新闻学院,2005年,第37页。

二、游寺关注世俗因素之由多而少

寺庙本身由于地理环境、人文景观、前贤遗迹等自然文化因素的组成，吸引着文化人前往观光。而士人羁旅行役、隐居备考也往往与寺庙关系紧密，这类现象早已有学者备述之，不赘。由于寺院与世俗空间有着千丝万缕的联系，人们多多少少会在寺庙中发现世俗记忆的影子。前代人物、当时贤达在寺院中的遗迹，寺院中口耳相传的历史信息，都构成了寺院的记忆，而游览者对这些记忆的取舍往往取决于主观意志。总体上说苏轼对寺庙的世俗记忆越来越少提及。迹由心生，个中缘由也不能不推及东坡对佛禅的态度转变。

嘉祐四年（1059年）丁忧服除出川，沿途游览期间所作第一首寺院游览诗是写于峡州的《寄题清溪寺》。清溪寺是鬼谷子故宅，苏轼自注云："在峡州，鬼谷子之故居。"这首诗说：

口舌安足恃，韩非死说难。自知不可用，鬼谷乃真奸。遗书今未亡，小数不足观。秦仪固新学，见利不知患。嗟时无桓文，使彼二子颠。死败无足怪，夫子固使然。君看巧更穷，不若愚自安。遗宫若有神，颔首然吾言。

全诗是站在咏史角度立论成篇的，从韩非、苏秦、张仪的人生际遇与鬼谷子的关系谈及人生的成败得失。阐发"巧不若愚"的个人观点，而只字未涉佛教内容。此期另一首游寺诗《留题峡州甘泉寺》，同样在"吊古悲纯孝"的基调下展开，而不言寺院本身。"吊古"之"古"，也就是流传的历史记忆。而甘泉寺建在传为古孝子姜诗夫妇的故居，诗人自注云："姜诗故居。"通篇在陈述行旅所见遗迹、民风，感慨其乡村生活的和美。苏轼的老师欧阳修也曾有《和丁宝臣游甘泉寺》诗咏该寺，其作也提及甘泉寺的世俗记忆，但是有考据癖的苏轼写道：

江上孤峰蔽绿萝，县楼终日对嵯峨。丛林已废姜祠在，事迹难寻楚语讹。空余一派寒岩侧，澄碧泓渟涵玉色。野僧岂解惜清泉，蛮俗那知为胜迹。

并在"丛林已废姜祠在，事迹难寻楚语讹"句下写道："寺有清泉一泓，俗传为姜诗泉，亦有姜诗祠。按：诗，广汉人，疑泉不在此。"[①]苏轼游览峡州的两处寺院，关注重点都在寺院成为寺院之前的世俗记忆，而几乎没有提及僧院，以致有学者认为这首诗是写于道教宫观而与佛教无涉。[②]实际上宋代寺院因前人宅院改建的情况并不罕见，灵隐寺就是钱镠舍宅为之，王安石也曾舍家为寺。

在凤翔时期东坡有《凤翔八观》组诗，写地方风物，类似后世所谓的八景诗。其中写到普门寺与开元寺的唐代古画、天柱寺的佛像、真兴寺的高阁。虽然画、像反映了佛教主题，但作者关注的还是王维、吴道子的画技，杨惠之塑造佛像的技巧，而在真兴寺

---

① （宋）欧阳修著，李逸安点校：《欧阳修全集》第一册，北京：中华书局，2001年，第12页。

② 李明华《苏轼诗歌与佛禅关系研究》说："凤翔之前，苏轼诗歌作品共计 78 首（卷一的 40 首和卷二的38 首），其中《寄题清溪寺》《留题峡州甘泉寺》二首，虽题目中均出现'寺'字，然与佛家的修炼之所——寺庙，无关。这里的'寺'非佛寺，只相当于通常所说的'庙'，即祭祀祖先、先贤，或者各种传说中的神的处所而已。"（吉林大学文学院，博士学位论文，2011年，第25页）

阁的描写中，也将笔墨集中在了对修建高阁的节度使王彦超的美颂上。如其诗歌中"何处访吴画，普门与开元。开元有东塔，摩诘留手痕"（《王维吴道子画》）等句关注点是留在寺院的王维、吴道子遗迹。王、吴二人留给当地人的记忆是高明画家，这样一个较为贴近凡俗的印象。至于真兴寺高阁，更是写到建阁高官的写真，及修建高阁的宏伟壮观。

在游寺过程中，苏轼关注到的僧众也多与世俗因素有关。比如游终南山时，他写过《爱玉女洞中水既致两瓶恐后复取而为使者见绐因破竹为契使寺僧藏其一以为往来之信戏谓之调水符》，诗歌对凡夫俗子热衷的契符在本该出尘脱俗的方外世界得见，表示了不解与"长吁"。苏轼游寺关注世俗因素的现象直到乌台诗案之前，都没有太多变化。

元丰三年（1080年）正月，苏轼赴黄州之贬，途经光山县净居寺，为赋《游净居寺》诗。诗序中出现僧众记忆，其云：

净居寺，在光山县南四十里大苏山之南、小苏山之北。寺僧居仁为余言：齐天保中，僧惠思过此，见父老问其姓，曰苏氏，又得二山名。乃叹曰："吾师告我，遇三苏则住。"遂留结庵。而父老竟无有，盖山神也。其后僧智顗见思于此山而得法焉，则世所谓思大和尚智者大师是也。唐神龙中，道岸禅师始建寺于其地，广明庚子之乱，寺废于兵火，至乾兴中乃复，而赐名曰梵天云。

这段序文中详细记录了寺僧居仁向苏轼讲述他记忆中的寺院历史，其中不乏神化的痕迹。苏轼这首诗借自己游览山林的体会，抒发险些落入红尘网罗之中，感喟"不悟俗缘在，失身蹈危机。刑名非夙学，陷穽损积威"的窘境，以及脱离危机后的隐居意愿。诗中较此前写俗世记忆的作品最大不同在于 "灵山会未散，八部犹光辉。愿从二圣往，一洗千劫非"等句用到了佛家典故。而至此以还，苏轼人生态度发生了较大的转变。黄州时期，他由积极事功转而韬光养晦。在这个阶段他开始了洗心向佛的人生新阶段，苏轼戒杀、施舍、祈祷等佛教行事也多发生在黄州贬谪之后。[①]此后苏轼游寺诗即便写到世俗事典，或凡俗记忆也多半与佛家人事有所牵连。元祐五年（1090年），苏轼守杭州曾作《辩才老师退居龙井不复出入余往见之尝出至风篁岭左右惊曰远公复过虎溪矣辩才笑曰杜子美不云乎与子成二老来往亦风流因作亭岭上名曰过溪亦曰二老谨次辩才韵》诗。诗题长而确，记述了苏轼到龙井辩才所居处，探望辩才大和尚，双方以虎溪三笑的典故互相戏谑的事。

晚年苏轼再贬岭海，过虔州天竺寺，寺中有白香山遗迹，而诗人回忆起他童年时曾从苏洵处得来的记忆，道：

予年十二，先君自虔州归，为予言："近城山中天竺寺，有乐天亲书诗云：一山门作两山门，两寺原从一寺分。东涧水流西涧水，南山云起北山云。前台花发后台见，上界钟清下界闻。遥想吾师行道处，天香桂子落纷纷。笔势奇逸，墨迹如新。"今四十七年矣。予来访之，则诗已亡，有石刻存耳，感涕不已，而作是诗。

诗歌所写的人物皆非佛门僧众，但苏轼此时已经号为"东坡居士"有年，所道乐天

---

① 许外芳, 张君梅：《苏轼佛教行事略考》，《浙江师范大学学报》，2003年第3期。

遗迹也是虔州当地的佛门文物，东坡的记忆虽然是俗世记忆，却与佛门密不可分。

约言之，苏轼写寺庙时的关注重点，从着力于世俗记忆到关注佛家相关内容，是一个漫长的过程。而这个过程也是苏轼内心对佛禅态度转变的一种体现。人们诗歌书写的内容往往是其内心关注的外在表现。论者每每举出苏轼用佛家典故说明他在青年时期对佛教的向往，似乎未达一间。内典是北宋士人能接触到的书籍，他们学习佛教经典是再正常不过的事，学以致用，在诗歌中用佛典同样正常不过。而书写诗篇时关注的因素、注意的历史记忆，以世俗还是佛禅为重点，实在是与其对佛教关注度分不开的。从这一点上说，苏轼对佛家的态度有一个由起初的甚不关心，到后来的放在心头的转变过程。

三、游寺诗议论佛缘之由浅到深

苏轼游览寺院由早年较多关注世俗，到渐渐与高僧大德交往，礼敬三宝。虽然他终究不是严格意义上的佛家弟子，但其游寺诗中发出的议论、抒写的情感却由早年不涉佛禅，到后来体现禅悦风习，发生了佛缘由浅及深的转变。

譬如前文所举苏轼早年出川，所作《寄题清溪寺》《留题峡州甘泉寺》，其诗歌结构是前数句或叙述典故，或说景致，而结尾抒发议论，前者抒发福祸相依的感喟，后首总结乡村之乐的缘由是孝子之遗风，所发议论与佛教没有任何关系，显然谈不上佛缘。此种情况在苏轼早期诗歌中体现得特别明显，他在凤翔期间，以公务奔走地方，投宿寺院。整日辛劳奔走，诗人发出了"奔走烦邮吏，安闲愧老僧"（《太白山下早行至横渠镇书崇寿院壁》）的牢骚语，其中透露出误入牢笼里的悲哀。有些诗歌中甚至表现出浓浓的乡思，如"门前商贾负椒荈，山后咫尺连巴蜀。何时归耕江上田，一夜心逐南飞鹄。"诗人见到寺院山门背着老家特产辣椒等物的商人，立即联想起山后不远就是故乡的土地，遂生发出归耕垄亩的念头。

此时，即使是闲暇游寺，东坡抒发的情感也似乎与佛门相去甚远。比如他游终南山，作《仙游潭五首》，其中的《南寺》《北寺》与其他各首合观，就是按游程叙述的。《南寺》称自己一行人"东去愁攀石，西来怯渡桥"，"野馈惭微薄，村沽慰寂寥"。到了《北寺》更是"畏虎关门早，无村得米迟。山泉自入瓮，野桂不胜炊"，饥肠辘辘的诗人自我调笑道："信美那能久，应先学忍饥"。此处抒发着野游的喜乐，在野馔和村酒中体味旅行的非日常化生活。所谓的"忍饥"之类的议论，纯粹是旅行感受，其中根本没有涉及佛禅的义理。

早年这类较为表面化、浅层次的议论，到年岁稍长，阅历转多之后，略有改观。熙宁四年（1071年），三十四岁的东坡通守杭州，赴任途次于润州作《游金山寺》诗，从"我家江水初发源，宦游直送江入海"写起，直接说到家乡所在与千里宦游的状态，奠定了全诗基调。随后"试登绝顶望乡国，江南江北青山多。羁愁畏晚寻归楫，山僧苦留看落日"四句写登临所见与羁旅行愁的状态，又用僧人留客启发下文观赏落日的景观描摹，最后却将情感落在"江山如此不归山，江神见怪惊我顽。我谢江神岂得已，有田不归如江水"的想象与议论之中。全诗叙写的依然是宦游羁愁与欲归隐而不得的无力感，当然，这种感慨对于三十四岁的诗人而言似乎有"为赋新词强说愁"的嫌疑，但其抒发的情感较早年即事议论的疏浅已经有了深化。相较于早年苏轼游寺诗中僧人形象较少出现的现象，至杭州任上，苏轼与杭州高僧大德的交往呈现紧密趋势，显露出禅悦迹象。

东坡在与禅僧长期交往的过程中，显然也受到相应的影响，因此到守密州时，他的游寺诗就体现出一定的禅意。例如《光禄庵二首》其二有云：

城中太守的何人，林下先生非我身。若向庵中觅光禄，雪中履迹镜中真。

诗中体现出人生无常、世界虚幻的意味。而到贬谪黄州以后，苏轼诗歌中的佛禅意味也就更加浓郁。最出名的当属《题西林壁》诗，该诗传唱千古，经久不息，不过清人纪晓岚以为："亦是禅偈，而不甚露禅偈气，尚不取厌，以为高唱则未然。"[1]虽然持论过苛，然敏锐地嗅出诗中所带的佛禅意味。当然，此前施元之注该诗也曾引用《华严经》："于一尘中大小刹种种差别，如尘数、平坦高下各不同，佛悉往诣，各转法轮。"到了黄州之后，苏轼的整个人生境界与前期有了非常大的不同，人生态度有了相当转变，而其中佛缘的推动作用是毋庸置疑的。

有学者曾撰文指出东坡早年所作《维摩诘像杨惠之塑在天柱寺》之"乃知至人外生死，此身变化浮云随"二句"对于维摩经中讲述的自身虚幻不实的空观思想的理解是颇为准确的，但对于取消一切差别的不二法门的义理，则似乎还处于朦胧、模糊的阶段"。[2]因典故运用去考察苏轼的佛缘，是观察苏轼与佛禅关系的一个角度，而本文所作的是因迹求源，同样不难发现东坡生平由不亲近佛禅到渐受禅悦之风影响，最终洗心向佛。这种讨论提供了打量苏轼的另一个向度，我们认为东坡的确与佛禅关系日深。不过，将其列为某位大德门下，过度强调佛教信仰对苏轼文学创作的影响却未必合适。苏轼对佛教的态度是传统士大夫吸收佛学思想的典型代表，他经过生活洗礼，对佛教由淡漠到接受，不过他终究是佛门之外的悦禅者、逃禅者。

---

① （清）纪昀：《苏文忠公诗集》，《宋集珍本丛刊》第二十册，线装书局，2004年清末李香岩手批本影印本。

② 左志南：《从相生相待到平等不二——苏轼融通佛道路径及其局限性论析》，《中南大学学报》，2012年第4期。

现当代
文学研究

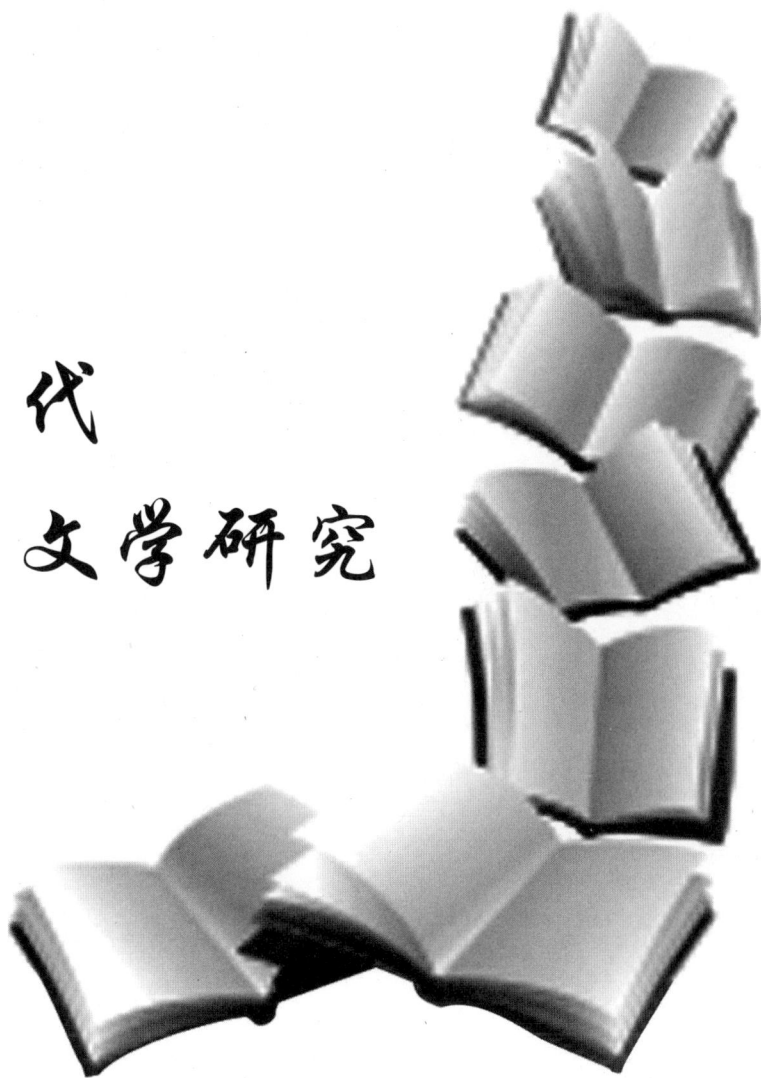

《子君走后的日记》：《伤逝》的互文式书写

王桂妹　　李昀男

【内容提要】《子君走后的日记》是李素刺于1931年刊载在《现代学生》杂志的一篇日记体小说，与鲁迅的作品《伤逝》形成互动式文本。小说以子君为第一人称视角，补充了涓生对子君记忆的断点与空白，既延续《伤逝》的小说内容，又与鲁迅的小说内涵构成反差，两篇小说独特的结构形式形成互动式文本的形态意义，同时又是鲁迅小说叙事主题的一种映射，其存在价值值得挖掘。

【关　键　词】《伤逝》；《子君走后的日记》；互文

【基金项目】国家社会科学基金项目："中国百年'五四文学'阐释史"（项目编号：15BZW127）。

【作者简介】王桂妹，女，文学博士，吉林大学文学院教授，博士生导师（长春130012）；李昀男，女，吉林大学文学院博士研究生（长春 130012）。

在鲁迅研究史上，《伤逝》作为鲁迅小说中唯一一篇描写五四青年男女爱情的作品，一直受到研究者们的钟爱。在传统的研究视野中，《伤逝》是被用来解读五四时期精神觉醒者所面临的社会困境和精神困境的一个重要视角。随着近些年来女性主义批评的兴起，一些研究者开始从另一个视角把"一体化"的觉醒者——"涓生和子君"分开来对待，或者说研究者带着对"男性视角"和"男权主义"的反思，把研究重点由"涓生"转向了"子君"，质疑涓生作为启蒙主体和故事讲述主体的可靠性，从"子君"这样一个"被启蒙者"和"被讲述者"的视角寻找故事的空白和断点，进而替子君"发声"。[①]这种新的阐释视角既有新的发现，也带有一种"后来者"的同情和想象。自然，伟大的作品往往是无限敞开的文本，在不同时代读者的阐释和想象中不断增加自身的意义和价值。《伤逝》中觉醒者的困境，尤其是最令人同情的子君何以会走向死亡？在启蒙者/被启蒙者、男性/女性、丈夫/妻子、传统/现代……等等这些看似简单而又微妙的关系中，如何看待那个时代的人生境遇？这些问题始终是研究者的兴趣所在。同样带着这些疑问，笔者发现了《子君走后的日记》这篇小说。《子君走后的日记》是1931年刊载在《现代学生》"读者园地"栏目的小说，作者是李素刺，山东省立高中的一名学生，作品写于1930年，小说题目下标着"二次中学征文第四名"的字样。《子君走后

---

① 王桂妹：《想象子君的痛苦　追问涓生忏悔得限度——〈伤逝〉的叙事空白》，《名作欣赏》，2006年12期。

的日记》是鲁迅写作《伤逝》的五年后出现的互动性文本，这也是"子君"的同代人对于《伤逝》中觉醒者困境的一种回应，为后来研究者理解《伤逝》提供了一个切实的参照。

如果说写于1925年的《伤逝》是鲁迅对于"五四"以来思想启蒙的一次反思，那么写于1930年的《子君走后的日记》则是一位《伤逝》的读者对于"反思"的反馈。《伤逝》是1928年收录到《彷徨》中才与读者见面的，三年后刊载的《子君走后的日记》显然是在《伤逝》经过了最初社会发酵的过程后出现的。值得注意的是，这两部小说，都是以"日记"体形式呈现的，而在20世纪二三十年代新文学的发展阶段，"日记体小说"作为"现代小说"的一种新的写作形式也在此时愈加成熟，并涌现出大量的作品，庐隐的《蓝田的忏悔录》《曼丽》、石评梅的《林楠的日记》、丁玲的《莎菲女士的日记》、沈从文的《一个妇人的日记》《篁君日记》等等，都是这一时期引人注目的小说。当现代的研究者们以时代精神为尺度去找寻文学演变的轨迹，首先找到的就是诸如以上具有鲜明的历史印记的名家作品，实际上，在文学发展的长河中，除了这些标志性的小说之外，存在更多的没有被人发掘，但也同样折射着时代精神风貌的创作，这些"不著名"的作品也许在艺术上缺少更纯熟的技巧，缺少更深刻的文学价值，但仍因其写作的内容和形式而映射着时代之光并拥有自身的历史价值。《子君走后的日记》正是这样沉默着的无名文本。

一、互动式文本结构的形态内涵

"一部小说讲述的事件是内容的组成部分，而它们被组织进情节之中的方式大概就是形式的组成部分"①《伤逝》与《子君走后的日记》不仅在内容上形成了互动式文本，结构形式上也构成互动式书写。而作为作品的形式"不能仅被当作技巧的总和来研究，它不是纯粹激发美感的，甚至也不是纯粹语言学的；因为它投射了一个由母题、主题、人物和情节组成的'世界'"。②在《伤逝》的原有故事世界中，子君与涓生的爱情悲剧实际不仅仅在于思想的差异，经济的窘迫使他们苦苦挣扎在柴米油盐中并互生怨恨，我们不禁假设，如果他们生活富足，子君不必忙于家务，是不是能够读书学习？是否能提升思想，成为时代的先行者？涓生说："人必活着，爱才有所附丽"。生存困境恰恰不是单指人的经济困境或者精神困境，而是双向的，鲁迅在小说中指出的是当人们越来越热衷于只凭意志或精神在行动时，更应该看到实际的经济困境。相比于更多的启蒙者对于青年人"出走"的呼喊，鲁迅更想让年轻人看清楚社会形势，并指出忽略经济权的抗争只能酿成"回来"的悲剧。鲁迅在《娜拉走后怎样》中提到"要求经济权固然是很平凡的事，然而也许比要求高尚的参政权以及博大的女子解放之类更烦难。"③事实上，鲁迅的创作始终关注着国人的生存与发展的问题，"在鲁迅看来，'现在中国人的生

① 韦勒克著，丁泓等译：《批评的诸种概念》，四川文艺出版社，1988年，72。
② 韦勒克著，丁泓等译：《批评的诸种概念》，四川文艺出版社，1988年，74。
③ 鲁迅：《娜拉走后怎样》，《〈鲁迅全集〉第一卷》，人民文学出版社，1981年，165。

存'是'第一义'的，这构成了"五四"时期鲁迅的一个基本观念，也是他的思考的中心。"①子君与涓生走出家庭和道德的束缚自由结合，面临的首要问题就是经济问题，这是鲁迅，也是后来的鲁迅研究者对《伤逝》做出的明确阐释。李素刺的《子君走后的日记》所延续的是《伤逝》的故事，二者从形式到内容都构成互文，文本形式的互动如何实现是小说主题的外在体现。

日记体小说最惹人注目的形式就是第一人称限制性叙事视角的意蕴，第一人称的叙事往往能够深入地表达叙述者的内心情感，并以对全知视角的摒弃来更加突出"个人"，《伤逝》中涓生化作"我"这个能够进入读者内心的称号渐渐缝合了读者与叙述者的距离，使得读者能身临其境地感觉到涓生的情感流动，但是同时人们也遗憾，通过"涓生的手记"也只能透过涓生的单方面述说来拼凑子君的形象。《子君走后的日记》则恰恰采用了以"子君"为第一人称叙事视角，全文都没有出现涓生，而是仅仅通过子君的回忆、想象、推测来完成涓生可能的结局。值得注意的是，在《子君走后的日记》中，子君回忆吉兆胡同的生活用了"穷困"来限定，这是李素刺笔下的子君对当时生活刻骨铭心的记忆，同时也是对《伤逝》中大量渲染子君、涓生同居窘迫日常的映射。众所周知，涓生对那段生活的回忆是每日"川流不息"的吃饭，菜饭都是不够的，油鸡们没有食物喂，只能成为菜肴，阿随也不得已送走，甚至也要为冬天的煤炭发愁。《子君走后的日记》则通过子君的视角叙述着俩人同居的艰苦生活，吉兆胡同两间"冰冷"而"空洞"的小屋，"满尘的旧衣裳"②，涓生"瘦黄"的脸……从表面上看，没有生活来源，无法生存是《伤逝》铺开而延续到《子君走后的日记》的共有情境，透过日记的讲述者"我"的所见所感表达了个体生存的艰难。

生存困境的描写之所以把读者深深带入其中，为涓生感慨，为子君怜惜，小说的结构方式实际上起到了很大的功用。《伤逝》作为日记体小说，没有明确的日期标注，是以叙述者涓生的情绪流动来结构小说的，并以段落之间的空白来分小节，以此来完成小说时空的转换，因此，小说不以具体时间来推进故事的情节，回忆中幸福快乐的时光以"去年的暮春是最为幸福"③为起句，油鸡们成为菜肴后看到子君的颓唐忍不住感叹"人是多么容易改变呵！"子君终于离开后，心绪是"有些轻松，舒展了"，得知子君死去的消息，涓生想，要真有地狱鬼魂，他就可以"在孽风和毒焰中拥抱子君，乞她宽容，或者使她快意……"情绪的流动结构出叙述话语，情绪的转折推动故事前进，而作者的情绪也容易与讲述者分离和重合。故事的时间虽然相对模糊，却也有一条时间的轴线，"一年之前""交际了半年""去年的暮春""双十节""五星期""冬春之交""初春"，这种写作策略被认为充满了"抒情性"④，同时也获得了读者对"忏悔"的认同，进而增加了读者对第一人称叙事者的认同，这也引发了研究界的讨论，周作人甚至认为小说是在哀悼兄弟恩情的断绝。《子君走后的日记》则与《伤逝》的写作方式不同，有

① 钱理群：《与鲁迅相遇：北大演讲录》，生活·读书·新知三联书店，2003年，第151页。
② 李素刺：《子君走后的日记（读伤逝后）》，《现代学生》，1931年第1卷第7期（以后小说内容引用同此）。
③ 鲁迅：《伤逝》，《〈鲁迅全集〉第2卷》，人民文学出版社，1981年，第116页。
④ 王瑶：《鲁迅作品论集》，人民出版社，1984年，第115页。

明确的日期标注，并且不间断地从"一月十日"写到"一月十四日"，子君就在离开涓生的5天后在家中死亡。这样紧迫的日期标注方式，作者显然是想以紧凑的时间体现小说的张力，从形式上来推进小说中对子君步步走向死亡紧迫感的渲染。虽然形式与《伤逝》不同，但是其结构方式仍然是聚焦在讲述者——子君的情绪流动上，《子君走后的日记》显然是一篇情绪小说，只有寥寥无几的对话穿插其中。子君在第一篇日记中就直接抒发"回家"的苦闷："我颤抖着跨进了家门，唉！今天呀！今天，我的命运注定；今生的幸福之梦消逝了，无望了！天啊！我可以休息了吧……虽然外面飘荡着的春风，吹嘘进温柔的阳光；雀鸟振刷着翅膀，向蔚蓝的苍穹，奏着他们的自由之歌。但这于我，不过倍加悲痛，苦闷。"回到家族的痛苦与爱情失败的痛苦交织在一起，作者把这一情绪贯穿在小说的始终，并逐步把子君的心绪引入死亡。代入式的写作，最大程度体现了子君在"家"的每一天都是巨大的折磨，从而指出子君的绝望与死亡必然的罪魁祸首。总体看来，两篇小说的结构方式都在意图营造叙事的"真实"。

互动式文本并不是新鲜的事物，甚至在日记体小说范围内也不是，如1921年《礼拜六》139期刊出王建业拟女性作者写的《侬之日记》，姚庚夔有感做一篇《一个懦夫的日记》来回应。但《子君走后的日记》与《伤逝》只是在文本上的对话，并无作者间的私下交流，作者李素刺是一名高中生，在20世纪二三十年代高中生已是高级知识分子了，她的生活阅历可能有限，但是她的知识结构和广度却并不狭窄，她的认知来源大多是来自阅读、聆听以及他人的影响，《子君走后的日记》是一次征文比赛的作品，李素刺必然要把自己认为最有价值的作品展示出来，而选择写作《伤逝》的续，也说明是《伤逝》给了她很大的震撼和触动。同时，这也是当时的"知识女性"对鲁迅问题的一个回答，因此，作为《伤逝》的一个呼应性文本，《子君走后的日记》体现的思维价值远远超过了其故事情节的艺术价值。

二、生存空间的隐喻与文本间的对话

涓生与子君的议题除了性别批判、启蒙批判之外，还有更多的讨论层次。比如"为什么要在男性与女性之间进行一种角色/权力的分配，使得'男性—知识空间—启蒙—新生'与'女性—日常生活—反启蒙—死亡'这样一种二元对立的逻辑得以建立？"[1]这似乎是历代社会变革中新的价值观念的确立必然否定另一种价值观念在文学中的投影。在这种对比之外，个人与社会的关系也是鲁迅在"五四"时期的一个重要着眼点。钱理群认为《伤逝》"有强烈的知识分子的自忏自省性，而且也充满了对人的生存困境的追问"[2]是最具"鲁迅气氛"的小说之一，涓生在"诚实"和"说谎"之间选择，悲哀的是无论如何选择终究避免不了人生的"虚空"。经济的窘迫似乎是《伤逝》中涓生和子君"不爱"的重要原因，而实际上，精神的困顿更引人深思。涓生说"要写下我的悔恨和

①　刘堃：《写实主义的边界：重新解读〈伤逝〉中的性别问题》，《鲁迅研究月刊》，2011年第09期。

②　孙晓忠编：《方法与个案：文化研究演讲集》，上海书店出版社，2009年，第183页。

悲哀，为子君，为自己"①。涓生的"忏悔"是想表达什么？不只是心中悲哀的抒发，不只是需要读者对"忏悔"的认同，更多的是需要灵魂的自视，自我的救赎，只有这样他才有继续前行，获得反抗绝望的勇气。因此，《子君走后的日记》虽然是对《伤逝》单向式的互动，但这不妨碍作者李素刺表达自己的观点，她抓到了《伤逝》中涓生记忆的空白和断点，把子君归家到死亡这一情节叙述出来，补充了子君在"涓生"的讲述中并不清晰，进而也"并不重要"的形象。

鲁迅的生存哲学首先是要正视生存困境，他对生存空间的设定与人物的精神困顿一表一里，其隐喻超越了男女爱情的故事，体现了"个人"在社会中孤立无援、无所依托的生存境况。《伤逝》中出现三个重要的生存空间，会馆，吉兆胡同的小屋，通俗图书馆。会馆是"旧时都市中同乡会或同业公会设立的馆舍，供同乡或同业旅居、聚会之用。"②在旧时相当于集体宿舍，聚集了一群在一个城市没有"根"而又收入微薄的外乡人，"破窗""半枯的槐树""败壁"，这样破败的会馆却是一个年轻人在城市打拼生活的起点，当涓生失去子君，这又成了他无处可去的归处，也是涓生在回忆中痛苦，在痛苦中准备前行的所在。吉兆胡同的小屋是小说主要的生活空间，这虽然不是理想居所，但也是子君和涓生几经寻找最终不得不将就的独立处所。在这里，子君和小官太太"明争暗斗"，虽然触及的也是谁家的鸡多吃了两粒米，谁家的狗瘦弱受到嘲笑这样的小事，却揭示出中国几千年的市井生活，看似精明实为笑谈的人性的丑陋一面。涓生认为"这样的处所，是不能居住的"。③通俗图书馆似乎是涓生灵魂的暂歇之地，一是图书馆符合自己读书人的身份，在这里能够找到自我认同，二是图书馆似乎脱离了琐碎的生活，在这里思考人生、得以反省"人生的要义"。但图书馆的书"却无可看"，都是陈腐的旧书，只是一个知识空间的壳子罢了。

《伤逝》中破败的会馆、不适合居住的住所、空壳子式的图书馆，反常规的生存空间展示了人生的荒谬感与无力感，涓生一直找寻"新的生路"，为此宁愿抛弃子君，承受背叛的罪恶。但一个疑问油然而生，在这样反常的生存空间中涓生能找到生的希望吗？李素刺在《子君走后的日记中》给出了自己的回答。在《子君走后的日记》中，作者首先剥离了子君与启蒙思想的关系。她写出了子君对于被抛弃的怨念与愤然，"涓生对我实在太残忍了，不爱我了，还不如把我像油鸡似的杀了痛快。我为爱他而坚忍刻苦的劳动，以致这样憔悴了！他呢？不爱我了……"但笔锋一转，子君也在"忏悔"了，"我的错误吧！？他不是表示过他的真挚的爱吗？但我在人生之路上不能分担一部分的责任，不但不能帮助他，反叫他增加负担，唉！我——可恶的女人"这是一个附庸于男人的女人的自怨自艾与自暴自弃，真实地反映出涓生的冷暴力让子君极度地否定自我，并在自我否定中丧失了自我的尊严和价值。涓生一度希望子君能够在自己的启蒙下获得自我的独立，但子君却只能止步于启蒙的第一阶段——走出封建家庭，无法实现的"二

① 鲁迅：《伤逝》，《〈鲁迅全集〉第2卷》，人民文学出版社，1981年，第113页。
② 鲁迅：《伤逝》，《〈鲁迅全集〉第2卷》，人民文学出版社，1981年，第133页。
③ 鲁迅：《伤逝》，《〈鲁迅全集〉第2卷》，人民文学出版社，1981年，第119页。

次启蒙——以人的觉醒为基础的女性的再次觉醒"，①在李素刺笔下，子君与"启蒙精神"被剥离得更远。阅读体验使李素刺对鲁迅塑造的子君进行高度的模仿，并在价值上深度认同，子君半新半旧的思想被作者更加放大了"旧"的一面，李素刺在塑造了清晰的子君人物的同时，也失掉了人物应该有的复杂性。当然，从另一个角度看，李素刺的描写则进一步让人确认：子君的思维模式与人性预设和新文学思想启蒙关系不大，她勇敢地走出家门是因为对涓生的爱，这种"爱"有时并不具有"现代性"，莫若说反倒具有一种"古典性""古老性"乃至"原始性"。

　　与《伤逝》形成对应，《子君走后的日中》唯一的生存空间就是"家"，这个家中有父母、兄嫂、学走路的侄子和天真的小妹妹。子君一反原有文本中的沉默，控诉着这个无法逃离的家："我还有什么祈求，期待，留恋？！像囚犯似的又坠陷在这黑暗的牢笼里；回到这威严的，冷酷的家中，我还有什么话说？！冰似的面孔与眼光处处在塞着你的嘴"，"父母对他女儿的爱，已被礼教，名誉，金钱，整个的社会，剥夺了去；兄嫂弟妹，哪里还认识，亲近。"父母的冷酷、兄长的漠视、嫂子的嘲讽把这个封建家长制的家庭勾勒出来，而还在学步的侄儿与年幼天真的妹妹则代表了还未被这个家庭腐蚀同化的新生力量，但他们的未来也未可知。在这一层面，《子君走后的日记》更趋向鲁迅《狂人日记》的主题，控诉封建家长制对人性的摧残，并以《狂人日记》为中心向外辐射到包括《祝福》《药》等小说以及一系列的杂文创作，集中投射了鲁迅对"吃人的社会"不遗余力地抨击。《子君走后的日记》中子君大量控诉了封建家庭对其精神与生命的扼杀，她被拘禁在一所小屋，吐血后也没有得到家人的关心，母亲斥责她出走的行为"简直禽兽"，"父母对女儿尚且这样的残酷；世界上还有谁怜悯我？"子君就是被这样"吃人"的家庭夺走了生命。应该说，除了小说开篇对涓生的哀怨以外，小说已经去除了涓生对子君的"抛弃"而导致子君归家死亡这一线索，转而向无情的家庭和封建社会发起了攻击。追其根源，一是"封建家庭问题"本身就是《伤逝》中的隐性主题，涓生在自诉中几次提到了子君的家庭，并认为父亲是"儿女的债主"，如"烈日一般的威严"主宰着她的人生，只不过这些本来是作为背景的线索被李素刺抻出并加以正面的补充，而这一补充实际是应和了当时新青年和新文学中有关"家"共有的主题——封建家庭对青年的压迫。同时，"家"也隐喻了整个"吃人的社会"，子君认为涓生在"这样的社会也是很难生存的，他像恢复自由的囚犯一样，为人轻视，不能站立在高贵的人们中，除了死亡。"子君并不认为涓生的"生路"像他自己所想象的那样会实现，"最好也不过同阿随一样。"虽然子君并不具备涓生式的精神困境，但是"失掉勇气"的她面对黑暗的社会仍有着自己的人生体验和人生思考，她一语道破了涓生以及思想启蒙者们心中隐藏的恐惧——即使背负忏悔也要追求新生，但在既有的社会中希望终究渺茫，恐怕无望。

①　王桂妹：《文学与启蒙——〈新青年〉与新文学研究》，中国社会科学出版社，2009年。

结　语

　　李素刺的《子君走后的日记》虽然近乎是一个无名的文本，但是却有着多重的意义，一是展示了在20世纪二三十年代非职业作家对日记体小说这一文体的应用程度，二是读者对鲁迅小说《伤逝》的解读和回应，三是当时青年（女）学生对五四新文学的一种理解。《伤逝》是涓生的"手记"，是他与自我灵魂的对话，《子君走后的日记》则是《伤逝》多层次主题中一种主题的具体化，李素刺笔下的"子君"对鲁迅笔下的"涓生"是一种和解，是对他"忏悔"的接受。在涓生的启蒙语境下，子君作为"被启蒙"式的人物特征在《子君走后的日记》中被消解，转而通过子君的控诉侧重展示了个人的生存与社会的矛盾，这个矛盾不仅使子君葬送在新旧交替的时代，也使得涓生终将与子君一样，处于没有生路的命运。这篇文学性并不出众的小说，它的存在意义值得继续挖掘。

遥远的银河

——儿童校园小说中的"另一种"童年书写

山　丹　　侯　颖

【内容提要】校园生活作为儿童小说题材和内容的重要来源。在很长一段时期内，儿童校园小说都在着力反映城市学龄儿童的生命状态。近年来，儿童校园小说在把握社会变迁与时代更新的脉搏之时，将视野拓宽到了农村留守儿童和城乡流动儿童这群有别于城市儿童群体的"另一种"童年生存状态，精神、情感和心灵世界。"校园"不是儿童校园小说想象的故事背景，而是艺术化地表现儿童真实生命体验的生活场域。所以，儿童校园小说中的"另一种"童年书写更需要进一步走进这群被忽略的儿童群体的内心世界，体味他们的丰沛情感，展现"现实与理想"共筑的童年精神之实。

【关 键 词】儿童校园小说；留守儿童；城乡流动儿童；童年精神

【基金项目】国家社会科学基金一般项目"人类情理世界的潜文本"（项目编号：10BZW108）。

【作者简介】山丹，女，东北师范大学文学院中国现当代文学专业博士研究生（长春130012）；侯颖，女，文学博士，东北师范大学文学院教授、博士生导师（长春 130012）。

一、引　言

校园，是建立儿童认知事物与自我的机构，也是引导少年期的人达到尘世的完成地步的关键场所。[①]儿童校园小说，以学龄儿童的校园生活场域为叙事空间，展现了中小学生读者最为熟悉的成长环境与生命体验。一方面，儿童校园小说的书写意味着成人对儿童现实生活的理解与关照。与成人文学作家把校园当成一个模糊不清的背景不同，儿童文学作家更应该表现出生活在真实校园的儿童生存现状；另一方面，由于儿童校园小说与教育的血脉亲缘关系，其创作担负着成人儿童文学作家对学校教育与家庭以及社会的深刻理解，以及整个人类童年生命空间的审美坚守。

校园题材的儿童文学经历了从"五四"文学期的启蒙式文化反思，到战争文学期的代际间伦理冲突；从建国文学期的集体式教育关注，到新时期的文学性生命反思，再到商品文学期的类型化叙事狂欢这样一个相对完善的发展过程。正如班马所说："我国的

---

① [德]福禄培尔：《人的教育》，孙祖复译，人民教育出版社，2003年，第92页。

儿童文学曾一度几乎给人一种'学校文学'的印象。"①,这一"学校文学印象"之说也印证了相关题材作品之丰富。然而,进入新世纪以来,部分儿童文学作家仍沿袭了对城市儿童校园题材的类型化创作理念,同时,更多的作家却不约而同地"走出校园"。究其原因,一方面是由于儿童小说从题材和主题到创作方式、手法都有了更为多样的选择;另一方面,则是由于在直面具有时代性的当下童年生存现实时,一部分儿童文学作家在"隔与不隔"的取舍间疲于应对。正如刘绪源所说:"呼唤真正的校园小说"一样,②无论在量的积累,还是质的提升上,当下的儿童校园小说都"呼唤"着能够直面儿童生活的作品。

作为校园题材的延续,2016年出版的"小布老虎'好孩子'"系列长篇儿童校园小说,如邓湘子的《摘臭皮柑的孩子》、王巨成的《向阳花女孩》、冯与蓝的《穿过冬天来看你》和吴依薇的《升旗手》等,在一定程度上代表了近年来儿童校园小说创作的转向,是对农村留守或城乡流动的"另一种"儿童生存现状的一次凝眸。这几部"有温度的中国故事"作品,在一定程度上反映了儿童文学作家对"另一种"儿童生活世界和情感世界深度的理解与体味,也是"中国式童年"书写的一次有效尝试。

二、"另一种"童年的生活写真

"儿童文学是关注儿童精神生活、关怀儿童心灵成长的文学。这样的儿童文学就必须面对特定时代中的儿童的生存状况并对此做出能动反应。"③在当代中国纷繁复杂的社会现实和不断加速的经济发展形势下,出现的城乡间人口流动频繁态势,以及日益更新的现代传媒,对人类固有思维认知模式有了颠覆性的影响,也使城市与农村呈现出了儿童生存状态,精神、情感和心灵世界的多元性和复杂性。对于我国的儿童文学而言,如何用文学话语回应这些儿童生存状态、精神情感和心灵世界多元性和复杂性迫在眉睫。

近年来,我国的儿童文学作家已经有意识地将视线从传统的关注城市中产阶级儿童群体,向更广泛、更多样的儿童群体转移。特别是儿童校园小说,更集中地展现了在城市化进程中的大背景下,以及在传承传统城市中产阶级儿童群体的前提下,对留守于农村里和漂泊于城乡间的不同儿童群体的生活进行了关照。如,冯与蓝的《穿过冬天来看你》,描写了来自两个不同成长环境的城市小学生如何相持面对生活困顿,在快乐与痛苦间感受友谊的真谛;王巨成的《向阳花女孩》和吴依薇的《升旗手》,分别再现了乐观开朗的进城小姐弟和从乡村来到大都市的小男孩在陌生环境中的成长快乐与烦恼;邓湘子的《摘臭皮柑的孩子》,描写了不同命运的三个留守儿童在苦难与磨砺中如何积极乐观地生活。

与市场导向下的一些关注城市中产阶级校园儿童的日常生活,迎合轻浅性与趣味性阅读需求的儿童校园小说作品不同,当下的儿童文学作家关注到了多元性儿童生存状

---

① 班马:《中国儿童文学理论批评与构想》,湖北少年儿童出版社,1990年,第14页。

② 刘绪源:《儿童文学呼唤真正的校园小说》,《光明日报》,2016年11月29日,第2版。

③ 侯颖:《试论中国原创儿童文学的危机》,《东北师范大学学报(哲学社会科学版)》,2006年第1期。

态、精神情感和内心世界，承担起的是具有文化价值与人文关怀的温度写作。这意味着，儿童文学作家仍在坚守着具有现实主义精神的中国儿童文学创作的同时，在广度与深度上已有所突破，从而也使得"中国式童年"书写更加完整与真实。

此外，作为表现学龄儿童现实生活的一种文体——儿童校园小说，能够更为准确地表现出儿童与成人的情感共鸣。特别是面对带有时代特征的新型儿童时，儿童文学作家在对儿童的生存现状进行体察时，也进一步走向了他们独特的精神、情感和心灵世界；在对他们的童心世界进行叩问时，能够一致捕捉到当代不同生存环境下的儿童共同的情感困顿——孤独。曹文轩先生在考察20世纪80年代的儿童文化现象时，就一语中的地指出："知识的竞争剥夺了孩子的群体活动所带来的儿童集体式孤独感。"①

随着社会的发展与儿童处境的变化，这种孤独感在一个物质极度膨胀的环境中，伴随着疲于奔波的父母对儿童的忽略，政策性压力下儿童玩伴的缺失等纷繁的原因，几乎成为一个时代儿童心灵世界的代名词。特别是在反映"另一种"童年的校园儿童小说中，其表现更为突出。如，在《升旗手》中，男孩唐小鹿随父母来到城市后，面临着父母的离异，他在父母的爱恨交织的情感中，选择了跟随父亲生活。但是，父亲的忙碌使得他完全成了城市中的"孤儿"，每天都要自己一个人面对生活。孤独是他生活的常态，一个人在冰冷的台阶上发呆；一个人在陌生的城市中游荡，一个人在空荡的房间里吃饭，儿童式的孤独在儿童校园小说作品中刻画和表现得淋漓尽致。在《摘臭皮柑的孩子》中，表现的是当下农村儿童生活的另一种现实。这些被父母留在农村的孩子，常年和隔代老人相伴，在他们的身上有一种老成的孤独，当青衫的父母回来时，这种孤独在其他幼小的孩童心中幻化成一种悲伤的嫉妒。在《穿过冬天来看你》中，女孩罗冰沁更是因为常年没有父母的陪伴而变得古怪、敏感，以及喜怒无常。即使后来罗冰沁被发现是一个家庭物质生活非常丰沛的孩子，但是在她身上仍然体现着缺少关爱与陪伴的孤独，而孤独的童心，是财富无法弥补的。

留守儿童与城乡间流动儿童的生存状态，似乎离我们遥远。但近年来，通过各种媒介的关注与报道，他们的种种命运牵动人心，大量的数据触目惊心，新闻报道骇人听闻。如，2017年除夕之夜，年仅17岁的留守少年因不满留守生活之悲伤与亲情间的疏离而愤然自杀。这一新闻报道立刻在社会各界引起了反响：有人指出，亲情的分裂、失散的童年以及精神的摧残，使儿童的成长问题变得更为严峻与困苦；有人认为，儿童的留守更重要的是精神的留守，对乡村家长的精神扶贫同物质扶贫同样重要；更有相关机构，直接发起了针对留守儿童的教育支持与情感关怀活动。对这一特殊群体投入关切的目光和真挚的呼吁声，对他们心理与精神层面出现的问题之重视，充分体现了社会的人本情怀。然而，定式的偏见、过度的关注与繁多的报道，能否为这群儿童带来积极的精神抚慰呢？在信息时代下过度包装的儿童，是否"没有任何心情、没有任何思想、几乎连感觉也是没有的，甚至察觉不到他本身的存在"②？这是需要我们时刻警惕的。

① 曹文轩：《曹文轩论儿童文学》，海豚出版社，2014年，第160页。

② [法]卢梭：《卢梭全集6：爱弥儿（上）》，李平沤译，商务印书馆，2012年，第89页。

　　在这个敏感而复杂的社会大环境下，书写"另一种"童年的儿童校园小说，在反映当下农村留守儿童和城乡间流动儿童的生存状态，精神、情感和内心世界上所做的努力意义重大。具体来说，尽管每一个儿童所面临的生活环境有所不同，但是他们与所有孩子一样渴望着爱与陪伴。不得不承认，这些孩子的选择大多是被动的：他们或者"被"带到了陌生城市，或者"被"留在了乡村老家，或者流动于城乡间。他们生活中的每一步都不能跟随着自己的意愿。而当父母们以给孩子创造物质财富的名义抛下他们时，带来的便是儿童情感的空白。孩子天性与本能的依恋和需要着父母。分离时间久了，他们的心灵一定会闹饥荒。与成人拥有对独处的强大适应能力不同，没有了关注与肯定，对于儿童心灵来说，是致命的伤害。因此，儿童校园小说创作对这一儿童群体精神世界的抚慰与关照，是十分必要的。

三、童年写实的审美反思

　　虽然，当下儿童校园小说创作正在试图铺展开一个曾被人们忽略的"另一种"童年的生存图景，精神、情感和心灵世界。但是，在量上和质上还存在不尽如人意之处，正如黄蓓佳在《天使街上的孩子们·代后序》中所说："毫无疑问，儿童文学的阅读主体还是城镇的孩子，他们大多是独生子女，含着金汤匙出生，锦衣玉食中长大，虽然也辛苦也挣扎，但是跟余宝的小伙伴相比，是不同的辛苦不同的挣扎。他们和余宝，也许就在同一个城市中生活，彼此间的距离却如银河宇宙那么遥远。"① 可以这样说，儿童文学作家的创作初衷是值得肯定的。他们自发地关照了可能被忽略的儿童群体，力图展现留守和城乡流动儿童等弱势群体的现实处境。然而，作为现实主义题材的儿童校园小说，在面对早慧的现代儿童读者时，缺少打动人心的艺术内核。就目前已出版的这一题材儿童校园小说来看，其内容的客观性，情感的真实性，主题的深刻性，以及创作的多样性等方面，还有待进一步完善。特别是表现"另一种"童年的儿童校园小说，相较于其他儿童校园小说来说，还要在童年写实方面进行审美反思。

　　首先，在表现儿童的生活底色上，相较于其他儿童校园小说的热忱，表现"另一种"童年的儿童校园小说则略显凝滞。尽管也有类似于表现苦苦挣扎于城市底层儿童的黄蓓佳的《余宝的世界》，以及表现需要直面残酷现实的孤苦无依的农村留守孩子的三三的《仙女的孩子》等耐人寻味的作品频频出现。但是，这一类儿童校园小说在书写"中国式童年"的生活底色时是温和而保守的。也许是由于儿童文学作家缺乏对农村留守儿童、城乡间流动儿童生活的体察，抑或是距离这些弱势群体儿童的生存空间较远，所以此类小说文本中的"留守儿童""城乡流动儿童"更像是一个出离于现实的创作概念。如，在《摘臭皮柑的孩子》中，"留守"对于三个乡村孩子来说，只是意味着父母不在身边，以至于生活的喜怒在他们身上没有多少痕迹；《向阳花女孩》中的小姐弟虽然来到了陌生的城市，却拥有完整和谐的家庭，团结友爱的老师同学，并凭借着一种"向阳花"精神解决了生活中的一切难题。这些作品中的儿童形象虽然没有落入一种刻

---

①　黄蓓佳：《余宝的世界》，江苏少年儿童出版社，2013年，第248页。

意的自卑与内向的模式化桎梏中，但儿童文学作家对他们童年生活现实的描摹缺乏一种深沉和严肃的思索。对"另一种"童年形象缺少精准地掌握，便会出现叙述故事方式的无力，以及艺术展现形式的生涩，致使作品更像是泛化出来的模式化创作。

其次，在表现儿童复杂的情感上，书写"另一种"童年的儿童校园小说体现出不够精准性。其实，乡村儿童到城市生活时，远远超出儿童文学作家们所描写的那种理想的乐观。进城儿童面临的不仅仅是城乡教育差距，还有城市生活的种种不适应，以及随之而来的自我评价的自卑与落差。遗憾的是，这类作品尚没有表现出这群儿童在适应新环境中的复杂的心灵纠葛。正如汤素兰在《我是小丑鱼》中描写的男孩，在乡村小学的优秀，在城市中却被打击，所以自嘲为"小丑鱼"一样，生存环境的改变对于建立秩序期的儿童来说是成长中的巨大困难。对于学龄儿童来说，他们面临着难以承受的失去：用全部心力结交的朋友，给予他们全部关爱的亲人，引以为傲的学业成果等都付之东流。一个崭新的生活空间，一个迷茫的身份认同，甚至于一个不对等的教育水平，以及每一件看似微不足道的生活小事，都可能成为压倒他们幼小自尊心的最后一根稻草。

学龄期儿童经历着从自我走向世界的社会化过程中，需要成人与朋友的相伴，家庭的陪伴，从而树立他们的安全感；在与学校群体的交往中，构建学龄期儿童的社会属性。一旦一个环节缺失，便会成为儿童成长道路上无法修复的创伤。如果书写"另一种"童年的儿童校园小说文本缺少对农村留守儿童和城乡流动儿童细腻情感的理解与关怀，读者便很难信服他们成长的艰辛，更无法体会到突破生存苦难的童年生命的真正力量。

再次，在表现儿童面临生存的难题与困惑时，书写"另一种"童年的儿童校园小说热衷于说教而缺乏反思。儿童文学作品的阅读目的，要包括带给儿童积极的行为准则和正确的价值观，帮助儿童更好地成长，尤其是学龄儿童。为此，在儿童校园小说中，要不断地幻化出能够直接代替教育学龄儿童的理想化形象。这些形象抑或是通情达理的家长，抑或是亲切和蔼的老师，并能够在儿童困难之时出手相助。然而，在引导和帮助学龄儿童这一点上，儿童文学作家在面对学校教育本身时是缺乏应有的判断力。其现象在书写"另一种"童年的儿童校园小说中亦有存在。如，在《摘臭皮柑的孩子》中，把男孩青衫的母亲塑造成一位知上进、懂教育的理想母亲，然而她一边学习如何科学教育子女，却时刻把考上大学完成父母心愿作为对儿子的要求。这其中便存在一个难掩的悖论，拥有积极教育理念的家长却将"学习改变命运"的重荷当作维系亲子间代际关系，让孩子成为她梦想的延续。这显然是迎合了当下世俗意识中成人们所具有的那种惯性思维和从众思想之体现。相较于20世纪80年代的儿童校园小说对学校教育，对社会问题的深刻反思性与巨大的责任感而言，尚有差距。诚如朱自强所言："今天的儿童文学关注儿童现实的热情减退了，思考儿童教育本质的力量减弱了，批判儿童教育弊端的锋芒变钝了。"[①]文学既不同于教育学，也不同于社会学或哲学，但却需要艺术的表现力，需要直面生存的难题与困惑。一旦成人作家失去了基本的判断力与思辨力，其真实性便将受到儿童读者的质疑了。

最后，在表现童年精神时，书写"另一种"童年的儿童校园小说缺乏对真实童年精神的信任与肯定。以成人式的目光关切并解决当下学龄儿童生活、成长中问题的儿童校园小说，与指向成人内心的儿童心性的文学创作有着本质的区别。它蕴藏着成人作家通过儿童文学媒介对话儿童的心愿。然而，在面对现实的诸多问题和矛盾时，一些儿童校园小说作品中却缺乏对真实童年精神的信任与肯定，尤其是表现"另一种"童年中的一些儿童校园小说。这些儿童校园小说在关注这些生存于困苦中的孩子们时，没有发掘出"另一种"童年成长中的坚韧和顽强。如，在《升旗手》中，唐小鹿要被迫接受"离婚的女人带着孩子不方便"的成人式思维训诫，在法庭上选择爸爸。但其实，他内心更爱妈妈也更同情妈妈。面对家庭生活的裂变和成人意识的压迫，唐小鹿却毫无反驳之力。方卫平认为："孩子被过早地投入了一种成人式的生活忧思和劳烦中，孩子自己的世界、童年自己的精神则被生活重重地遏制住了。"[1]这种童年的精神至少包括幼小的孩童冲破残酷生活的坚韧意志，反抗冰冷现实的纯真心灵，不甘既定命运的顽强力量。然而现实的悲哀却是，当成人面对世俗的窘境时，安于现状，臣服世俗，并以过来人的姿态自诩，挟持并驯化着孩子的思维与能力，更为重要的是他们否定了儿童自身生命的无限可能。

四、童年精神的文化坚守

可以说，书写"另一种"童年的儿童校园小说展现了农村留守和流走于城乡间儿童生活的表征。但是，在真实地呈现这些儿童精神、情感和心灵世界上，还缺乏一种经得起打磨和推敲的严肃态度。如何书写农村留守儿童和城乡间流动儿童的生存状态，精神、情感和心灵世界的真实？需要儿童文学作家深入地思考和探寻。

当下有些儿童文学作家认为，描写今天的孩子不必回到现场。诚然，文学高于生活本身，其艺术的创作需要建立在对描写对象所处社会生活历史与现状的深刻理解，以及对其生活内在逻辑的彻底认识中。[2]但是，缺失了对当今农村留守儿童和城乡间流动儿童生活、心理的观察和体悟，作家是很难真正地塑造出具有时代性的血肉丰满的学龄儿童形象。因此，儿童文学作家需要用客观而理性的目光、艺术而思辨的叙事，创作出体现童年精神，再现童年生存真实图景的文本，从而建立起能够沟通整个人类童年精神的文化之桥。

一是再现具有时代属性和社会属性的集体记忆。尽管儿童文学作家无法真正重返当下儿童的身心状态，但是他们能够把控与儿童共存的文化空间，再现具有时代属性和社会属性的集体记忆，那是"用来重建在每一个时代与社会主流思想相呼应的关于过去的意向"的文化符号[3]。一方面，在具体的作品中，这些具有能指的文化符号必然能够唤起

① 方卫平：《中国式童年的艺术表现及其超越——关于当代儿童文学写作"新现实"的思考》，《南方文坛》，2015年第1期。
② 王确：《文学理论教程》，人民教育出版社，2003年，第87页。
③ 张嘉骅：《儿童文学的童年想象》，福建少年儿童出版社，2016年，第256页。

儿童读者的共鸣；另一方面，通过儿童校园小说文本在文学世界中建构起来的现实，是对时下童年文化空间进行还原的最佳途径。即当儿童文学作家笔下的童年生存空间拥有了文化的张力时，才能达到文学的真实性。而这种理念应用到对农村留守儿童和城乡间流动儿童形象的刻画上，便具有了日常感和真实感。

二是借助于文学情感传达童年精神的真实。对于儿童读者而言，再鲜活生动的生存环境描写也是一种镜像式的表征。而能够抵达他们心灵的却是借助于文学情感传达的童年精神的真实。这种情感的真实在儿童的内在生命中熠熠生辉：那是无论现实的生活多么艰苦，他们依然能够直面生活，用温情战胜冷漠，用欢乐化解悲伤，用智慧解读苦难的纯真童心的力量；那是《星期三的战争》中用机智和善意融入成长的男孩霍林清澈的明眸，是《安琪拉的灰烬》中苦苦漂泊在困苦里的少年弗兰基坚韧的嘴角，是《麦田里的守望者》中经得住生活与人性拷问的霍尔顿纯善的心灵。当下的农村留守儿童和城乡间流动儿童校园小说在走进儿童情感世界时，需要的不再是简单地将孩子们丰富的内心世界解读为与成人间的对立、矛盾和冲突，而是描摹出生活于不同地域和相同时代儿童的丰富、立体而真实的情感生活。这其中不仅蕴含着中国的儿童精神，也蕴含着儿童文学独有的审美力量。所以，书写"另一种"童年的儿童校园小说的作家，更应该借助于文学情感传达童年精神的真实。

三是以更为客观和严肃的态度来对待童年的自我与他者。这其中包括了儿童文学作家对时间横轴上的童年岁月之珍惜，亦包含了对时间纵轴上儿童生命之理解。正因为有了对童年精神的深刻领悟，恰如刘晓东所说："成年之所以能够存在，又是对童年以自身为目的而展现自身这一过程的肯定，是对童年的生命创造，亦是对华兹华斯'儿童是成人之父'这一命题的肯定。"①也因此，儿童文学作家才能够在纷繁复杂的现代社会中，以真正的"儿童本位"立场来对待异样生活、教育、观念左右下儿童本真的生命样式，以更加宽容、冷静与平等的方式解读现代儿童成长中的变迁。而这些方面在儿童校园小说的创作中亦有体现。如，班马在《六年级大逃亡》中，对待成长中学生之观念的尊重与认同；陈丹燕在《女中学生之死》中，理解学校之教育的犀利与理智；王安忆在《谁是未来的中队长》中，直面校园与社会的深邃与尖锐等等。以上作品，依然是当下儿童校园小说创作需要吸纳的宝贵经验。

拥有童年精神这把打开儿童之门的钥匙，儿童文学作家才能拥有文学创作中另一种解读方式，以及面对儿童生命、面对时代更替、面对终极追问时，拥有更为宽阔的视野与理性的思辨。这也要求书写"另一种"童年的儿童校园小说的作家，要以客观和严肃的态度对待童年的自我以及这些特殊的儿童群体。

四是需要儿童文学作家外向度地体察现实和内向度地挖掘自身。坚信童年精神的力量，不仅是成年人对现代儿童的成长之难的认可，也是他们对自己已经渡过的自我童年的尊重。特别是反映农村留守儿童和城乡间流动儿童生活的儿童校园小说，想要表现出这种力量，需要儿童文学作家更好地生活体察和自我挖掘。正如李学斌所指出的，"把

① 刘晓东：《论童年在人生中的位置》，《南京师大学报（社会科学版）》，2013年第6期。

现实中的孩子和理想中的孩子，生活中的孩子和愿望中的孩子结合起来。"①也就是说，儿童文学作家应当让现实中的儿童生活与理想化的童年真实，在文学中有效地并存。特别是对农村留守儿童和城乡间流动儿童童年命运的书写，不应是撕开一个儿童群体的苦痛给另一群人看的文字噱头和形式表征，而是在体察"另一种"童年的真实生活时不再加入矫揉造作的欺与瞒。并且，让这一童年特有的生命力量与审美价值成为儿童读者精神生活的向导。也就是，当儿童文学作家真实正视儿童独特的生命精神时，重拾其那份寄托于心底的理想式童年，是比教化更具有说服力的童年品格，是比引导更具有启发力的童年之思，是比启蒙更具有感染力的童年之美。

当"现实与理想"的童年进行精神交融时，能够让儿童读者跨越时空、代系与心灵的间隔，共同感受具有永恒意味的"童年真实"。而这份源自理想的童年精神，是"童年所享有的全能的爱，始终不渝地坚持用不断更新的自我理想化形式重获价值"。②无论是当下的现实儿童，还是成人的童年情结，生发于童年真实之根的生命之树，正是文学能够提供给儿童与成人共同的精神之力。

五、结　语

总之，城乡变迁中的农村留守儿童和城乡间流动儿童的生存空间，并非是距离我们遥远的银河，而是通过文学之眼与我们共享着一片童年的蓝天。一方面，"另一种"童年的书写，为儿童校园小说创作的题材和内容提供了一个更为广阔的视角。儿童校园小说创作将不只是一团和气的轻喜剧和包裹着校园外衣的烂漫想象，而是对"中国式"童年群体更为深入和全面的关照与体察。另一方面，儿童校园小说记录着"另一种"儿童的真实生活，不仅蕴含了作家对于真美善的理想与回望童年的一片安宁，还真实地记录了当下儿童个体的生存方式与成长的艰辛。

然而，如何深入到这个尚未被深刻理解和挖掘的复杂儿童世界，却依然需要儿童文学作家进行不懈的努力和探索。"由于儿童的心性所追求的，常常是向往光明的理想主义的事物，因此，任何流派的儿童文学，都应是理想主义的文学"。③儿童校园小说在展现更为丰沛和迥异的儿童生命经验时，需要儿童文学作家尊重学龄儿童，特别是"另一种"童年。所以，儿童文学作家在书写"另一种"童年真实生命体验的同时，要将根植于成人内心的理想化童年分享给直面苦难的儿童读者。这个承载了成人智慧的理想精神，既涵盖了当下儿童的现实又寄托着人类童年的美好期许，亦能够填补儿童生活空白，治愈儿童成长伤痕，丰满儿童思想羽翼。

---

① 李学斌：《儿童文学的多维阐释》，湖南少年儿童出版社，2016年，第327页。

② [德]格尔达·帕格尔：《拉康》，李朝晖译，中国人民大学出版社，2008年，第22页。

③ [日]上笙一郎：《儿童文学引论》，郎樱、徐效民译，四川少儿出版社，1983年，第2页。

"存在"与叙事：莫言小说《蛙》的语言学解读

刘海洋

【内容提要】事物的存在既是事件又是叙事的起点，在文学叙事中有着独特的地位。本文以莫言的小说《蛙》为研究对象，从存在语义范畴的构成、属性及语言形式入手探求《蛙》中存在范畴的句法实现及其叙事功能，寻找语言形式选择背后的叙事学依据。基于同一语义底层的存在范畴因受表达者观察视角、抽象层级等方面的制约出现了不同的表现手段，作者的叙事策略是在对它们的叙事功能进行选择、调配的基础上实现的。

【关 键 词】莫言；《蛙》；存在范畴；事件；叙事
【作者简介】刘海洋，女，吉林大学文学院语言学及应用语言学专业博士研究生（长春 130012）。

莫言是当代中国文坛极具影响力的作家之一，也因"将魔幻现实主义与民间故事、历史与当代社会融合在一起"而备受世界关注，这一评价在其作品《蛙》①中体现得尤为突出。对于这部反映社会现实的小说，学者们已分别就其伦理意识、人物形象、文本翻译、对比分析等问题进行了不同视角的分析；而关于作品语言的研究则主要集中在语言风格、词语选用以及修辞手法等方面。

小说是作家的语言实践，从小说叙事维度上看，无论秉持经典叙事理论关注叙事结构的搭建，还是如后经典叙事理念那样探求不同层面的互动关系，都需要思考小说中事件的诸多要素该如何通过语言形式呈现在文本的线性序列中。而叙事始于"存在"，从语义分析视角看，事件要素的存在本身既是事件又构成了叙事的起点。因此，刻画事物存在性的存在语义范畴是参与篇章建构、完成文学叙事不可或缺的重要因素，考察它在《蛙》文本中的线性实现方式，对体察作者的认知策略、篇章建构策略及其如何引导读者阐释与重构都有着重要意义。

一、存在范畴：构成与属性

文学作品中所描述的对象不是孤立的，必定先依附于特定的空间而后与其他对象互动，最终体现为一种共存秩序。人们对事物持续占据着时间和空间的这一基本属性所进行的概括形成了存在语义范畴，它是从众多的社会生活实践中抽象归纳出来的关于事物与所处空间关系的抽象语义范畴。

存在范畴是一个完型结构，包含着若干相互关联的结构单元，根据普遍的经验事

---

① 莫言：《蛙》，上海文艺出版社，2009年版。

实，可以将其归纳为存在主体、存在空间、存在时间和存在方式四项。其中存在主体是占据特定时空的存在物，既可以是物质实体，也可以是通过隐喻产生的抽象事物；存在空间是主体占据的空间范围，同样也并非仅指物理意义上的位置或者地理坐标，还包含抽象的心理空间和社会空间；存在主体在上述空间内出现之后至消失以前所持续的时间为存在时间，也就是依存关系存续的时间；存在物须以特定的方式占据时空范围，我们称之为存在方式，它"包含两个概念：一是'存在'本身，二是实现存在的'方式'。"①上述四个要素彼此关联、互为条件，共同构建了整体存在事件。

同时，存在范畴由于其语义内涵及要素间的独特关系而呈现出一定的特征：主体以静态运动模式存在；事件的确立以存在主体与存在空间形成依附关系为前提；同时在存在时间内这种静态的依附关系是持续的，事件内部是匀质的，即在每一个时间剖面上都保持着相同的状态。

二、《蛙》中存在范畴的基本表达形式

存在范畴是认知经验的组织模式，作为抽象的非线性认知结构留存于人的头脑之中，尚未得到形式化表征。《蛙》中"高密东北乡"的社会生活根植于莫言的意念中，作家出于特定表达意愿进行创作，就必须将其认知成果实现为线性的语言符号，经由话语形式表达出来，因而存在语义范畴的语言形式表征本质上是语义要素在线性话语性序列上的映射。这种认知域向语言域的映射并非是一一对应的，范畴要素是否得到表征以及表征后的句法分布会生成不同的话语形式。如：

①在歪脖子柳树西侧，有一个根据公社指示、专为停泊计生船而搭建的临时码头。②四根粗大的木头立在水中，③木头上用铁丝绑着横木，④横木上敷着木板。⑤秦河用绳子固定好船只，站在船头上。

上例共有五处表征了主体与空间的依附关系，分别介绍了码头、秦河、船只等环境特征，使之成为后文中姑姑坚决执行国家计生政策、与远亲近邻发生强烈冲突的背景。其中①③④是"某处有某物"，②⑤表示"某物在某处"，认知底层均为存在范畴却实现为不同的表征序列；要素表征方面，存在时间作为背景化信息没有得到表征；而同是表示存在空间，①借助了介词"在"，③④使用了方位名词"上"；存在方式的表征形式既有抽象的"有"，也有包含具体方式的"立、站、敷着、用铁丝绑着"。

这些结构各异的话语形式反映了作者的认知加工过程并且能够激活读者不同的认知经验，也正是在这个意义上作者启动了与读者之间的互动。因而我们说文本是作家在若干基于相同认知底层的语言形式中进行选择的结果，而选择的原则和依据体现着文学叙事和语言表达的内在规律。

如前所述，概念层面中，存在范畴的诸要素之间无主次之分和先后之别，但一旦通过语言符号进行编码，就势必要遵从语言符号的线性特征，将其实现在一维的线性序列上。由于语言经济性和人们的表达需要等因素的影响，存在事件上述四个要素未必一一

---

① 朱德熙：《变换分析中的平行性原则》，《中国语文》，1986年第2期。

都在话语形式中得到实现，其句法组合序列也并非是唯一的。只要能够满足特定语义关系，激活存在事件图式，就是对整体事件的指称，可以归并到存在语义范畴的话语表达形式集合中去。四者中存在主体和存在空间的附着关系最为紧要，是激活存在图式的必要条件，二者均需映射到话语序列上；存在方式的体现要以这种附着关系为前提，可以根据交际需要选择是否出现在形式序列中；存在时间是所有事件的特征，在静态性的存在事件中不是敏感要素，往往以背景化的形式出现，小说中很少加以呈现。据此我们在《蛙》的文本中进行了穷尽式搜集，找到各类表征存在范畴的话语形式共计863项，它们根据要素的分布特征可以分为三个类型，且每一类型仍可根据结构特点进行下位分类，如下表1-1所示：

表1-1

类别	语义配列	语言形式	话语形式例示
I 空间先行（437项）	空+方+主	NP_L+有+NP	它的舌头上仿佛有灵丹妙药
		NP_L+是+NP	左边是黄皮子，右边是日本兵
		NP_L+V满+NP	一张大圆桌上，摆满了山珍海味
		NP_L+V着+NP	舞台上插着几十杆红旗
	空+主	NP_L+NP	我心里一片灰白
	空+主+方	NP_L+NP+V	这世界上，鬼神不一定有，但报应还是有的
II 主体先行（138项）	主+方+空	NP+V在+NP_L	王肝站在房檐下，一声不吭
	主+空+方	NP+在+NP_L+V（着）	兴奋的表情，在他们脸上洋溢
III 定中类型（288项）	空+主	NP_L+的+NP	船上的人只好跳下水救人
	方+空+主	V在NP_L+的NP	那个坐在麒麟上的女子面如银盆，目若朗星

《蛙》中上述表达存在范畴的语言形式在结构特征上各不相同，但都因表征了事物和空间之间静态的依附关系而激活了存在事件整体图式。三者所占比例如下图1-1所示：

《蛙》中存在范畴表现形式类别及比例

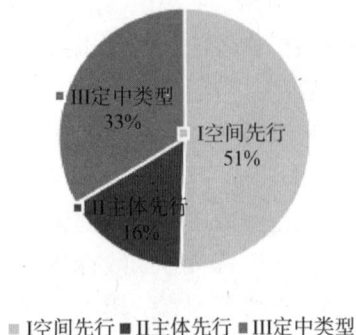

III定中类型 33%　I空间先行 51%　II主体先行 16%

■I空间先行 ■II主体先行 ■III定中类型

图1-1

　　其中Ⅰ类所占比重最大，多以处所词语和方位词语为始发成分，语义上始于存在空间，是以往存在句研究的主要对象；Ⅱ类多以名词性成分起首，语义上首先表征存在主体，而后对其所在空间和存在方式等要素进行刻画，这两个类型都可以作为独立的表达单位参与叙事；Ⅲ类结构上是定中短语，分别通过定语和中心语表征存在空间和存在主体，尽管只能作为语句的一个成分出现，但同样能够激活存在图式、表征存在事件。

三、《蛙》中存在表达形式所蕴含的叙事策略

　　所有事物都存在于连续的时间轴线上。事物的存续本身就是事件，与其他事物及事件存在着普遍的联系，如果存在事件的要素参与到其他相关事件中便会进入如下图1-2所示的更复杂的事件网络之中。人们对其进行的不同层级的抽象概括反映在话语形式上就实现为不同句法组合及语篇架构。

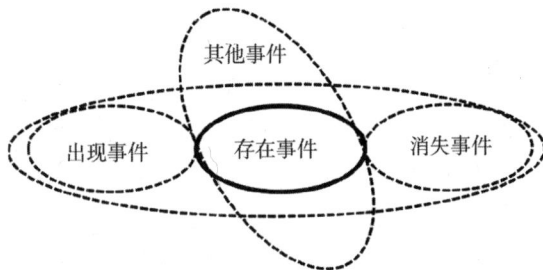

图1-2

　　叙事过程中如果着眼于存在事件本身，可以将其概括为一个独立的事件类型，离析出特定的构成要素并将其表征在语言的线性序列上；但如果着眼于事件的连续性和关联性，则会发现存在事件的构成要素也可以参与到其他事件中，甚至整个存在事件都可以作为一个元素蕴涵在一个更大的事件当中。

　　耶夫·维索尔伦认为"语言使用是一个不断进行语言选择的过程。"[①]语言使用者必然要结合交际意图和社会文化规约对语言形式和语言策略进行选择，而选择的过程既会受制于客观的句法规则和表达规律，同时也体现了作家的语言特色及叙事风格。上述事件层级的概括直接影响着语言形式的选择：当表达者关注存在事件及其结构本身时，便倾向于选择单一存在事件的语言表达形式；当表达者的认知视角扩展到事件网络时则倾向于借助复合事件的语言表达形式进行刻画。

（一）单一事件与独立叙事

　　存在范畴的独立叙事模式将"存在"视为一个独立事件加以表征，非线性的存在事件各要素必然要按照时序依次表征出来，表达者可以将必须出现的主体和空间作为参照进行选择，生成空间先行及主体先行两种序列，并通过表述"某处有某物"或"某物在某处"来突显事件中的特定要素。

---

① [比]维索尔伦：《语用学诠释》，钱冠连、霍永寿译，清华大学出版社，2003年，第65页。

1.空间先行

该类别表征存在事件时率先锚定存在空间，通过表示空间和方位的词语激活人们头脑中与空间相关的知识，而后再借助空间及事物之间静态性的依附关系实现存在事件的激活；存在方式附属于这种关系，作家可以根据交际意图在符合上述依附关系的词语中进行抉择，如下例：

①正是隆冬季节，<u>水面上结着厚冰</u>，一眼望去，一片琉璃世界。

②办公室正中安放着一张不小于乒乓球案子的办公桌，颜色紫红，<u>桌后一张黑色高背真皮转椅</u>。

③<u>这世界上，鬼神不一定有，但报应还是有的</u>。

"水面上、桌后、世界上"分别表征空间，"厚冰、转椅、鬼神及报应"依附于这些空间而存在，例①中用"结着"表示冰存在的具体方式是通过物理凝结实现的，例③借助不包含具体方式的抽象的"有"来明确"鬼神、报应"与"世界上"的抽象依附关系，而例②仅依靠空间及事物可能具有的意义关系来表征存在。

2.主体先行

存在事件图式中如果关注存在主体则可以首先将其实现在线性序列上，激活读者关于该主体的知识。句法结构的尾端作为焦点信息惯常位置，通常是读者获取新信息的位置，因而描述已知的人或事物在某处，常常采用主体先行的方式。如：

①这是公社计划生育小组的专用船，也是姑姑的专用船，当然，<u>小狮子也在船上</u>。

小狮子是前文描述的人物，作者在此描述其所在位置，为下文王肝与她的会面进行了铺垫。

表述中如果对存在主体的描述重点不是空间而是它置身其中的方式，那么存在方式也可以出现在结构后部成为焦点。如下例：

②果然，王脚将筏上的桃篓掀到水中，<u>篓子在水上漂浮</u>，显然里边没装桃子。

作者意在突显篓子于水中的具体存在方式，因而将"漂浮"放置在焦点的常规位置上，整体结构实现为"主体—空间—方式"的序列。

主体先行类型中的主体，在句法上往往体现为有定形式，因此常以代词或有指名词形式出现，而如果是首次出现在文中的主体，则可以通过同位复指的形式出现，如下例中"村里的'老娘婆'田桂花、地主陈额"。

③姑姑手提药箱冲进艾莲居住的那两间厢房时，<u>村里的"老娘婆"田桂花已经在那里了</u>。

④<u>地主陈额，跪在墙角</u>，脑袋像磕头虫般一下一下地碰撞着墙壁，嘴里念叨着一些含混不清的话语。

上述两种表达形式在《蛙》中的分布有着较为明显的差异：首先，在数量方面，如下列统计数据（图1-3，图1-4）所示，空间先行类共437例，明显多于主体先行表达形式的138例；其次在分布位置方面，空间先行类的表达形式往往集中在叙事中的时空背景介绍部分。

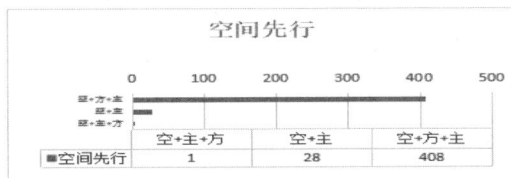

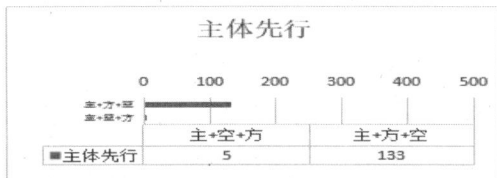

图1-3   图1-4

基于同一认知图式的表达形式在分布上有如此大的差别，与作者存在事件的表达策略有着密不可分的关联。小说《蛙》的结构特色鲜明，由五封写给友人的书信以及一部戏剧组成。其中小说叙事需要以事物的存在、时空社会背景的确定为前提，而戏剧除此以外更是需要有独立的舞台布景说明以明确其时空场景。与其他因素相比，空间具有相对的稳定性和显著性，更易于作为已知信息充当信息推导的起点。《蛙》中大量空间先行的存在范畴表现形式满足了这一叙事需要，因而在分布上常出现在环境、场景的介绍部分。而主体先行形式则首先需要激活存在着的事物进而明确其空间属性，服务于对事物的存在性或存在方式的描述以实现传情达意的目标。存在事件可以采用单一叙事策略以独立的话语形式表征，而小说描写和叙述的表达需要促动了具体结构形式的选择。

（二）复合事件与叙事融合

从认知域分割出的诸多范畴并非是彼此隔绝的，Haiman认为"一个表达式在语言形式上的分离性与它所表示的物体或事件在概念上的独立性相对应"，"语言成分之间的距离反映了所表达的概念的成分之间的距离。"[1]存在事件与其他事件往往有要素重叠关系或者逻辑关联，这在句法表征上也有所体现。

1.蕴涵重叠事件要素

两个事件之间如果存在着要素的重叠，可以通过复合形式来表征。如：

①<u>前边有一个声音在召唤我</u>，是一个女人的声音，鼻音很重，听上去有些瓮声瓮气，但感觉非常亲近。

②其实，我记得很清楚，他并没吃煤；他看着我们吃煤并研究着<u>手中的煤</u>。

①中划线部分中包含着"前边有一个声音""一个声音在召唤我"两个事件，前者为存在事件，而后者则表征着特定的行为，"声音"是二者的共同要素；例②中"手中的煤"的语义底层是"煤在手中"，激活了一个存在事件，同时也是"研究"行为的对象。两个事件中由于有着共同要素产生了关联，表达者选择将其实现在同一个话语形式中，分别通过兼语短语和定中短语做宾语的形式实现在线性序列中。

2.区分事件层级

事实上"他看着我们吃煤并研究着手中的煤"可以激活的事件是多重的，除存在事件外，还有以"我们"为主体的进食行为、以"他"为主体的观看行为和探究行为，存在事件在其中以定中短语来表征，成为其他事件得以发生的背景信息。作者对这些事件进行了不同层级的概括，使其在句法表现上大多充当多种句法成分。如："<u>眉中小瘤</u>"

---

[1] Haiman, John. Natural syntax, Cambridge:Cambridge University Press, 1985, p.105.

说："不怕麻烦，就跟我们到局里去做个笔录，如果怕麻烦，就回家去自己调养吧。"存在事件通过借代修辞手段代指具有眉间长着小瘤这一特征的人，作为主语成分参与到更大的言说行为中表征主体。此外还有其他类型，如下列所示：

充当谓语，如：秦河<u>满脸尴尬</u>，丢下棍子，往河边走去。

充当宾语，如：但后来我大哥却落了选，原因是<u>我大哥腿上有一个幼时生疖子留下的疤</u>。

充当定语，如：我对<u>脸上有这种表情</u>的女人总是充满深深的同情。

充当状语，如："六个多月了"，小狮子<u>满面含羞</u>地说。

充当补语，如：我感动得<u>双眼盈满泪水</u>，只有失眠的人，才知道睡不着是多么痛苦，也只有失眠过的人，才知道睡着了是多么幸福。

充当复指成分，如：我们学校的炊事员老王说：<u>身上有疤</u>，那是绝对不行的。

存在事件可以根据作家认知概括层级的差别而被涵盖在更大的事件序列中，其表征形式句法位置灵活、句法功能完备，可以充当多种句法成分，甚至因与其他事件具有逻辑上的推衍关系而出现在复句当中充当分句，如"别说是<u>身上有疤</u>了，即便是两个鼻孔不一般大也不行的。"明确了存在事件"身上有疤"与另一事件"两个鼻孔不一般大"之间的递进关系，为衬托飞行员选拔条件的严格进行了铺垫。

Givon指出"在功能上、概念上或认知上更接近的实体在语码的层面也放得更近。"[1]作者借助事件之间固有的关联而选取了不同的表达序列，拓展了故事的时空，省去了不必要的叙述从而使表达更为紧凑，这既是对现实的顺应，也是语言经济性的必然要求。

四、《蛙》中存在表达形式的叙事功能

小说《蛙》的叙事是通过作家不断进行形式选择推进的，存在范畴表现形式的基本功能在于激活读者认知背景中关于事物存在特性的知识，但基于同一认知底层而呈现出来的不同表达形式之间也必然存在着差异，选择的依据正是作者对它们叙事功能的认知和运用。如：

我多次去过陈鼻的家，熟知他家的结构。那是两间朝西开门的厢房，房檐低矮，房间狭小。①<u>一进门就是锅灶</u>，②<u>锅灶后是一堵二尺高的间壁墙</u>，③<u>墙后就是土炕</u>。姑姑一进门就可看到④<u>炕上的情景</u>。姑姑看到了⑤<u>炕上的情景</u>就感到怒不可遏，用她自己的话说叫作"火冒三丈"。

作者通过①②③三个空间先行、结构独立的形式来表达，①引入的新事物紧接着就作为话题启动第二个存在事件，而②引入的新事物"间壁墙"又以更简短的形式"墙"作为已知事物引入了新事物"土炕"，"土炕"则进一步为下文提供了情节发展的空间。①②③这种近乎白描的叙述在修辞上被称为"顶真"，它过滤了时间因素以及具体

---

[1]　Givon, Isomorphism and Grammatical Code:Cognitive and Biological Considerations. Amsterdam:Benjamin's, 1995,p.51.

的存在方式，通过内容的连贯性和形式的统一性强化了空间的紧凑性，从而有力刻画了故事发生场景的狭小逼仄；而后文以"姑姑"为陈述对象，存在事件④⑤作为背景信息出现并非表达的重点，作者选择适于复合叙事的定中表现形式，并且同样通过复现的方式来强化时间的连续性。

表达形式中不同的信息单位承担着不同的语篇功能，如果是对上文内容的承接，便具有了承前性；而在后续句中仍然是讨论的内容，对下文进行拓展，那么就具有启后性。从空间出发表征事物的存在性，往往先通过显著性较高的空间触发读者关于空间及其内容物的知识以引入一个新事物，使其作为后续表达的起点，因而空间先行类具有启后性，常用于转移情节或转换空间，推进事件发展。

而主体先行类则往往以存在主体为话题，对其空间特征进行描述，在小说《蛙》的138项主体先行例证中，有131项是以名词或代词表明有指的存在主体展开叙述，占总数的95%，仅有3例无定名词做主体及4例同位短语做主体，通过引入全新的信息加以叙述，因而可以说主体先行的语言形式具有承前性。而定中类型则因突显存在主体而完全背景化了，只能作为其他事件的构成要素出现在文本中，并不直接参与叙事的推进。

以往对存在范畴句法表现的关注主要集中在存在句中。首先界定其结构特征再进行分析的结构主义研究范式观察到仅是该语义范畴某种特定的表现形式，而读者阅读的文本是作家在评估话语生成机制后进行选择的结果，这些基于特定认知范畴的话语形式必须要结合作家的认知背景和叙事意图来理解。

从边缘到中心

——论沈从文与穆时英的文学之"器"

陈广通

【内容提要】文学"现代性"的一个重要标准是文学与政治和社会剪不断理还乱的关系，于此出发，沈从文与穆时英以及与之同时代的革命作家有着巨大趋同性，在"感时忧国"的大框架下他们不是现代中国文学的边缘性存在。他们同样践行着现代中国文学的一贯性——功利追求，从这个角度看，京、海与革命文学不是"三足鼎立"而是一脉相承。沈、穆二人都从传统文化精神出发思考民族发展大计，前者偏于保守，后者偏于激进，穆比沈多了一份阶级意识。身处中国20世纪前半期动荡的社会环境中，他们与革命作家一起思考着民族前途，各自以文学为"器"参与进家国重建运动中。

【关 键 词】沈从文；穆时英；文学功利性

【作者简介】陈广通，男，吉林大学文学院现当代文学专业博士研究生（长春130012）。

在20世纪的中国，完全割裂文艺与政治的关系是不大可能的，"远离政治"只能被看成是一种主观姿态。沈从文和穆时英在幻想中的"自由"立场上与革命作家一样表达着关于家国、社会等问题的思考。以沈从文领衔的京派和以穆时英领衔的海派与革命文学阵营的三足鼎立已经成为学界的定论，他们之间似乎有着难以调和的矛盾——沈、穆"远离社会政治"，一个苦心孤诣守卫着静穆淡泊的中国古典美学传统，一个张扬着轻浮颓放的现代都市风华，革命作家则在颠覆精神的感召下扎根于乡村，勠力挖掘其中的隐忍和反抗。到了20世纪40年代，沈从文对希腊"小庙"钟情无减，穆时英坚持复活"小道"文章的媚俗传统，左翼代表作家大多倾向解放区，将农村革命的叙事推向高潮。三者在表面上好像水火不容，但如果从中国现代性的祈望来看，他们则一脉相承——古代中国士大夫之家国情怀，革命文学作家将农村当作夺取政权、再造国家的根据地，沈、穆的现代国家、民族想象也从乡土开始。就"想象"出的方案来看，沈从文是保守的，穆时英是激进的，他比沈从文多了一份阶级意识。身处中国20世纪前半期动荡的社会环境中，作为京派和海派代表作家的沈从文和穆时英并没有置身于国家重建的历史潮流外，而是与革命作家们一起再现、思考、批判着现实，各自以作品发挥着文学的功利作用，"器"的追求由此显现。

一

　　沈从文的拿手好戏是田园浪漫风，但也不乏对社会现实的忧心忡忡。他只不过在自我文艺观念下把现实重大主题做了抒情化处理，所以人们从"审美经验流露"的文艺观出发，认定沈从文一直以来就是一位"敬谨的和平主义者"。他固然是政治的保守派，但左翼作家又何尝不是激进派？二者同处于中国20世纪前半期的战争阴霾，只不过各自占据着博弈进程的两翼。沈从文"以民族兴亡为己任的爱国热情"极力倡导"重造民族品德"，以解民族发展之忧。他对单纯的"同情"无法忍受，要的是"行动"。湘西辰溪物资富足，人却穷相，这一问题如何解决？他的"办法"是与鲁迅相类的改造国民性，所以有了翠翠、夭夭、老水手、满满、龙朱、虎雏等形象。

　　沈从文并不是存心与革命势力作对，他只是代表着另一种关于社会历史的不同观点。他只是想在旧的吟唱里完成对于新的创造，《边城》《长河》《我的小学教育》《猎野猪的故事》等是他对童年乡土的怀念，其中包含的国家重建动力的思考和主流革命作家同样突出。苏雪林早已指出：沈从文"不是毫无理想的"，他"想借文字的力量，把野蛮人的血液注射到老迈龙钟颓废腐败的中华民族身体里去使他兴奋起来，年青起来，好在廿世纪舞台上与别个民族争生存权利"。[1]在沈从文看来，"野蛮人的血液"要从乡村里寻找，乡村的勇武健全人性是中华民族崛起的源泉。《我的小学教育》里那些故乡的孩子在小小年纪就为械斗游戏着迷，在他们天真灵魂里流淌着作者崇拜的原始野性，他希望这股力量能成为中国"在廿世纪舞台上与别个民族争生存权利"的资本。沈从文呼唤的强悍精神也表现在女子身上，《猎野猪的故事》里的宋妈在小时候就徒手捉过野猪。勇武品质是湘西民族精神的代表，它有着"根"的性质，很难消泯，《虎雏》里小主人公的蛮野终是没有被文明人所改造。沈从文珍视着农村人雄强健康的本性，到后来发展成了"城乡对照"的文化世界，《边城》《萧萧》《长河》《柏子》《三三》与《八骏图》《某夫妇》《或人的太太》《绅士的太太》《都市一妇人》让我们理解了在殊异文明下人性的健全与颓残，这一主题已经被众多学者阐释，此不赘述。乡土浪漫抒情代表者沈从文并不是在理性的高度上考量民族重建的方案，只是基于自我情感经验展开传统——现代、东方——西方的二元比较，结果是他自小耳濡目染的古老乡村道德占尽上风。然而现代性是普遍的，"各个民族共同体特定的文化性"只有融入普遍性才有可能"合法"地被世界接纳，这一前提下的穆时英可能比沈从文走得远一些。

　　海派作家的本土性不如沈从文那样明显，需借助一些理论才能将其钩沉出来。学术界一直都将都市景观的再现视为海派作品的首要特色，诚然，如无都市则无海派。可是当我们用"地方色彩"为指标来审视"乡土"概念时，都市就会表现出故乡意义。"上海既有上海的地方特色"它也就"自然有它的'乡土性'"，[2]中国传统的吴越文化是

---

① 刘洪涛、杨瑞仁：《沈从文研究资料》，天津人民出版社，2006年，第189–190页。

② 范伯群：《中国现代通俗文学史》，北京大学出版社，2007年，第370–371页。

上海之"地方色彩"之一，它是这个国际都市"洋泾浜文化里面的'中方'"。[1]由于优越的地理位置，上海自开埠以来就是中国经济中心，并由此培养成它对浮靡生活方式的追求。经济的发展在很大程度上会导致对生活的"讲究"，吴越文化的最突出特征就是淫逸奢靡与精致绵软。"软"首先表现于作品的情感格调上，从张资平、叶灵凤到穆时英、施蛰存直至张爱玲，繁华都市里的小资产阶级精致感伤情调贯串始终。"软"也表现于作品的语言，吴侬软语同时是形式和"意味"，它透露着操持者的文化心态。奢靡的生活和温热的气候养成了吴越人绵软的性格，久而久之就形成了他们的普遍心性。海派的"软"文化似乎并不适用于国家再造，它与沈从文对于强悍生命力的呼唤背道而驰。但是海派绵软文化的基础在于经济腾飞，淫逸奢靡之前提是物质的丰厚。而物质的富足是文化现代性的础石，所以海派的"软"或许可以被看作知识分子们想象现代国家前途的标尺。

以淫靡的生活理想为由指责海派作家陶醉于颓废的生活状态显然不公平。吴越文化传统在精致绵软外也有尚武的一面，正是在这点上穆时英与沈从文走到了一起。《南北极》的背景依然是上海，但其中充满了底层人民的愤激，在发表的当时就受到左翼作家的重视。小狮子练过武艺，骨子里有着沈从文提倡的蛮性。当玉姐儿他嫁，他孤闯上海，后来的多次搏斗让他感到都市人简直不堪一击，徒手推汽车更见其健朗程度，这与沈从文的城乡对比立场是一致的。小狮子的好勇斗狠和沈从文反对的"凡事与人无争"之处世态度恰堪衬照，小狮子对不平等的世界愤慨入骨，对为富不仁者恨不得杀之而后快，这应了"会稽乃报仇雪耻之乡"的俗语。故事结尾，小狮子扔了老爷、打了小姐，扬言"谁的胳膊粗，拳头大，谁是主子"，这是精神上的刚强不屈。如果沈从文看过《南北极》，小狮子身上的野蛮人血液将给他强力安慰。与沈从文蛰居乡下的"野蛮人"不同，穆时英的"野蛮人"已来到都市，并正面挑战现代文化的围困，他们所仰仗的是吴越文化之雄健遗产。穆时英召唤传统雄强文化的作品并不只有《南北极》，《骆驼·尼采主义者与女人》里负重的骆驼和《黑旋风》中自比梁山好汉的青年也同样可以看作是沈从文内心向往的满足。

沈从文与穆时英立足于本土传统文化的雄强，在"蛮"力下展开中国走向世界的图景，实现与否并不重要，重要的是对中华民族雄起的一片痴心。二者不是逃脱社会的隐士，他们关于民族发展道路的想象在当今仍有意义。他们在自由的立场上实践着对家国、社会问题的思考，对民族发展的现状做出了及时的反思。穆时英的都市书写在一定程度上与"后现代"策略接近，沈从文将传统复制入现代，从民族发展前途着眼，二人的努力值得称道。

二

沈从文在《小说与社会》中肯定了《九尾龟》《官场现形记》《海上繁华梦》《孽海花》《留东外史》《玉梨魂》等"新章回小说"的价值，认为这些"作品既暴露了社

---

① 吴福辉：《都市漩流中的海派小说》，湖南教育出版社，1995年，第50页。

会弱点，对革命进行自然即有大作用"。①1931年，在现代中国文坛已经声名鹊起的沈从文在《甲辰闲话一》中为自己日后的创作列了一串题名，其中三个社会功利意义极为明显："二、长江，写长江中部以及上下游的革命纠纷"；"四、上海，写工人与市侩的斗争生活"；"五、北京，以北京为背景的历史的社会的综集"。由此可见，沈从文对于文学的社会功利意义是大力推崇的，并始终坚持为家国前途找出路，希望手中的笔能对民族的雄起发挥"大作用"。沈用以"与别个民族争生存权利"的手段是传统文化道德与人的品性，并同时肯定了产生这种道德与品性的人的生活方式和社会结构，虽然出于个人"进城"后的亲身经历，有时他也会在作品中发出对于贫穷低下的底层生活的悲叹（如《一个晚会》《冬的空间》《生存》等），但这悲叹里并不包含革命向往。沈从文在"革"与不"革"之间徘徊着。他要以过往人类的美好品性革掉当下众生的不良道德，说到底这只是改良。但他对于"革命"并没抱有抵触情绪，而且在《小说与社会》中还赞许了暴露社会弱点对革命进行的大作用。

　　在《论穆时英》里，沈首先表明了自己的文学观，他说："一切作品皆因植根在'人事'上面。一切伟大作品皆必然贴近血肉人生"。②从此一标准出发认为穆时英的"作品于人生隔一层"，并斥其为"假艺术"。在笔者看来，此一论断有失武断。沈的结论出自穆时英的作品取材，对于都市五光十色的及时描摹也确实是学界广泛认同的海派特色，但沈所谓的"'都市'成就了作者，同时也就限制了作者"③之语有失偏颇，甚至是偏见（其中蕴蓄着沈一贯的对于现代都市的敌对态度）。都市作为书写对象恰恰是穆时英提倡文学"德性"、关注现实人生的另一种表现，与沈从文的乡村题材作品殊途同归。况且，穆的侧重点在展现都市表层生活的作品只有《上海的狐步舞》《夜总会里的五个人》等少数几篇，在其全部创作中所占比例并不大，他描写更多的是都市表层繁华覆盖下的苦难大众，对于这些贫民大众的同情表现出了穆的阶级意识，甚而使他的思想有了"左"的倾向，"对革命进行"的作用比之沈从文激进千里。《南北极》集里八篇作品，每篇都是对社会底层人物的悲悯与激励，并高度赞扬了主人公们的反抗精神，出版当时就受到很多左翼理论家的肯定。《公墓》集出来后，理论家们的腔调变了，认为"这里的几个短篇全是与生活，与活生生的社会隔绝的东西"，④以此为据判定穆时英的风格变了。其实不然，他本人的回答很明白："有人说《南北极》是我的初期作品，而这集子里的八个短篇是较后期的，……事实上，两种完全不同的小说却是同时写的"。⑤对于社会底层人物的关注同情、对于社会不公的愤激抗议其实是他性格中根深蒂固的一个主要方面。就是在当时被"机械"批判的这本标志着海派创作风格的《公墓》集里也收录了《莲花落》《黑牡丹》这种对流浪者、小人物关之而切的作品。《莲花落》在诗意的笔触下、以区区几千字浓缩了患难于兵灾的一对夫妻的漂泊一

① 沈从文：《沈从文全集17》，北岳文艺出版社，2009年，第302页。
② 沈从文：《论穆时英》，《穆时英全集3》，北京出版社出版集团，2008年，第433页。
③ 沈从文：《论穆时英》，《穆时英全集3》，北京出版社出版集团，2008年，第434页。
④ 穆时英：《穆时英全集1》，北京出版社出版集团，2008年，第233–234页。
⑤ 穆时英：《穆时英全集1》，北京出版社出版集团，2008年，第233页。

生，《黑牡丹》祝福了一个风尘舞女的美好生活，他们与本集《夜总会里的五个人》《Craven "A"》《夜》里的角色们同样是"一些从生活上跌下来的"人。受惠于"二重人格"，《白金的女体塑像》集并"没有统一的风格"，《父亲》《旧宅》《百日》写尽了世态炎凉与人心寂寞，人们从一个阶级坠落到另一个阶级，从而产生了繁华与寥落的对比。《街景》里的乞丐仅有的糊口理想被动乱社会所扼杀、《本埠新闻栏编辑室里一札废稿上的故事》里的舞女的遭遇、《空闲少佐》关于反战的主题无不显示出同情涨满之后的控诉。于是无产阶级揭竿而起，《咱们的世界》里的穷鬼们"整天的在船上乱冲乱撞，爱怎么干就怎么干"、《黑旋风》里的工人们去了山东、《南北极》里的小狮子扔了老爷、打了小姐。最能表现穆时英阶级意识，也可能是他的集大成之作的作品应该算是目前没有发掘完整的《中国行进》。

《中国行进》扉语的开头是五光十色的上海，然而"我"身后却跟了一个乞丐，他的出现承载的是灯红酒绿背后的深重挣扎，批判意义已露端倪。这是一部与茅盾《子夜》相似的、有着概括20世纪30年代初期中国社会总体风貌的雄心的作品，其中有民族资本主义与国际资本主义的斗法、抗战、资产阶级知识分子亲临战争后个人英雄主义理想的破灭以及在其中展现出的心理过程和他们的软弱性，而关于农民暴动的描写弥补了茅盾的遗憾。暴动代表着《中国一九三一》里石佛镇无产农民的觉醒，他们已经开始思考：为什么田是我们的，我们却没有粮谷？沈从文绝没有这种意识，他的笔下极少写到阶级斗争，地主乡绅与农民从来都是和谐相处，正是在这一点上，我们说穆时英比沈从文更"左"。深刻的是，穆时英甚至比很多左翼作家思考得更多。我们可以将《中国一九三一》与丁玲的《水》做一比较，同样是关于饥饿的农民被逼造反抢粮的故事，但是二者结尾显现的内涵是不同的。《水》中"饥饿的奴隶"走投无路，"吼着生命的奔放，……朝镇上扑过去"，让人感觉似乎"吃大户"就是作者给我们指出的农村无产者最后的出路，这显然不能令人满意。同样是官逼民反，穆时英则想得更多：抢完怎么办？失败了怎么办？他将麻皮张、李二等人领导的暴动的失败归结于人心不齐以及封建小农思想作怪固然颇有见地，但他的深刻之处在于，并没有如丁玲一样给人民指出一条所谓的"光明大道"。当时中国革命中的农村问题、路线问题仍是有待深入探讨的课题，所以当暴动失败的农民各自回家守着从前的薄田漏屋时，麻皮张一个人出走了。他的出走不是失望后的放弃而是寻找，为了实现：这次打败了"下次还可以来"的誓言。这个结尾有点类似另一位左翼女作家萧红的《生死场》，其中的二里半也是在反抗失败之后出走，不过萧红给出的方向比丁玲更明晰，二里半跟定的是"人民革命军"。穆时英对于无产阶级反抗前途的思考并不限于《中国一九三一》一篇，《断了条胳膊的人》里的"他"被机器轧断胳膊，厂里只陪了三十元钱，雪上加霜的贫困生活使"他"妻离子散，申请复工又被拒之门外，于是"他"产生了杀掉厂长的念头。可是在最后关头终于放下屠刀，因为"他"明白："扎死了一个有用吗？还有人会来代他的"。虽然这个残废的男人最后好像预备忘记这一切好好继续生活下去，但作品最后一行文字（"他第一次笑啦"）显得意味深长。作者是在提倡一种庸人哲学？如果按《南北极》《中国一九三一》等作品的反抗基调来看，这是不可能的。那么，作者的指向就应该为社会制度的更替，"扎死了一个"没有用，所以问题的根本不在人，而在制度。那么到底应该怎么办？答案已经呼之欲出，只是作者没有说，也正是"不说"才显现出了穆时英的创作在艺术上比"概念化"作品的高明处。

沈从文也有"对于贫穷低下的底层生活的悲叹"，但他的"悲叹"只是悲叹，到了穆时英笔下悲叹才变作愤激，主人公们进而采取了行动。但是他们的反抗多的是自发，少的是自觉，《南北极》《生活在海上的人们》《黑旋风》《咱们的世界》《狱啸》等作品里的反抗如果成功，结果也只是人们生活地位的贫富轮换，反抗者的心胸不是"天下"，仅限于将富人的财富夺过来据为己有，实质上仍然是中国古代农民起义的"流寇"思想。不过，虽然他们的反抗是盲目的，但在发展的眼光下与沈从文比起来，穆时英不能不算是一种进步。可贵的是，他在《中国一九三一》与《断了条胳膊的人》里对于反抗前途的思考已经与当时的"主流"作家接了轨。

三

沈从文与穆时英之所以给人远离政治、脱离人生、不关心国家大事的印象的根本原因在于他们在创作中的形象与形式选择。他们没有将政治、社会、家国的诉求明而显之地凸显出来，没有高声喊喝应和时代的大合唱，醉心于艺术创造的初心就成了对立面排除异己的"小辫子"。从"五四"以来的第一个有关社会人生的文学现象"问题小说"开始，到二三十年代的革命文学，它们的表达弊端在于概念化、口号化，缺乏形象、形式感，而沈、穆在当时的突出、特出贡献就在于他们对于政治、家国、社会观念的形象化、形式化。可是，"成也萧何败也萧何"，正由于艺术形式的独异使他们被挤在了文学史的边缘。

在人物形象的选择上，"主流"文学选取的是劳苦大众或者革命者，即使小资产阶级人物，到最后也会转变成革命志士，早期革命小说代表作家蒋光慈的《短裤党》、洪灵菲的《流亡》，以及左联成立后丁玲的《水》《田家冲》等都是这类作品。海派作家选取的多是资产阶级、小资产阶级的人物，而且他们终日颓废于花天酒地。刘呐鸥《都市风景线》、穆时英《夜总会里的五个人》《上海的狐步舞》等的角色们大都是混迹于都市的有闲者、施蛰存《春阳》的主人公婵阿姨是一个有产阶级的少妇。沈从文表现民族前途关切题材作品的主人公们也有很多是上层社会人物，例如《八骏图》里的达士先生、《三三》里的从城里来到乡下养病的"白脸人"等，即使那些湘西题材作品里的底层民众也并没有表现出明确的革命诉求。但是二者所表现的社会、文明批判的主旨依然很明显——与革命作家殊途同归的家国情怀，只不过因为他们没有以社会分析学的观点将大变革时期的人分门别类加以辨别，从而表现出坚定不移的无产阶级立场，所以被代表人民大众的"组织"排除在外。

"文学是语言的艺术"几乎是每个评论家、作家都承认的基本事实，但是语言从来就不只是形式本身。革命作家操持一套立场鲜明的政治话语掌握着历史转折期文坛的是非判断标准，《流亡》《地泉》三部曲是此中代表之作。无论这些作品如何概念口号化，它们这种写法已经在事实上表现出了新民主主义革命史的重要一页，并展现出革命者的历史心态。历史在其中得到记录，人心在其中得到释放，这完全可以被看作是文学使命的最高实现。相对来说京、海的文学语言则不具备这种尖锐性，他们的创作不是努力"摔打""扭曲"语言，就是含混不清地展览"客观"存在的"表象"世界，他们认识到改良、变革甚至革命的必要，却从不在言语上直接挑明自己到底属于哪一个阵营，暧昧不明的语言导致了他者眼里徘徊不定的政治态度。为了谨慎起见，在没有确认是朋友之前，革命阵营也就只有暂时把他们当作"异己"来对待，于是有了"官的帮闲"与"商的帮忙"之说。

"五四"以来，为了使文学走进民众、普及思想，达到文学"为人生"的功利目的，"大众化"一直是作家们的努力追求。如何提高革命主力军工农大众的革命思想境界是革命作家面对的现实问题，因此他们的作品多采取老百姓喜闻乐见的适合民众审美习惯的情节型结构，在背景设置上主要以党的革命史为依托，并将事与人、情与景尽可能融为一体，这在一定程度上代表了新文学发展的一个方向——借鉴传统文学形式表现新时代生活，在极力获取大多数读者的基础上向民众渗透大变革时代的进步、求新精神。这一方向囊括了早期革命小说、左翼文学与解放区文学这三者的文艺追求。京、海的作品都不是以情节取胜，他们采取的结构是与革命文学不同的更具现代意味的抒情型和景观型，二者虽也拥有不少读者，但是他们的接受对象不是工农大众，京派的多是具有古典式审美情怀的文人知识分子，海派的多是资产阶级、小资产阶级知识分子与市民。这就牵扯到了与前文提过的相类似的问题，即创作为了谁、代表谁的立场问题。所以他们在政治斗争营垒分明的年代被"'组织'排除在外"也就理所当然了。

形式只是方法，内核却是相通。当跳出人为的审美规范，把视野提升到中国20世纪前半期整体文艺风尚下来看京、海两派时，会发现他们的政治、社会追求与当时的革命作家同样强烈。穆时英不仅在文字语言方面，而且在人物形象的选择以及作品结构各方面都"比不论多少关于大众化的'空谈'重要得多的"。[①]他在《作家群的迷惘心理》《我们需要意志与行动》里号召作家与民众行动起来，共同创造"伟大的，民族的未来"。沈从文对文学救国是坚信不疑的，在付出自己的努力后，他还站在客观的角度对当时为什么不能"联合"进行了深入探讨。指出：如果各派、各人"不走同一路线，它就会有冲突"，[②]如果"作家间真的要团结联合救国，先得有勇气承认那个不能团结不易联合症结所在，各从本身痛自忏悔"。[③]这是一位心胸宽广、无宗派主义的爱国主义者对于文学救国方案的深痛告诫，他的出发点实在是对于民族发展壮大的拳拳忠心。如此，分别作为京派与海派代表人物的沈、穆二人也就共同汇入20世纪30年代中国文学的主流框架下，他们与革命作家一样，不是旁观乱世的隐士与浪子，而是勇于奋战的关于现代中国发展的谋士与斗士。在政治混乱、烽烟四起、道德失序的20世纪前半期的中国，两者同样秉持着各自的立场，姿态是与鲁迅如出一辙的"横站"。他们没有徘徊在中国现代文学史的边缘，而是在潮流的漩涡里努力搏杀着。

---

① 杜衡：《关于穆时英的创作》，《穆时英全集3》，北京出版社出版集团，2008年，第423页。

② 沈从文：《沈从文全集17》，北岳文艺出版社，2009年，第114-115页。

③ 沈从文：《沈从文全集17》，北岳文艺出版社，2009年，第117页。

汉语言
文字研究

先秦汉语"唯"的词性及其发展演变

——语法化的逆过程

徐正考　　张　欢

【内容提要】"唯"的词性在先秦时期经历了逆语法化,演变过程为"语气助词〉范围副词〉谓词"。殷商时期,"唯"是表达强调语气的语气助词。西周春秋时期,"惠"消失;"是"取代了"唯"的语法功能;话题句兴起、语气词出现,这些动因促使"唯"发生了逆语法化,而被重新分析为了副词和谓词词性。战国时期,词双音节化进一步巩固了"唯"的逆语法化进程。

【关 键 词】逆语法化;唯;先秦;词性;话题句

【基金项目】国家社科基金重大项目"出土两汉器物铭文整理与研究"(项目编号:16ZDA201);吉林大学研究生创新研究计划项目"两汉铜镜铭文语言研究"(项目编号:101832018C127)。

【作者简介】徐正考,男,吉林大学文学院教授、汉语言文字学博士生导师,主要从事汉语史、汉字学研究(长春 130012);张欢,女,吉林大学文学院汉语言文字学专业博士研究生,主要从事汉语史研究(长春 130012)。

　　语法化的单项性的反例是指"逆语法化"或者"非语法化"现象,即语法化的单向性假设路径(实义词〉语法词〉缩合形式〉屈折词缀)[1]的逆过程,由屈折变化标记逆变为缩合形式,缩合形式演化为具有独立形式的语法词,具有语法意义的情态动词升格为普通的动词的过程。其具体路径可概括为"附着成分〉缩合形式〉语法词〉词汇词(自由词素)"[2]。逆语法化现象并不是广泛存在的,鲍尔·J.霍博尔、伊丽莎白·克劳丝·特拉格特(2008)曾论述道:"语法化的单向演变是一种总体趋势;而单向性反例是偶然出现的、零星的,并未以重要方式构成模式。"对于逆语法化典型例证的探究有利于发现逆语法化现象发生的一般动因和机制。"唯"词义和词性的演变是逆语法化现象的典型例证,"唯"在先秦时期经历了由语气助词〉范围副词〉应诺之词(谓词性)的语法化逆过程,即由附着成分变成语法词再到实词的过程。

---

① [美]鲍尔·J.霍博尔、伊丽莎白·克劳丝·特拉格特:《语法化学说》,梁银峰(译),复旦大学出版社,2008年,第3页。

② [美]鲍尔·J.霍博尔、伊丽莎白·克劳丝·特拉格特:《语法化学说》,梁银峰(译),复旦大学出版社,2008年,第10页。

一、"唯"的词性——一个争论已久的话题

关于先秦时期"唯"的词性，学界众说纷纭。归结起来大致有"介词说""副词说""系词说""词性多样说""语气助词说"等五种。

"介词说"以管燮初（1953）、陈梦家（1988）为代表，采用殷商甲骨文作为语料。管燮初（1953）提出："先秦时期'唯宾动''唯宾是动'格式中，宾语位于动词前，'唯'是介词，标记宾语。"陈梦家（1988）认为："'唯'位于时间词前，'唯'是介词，标记时间。"

"副词说"以何乐士（1994）、张玉金（1994）、陈双新（1996）为代表。何乐士（1994）采用《左传》作为语料，认为："'唯'是范围副词，表示仅限。"张玉金（1994）采用甲骨文语料，指出："'唯'是语气副词。"陈双新（1996）采用先秦历时语料，认为："'唯'是表强调副词兼有系词意义。"

"系词说"以周法高（1961）、谢纪锋（1983）为代表，均以《诗经》作为语料。周法高（1961）认为："唯、伊、繄、即、乃，全部都是系词。"谢纪锋（1983）认为："处于主语和谓语之间的'维'要看作系词。"

"词性多样说"，以裘燮君（1991）、黄易青（2016）为代表。裘燮君（1991）认为："'唯'在殷商卜辞中作提示性的肯定助词，在两周传世文献中，发展为介词、连词、语气词等用法，在先秦早期文献中，'维'可用作一般性的指示代词，第三人称代词和特指代词。"黄易青（2016）认为："'唯'的词性可为代词、副词、系词、连词等。"持此学说的学者，其使用的语料均为单一的传世文献。因而，不能全面地反映语言的真实面貌。

"语气助词说"，由王力（1980）提出，其后张书锋（1988）、赵诚（1998）、黄德宽（1988）、唐钰明（1990）、姜宝昌（1990）、杨伯峻、何乐士（1992）、陈永正（1992）、沈培（1992）、洪波（2000）、冯胜利、汪维辉（2003）、杨逢彬（2003）、武振玉（2006）等也持相同看法。持此学说的学者在对"唯"的词性判定标准上较为一致，"唯"是表示提示强调作用的语气助词，用于强调、标记其后焦点信息成分，且"唯"不是语气副词，因其位置灵活，不符合副词基本语法特征。

以上几种说法各有其合理性，之所以会各执一词，某种程度上是因为其论证过程大多采用传世文献或出土文献进行专书或者断代研究而得出结论，未能在综合利用出土文献与传世文献的基础上对"唯"进行历时演变研究，因而也就不可能较为全面地揭示"唯"在各个时代的不同面貌与性质。通过多角度、多种文献的历时比较研究，我们发现"唯"在殷商、西周时期是语气助词[①]，而到了春秋、战国时期逐渐发展出范围副词、谓词（应诺之词）的用法，也就是说"唯"在先秦时期词性经历了逆语法化。

---

① 杨伯峻、何乐士：《古汉语语法及其发展》，语文出版社，1992年，第471-473页。

二、"唯"的发展演变——逆语法化历程

殷商甲骨文中"唯"仅是表达强调、肯定语气的助词。西周春秋时期，"惠"消失，"唯"使用范围扩大；"唯宾动"格式锐减，"唯宾是动"格式确立，"是"取代了"唯"的功能；话题句兴起、语气词出现，替代了"唯"构成的语言组织形式，这些动因促使"唯"发生了逆语法化，而重新分析为副词、应诺之词（谓词性）。战国时期，词的双音节化趋势进一步巩固了"唯"的逆语法化进程。下面对"唯"的逆语法化的历程进行具体梳理。

（一）殷商时期

殷商卜辞中的"唯"是语气助词，位置十分灵活，可位于主语、谓语、宾语、状语前，对其后成分起提示强调作用。大多位于句首，有时位于句中，位于句首的"唯"是句子发出的第一个信息，往往赋予句子某种语气。例如：

（1）丁丑王卜曰："唯余其亡延"。（《合》24980）

（2）勿唯王往。（《合》7352）

（3）癸未卜，宾贞："兹雹唯降祸"。（《合》11423）

（4）唯我咎。（《合》6091）

（5）其唯小臣临令，王弗每。（《合》36418）

（6）唯八月有事。（《合》21586）

通过以上例句可以看出，语气助词"唯"句法位置多样，可以位于主语前如上例中（1）（2）；可以位于谓语前如上例中（3）；可以位于宾语前如上例中（4）（5）；可以位于状语前如上例中（6），灵活的句法位置使"唯"常被分析为其他词性。陈双新（1996）认为"唯"是语气副词，其后向熹（1998）、张玉金（2001）赞同此观点。均依据语气助词用于句末，语气副词用于谓语之前的句法位置标准。这种单一的标准没有从根本上区分语气助词和语气副词。对于语气副词，各家定义并不一致，但具有两条公认的标准。在功能上，语气副词作为副词，在句中作状语或者补语，对形容词谓语或者动词谓语起修饰或者限制的作用。甲骨文中的"唯"可以位于任何一个句法成分前面，位置非常灵活，可以位于主语、谓语、宾语、状语等成分前，这与副词的功能标准相冲突。在意义上，语气副词表示说话人的主观情感和主观认识，这种主观性成分也作用于句子层面，由语气副词构成的句子具有较强的主观性。而甲骨文中由"唯"构成的句子有时推测客观的事实，表示非主体的活动，不具有主观性，如例（2）（4）句义只是在进行客观的说明。再如，甲骨文中"唯"的对贞形式用表示客观可能性的否定副词"不""弗"而不用表示主观意愿的"勿""弜"[①]。这都可以说明"唯"所在句子表达客观的意义，并不是表达主观情感的语气副词。从"唯"和否定副词的位置看，语气副词排列顺序应该在否定副词之前，而甲骨文中"唯"位于否定副词之后，如"勿唯王比望乘""王不唯有不若"。因此，"唯"不符合语气副词的语法特征。

[①]　黄德宽：《甲骨文（S惠OV）句式探踪》，《语言研究》，1988年第1期。

　　管燮初（1953）认为"唯"为介词，其后陈梦家（1988）、黄德宽（1988）也认同此看法。其原因归结为两点：第一，"唯宾动"格式中"唯"为介词，用于介引宾语。第二，认为位于时间名词前的"唯"是介词，用于介引时间。然而卜辞中"唯"并不是宾语前置的标志，在某些情况下"唯"后动宾之宾语不前置，语序仍为"唯动宾"。

　　（7）勿唯王往伐邛方。（《合》614）

　　（8）勿唯王比望乘。（《合》7531）

　　（9）勿唯正邛方。（《合》6316）

　　（10）父乙不唯伐崇？父乙唯伐崇？（《合》903正）

　　（11）贞：不唯帝害我年？（《合》10124正）

　　上例均为"唯动宾"。当主语位于"唯"之后，语序不发生变化，此时"唯"用于强调主语。有时即使"唯"位于主语后，谓语和宾语也不发生倒装，如"王唯有不若？王不唯有不若？"（《合》376正）"贞：邛方不唯有福。"（《合》150）因此，"唯"并不是用于介引宾语的介词。

　　赵诚（2009）认为："'唯'放在时间词前，相当于"于""在"的意思，好像是一个介词。"这是"惠""唯"用法混淆导致的结果[1]，在卜辞中表示时间远近时用"惠"和"于"对举，近称用"惠"，远称用"于"。[2]如"辛丑卜：惠今逐狼？"（《花》108·2）与"辛丑卜：于翌逐狼！"（《花》108·3）如果卜辞中"唯"用为介词，也必然会出现"唯""于"对举的情况，但在卜辞中并没有出现表示近称的"唯"，因而"唯"并不是介词。在卜辞中，"唯""惠"用法相当，但"唯"的用法比"惠"灵活，使用范围更加广泛，把"惠"的用法等同于"唯"的用法是不准确的。

　　因此，"唯"在甲骨卜辞中，既不是语气副词也不是介词，而是一个用来强调其后成分的语气助词。

（二）西周春秋时期

　　这个时期"唯"除继承了殷商甲骨文时期的用法外，还出现了一些新的变化：一、"惠"渐渐消失，"唯"替代了"惠"的语法功能。二、"唯宾动"格式在西周时期锐减，"宾是动""唯宾是动"格式开始出现，"唯"提宾标志功能逐渐被"是"取代。"唯"语法功能减弱，使其语义向"是"靠近。三、主题句兴起，语气词开始出现。以上新兴语法现象，使语气助词"唯"开始重新分析演变为其他词性。

1."惠"消失

　　黄德宽（1988）指出："在五期甲骨文中'惠'已渐趋消失，'惠''唯'使用界限趋于模糊，'唯'有合并'惠'的趋势。""惠"的消失使其语法形式与语法意义都由"唯"承担。其中一个重要表现是用于对举近称时间的"惠"由"唯"取代，并且"唯"逐渐取代了用于远称时间介词"于"的位置，导致西周金文中"于"不单独放在时间词前。"唯"用于句首表示对时间的强调，固定为基本格式"唯+年+月+其他"。

① 黄德宽：《甲骨文（S惠OV）句式探踪》。

② 陈梦家：《殷墟卜辞综述》，中华书局，1988年，第227页。

（12）唯王令南宫伐反虎方之年。（5，2751中方鼎，西早）

（13）唯十又二月初吉，伯吉父作毅尊鼎。（5，2656伯吉父鼎，西早）

（14）唯三年二月，初吉丁亥，王在周。（8，4318三年师兑簋，西晚）

用在时间词前面的"唯"表示对时间的提示强调，与介词"于"有本质的区别。甲骨文中介词"于"介绍动作行为发生的时间，构成介宾结构后作状语和补语。而"唯"只能位于句首，表示提示，所在结构只能作状语。因此，在时间词前的"唯"不是介词而是语气助词。

然而"唯"取代了"惠"的句法位置和意义，并且占用了介词"于"的位置，会使"唯"的用法增多，分布范围扩大。但与此同时，语言的明晰性与语境的作用要求各种用意合方式表达的语义关系，都要用明确的语法关系词来表示，而"唯"灵活而大范围的使用不能满足语言精确表达的需要。因此，在春秋时期大量的连词"则""如""故"兴起，这些新词的产生避免了歧义，同时提高语言的表达效率，并且占用了"唯"原有的信息组织形式，使"唯"渐渐冗余而重新分析为其他词性。

2."唯宾是动"格式确立

"唯宾是动"是"唯宾动"和"宾是动"不同历史层面组合而来，其语义是排除其他可能，使宾语成为唯一选择[①]。许嘉璐（1983）认为："《尚书》《诗经》是'（唯）宾是动'句式初始面貌，流行于西周末年。"黄德宽（1988）认为："'唯宾动'格式在西周中期消失，'（唯）宾是动'西周中期产生。"唐钰明（1990）认为："'宾是动'在甲骨和金文中都未见，在西周春秋之交出现。"战国晚期中山王𗷎鼎中出现"唯宾是动"格式"唯傅姆氏（是）从。"可见"唯宾是动"格式至迟在西周晚期已产生，至战国晚期发展成熟。

甲骨文中"唯宾动"格式极为普遍，而西周金文中却只能找到两个典型事例，"唯丁公报。"（8，4300作册令簋，西早）；"乌乎！唯考取叉（守）。"（沈子簋·昭王器，西早）。而"宾是动"格式极为普遍。

（15）子子孙孙其万年永是宝用。（晋侯鼙马方壶，西中晚）

（16）其万年令冬（终）难老，子子孙孙是永宝。（曼季良父壶，西晚）

（17）子孙是尚，子孙之宝，用孝用享。（丰伯车父簋，西晚）

（18）天命是扬。（蔡侯钟，春秋）

（19）万民是敕。（秦公簋，春秋）

在《诗经》《尚书》中也是同样的情况，"宾是动""唯宾是动"出现频率较高，"唯宾动"格式出现频率低。此时"唯"要带宾语，要用助词"所"搭配组成，"邦畿千里，维民所止，肇域彼四海。"（《商颂·玄鸟》）这类"唯宾动"格式，"唯"好像是一个用于复指的代词，但此时的"唯"仍带有强烈的强调意味，用来提示宾语。

西周春秋时期，"宾是动"格式中"是"的出现替代了"唯"提宾标志的功能，如

---

① 黄德宽：《甲骨文（S惠OV）句式探踪》。

唐钰明：《甲骨文"唯宾动"式及其蜕变》，《中山大学学报（哲学社会科学版）》，1990年第3期。

"私人之子，百僚是试。"（《小雅·大东》）"惟慢游是好，敖虐是作，罔昼夜。"（《尚书·皋陶谟》）此时"唯"不再是提示宾语的标志，渐渐成为一个冗余成分，失去了原本的句法位置。而"唯宾是动"格式出现使"唯"获得新的句法位置，避免了"唯宾动"格式"唯"词性不明确而带来的歧义。如，处于同一时代《小雅·巧言》和《郭店·缁衣》中，"匪其止共，维王之邛。"和"《小雅》云：'非其止也，共唯王恭。'"二者用不同的句法结构"唯宾是（之）动""唯宾动"表达同一内容，句中"是（之）"的存在，避免了歧义，补充了音节，让失去提宾标志功能的"唯"获得了新的句法位置。但此时的"唯"语法功能消失，"唯"作为语气助词，意义不够确切，这也就使"唯"渐渐成为句中的冗余成分，而语言的明晰性要求组成部分有明确的句法位置。"唯"作为有粘附性语气助词，在"唯宾是动"格式中，为了满足语言韵律和词汇双音节化的需求，和其后宾语经常黏连在一起组成双音节结构，"唯"渐渐地有了限制宾语的意思，用于确定宾语的唯一性，也就是说"唯"此时开始重新分析为范围副词，发生了逆语法化。

《诗经》《尚书》中的"唯"有时误析为系词和连词词性，这是由语气助词"唯"内在特征决定的，其一，语气助词黏附性极强，黏附于其他语言成分，十分容易派生出新的语法意义；其二，语气助词经常处于某固定位置容易产生新的句法意义，使词性发生变化；其三，"唯"在音律上和后面的组成部分构成一个韵律单位，用法和语义易受后面组成成分的影响。杨树达（1965）、裘燮君（1991）、陈双新（1996）、黄易青（2016）等认为《诗经》《尚书》中"唯"产生了系词的词性。这是语气助词"唯"的提宾标志功能弱化而向代词"是"发展所表现出的语法特征，符合"距离象似原则"。在"唯是"结构中，语气助词"唯"和代词"是"经常组合起来位于句首，用以强调后面的主语或者宾语，如"维是褊心，是以为刺。"（《魏风·葛屦》）由于指示代词"是"后面全部接名词或者名词性短语，这样使"是"有了判断词的意味，而经常与其黏连在一起的语气助词"唯"也渐渐与判断词的语义相似。尽管如此，此时的"唯"仍为语气助词表示强调。在"时唯""实唯""是唯"结构中，《郑笺》："'实'与'是'通，'是'与'之''时'通，故'实'与'之''时'古音亦近。""时唯""实唯""是唯"语音相通，意义相同。如，"允也天子，降予卿士。实维阿衡，实左右商王。"（《商颂·长发》）"非予罪，时惟天命。"（《尚书·多士》）此时的"唯"位于更靠近主语和宾语的位置，其系词的意味比"唯是"时期更为强烈，但句子中"实"用于复指，"唯"仍为表示强调语气的语气助词，而不是判断词。

黄易青（2016）等认为《诗经》中"唯以"和"是以"都是表示因果关系的连词，如"我姑酌彼金罍，维以不永怀。"（《周南·卷耳》）"燕笑语兮，是以有誉处兮。"（《小雅·蓼萧》）"唯以""是以"在句法中并不对等，如"君子作歌，维以告哀。"（《小雅·四月》）"不惟逸豫，惟以乱民。"（《尚书·说命中》）"唯"在句中形似起到了"是"的复指作用，但实际起到复指作用的是"以"后省略的宾语"之"。"唯"在句子中还是一个语气助词，而不是复指代词。"是以"连用表示"因此"的意思，而"唯以"不成词，"唯"仅用于强调其后的成分。

3.话题句产生

早期的汉语语言结构简单，句子之间的语义关系靠意合的方式体现，"唯"作为语气助词建立了一个效率极高的信息表达系统。春秋时期社会进一步发展，对语言的明晰性有了更高的要求，词的双音节化加快，使句法的形态更加的严密。"唯"原为一个高效率的句法组织形式，但其不能满足句法发展的需要，由"唯"构成的语言组织形式随着"唯"词性的转变和使用频率的降低而逐渐衰落。其后，汉语利用新的句法手段建立了新的信息结构，话题句应运而生。话题句的兴起和语气词的出现，使"唯"的词性发生转变。

梅广（2015）在探讨话题句产生的过程时提出："'唯'是上古汉语前期的系词，具有标示语句信息焦点等各种用法。上古汉语话题句的产生和系词'唯'的衰落有密不可分的关系"。其对"唯"的词性判断上认为"唯"是系词，并认为上古汉语系词经历了从有到无，又从无到有的过程，这一观点否定了汉语中第一个系词"是"的地位[1]。但同意其"话题句的产生和'唯'的使用范围的缩小有重要关系"这一观点。因为"上古汉语前期没有话题句，话题句是上古汉语中期以后出现的。"[2]殷商卜辞中没有话题句，西周文献包括《尚书》和金文都没有话题句。殷商卜辞和西周金文中没有构成话题句的两个形式要件"者""也"，这两个词语使用最早见于《诗经》，时间应为西周晚期。语气词"者""也"的出现是话题句兴起的标志；"唯"作为信息焦点衰落的标志；"唯"词性转变的标志。

据张玉金（2015）调查，出土文献中语气词"也"在春秋时期才产生，而最早产生的语气词"哉"在西周时期才出现。这刚好和语气助词"唯"使用频率降低的时间相吻合。

下表（2）中，考察了七部传世文献中"者""也""唯"的使用数量、使用频率及使用趋势，具体数据如下：

表2-1　先秦文献"者""也""唯"出现频率统计（次）

	《尚书》	《诗经》	《左传》	《论语》	《孟子》	《庄子》	《荀子》
者	6	63	566	219	639	1198	1727
也	0	88	3564	561	1231	1694	2745
唯	647	266	202	17	46	48	63
总数	25700	39234	196845	11750	34685	80400	90800

---

① 黄理兵：《系词"是"的起源研究综述》，《国学学刊》，2015年第3期。

② 梅广：《上古汉语语法纲要》，台湾三民书局，2015年，第164页。

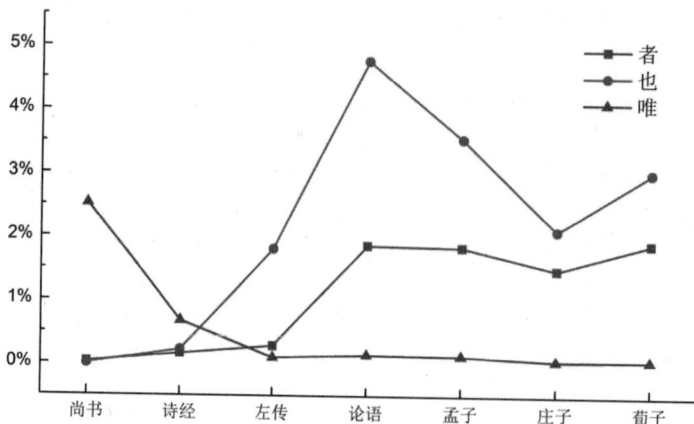

图2-1　"唯""者""也"文献中频率百分比折线图

上图（图2-1）中，《尚书》《诗经》中"者""也"渐渐出现并逐渐增多，到了《左传》中，"者""也"的使用频率已经远远超过了"唯"，而"唯"的使用频率呈锐减趋势。可以推测"唯"作为一种信息表达手段，其句法功能和形式逐渐被更加高效的话题句所取代。话题句的产生使"唯"的语法功能衰退，词汇意义逐渐增强，是"唯"词性转变的重要动因。

"唯"使用频率降低，但句子仍需表达各种情感，而话题句有时不能满足表情达意的需要，语气词作为一种新兴词类越发丰富，"哉"始见于西周早期金文中如"敬享哉！"（11,6014何尊），"哉"是专职表感叹的语气词，在西周、春秋的语料中都可以见到，据武振玉（2006）统计西周金文中"哉"出现18次。"哉"等语气词的出现和提示宾语"唯"的消失、起提示强调作用的"唯"数量的减少有密切关系。此后，春秋战国时期产生了更多的语气词如"与""乎""焉""也"等等。

话题句和语气词的出现使"唯"的句法功能变得冗余。"唯"在语言演变的过程中其原有的语法功能消失，但它的语言形式继续存在，为"唯"向其他方面转化或者获得新的功能创造条件。这也是"唯"的词性进一步逆语法化为副词、谓词重要的动因。

（三）战国时期

战国时期，"唯宾是动"已经成为一种固定格式；话题句成为一种常用的语言形式；语气词成为表达中不可或缺的手段，使"唯"的使用范围缩小并发生了词性转移，此时"唯"可作范围副词、谓词（应诺之词）等。

"唯……为""唯恐"结构在《诗经》《尚书》中均未出现，在《左传》中用例较少，而在其他战国文献中使用频率较高，此时的"唯"已明确有了范围副词的词性。"唯……为"用于表示强调，"唯"用于主语前，表示唯一性，动词"为"表示论断和确认。如"大姒之子，唯周公、康叔为相睦也，而效小人以弃之，不亦诬乎？"（《左传·定公六年》）"唯循大变无所湮者为能用之。"（《庄子·外篇·天运》）"唯恐"是动词性结构，是词双音节化的产物，用于动词或者小句前表示对于某一件事情的唯一忧虑。在战国时期典籍中出现频率很高，如"子路有闻，未之能行，唯恐有闻。"

（《论语·公冶长》）"汲汲然唯恐其似己也。"（《庄子·外篇·天地》）此时的"唯"是范围副词，用来表示仅限。

"唯"可作应诺之词（谓词词性），独立成句，表示对对方询问的肯定，最早见于《论语·里仁》："子曰：'参乎！吾道一以贯之。'曾子曰：'唯。'"。"唯"由表示"强调、肯定"作用的语气助词，逆语法化为表示"肯定"的谓词性实词，符合"语法—语义相宜性"原则。词汇单位语法化过程中，它的初始意义和语法化之后的意义具有一定程度和谐一致的关系。"唯（语气）"与"唯（谓词）"具有相同的语义基础，都有肯定强调的意义，符合语义相宜性。语法位置具有话语意义和情感语气的功能，"唯（语气）"在句子中经常位于句首，句首是统摄句子的位置，为整个句子的内容和情感奠定了基础。句首位置为"唯"谓词性用法的形成提供了一个较为合理的位置。"语法—语义相宜性"促使"唯（语气）"进一步逆语法化为"唯（谓词）"。此时的"唯（谓词）"出现在互动对话语境中，表示一种价值的肯定判断，具有很强的个人主观色彩。如"老子曰：'子自楚之所来乎？'南荣趎曰：'唯。'老子曰：'子何与人偕来之众也？'"《庄子·杂篇·庚桑楚》，句中的"唯"用于问话的肯定回答。

战国时期，"唯"作为语气助词基本完成了逆语法化的过程，有了副词、谓词词性。

三、结论

早期汉语结构简单，句子之间的语义关系主要靠意合的方式体现。春秋战国时期社会进一步发展，对语言的明晰性有了更高的要求，使句法的形态更加的严密。"唯"原为一个高效率的句法组织形式，随着"惠"的消失；"唯宾是动"格式确立；话题句的兴起，语气词的出现，其形式逐渐不能满足语言发展的需要。其后，"唯"的词性发生了逆语法化，从语气助词发展为范围副词，最后发展为谓词性成分。语法功能逐渐减弱，而词汇意义逐渐加强。

语法化的单向性发展是语言演变的普遍规律，而逆语法化现象是较为罕见的。先秦汉语"唯"词性、词义的发展是一个较为完整的逆语法化过程，经历了由附着成分到语法词再到词汇词的过程。此前，李宗江（2004）、张谊生（2011）、吴福祥（2017）对汉语中的若干逆语法化现象进行了探讨，并总结出了一些逆语法化的规律，"唯"的逆语法化发展演变规律可以为"语气助词＞范围副词＞谓词"这一逆语法化路径提供解释。首先，逆语法化的发生是需要特定的句法环境和句法位置的。第二，句首和谓头是句子中较为敏感的位置，处于此处的词语较为容易发生逆语法化。第三，语言结构类型发生转变时，往往伴随着逆语法化的发生。第四，逆语法化现象发生的开端，往往从表达信息冗余开始。

上古汉语的语气助词丰富，"盖""抑""越""允""夫"等语气助词都经历了逆语法化的过程，有的转化为介词，有的转化为副词或连词，发生了不同程度的逆语法化，这是汉语句法结构演变带来的结果。

庾信文章老更成，凌云健笔意纵横①

——鲁国尧先生"衰年变法"学理探赜

李子君　　　刘　畅

【内容提要】荀子云："君子之学如蜕，幡然迁之。"稽之往史，晚年变法求新者代不乏人，犹以艺术领域为最。著名语言学家鲁国尧先生，是中国语言学界倡导"衰年变法"的第一人。笔者依托鲁先生晚年精心结构的力作《鲁国尧语言学文集——衰年变法丛稿》，从寻绎南画理法嬗变入手，融会中国传统画论、诗论、书论、文论思想的精髓，通过实现与哲学、文学和艺术的会通，探赜、聿昭"衰年变法"所蕴之深邃学理和哲理内涵。适度融合古朴语体，是笔者刻意追求的文体风格。

【关 键 词】鲁国尧；衰年变法；学理；会通

【基金项目】国家社科基金一般项目（项目编号：13BYY099）；全国高等院校古籍整理研究基金项目（项目编号：1848）；吉林大学基本科研业务费种子基金项目（项目编号：2016ZDPY03）。

【作者简介】李子君，男，文学博士，吉林大学文学院教授、博士生导师（长春130012）；刘畅，女，吉林大学文学院汉语言文字学专业博士研究生（吉林长春130012）。

　　金宣宗兴定元年（1217年），元好问（号遗山）撰《论诗三十首》，历评汉魏讫宋之诗人及流派，立论精当，针砭时弊，影响所及，非一代也。遗山另有《论诗三首》，其三云：

　　　　　晕碧裁红点缀匀，一回拈出一回新。

　　　　　鸳鸯绣了从教看，莫把金针度与人。②

　　末句"鸳鸯绣了从教看，莫把金针度与人。"后人多反其意用之，或化用为"鸳鸯绣取凭君看，要把金针度与人。"以喻"大匠诲人必以规矩，学者亦必以规矩"③之学术境界。

　　当下中国，硕士、博士导师如过江之鲫，几遍天下，人人操觚，家家著述，论文、

---

① （唐）杜甫：《戏为六绝句》其一，《全唐诗》卷二二七（上册），上海古籍出版社，1986年，第556页。

② 施国祁：《元遗山诗集笺注》卷十四，人民文学出版社，1989年，第650页。

③ 杨伯峻：《孟子译注·告子上》，中华书局，1960年，第273页。

专著年产量当以万计。或问"何谓导师？"曰："导师者，诲人以治学门径、撰著法则也。"又问："能以金针度人者几许？"曰："以金针度人者，鲜矣哉！鲁国尧先生精邃专壹之学，醰粹默沈之养，足以通微畅古。所著《鲁国尧语言学文集——衰年变法丛稿》（以下简称《丛稿》，上海古籍出版社，2013）乃先生晚年于钱塘江畔精心结构之力作。君不闻'大凡学有宗旨，是其人之得力处，亦是学者之入门处'①乎？《丛稿》以风节励后学，以实学树楷模，诚诲人治学门径、撰著法则之金针也。谓予不信，请为君言之！"

一

曹子建有言："盖有南威之容，乃可以论其淑媛；有龙泉之利，乃可以议其断割。"②质赋颛愚如我，学惭俗陋，对《丛稿》所收论著，何敢畅隐抉微，疏其指归。然刘彦和云："缀文者情动而辞发，观文者披文以入情，沿波讨源，虽幽必显。"③余虽驽骀，日诵夜思，扣槃扪钥，反复推详，既入宝山，岂容空回？

窃意《丛稿》要以"变法"为宗。尝鼎一脔，其旨可知，故不揆庸菲，仅依《丛稿》，探赜、聿昭鲁先生"衰年变法"所蕴之深邃学理。国有上庠，邦多贤达，绅绎、揭橥鲁先生学术思想之弘旨及《丛稿》之学术价值，仰赖高明贤哲！

清代南画"六大家"④之一的恽格（字南田）曾这样描写杭州自然之景给他带来的艺术灵感，"湖中半是芙蕖，人于绿云红香中往来，时天宇无纤埃，月光湛然，金波与绿水相涵，恍若一片碧玉琉璃世界，身御泠风，行天水间，即拍洪崖，游汗漫，未足方其快也。"⑤他说自己作画时，如沐浴在"西湖香雾中"。良辰美景壮思飞，难怪恽南田能取得那么高的艺术成就。

鲁先生晚年受聘钱塘江滨，卜居西子湖畔。挣脱了高校量化评估的羁绊，能有更多的时间、精力对当前的学风、世风集中思考，"西湖香雾"益助其神思，"游心骋目，循志依趣，读书作文，故有所得，而且匪鲜。"⑥

"衰年变法"虽系鲁先生自谦之词，却备具充分的学理，亦体现出深刻的哲理内涵。

二

鲁先生追慕近代画坛巨擘齐白石、黄宾虹两前贤，提出"衰年变法"。余至愚极

---

① （清）黄宗羲、全祖望著，沈之盈点校：《明儒学案·发凡》，中华书局，1985年，第17页。

② （魏）曹植：《与杨德祖书》，《昭明文选》卷四二，中华书局，1977年，第593页下。

③ （梁）刘勰撰，范文澜注：《文心雕龙·知音》，人民文学出版社，1958年，第715页。

④ 清初王时敏、王鉴、王翚、王原祁、吴历、恽南田被后人并称为南画"六大家"。

⑤ （清）恽格：《瓯香馆集》卷八，《中国古代画论类编》（下册），人民美术出版社，1957年，第186页。

⑥ 鲁国尧：《回顾五载》，《鲁国尧语言学文集——衰年变法丛稿·自序》，上海古籍出版社，2013年，第4页。

陋，亦"寿陵余子，学步邯郸"，请容我先以南画理法嬗变为例"破题"。①

在不同时代南画大师的笔底，笔法、墨法异彩纷呈。董源、巨然的水晕法、"二米"米芾、米友仁的墨戏法、赵孟頫的以书为画、元代四家黄公望、王蒙、倪瓒、吴镇的转折笔和积墨法、董其昌的破墨积墨兼施法、王原祁的干笔皴擦淡墨染晕法、恽格的灵秀笔法和清润墨法、石涛的干笔湿染法等等。众多的笔法、墨法虽然百家争鸣，但都遵循"师法舍短"的内在理路。

晚明以董其昌为首的松江派战胜了吴门派，独执画坛牛耳近三百年，就是因为松江派诸人能把"董、巨的水墨法灌输到元四家的画法中，使子久等人'无韵'的毛病除去，……呈现出一种异样苍茫秀润的气韵。"②

但松江派用笔近于纤弱甜媚、用墨偏于暗淡欠浑厚。清代"四王"（王原祁、王时敏、王鉴、王翚）中，王原祁成就最高，就因其善于"变法"，以元黄公望笔法纠补松江派之失，起到了振衰救弊的作用。

"四王"画学思想延续"师古"思潮，主观程序因素增强，与客观自然处于相悖境地，艺术范围日见狭窄，审美触觉日益迟钝。为"法"所役，导致了艺术生命的枯萎。于是，一种新的画体应运而生，最具代表性的画家便是石涛。

石涛独创的理念是"我自用我法"，反对一味"师古"。他的画没有传统画体的渊沉宁静，而以狂涛怒卷为特色。石涛不强调物象造型的客观性，倾心于以神写形过程中不断升华自我的艺术表现力，通过彰显想象力、感受力和生命的穿透力，提升人的境界，培育生命的灵觉。

明代李日华评马远《水图》云："凡状物者，得其形者，不若得其势；得其势者，不若得其韵；得其韵者，不若得其性。"③"得形""得势""得韵""得性"是中国传统绘画创作的四种艺术境界。

画家追求的"得韵""得性"，是通过绘画艺术的意境来实现的，画作实际上是画家思想感情、思辨观念的一种图解。陈衡恪论南画，认为其最重要的特征"是性灵者也，思想者也，活动者也。"④强调的就是艺术的精神、气质或内在智慧、思想的重要性。可思可感，给人以生命的启发，是南画区别于一般绘画的根本特性。

苏轼有诗道："论画以形似，见与儿童邻。赋诗必此诗，定非知诗人。诗画本一律，天工与清新。"⑤画家追寻超越形似的真实，就是在追求对生命的感悟。这种感悟一旦形成，即遁入"无相法门"，大彻大悟，艺术的表现力就会产生质的飞跃。

---

① 所谓"南画"，本自"南宗画"。指自唐代以后兴起至明清达到高潮的中国文人画。近代许多中国画史专家如邓逸梅《南画丛谈》（《沪卫月刊》1946年第3期）、童书业（《南画研究》，《中华文史论丛》1979年第三辑）都作如是观。

② 童书业：《南画研究》，《中华文史论丛》，1979年第三辑。

③ （明）李日华：《六砚斋笔记》，中央书店，民国十四年（1925年），第26页。

④ 陈师曾：《中国文人画之研究》，天津古籍出版社，1982年，第3页。

⑤ （清）王文诰辑注，孔凡礼点校：《苏轼诗集·书鄢陵王永簿所画折枝二首》，中华书局，2007年，第1525页。

"一代大师必须上承前代之余续，下开一世之新风，踵事增华，独辟蹊径。"①笔者之所以不厌其烦地用一定篇幅概述南画理法的嬗变，以此为例"破题"，其要旨不在胪述南画的理法变化、审美风格和情致韵味，核心命意是为了从传统画论的角度来思考齐、黄两位大师为何要在晚年"变法"，进而为深入探赜鲁先生"衰年变法"之源提供学理铺垫。

三

荀子云："君子之学如蜕，幡然迁之。"②稽之往史，"晚年变法"求新者代不乏人，犹以艺术领域（包括文学）为最，近代画坛则以齐白石最擅盛誉。

白石老人一生极富创造精神和锐意进取的魄力，画法一直处于探索、变化之中。66岁题画《虾》云："余之画虾已经数变，初只略似，一变毕真，再变色分深淡，此三变也。"③为友人作画记云："作画数十年，未称己意。从此决定大变，不欲人知，即饿死京华，公等勿怜，乃余或可自问快心事也。"④变什么？就是"扫除凡格"，追求"得韵""得性"的更高境界。

白石老人在学习徐渭、朱耷、石涛等的基础上，吸收近代赵之谦、吴昌硕的长处自立门户，主张"作画妙在似与不似之间，太似为媚俗，不似为欺世。"⑤将中国传统画论"形""神"思想作了深刻的总结和概括。他"变法"后的画风，既师造化又师古人，达到民间艺术与传统艺术的统一，写生与写意的统一，工笔与意笔的统一，雅俗共赏的审美取向和刚健清新的独特品格跃然纸上，开创出南画领域前所未有的新境界。难怪林纾见到他的画作会惊呼："南吴北齐，可以媲美！"⑥

程子云："不学，便老而衰。"⑦学无止境，人应该活到老，学到老。不能重复既往的习得、经验和识见，而要勇于否定"故我"、突破"故我"，使自己的体认乃至思想产生质的飞跃，实现自我超越，自我创新。否则，纵使还不断有量的增加，也不过是"故我"的重复与翻版，倚老卖老，终难再被世人所接受。白石老人深谙此理，88岁《题画》云："今年又添一岁，八十八矣，其画笔已稍去旧样否？"⑧

然而，否定"故我"、突破"故我"，谈何容易！"养其根而竢其实，加其膏而希其光。根之茂者其实遂，膏之沃者其光晔。"⑨超越"故我"，固然需要有深厚的学识积

---

① 季羡林：《纪念陈寅恪先生诞辰百年学术论文集·序》，北京大学出版社，1989年，第1页。

② （战国）荀况撰、王天海校释：《荀子》，上海古籍出版社，2005年，第1076页。

③ 齐白石：《齐白石谈艺录·附录》，第233页。

④ 齐白石：《齐白石谈艺录·附录》，第217—218页。

⑤ 齐白石：《与胡佩衡等人论画》，《齐白石谈艺录·附录》，第259页。

⑥ 齐白石：《齐白石自传》，江苏文艺出版社，2012年，第78页。子君案："吴"指吴昌硕。

⑦ （宋）程颢、程颐著，朱熹编：《河南程氏遗书》卷七《二先生语七》，文渊阁《四库全书》本，第5页。

⑧ 齐白石：《齐白石谈艺录·附录》，第235页。

⑨ （唐）韩愈：《答李翊书》，《韩昌黎文集校注》，马其昶校注，古典文学出版社出版，1957年，第99页。

累，但更需具有过人的胆识与气魄。白石老人为"扫除凡格"，"十载关门始变更"，[①]
从而奠定了自己在近代中国画坛的历史性地位，为后人树立了楷模，其精神将永远垂范
后世。

四

"衰年变法"很易使人想到一个"老"字。愚意此"老"非指年龄，而是指艺术、
学养所臻之"老境"。

人怕老，中国艺术却偏好老。中国书法理论提倡"生、拙、老、辣"。"生"与
"老"既对立又统一，学书法之初，技法不熟，重视法度，追求平正，属于"生"。等
技法纯熟了，致力于追求奇绝的变化，本质上还属于"生"。及至由追求奇绝转向追求
多种书体的会通，这才臻于淳朴古拙、从容自由的"老"之佳境。会通之际，作者独特
艺术个性和创造性却又以"生"的面貌展现在世人面前，令人顿生耳目一新的愉悦感。

中国艺术最厌恶熟，恶熟就会流俗，流俗就有谄媚之态。孙过庭《书谱》云：
"若思通楷则，少不如老；学成规矩，老不如少。思则老而逾妙，学乃少而可勉。勉
之不已，抑有三时：时有一变，极其分矣。至如初学分布，但求平正；既知平正，务
追险绝；既能险绝，复归平正。初谓未及，中则过之，后乃通会。通会之际，人书俱
老。"[②]"人书俱老"是中国书法追求的最高境界，其间的道理与董其昌所谓的"画须熟
后生"同出一辙。

唐吉州青原惟信禅师总结自己禅悟的体会，云："老僧三十年前未参禅时，见山是
山，见水是水。及至后来，亲见知识，有个入处，见山不是山，见水不是水。而今得个
休歇处，依前见山只是山，见水只是水。"[③]这便是禅家著名的"禅悟三境界"。禅悟的
初级阶段，物我分离，是观者和对象的关系，处于我执、物执状态，物我之间横亘着一
条理性屏障，充斥着冲突与对立。"山是山""水是水"，人以凝滞之心观流动之物，
人所观外物乃是知识再现出的图像。禅悟的最高境界，我不是观者之我，而是本然真
我，物亦不是所观之物，而是自在圆足世界。此时理性消失，拟议全无，我达到了大彻
大悟之境，物亦"山只是山""水只是水"。

青原惟信禅师这两个"只是"用得真妙！最高境界的"山水"与初级阶段的"山
水"有着本质的区别，不是简单的回归、重复。"只是"真切地状出了主宾不存，二元
散去，物我一律，返璞归真的彻悟之境。

"衰年变法"所蕴含的就是这种深邃的哲学意蕴。

---

① 齐白石《自题诗》云："扫除凡格总难能，十载关门始变更。老把精神苦抛掷，工夫深浅心自明。"《齐白石谈
　　艺录·附录》，第229页。

② （唐）孙过庭著，吴方注译：《孙过庭〈书谱〉今译》，沈阳出版社，1992年，第19页。

③ （宋）（释）：普济撰，苏渊雷点校，《五灯会元》卷十七，中华书局，1984年，第1135页。

五

"一性圆通一切性，一法遍含一切法。一月普现一切水，一切水月一月摄。"①鲁先生对齐、黄两位大师的"变法"精神，精研覃思，得其神会。

鲁先生说："当时读到这'衰年变法'四字，我很震动。'变法'就要决破罗网，首先是决破自己的罗网。我观察自己，还有我的一些朋友，作研究的时间长了，慢慢就有了自己熟悉的研究范围和研究方法，甚至于文章的语言风格、行文模式也有了'套路'。这是好事，但是也未必是好事，因为形成了框住自己的罗网了，那就止步不前了。虽然可以继续生产出一些论文，甚至书，但是，没有质的突破而只是数量的增长，那事实上就是止步不前。这个时候谁能决破罗网，谁的学问就能够更上一层楼；如果不能突破罗网，那他的学术前途就不会很理想了。"②于是，发誓要"踏着前辈的足印"，在语言学界率先"走'衰年变法'之路！"③

《丛稿》所收鲁先生"变法"论著，举其荦荦乎大者，如《七八十年前陈寅恪的"老话"和当今中国语言学人的"新话"》《一个语言学人的"观战"与"臆说"——关于中国人类学家对基于分子生物的"出自非洲说"的诘难》《语言学与美学的会通：读木华〈海赋〉》《语言学和接受学》《愚鲁卢学思脞录："智者高本汉"，接受学与"高本汉接受史"……》《中古汉语研究与"决破罗网"》《论"历史文献考证法"与"历史比较法"的结合——兼议汉语研究中的"犬马鬼魅法则"》《中国音韵学的切韵图与西洋音系学（Phonology）的"最小析异对"（minimal pair）》《读议郝尔格·裴特生〈十九世纪欧洲语言学史〉》《语言研究"问思"录》等，皆极富学术活性的"五星级"宏论。④至若所收"读后感"或"序言"中，亦胜意迭出，亦复可观。内容涵盖了学术思想、学术主张、治学方向、治学领域、治学方法和撰着法则等多个方面，研究涉及语言学、古人类学、哲学、美学、思想史、接受学、史学、文学、文献学和西洋比较法等多个学科，其恢宏淋漓的学术气象，诚如古人所言："自古合天下为一者，必以拨乱之志为主。志之所向，可以排山岳，倒江海，开金石，一念之烈，无能御之者。"⑤

中国传统学术向现代学术的转变，学术理念上的重要区别：传统学术重通人之学，现代学术重专家之学。"现代学科分类导致的结果是：他们研究的'中国思想史'，是'在中国的思想史'，而不是'中国的思想史'，'中国古代文学史'是'在中国的古

①　（唐）（释）玄觉撰：《永嘉证道歌》，《大正新修大藏经》，第48册，《诸宗部》五，No.2014，河北省佛教协会，2004年，第396页。

②　鲁国尧：《中古汉语研究与"决破罗网"在第四届中古汉语国际学术研讨会闭幕式上的讲辞》，《鲁国尧语言学文集——衰年变法丛稿》，上海古籍出版社，2013年，第126页。

③　鲁国尧：《衰年变法，我的追求》，《鲁国尧语言学文集——衰年变法丛稿·自序》，第2页。

④　对"五星级"学术文章的判定标准，参见张伟然《谭其骧先生的五星级文章及学术活性》，《学问的敬意与温情》，北京师范大学出版社，2018年，第3页。

⑤　（宋）吕祖谦：《汉舆地图序》，方颐孙《太学新编黼藻文章百段锦》卷上《状情格》，《续修四库全书》，第1717册，上海古籍出版社出版，2002年，第676页上。

代文学史'，而不是'中国的古代文学史'。"①

陈文新所谓"在中国"，是根据西方的学科理念和学术发展路径来确立论述的标准，并用这种标准来裁剪中国传统学术，筛选符合这种标准的材料，研究的目的是为了与西方接轨。所谓"中国的"，即从中国传统学术的实际状况出发，确立论述标准，梳理发展线索，选择相关史料，研究的目的是为了尽可能地接近经典，接近中国学术的本来面目。

在现代学科体制下，中国传统学术研究中这种"在中国"研究一直居于主导地位，而"中国的"研究则隐而不彰，或处于边缘地带。

"他山之石，可以攻玉"，但"他山之石"未必就是百验白灵的"五灵"神器。20世纪八九十年代，中国语言学界曾一度掀起过"索绪尔热"，布龙菲尔德（Leonard Bloomfild）却批评说："（索绪尔）的语音学是从法语和瑞士语——德语抽象而来，但甚至将之应用于英语都靠不住。"②游学日本、欧美，精通八种语言的陈寅恪说过，"西洋人《苍》《雅》之学不能通，故其将来研究亦不能有完全满意之结果可期。"（汉语研究）"终不能不由中国人自办，则无疑也。"③徐通锵曾说："比较中、美两国现代语言学的创建和发展，不难发现他们实始于同一起跑线，但由于对印欧语理论的'西学'采取了不同的态度，因而以后他们就向不同的方向发展。"④

对西方现代语言学史稍有了解的学人都知道，1911年美国人类语言学家博厄斯（Franz Boas, 1858—1942）发表《美洲印第安语手册》，《序言》称：印欧语的语法范畴不是普遍的，描写一种语言只能根据它自己的结构，不能也不应该用其他的语言结构来套这种语言；对语言学家来说，研究每种语言的特殊结构才是他最重要的任务。《序言》吹响了与欧洲语言学分道扬镳的号角，被誉为"美国语言学的独立宣言"，在博厄斯的努力下，美国语言学成为一个独立的学科。

无独有偶，1837年8月31日，年仅34岁的埃默森（Raiph Waido Emerson, 1803—1882）在美国大学生联谊会上发表了《论美国学者》的著名演说，被誉为"美国文化的独立宣言"。其中最著名的段落是："世界上最大的耻辱，是不能独立，是不能有个性，是不能结出人生来就应结出的特殊的果实，……我们要用自己的脚走路，我们要用自己的手来工作，我们要发表自己的观点。"⑤二战之后的美国语言学，覆盖全球，跟美国文化一样，君临天下，俯视万邦。

---

① 陈文新：《不能用非理性的方式批评"国学"——与姜义华教授商榷》，《光明日报》，2010年11月15日，第12版"国学"。

② [美]伦纳德·布龙菲尔德著，熊兵译：《布龙菲尔德语言学文集》，湖南教育出版社，2006年，第41页。

③ 陈寅恪：《致沈兼士》，《陈寅恪集·书信集》，读书·生活·新知三联书店，1996年，第171页。

④ 徐通锵：《汉语特点的研究和语言理论建设》，2005年10月17日至21日在浙江大学汉语史研究中心主办的"新世纪汉语研究暨浙江语言学研究回顾与前瞻国际高级论坛"上的演讲，转引自鲁国尧《"徐通锵谜题"之"徐解"和"鲁解"——再论"国力学术相应律"》，《湖北大学学报》（哲学社会科学版），2008年第35卷第2期。

⑤ [美]爱默生著，孙宜学译：《爱默生演讲录》，中国人民大学出版社，2003年，第168页。

王力曾严正提醒中国的语言学家："现在我们天天谈汉语特点，天天还是在西洋语法的范围内兜圈子。必须跳出如来佛的手掌，然后不至于被压在五行山下。"[①] 但"古调虽自爱，今人多不弹。"半个世纪过去了，至今仍然有人认为，在如来佛手掌里翻跟斗，就是"跟国际接轨"，就是"创新"，岂非咄咄怪哉！"舜，何人也？予，何人也？有为者亦若是。"[②]中国语言学人，应克服自卑心理，自强自信！

面对中国语言学的"仆从"现状，鲁先生忧心如焚，多次大声疾呼："当前中国语言学的'弊'之一在局限于语言学内，不敢或不愿'越雷池一步'。就我的观察，即使是很重视'理论'的学人，其所见也仅仅锁定在外国的语言学，特别是美国语言学，以致在做美国语言学的中国版，这仍然不免'失之于陋'。"[③]"一百多年来，仰视西方，成了痼疾，'崇洋'病毒广泛传播，感染者众。在语言学界，于今有些人犹然，此'心'无旁骛，'亦云'复'亦趋'。"[④]"在'全球化''与国际接轨'的风潮席卷下，如今的美欧模式，更具体地说盎格鲁—撒克逊模式弥漫、笼盖了整个中国教育、中国学术，'大学排行榜''SSCI'等变本加厉，推波助澜，连学术论文都程序化、一律化，……凡此种种，遂使中国的传统文化成了'濒危物种'。而竟然有人不以为非，反以为是。每思及此，不禁悲从中来！"[⑤]

"彼，丈夫也；我，丈夫也，吾何畏彼哉？"[⑥]中国语言学前景日非的现状，亟待改变。鲁先生"志任天下之重"，苦苦思索，为中国语言学探索创新、振兴之路，撰写弘文，提出"不崇洋，不排外"的治学方针，"义理，考据，辞章；坚实，会通，创新"的治学十二字诀，号召"中国语言学人应该与整个国家步伐一致，以建立有中国特色的语言学，并进而成为主流语言学为自己的大任。"[⑦]昭示、引领当代语言学学人走向正途康衢。

"吾曹不出如苍生何？"[⑧]拜读鲁先生弘文，每每使人感到一股强劲的浩然正气扑面而来，令人警醒、令人振奋！梁启超曰："所谓'学者的人格'者，为学问而学问，断不以学问供学问以外之手段；故其性耿介，其志专一。虽若不周于世用，然每一时代文化之进展，必赖有此等人。"[⑨]鲁先生当之矣！

黄侃有云："学术有始变，有独殊。一世之所习，见其违而矫之，虽道未大亨，而

① 王力：《语法的民族特点和时代特点》，《中国语文》1956年10月号，收入《王力文集》第十六卷，山东教育出版社，1990年，第296页。

② 杨伯峻：《孟子译注·滕文公上》，第112页。

③ 鲁国尧：《语言学与美学的会通：读木华〈海赋〉》，《鲁国尧语言学文集：衰年变法丛稿》，第35页。

④ 鲁国尧：《"徐通锵谜题"之"徐解"和"鲁解"——再论"国力学术相应律"》。

⑤ 鲁国尧：《人文大家周祖谟先生的学术成就》，《周祖谟文选》，北京大学出版社，2010年，第17页。

⑥ 杨伯峻：《孟子译注·滕文公上》，第112页。

⑦ 鲁国尧：《就独独缺〈中国语言学思想史〉！？》，《语苑撷英（二）——庆祝唐作藩教授八十华诞学术论文集》，中国大百科全书出版社，2007年。

⑧ 梁漱溟：《吾曹不出如苍生何》，外语教学与研究出版社，2010年。

⑨ 梁启超：《清代学术概论》，商务印书馆，民国十年（1921年），第176页。

发端题，以诒学者，令尽心力，始变者之功如此。一时之所尚，见其违而去之，虽物不我贵，而抱残守阙，以报先民，不惩矩矱，独殊者之功也。然非心有真知，则二者皆无以为。……是故真能为始变者，必其真能为独殊者也。不慕往，不闵来，虚心以求是，强力以持久，诲人无倦心，用世无矜心，见非无闷，俟圣不惑，吾师乎，吾师乎，古之人哉！"①《丛稿》所收，皆鲁先生"变法"后"独殊"而"守先""始变"以"待后"的杰作，与夫"相率入于伪""不问天质之所近，不求心性之所安，惟逐风气所趋而徇当世之所尚，……世人誉之则沾沾以喜，世人毁之则戚戚以忧，而不知天质之良，日已离矣"②之徒相较，智愚贤不肖之别，何若斯之甚耶！

六

黄庭坚云："古之能为文章者，真能陶冶万物，……至于推使高如泰山之崇，崛如重天之云，作之使雄壮如沧江八月之涛，海运吞舟之鱼，又不可守绳墨，令俭陋也。"③元郝经亦云："文固有法，不必志于法，法当立诸己，不当泥诸人。不欲为作者则已，欲为作者名家而如古之人，舍是将安之乎？"④

以宋诗为例，正式建立"活法"诗论并付诸实践的，是南北宋之交的江西派诗人吕本中。吕本中云："学诗当识活法。所谓活法者，规矩备具，而能出于规矩之外；变化不测，而亦不背于规矩也。是道也，盖有定法而无定法，无定法而有定法。知是者，则可以与语活法矣。"⑤吕本中倡导"活法"，并非欲推倒诗歌格法，而是在承认有法的基础上，主张既要遵循规矩，又不拘于规矩，有法而无定法，以至于变化不测，获得相对的创作自由。

杨万里就是在"活法"启示下不断超越自我的。"予之诗，始学江西诸君子，既又学后山五字律，既又学半山老人七字绝句，晚乃学绝句于唐人。学之愈力，作之愈寡。……于是辞谢唐人及王、陈、江西诸君子，皆不敢学，而后欣如也。……方是时，不惟未觉作诗之难，亦未觉作州之难也。"⑥诚斋所述，就是他最终获得"活法"的经过感受。张镃有诗赞道："造化精神无尽期，跳腾踔厉实时追。目前言句知多少，罕有先生活法诗。"⑦张镃本人就是"得活法于诚斋者"⑧"活法"犹如习习春风，将南宋诗坛吹得生机盎然。

---

① 黄侃：《蕲春黄氏文存》，武汉大学出版社，1993年，第218页。

② （明）章学诚：《文史通义新编新注·答沈枫墀论学》，浙江古籍出版社，2005年，第713页。

③ （宋）黄庭坚：《黄庭坚全集·正集》卷一八《答洪驹父书（三）》，四川大学出版社，2001年，第475页。

④ （元）郝经：《答友人论文法书》，《陵川集》卷二十三，文渊阁《四库全书》本，第1192册，第249页。

⑤ （宋）吕本中：《夏均父（倪）集序》，刘克庄《后村先生大全集》卷九五"江西诗派"引。子君案：此序当即王正德《余师录》卷三所引吕本中《远游堂诗集序》，个别文字有异。

⑥ （宋）杨万里：《诚斋荆溪集序》，《诚斋集》卷八〇，《四部丛刊初编》第1202册，商务印书馆，民国十八年（1929年），第68页。

⑦ （宋）张镃：《南湖集》卷七《携杨秘监诗一编登舟因成二绝》，《知不足斋丛书》本。

⑧ （宋）方回：《读张功父南湖集并序》，《南湖集》卷首，《知不足斋丛书》本。

"以史为鉴，可以知兴替。"时下中国虽不乏讲学术文章如何写作的论著，但大多失之于泛，专注于在文章格式上下功夫，教人如何谨守学术规范。写学术文章，若以此为指南，不仅犹隔靴搔痒，难得要领，且易将人引入泥淖而难以自拔。因此，许多初学者仍选择研读范文，用心揣摩，刻意模仿，以求为学作文之佳境。而现在的"范文"情况又如何呢？一言以蔽之——割裂传统，全盘西化。

近年在中国大陆，学术期刊、高校学报刊发的论文和出版的著作，都必须采用西洋模式。"西式论文成为学界主流，大体在上世纪九十年代末，是在提倡学术规范中引进的，后来大学评价体系完善后，西式论文就成了学术主流，不按这个规则写出的文章即不合法，不成为学术文章，流风所及，今天西式论文已是独步天下，所有学术期刊都统一到了一个格式上。""我们今天很难在正统主流学术期刊上看到考证、义理、辞章统一的好文章，所见多是大而无当，空话连篇，以粘贴史料、转述各方观点为主要叙事模式的高头讲章。……西式论文主导学界是学术职业化和学术体制化带来的一个恶果，它适应于升职称、拿课题和套经费的量化管理，现在应该是反省的时候了。""西式论文的流行，已在相当大程度上影响了中国传统文史的表达方式，甚至可以说害了中国的文史研究，……中国传统的文史研究方式，文体多样，掌故、笔记、诗话、札记、批注等，核心都在有新材料和真见识，讲究的是文章作法，不在字数多寡，但要言之有物，要有感而发，所以学术研究中饱含作者个人才情。"①

谢泳所论，绝非危言耸听。语言学论著，尤其是理论性论著，全篇贯彻归纳、演绎之法，向以语言晦涩难懂著称，开卷如堕五里雾中，非有真兴趣，往往难以卒读。日本著名汉学家入矢义高也曾痛批日本"汉语音韵学的枯燥乏味、去人性化"。②可见，语言学论著缺乏文采，不独中国为然，而是国际语言学界普遍存在的大问题。

鲁先生有感于中国传统"札记体"式微，为存亡继绝，提倡"新札记体"。《丛稿》收录了若干篇"新札记体"文章，其中《钱江学思录》《"接受'丁学'"、"'溙'之qin音"、"丁声树谜题"……》《愚鲁庐学思腟录："智者高本汉"、接受学与"高本汉接受史"……》等系此类名篇。

鲁先生说："世间事物多元，文章体裁多元。语言学论文的体裁本应多元，除了今日各刊物通行的'标题—提要—关键词—正文—附注—参考文献'模式（国尧按，这种模式源自西洋，由于官方的大力推行而定于一尊，是近十几年的事儿吧）外，我认为中国的札记体，不应使之中断，而应继承之光大之。众多先贤以札记体为我们留下了许多光彩夺目的学术遗产……我提倡札记体，自己在实践写札记体，但是我企图使札记变得活泼一些，带点文采，有可能则略加挥洒，有所议论，不揣谫陋，谓之'新札记体'。"③"札记，是我们中国的传统文体，如今濒临灭绝的境地，因为现在得学位、晋职称，需要的是'正规'论文和专著。所谓'正规'，就是西洋模式。……听任我中

① 谢泳：《西式论文的负面影响》，《文汇报》"笔会"副刊，2014年9月18日。
② [日]平田昌司：《文化制度和汉语史》，北京大学出版社，2016年，第321页。
③ 鲁国尧：《愚鲁庐学思腟录："智者高本汉"，接受学与"高本汉接受史"……》，《鲁国尧语言学文集：衰年变法丛稿》，第120–121页。

华学术文体之一的'札记体'因为西洋式文体的挤压而衰亡，可乎？不可。作为中国学人，肩有存亡继绝的责任。……札记的长处在精炼异常，并时时迸发出思想的火花，往往比那些拾人牙慧、无甚新意的西洋式论文和专著高明多多。"[①]"在清代，戴震和姚鼐都提出'义理''考据''辞章'的说法。……我认为，时至二十一世纪，我们应该力求在治学中、在撰著中体现三者，融之于一炉，这应该是当代中国语言学人的追求目标。……我的诠释：'义理'指思想或理论，'考据'即实事求是的推理，'辞章'则指文章应有适度的文采。"[②]

柳宗元慨叹："古今号文章为难，……得之为难，知之愈难耳。"[③]撰之著法，鲁先生得之矣，尤亦知之矣。《丛稿》所收，文质兼综，皆先生晚年精心结构之力作。读者细咀品味，便能体察到先生已由"得失寸心知"（杜甫《偶题》）之心领神会，臻于"重与细论文"（杜甫《春日忆李白》）之绝妙佳境矣。

七

导清源于前，振芳尘于后，"若无新变，不能代雄。"[④]鲁先生论著，意蕴深沉而文采工丽，如日月之在天，江河之行地，其"传且久，久而著"，必矣！

本文发端以"南画"理法嬗变"破题"，走笔至此，不妨以"扬州八怪"之一郑燮之诗句"煞尾"。诗云：

四十年来画竹枝，日间挥写夜间思。

冗繁削尽留清瘦，画到生时是熟时。[⑤]

"画到生时是熟时"，此种高妙悠远之胜境，鲁先生深造自得，尽美矣，亦尽善矣！力学而昧途径者，当寻绎先生《丛稿》而三复之也。

---

①　鲁国尧：《钱江学思录》，《鲁国尧语言学文集：衰年变法丛稿》，第345页。

②　鲁国尧：《鲁国尧语言学文集：衰年变法丛稿》，第353页。

③　（唐）柳宗元：《与友人论为文书》，《柳宗元集》卷三一，中华书局，1979年，第829页。

④　（梁）萧子显：《南齐书》卷五十二《列传第三十三·文学》，第三册，中华书局，2017年，第1000页。

⑤　王锡荣：《名家讲解郑板桥诗文》，长春出版社，2009，第432页。子君案：此为郑燮乾隆戊寅（1758）十月下浣题画诗句，画作今藏上海博物馆。

现代汉语构词中使动用法及意动用法研究

史维国

【内容提要】使动用法和意动用法作为常见的文言语法在现代汉语构词中仍有保留。本文以穷尽的方式对《现代汉语词典》（第7版）的词语进行统计分析，从数据统计和使用情况两方面对现代汉语构词中的使动和意动用法作对比研究，并对其成因和特点进行归纳，认为使动用法和意动用法在现代汉语构词中虽呈稳步发展的状态，但在双音化和词汇化以及语言精密化作用影响下，二者差距仍然非常巨大。文章最后归纳整理出《现代汉语使动结构词总表》和《现代汉语意动结构词总表》。

【关 键 词】使动；意动；构词法

【基金项目】本文系2017年度国家社科基金后期资助项目"现代汉语构词法中的文言用法研究"（项目编号：17FYY028）；黑龙江省高校基本科研业务费黑龙江大学专项资金项目人文社科规划项目"语言经济原则视域下汉语历时演变研究"（项目编号：HDRC201630）。

【作者简介】史维国，1980年生，男，文学博士，黑龙江大学文学院副教授（哈尔滨 150080）。

引 言

使动用法和意动用法作为古代汉语中常见的词类活用现象在现代汉语中仍然存在。以使动用法为例，现代汉语中有这样的词语，如"败家""干杯"，"败"是"使……败"，"干"是"使……干"，使动词"败"和"干"具有致使义，表示使宾语发出这种动作，这是使动用法在现代汉语构词中的体现，使得汉语词汇在表义上更加丰富，使用上更加简洁。目前，关于现代汉语构词中使动用法及意动用法相关研究的成果不多，已有成果也只是简单提及使动用法及意动用法在现代汉语中的存在情况。方光焘（1997年）提出，古汉语中使动用法的使用很多见，看今日的汉语，这种结构已比较少了，但在构词法中仍保持这种法则[①]。王兆鹏（2002年）认为使动用法发展到现代，逐步被"含致使令的兼语式"和"动补结构的合成词"所取代[②]。孙德金（2012年）简单描述了使动用法在构词法中的情况，将能带宾语的形容词，如"端正态度"中的"端正"，放入构

---

① 方光焘：《方光焘语言学论文集》，商务印书馆，1997年，第141页。

② 王兆鹏：《现代汉语的使动用法》，《汉字文化》，2002年第4期。

词法中一并概括①。现代汉语构词中的意动用法虽然常常会和使动用法一同被提起，但目前对意动用法的研究成果远远少于使动用法。事实上，现代汉语中的意动用法少于使动用法，这可能是因为该用法被"以……为……""把……当作……"句式所取代。石毓智（2015）提出一种新的观点，他将意动用法和使动用法归一为中古汉语的使成式②。使动用法和意动用法虽是文言用法，但仍存在于现代汉语的双音词和成语之中，不仅没有消亡，反而更具有表现力，甚至可以据此产生新词语，如"瘦身""美容"等，这样的用法是现代汉语构词法中的一大特点。本文以《现代汉语词典》（第7版）中含使动、意动用法的双音词和四字格成语为研究对象，对现代汉语构词中的使动用法和意动用法作穷尽性的研究。

一、现代汉语构词中使动用法和意动用法的界定

（一）古代汉语中的使动用法和意动用法

1.古代汉语中的使动用法

王力《古代汉语》对使动用法给出的定义是："主语所代表的人、物并不实行这个动词所表示的动作，而是使宾语所代表的人或事物施行这个动作"③。即宾语是动作的实施者，我们又称之为施事宾语，如：

（1）庄公寤生，惊姜氏。（《左传·隐公元年》）

这里的"惊"的动作不是庄公发出的，而是宾语"姜氏"，也就是说"姜氏惊"。

不及物动词、形容词、名词都有使动用法，如：

（2）焉用亡郑以陪邻？（《左传·僖公三十年》）

（3）匠人斫而小之，则王怒，以为不胜其任矣。（《孟子·梁惠王下》）

（4）吾见申叔，夫子所谓生死而肉骨也。（《左传·襄公二十二年》）

及物动词本就可以接宾语，使动用法的情况和普通的动宾结构没有什么差别，这时要判断是否使动，就要根据读音和意义来看，如：

（5）晋侯饮赵盾酒。（《左传·宣公二年》）

从读音上讲，"饮"作为普通动词时读作yǐn，这里是使动用法，读作yìn，以区别原来的用法。

2.古代汉语中的意动用法

意动用法与使动用法有相似之处，它是在形容词、名词用为动词带上宾语之后，表示主语主观上"认为宾语怎么样"或"把宾语当作什么"的用法。形容词和名词都能用作意动，如：

（6）孔子登东山而小鲁，登泰山而小天下。（《孟子·尽心上》）

（7）故人不独亲其亲，不独子其子。（《礼记·礼运》）

---

① 孙德金：《现代书面汉语中的文言语法成分研究》，商务印书馆，2012年，第94页。

② 石毓智：《汉语语法演化史》，江西教育出版社，2015年，第144页。

③ 王力：《古代汉语》，中华书局，2011年，第345页。

　　"小鲁"就是"认为鲁国小"，"不独亲其亲"就是"不只把双亲当作双亲看待"，意动用法是表达主观上的看法，从意义上就可看出，这种用法只能是形容词或充当名词意动成分，很少有动词可以用作意动用法。

　　值得注意的是，使动用法和意动用法常常难以辨析，它们都有形容词或名词后接宾语的形式，但意义却是不同的，分辨时需要结合词语搭配和词义类别。上文中例（4）和例（6）都是"小"接宾语，"斫而小之"是"使它削小"，用作使动，而"小鲁"却并不是"使鲁国变小"，而是意动用法"认为鲁国小"。

　　汉语的一大特征是构词法和句法基本一致，汉语复合词的构词方法基本来源于句法，比如现代汉语动补式复合词就是来自使成式①，使动和意动也是如此，现代汉语的许多词汇中仍能看见它们的身影。

（二）现代汉语构词中的使动和意动

　　我们以《现代汉语词典》（第7版）为考察对象，逐一分析词条，统计其中使动用法和意动用法的存在情况，并对古代汉语句法上的使动、意动和现代汉语构词中的使动、意动进行比较，理顺古今发展。

　　1.现代汉语构词中的使动用法

　　汉语基本语序是S—V—O，而使动用法是在使动成分后接宾语，语法形式上依然不改变S—V—O语序。为便于操作，语义上使动用法可以变换为以下两种结构形式：

　　结构一：S—使—O—V

　　结构二：（S）—O—V

　　能够进入这样变换形式的使动用法都是我们的考察对象，例如：

　　（8）于是梁王虚上位，以故相为上将军。（《战国策·齐策》）

　　这里的"虚"是形容词的使动用法"使……虚"，就是"把……空出来"，所以可以变换为：

　　结构一：梁王使上位虚

　　结构二：（梁王）上位虚

　　现代汉语有许多新出现的词语，如"美容""美甲"等，也是这样的情况，可以转换为"使容美"或"容美"，"使甲美"或"甲美"，语义没有改变，但构词过程中，并没有形成"容美"或"使容美"的正常语序的词，而是选择了使动用法成词，这其中的原因值得探讨。

　　2.现代汉语构词中的意动用法

　　意动用法的结构形式与使动用法相同，都是S—V—O的语序结构，语义上可变换为：

　　结构一：S—认为—O—V / S—以—O—为—V

　　结构二：（S）—O—V

　　以《左传》中的"左右以君贱之也"为例，"贱"是形容词的意动用法，等于说

---

① 王力：《汉语语法史》，商务印书馆，1989年，第262页。

"看不起他"，我们可以把它变换成：

结构一：君认为他贱 / 君以他为贱

结构二：他贱

现代汉语中形容词或名词直接带宾语的情况已经非常少了，只有"怪""奇怪""庆幸"等表示心理活动的形容词可以用作意动，而且一般是在句法中出现，如：

（9）如果你到八十岁仍然活着，每人都会奇怪你还没死、还能走路、还能大声说话，有时头脑清楚，他们也觉得非常奇怪。（《李敖对话录》）

上例中两个"奇怪"同时出现，前者作为一个意动词承接主谓分句，而后者是普通的形容词，但显然后者才是常规的表达。

二、现代汉语构词中使动用法及意动用法考察

使动用法和意动用法缺乏标记特点，很难在语料库中进行检索。本着穷尽研究的原则，我们以《现代汉语词典》（第7版）为考察对象，对其中收录的214个包含使动和意动构词的词条进行逐一考察，并分析它们的使用情况。

为将构词中含使动用法、意动用法的词语同可构成使动、意动结构的单音词（如"安""败""厚"等）区别开来，我们将前者称之为使动结构词和意动结构词，《现代汉语词典》（第7版）中使动结构词、意动结构词的数量统计见下表（3-1）：

表3-1　使动、意动结构词频次统计表

	使动结构词	意动结构词	共计
词条个数	197	17	214
百分比	92.1%	7.9%	100%

从上表可以看出，现代汉语构词法中使动和意动的使用情况差别还是很大的，使动结构词的数量要远多于意动结构词。

（一）现代汉语构词中使动用法考察

使动结构词中的使动词包括动词、形容词、名词三类。《现代汉语词典》（第7版）中的197个使动结构词的具体构成如表3-2所示：

表3-2　使动词词性类别频次统计

使动词词性	动词	形容词	名词
词条个数	88	101	8
百分比	44.6%	51.3%	4.1%

1.使动词为不及物动词

不及物动词不能接宾语，而当它在句子中带宾语时，就用作使动，如：

（10）夫弃城而败军，则反掖之寇必袭城矣。（《韩非子》）

（11）军到城下，顿牟之城崩者十丈余，襄子击金而退之。（王充《论衡》）

使动情况下能够接宾语的不及物动词，在汉语发展过程中，有的仍是不及物动词，如"败军""亡国"中的"败"和"亡"，单独使用时，它们仍旧无法接宾语，另外还

有些不及物动词慢慢发展成为及物动词，在现代汉语中可以直接接宾语，如例（11）中的"退"本是不及物动词，是"向后移动"的意思，接宾语构成"退兵""退敌"等，使动义产生，再引申出"离开""退出"等的意义时，不及物性质减弱，逐渐能够接宾语，成为及物动词，有的多义动词情况比较复杂，什么时候是及物动词，什么词义下又是不及物动词不接宾语，都需要做具体的词源和词义考察，不能一概而论。

现代汉语中使动词为不及物动词的使动结构词共有61个，占所有使动结构词的31%，它们分别是：

双音词：<u>败</u>家、<u>败军</u>、<u>败</u>胃、<u>崩</u>盘、<u>倒</u>车、<u>定</u>神、<u>斗</u>鸡、<u>斗</u>牛、<u>活</u>命、<u>活</u>血、<u>警</u>世、<u>惊</u>人、<u>惊</u>天、<u>恼</u>人、<u>倾</u>城、<u>倾</u>盆、<u>死</u>心、<u>退</u>兵、<u>亡</u>国、<u>消</u>气、<u>消</u>声、<u>消</u>炎、<u>消</u>肿、<u>羞</u>人、<u>隐</u>身。

四字格成语：闭月<u>羞</u>花、沉鱼落雁、<u>怵</u>目<u>惊</u>心、触目<u>惊</u>心、颠三<u>倒</u>四、颠<u>倒</u>黑白、颠<u>倒</u>是非、<u>斗</u>鸡走狗、<u>斗</u>鸡走马、翻天<u>覆</u>地、泛家浮宅、浮家泛宅、飞短流长、飞沙走石、飞针走线、蜚短流长、骇人听闻、激浊扬清、<u>惊</u>鸿一瞥、<u>惊</u>世骇俗、<u>惊</u>世震俗、<u>惊</u>天动地、<u>惊</u>心动魄、破釜沉舟、<u>倾</u>城<u>倾</u>国、<u>倾</u>家荡产、<u>倾</u>箱<u>倒</u>箧、息事宁人、<u>羞</u>花闭月、扬清激浊。

其他：<u>败</u>家子、<u>沉</u>住气、<u>滚</u>雪球、<u>惊</u>堂木、<u>消</u>声器、<u>羞</u>人答答。

2.使动词为及物动词

及物动词可以接宾语，有时也用如使动，这样的情况比较少见。都是接宾语，及物动词使动与不及物动词使动在形式上没有区别，要想区分开，只能在意义上进行分析，例如：

（12）（宣子）见灵辄饿，问其病，曰："不食三日矣。"食之，舍其半。（《左传·宣公二年》）

（13）左右以君贱之也，食以草具。（《战国策·齐策四》）

例（12）中"食"是及物动词，若是按照普通及物动词的意义进行考察，就成了"赵盾吃了东西"，但实际上并不是这样，"食"的动作发生者并不是主语，而是施事宾语，主语赵盾让宾语灵辄做出吃东西的行为，就是"使他吃"或"给他吃"，例（13）也是一样，意思是左右的人给冯谖吃粗恶的食物。

及物动词的使动用法全靠语境来分析，现代汉语中也有"斗鸡"一词，不是人与鸡相斗，而是人让鸡与鸡打斗作为观赏，再比如"斗牛"，当它指我国民间牛与牛相斗的习俗时，"斗"就是使动用法，而若是指西班牙斗牛，众所周知，是人斗牛，便是无使动义的普通动词了。

及物动词作为使动词在现代汉语构词中较少，仅有27个，占汉语使动结构词总数的13.7%，这些词是：

双音词：<u>发</u>汗、<u>发</u>家、<u>发</u>面、<u>感</u>人、<u>回</u>师、<u>苦</u>神、<u>苦</u>心、<u>迷</u>人、<u>怄</u>人、<u>顺</u>气、<u>提</u>神、<u>通</u>便、<u>吓</u>人、<u>兴</u>国、<u>益</u>气。

四字格成语：多难<u>兴</u>邦、<u>缓</u>兵之计、<u>苦</u>民<u>伤</u>财、<u>苦</u>师<u>动</u>众、流金<u>铄</u>石、妙手<u>回</u>春、起死<u>回</u>生、<u>耸</u>人听闻。

其他：<u>迷</u>魂汤、<u>迷</u>魂药、科教<u>兴</u>国。

3.使动词为形容词

形容词的使动用法是使动用法中最为常见的，形容词接宾语不仅活用为动词，且有了使动含义，即宾语所代表的人或事产生了该形容词的性质或状态，这样的例子在古代汉语中有很多，例如：

（14）天将降大任于斯人也，必先<u>苦</u>其心志，<u>劳</u>其筋骨，<u>饿</u>其体肤，<u>空乏</u>其身，行<u>拂乱</u>其所为。（《孟子·告子下》）

（15）诸侯恐惧，会盟而谋<u>弱</u>秦。（贾谊《过秦论》）

（16）于是废先王之道，焚百家之言，以<u>愚</u>黔首。（同上）

（17）春风又<u>绿</u>江南岸，明月何时照我还。（王安石《泊船瓜洲》）

现代汉语中有一系列的词语，如"安心""寒心""宽心""苦口"等，这些表示身体或心理状态的形容词与表示身体或心理的名词性词素一起，组成了具有使动结构的词语。

汉语发展的双音化趋势让许多古汉语的单音节形容词增加了词素，形容词性也逐渐转为动词性，如例（16）至（17）中的情况，"谋弱秦"就是"谋划使秦国变弱"，也可以是"谋划削弱秦国"，"愚黔首"是"使百姓愚昧"，也可以是"愚弄百姓"，这样的变化在现代汉语中不在少数，许多形容词也都同时带有动词词性，而"绿江南岸"是"使江南岸绿"，宋代词人蒋捷《一剪梅·舟过吴江》中有"流光容易把人抛，<u>红</u>了樱桃，<u>绿</u>了芭蕉"，与例子中不同的是，使动词后添加了表示情态的助词"了"，这样的用法在宋代早已出现，发展至现代汉语，逐渐成为一种新的使动用法，即刁晏斌（2001）所说的非典型性使动用法，即只为满足某种需要才出现的使动用法[①]。实际上，使动用法本就是一种临时的语法，根据是否临时将其划分成为典型性和非典型性似乎欠缺合理性，但应当承认的是，这是一种后起的使动形式，在现代汉语中也是比较常见的，"了"字有时可加，有时也可不加，如"红（了）脸""红（了）眼""坏（了）事"等，有时也可插入其他成分，如"拉下脸"等。这类使动词词汇性不是很强，在句子中的使用更加广泛，是句法中的使动用法，如：

（18）她抬起头来，惋惜地看看朱瑞芳，同情地说，"只是<u>苦</u>了你，你还年轻，你有守仁，可是你也让她压住了。她骑在你头上，今后的日子长哩，哪能过啊？"（周而复《上海的早晨》）

前文已经说过，以上例子不属于本文的构词法研究范畴，但需要说明的是，词汇化的主要来源就是短语，已经有"红脸""坏事"这样的用法固定成词，很难说不会有其他同类短语固定下来，被收录到辞书之中。

使动词为形容词的使动结构词数量最多，共有101个，占所有使动结构词的51.3%，它们有：

双音词：<u>安</u>神、<u>安</u>心、<u>便</u>民、<u>烦</u>人、<u>烦</u>心、<u>肥</u>田、<u>圭</u>乳、<u>圭</u>胸、<u>富</u>国、<u>富</u>民、<u>王</u>

---

① 刁晏斌：《新时期新语法现象》，中国文联出版社，2001年，第56页。

杯、寒心、横心、红脸、红眼、坏事、坚壁、健身、焦心、惊人、惊天、静心、靖乱、净身、净手、空仓、空手、苦口、宽心、宽衣、冷场、乱真、难人、暖心、美发、美容、美甲、美体、偏心、平身、平账、破冰、齐心、强身、强国、遣心、热身、爽口、瘦身、松口、松心、松手、痛心、枉法、喜人、怡人、圆场、圆谎、圆梦、悦耳、悦目、壮胆、整队。

四字格成语：安邦定国、安民告示、大快人心、高枕无忧、高枕而卧、固本培元、固本强基、光前裕后、横眉立目、横眉怒目、横眉努目、坚壁清野、紧锣密鼓、焦头烂额、精兵简政、净身出户、两全其美、齐头并进、齐心协力、气壮山河、强本固基、强基固本、穷兵黩武、丧权辱国、贪赃枉法、完璧归赵、虚位以待、虚席以待、裕国富民、正本清源、自圆其说。

其他：健身操、健身房、宽心丸、偏心眼儿、强心药、爽身粉、重身子。

4.使动词为名词

名词的使动用法最为少见，可以看作是名词先活用为动词，动词再接宾语变为使动词，表示宾语所代表的人或事成为名词代表的人或事，例如：

（18）齐桓公合诸侯而国异姓，今君为会而灭同姓。（《史记·齐太公世家第二》）

（19）文王以百里之壤而臣诸侯，岂其士卒众多哉。（《史记·平原君虞卿列传》）

"国"是名词用作使动词，"使……立国"的意思，这里指使异姓立国，"臣诸侯"是使诸侯称臣的意思。名词的使动用法本就稀少，现代汉语中更是少见，共有8个，仅占使动结构词总数的4.1%，可以想见，这种用法在语法发展过程中，将逐渐被其他表达所取代。

双音词：醯心、利己、利尿、利人、利他。

四字格成语：鱼肉百姓、损人利己。

其他：利己主义。

（二）现代汉语构词中意动用法考察

从前人研究中不难发现，关于意动用法的考察都是集中在古代汉语方向，这并不是因为大家不重视现代汉语中的意动用法，而是因为意动用法在现代汉语中基本消失，其他的语法形式完全可以取代意动用法，只有少量的词语还能看到意动用法的痕迹，它们是：

安居乐业、安贫乐道、兵贵神速、不耻下问、草菅人命、甘之如饴、厚此薄彼、厚古薄今、厚今薄古、敬业乐群、乐此不倦、乐此不疲、轻财重义、师心自用、是古非今、幸灾乐祸、羞与为伍。

这些成语大多来源于古代汉语，如：

（20）王曰："叟，不远万里而来，亦将有以利吾国乎？"（《孟子·梁惠王上》）

（21）故其父兄之教不肃而成，子弟之学不劳而能，各安其居而乐其业，甘其食而

美其服。（《汉书·货殖列传》）

（22）胡亥今日即为而明日射人，忠谏者谓之诽谤，深计者谓之妖言，其视杀人若艾草菅然。（《汉书·贾谊传》）

一般来说，只存在于文言引文中的语法现象不能算作现代汉语用法，孙德金（2012）提出"如果在现代书面汉语中文言语法成分只出现在纯文言语料'引语'中，或者只是偶现成分，我们就根本不能说这样的文言语法成分已经进入现代书面汉语系统中"[1]。然而，成语是一个已经固定成形的结构单位，既脱离于古代汉语，又与之密不可分。目前的现代汉语教材，都将成语划分至熟语范围中，作为已经定型化的固定短语，和词有一定的相似之处，四字格成语应在构词中进行探讨。

三、现代汉语构词中使动意动的特点及其成因

Givon（1972）提出，"今天的词法曾是昨天的句法"[2]。现代汉语构词中的使动、意动来源于古代汉语句法层面的使动、意动。了解了这样的关系，才能深入知晓现代汉语构词法中使动用法和意动用法的特点及原因。

（一）现代汉语构词中使动意动的特点

我们虽然强调语法相较于语音和词汇更具有稳定性，也需要认识到它是在稳定中发展的。现代汉语语法根植于文言语法，很多文言语法成分在现代汉语中仍有存留，而且数量和种类还不算少，但需要注意的是，这并不是现代汉语吸收了文言语法成分，而是语法内部自然选择的结果。就本文所讨论的使动用法和意动用法而言，二者就有相当大的差距：无论是数量上，还是构词能力上，使动用法都远高于意动用法，可见其稳定性也是不一致的。

在相对稳定的汉语语法发展中，使动用法的持续性显然更长，现代汉语句法结构中仍有使动情况，名词和形容词偶尔用作使动词接宾语，我们依然把它看作词类活用，但如果这种用法逐渐固定下来，首先做出改变的是词语的词性和用法，我们看下面的例句：

（23）家产丰富，拟於王公，而性至俭吝。（《三国志（裴松之注）》）

（24）为了丰富知识，扩大眼界，提高自己的艺术修养，他孜孜不倦地细数别国人民优秀的文化成果。（《梅兰芳同志知识分子的结合》）

"丰富"一词作为典型的形容词，不仅是在古代汉语中极少接宾语，就是在现代汉语文学作品中，也没有我们现在常说的"丰富知识"的用法，但在口语、报纸杂志、影视作品中，"丰富知识"的表达随处可见，"丰富"也因其后接宾语"知识""头脑""经验""生活"等，有了动词性意义，《现代汉语词典》（第7版）中"丰富"词条下单独列出了动词义项。现在再提到"丰富"，会认为它是形容词和动词兼有的词

① 孙德金：《现代书面汉语中的文言语法成分研究》，第67页。

② Givon T, Historical syntax and synchronic morphology: An archaeologist's field trip., Chicago: Linguistic Society, 1972, p.7.

语，崔树志（2010）把这类带有使动义的形容词称为"形转使动词"[①]，而这类词语也在逐渐增多，广播电视媒体中尤为明显，"健康自己，健康中国""每天一杯奶，强壮中国人"这样的广告语屡见不鲜。

汉语构词法与句法具有一致性，解释句法的目的是在说明构词法中的问题。使动用法在构词方面也同样具有较强的能力，除了从原有句法中精炼出来的使动结构，如"富国强兵""飞沙走石"等，还有许多新词的涌现，如"美容""美甲""瘦身""健身"等，而在此基础上，又能与其他词素一起构成新词，如"美容院""美发厅""洁面乳""健身教练"等词语，它们不是文言语法的延续，而是在构成之初就是用使动表达词义，因而具有了能产性，使用范围也更加广泛。

同样稳定的意动用法却是向相反方向发展，古代汉语尤其是书面语的表达要求凝练雅致，意动用法的表达满足了这种需求。汉语大体可分为口语和书面语两种语体，白话和文言相去甚远，所以才有了近代的"文白之争"。应当说，在白话文的使用中，多种语法形式可以表达说话人主观看法，意动用法的功能被替代，其自身又有着独特的文言色彩，几乎很少构成新词，因而逐渐失去生命力，在语言发展演化过程中渐趋消亡，也是必然的。古代汉语中使动用法的使用要多于意动用法，现代汉语依然如此。使动用法的能产性帮助它在现代汉语中固定和发展，而意动用法的非能产性只能让其在成语和文言语料中得以保存。

（二）现代汉语构词中使动意动的成因

1.双音化与词汇化

汉语双音化和词汇化是现代汉语使动词和意动词呈现不同状态的重要原因。董秀芳（2011）提出，词汇化就是非词汇性的成分变为词汇性成分，或者词汇性较低的成分变为词汇性较高的成分，而双音化就是词汇向双音词方向发展的变化[②]。单音节使动词和单音节宾语刚好构成双音词语，如"败军""干杯""怡人"等，在我们所考察的197个使动结构词中，有109个双音词，占总数的55.3%。另外，汉语还有许多的四字格成语，它们大多是并列对举的两个使动结构，如"沉鱼落雁""败军亡国"等。这样来看，使动结构在构词法中的基本形式就是"V—O"，有时是"V1—O1—V2—O2"，词汇化和双音化不仅没能破坏使动用法的结构，还让词语更具韵律性。

随着使动结构词汇化的加强，随之而来的就是使动词动词性减弱。原本形容词、名词用作使动，行为动作义是增强的，但当该结构发展为现在的双音词后，动词性就不那么强了，例如：

（25）梁伯玉说沙门释僧吉云，尝从天竺，欲向大乘，其间忽闻数十里外，哮哮搃搃，惊天怖地。（宋炳《狮子击象图序》）

（26）这些日子，他身不由己地卷入了一个惊天大漩涡之中。（吴晓波《激荡三十年——中国企业史1978—2008》）

---

① 崔树志：《现代汉语形转使动词的句法语义考察》，《辽宁师专学报》，2010年第4期。

② 董秀芳：《词汇化：汉语双音词的衍生和发展》，商务印书馆，2011年，第3页。

"惊天"就是"使天惊",这是一个动词性结构,但在整个句子中,"惊天"的动词性几乎被消解,对比例(25),例(26)的"惊天大漩涡"并非实指,"惊天"也只是形容影响巨大,描写性更强些,整个词仍然是形容词性。当一个结构演化成词时,它有了更加整体的意义,有的还会有引申意义,按照原来的使动结构去分析它就显得很困难。

双音化对使动用法的另一个影响就是动补结构的产生,先来比较以下例句:

(27)且夫备有未至而设之,有至后救之,是不相入也。(《国语·周语下》)

(28)赵氏孤儿何罪?请活之,独杀杵臼也。(刘向《新序》)

(29)傥行吾教以禳镇,庶几减与杀伐,救活之功,道家所重,延生试于我而取之。(《太平广记·北梦琐言》)

"救之"和"活之"的表达各有侧重,"救之"强调行为动作,而"活之"则更强调结果,二者结合构成的动补短语可以同时表达动作和结果,这就是王力先生所说的"使成式"。使成式主要是及物动词带形容词和及物动词带不及物动词,动词性更加完全。动补结构有致使义,与使动用法的功能相近,甚至可以涵盖使动用法,使动用法向使成式发展是汉语语法的一大进步,向双音节动补结构发展更是汉语词汇的大变迁。在使成式应用普遍的南北朝以后,使动用法的使用就更少了,但这种减少并不意味着消失,使动用法和使成式一同存在于汉语语法之中。

词汇化和双音化对意动用法的冲击更为明显。意动用法是名词或形容词接宾语,宾语常常是名词和代词,于是便构成(名词/形容词+名词/代词)结构,能够词汇化的意动用法也只是将原来的结构简化为四字格形式,如"厚古薄今""兵贵神速"等,但是,只有很少一部分的意动用法能够词汇化为四字格成语,大部分情况是前后两个名词性成分各自词汇化,再构成新的句子,例如:

(30)夫人虽有性质美而心辩知,必将求贤师而事之,择良友而友之。(《荀子·性恶》)

(31)赵君武眼睛里发着光,道:"因为我知道你一定已把我当作朋友!"(古龙《陆小凤传奇》)

"认为""当作"这样的词语完全补充了句子的意义,也将意动用法完全替代。

2.语言的经济性原则

从语用角度看,现代汉语构词中的使动用法和意动用法的重要成因是符合语言的经济性原则。徐正考、史维国(2008)认为,语言经济原则是指在表意明晰的前提下,为了提高语言的交际效率,尽可能采用经济简洁的语言符号形式①。这一原则对语言的发展演变起着重要的制约作用。使动用法和意动用法原本属于文言语法,这就使它们带有古代汉语书面语的特征。相较于现代汉语,文言表达要凝练得多,使动用法和意动用法的几个字就能表达出句法中的复杂信息,这符合汉语表达求简,求精的趋势。如 "美甲""丰乳""闭月羞花""草菅人命"用简单的符号形式就表达了丰富的信息内容,

---

① 徐正考,史维国:《语言的经济原则在汉语语法历时发展中的表现》,《语文研究》,2008年,第1期。

这是现代汉语语法所欠缺的，这也是使动用法和意动用法这种文言用法得以存留的主要原因。

结　语

我们以《现代汉语词典》（第7版）中包含使动用法和意动用法的词语为研究对象，梳理了使动结构词和意动结构词的词义特征及类型，比较了古代汉语句法和现代汉语构词法中使动用法和意动用法的使用情况，并对不同类别的使动结构词进行分类统计，分析现代汉语构词法中使动用法和意动用法的特点及其成因，得出以下结论：

一、现代汉语构词中仍存在着使动用法和意动用法，本文称之为使动结构词和意动结构词，在《现代汉语词典》（第7版）中共收录了使动结构词197个，意动结构词17个，其中使动结构词不仅数量多，用法复杂，还具有能产性，能够类推创造出新词；意动结构词主要来源于文言语句之中，简化为成语固定在现代汉语中，不具能产性，无法创造新词。

二、使动和意动呈稳定中发展的特点，而汉语词汇化、双音化、精密化使得使动结构词和意动结构词在现代汉语词汇中形成差距，这种差距是汉语语法自身发展的结果，而语体和语境也是使二者使用情况不同的原因之一。

三、使动用法和意动用法作为文言语法留存在现代汉语构词中，使现代汉语词汇更加丰富，并保留着独属于文言特色的表现力和美感。

四、意动用法在现代汉语语法中基本消失，但仍有少部分遗留在成语之中，成语也是现代汉语的一部分，不能据此判断意动用法"死亡"。

附录1　现代汉语使动结构词总表

1.使动词为动词 共88个

（1）使动词为及物动词 共27个

双音词：发汗、发家、发面、感人、回师、劳神、劳心、迷人、恼人、顺气、提神、通便、吓人、兴国、益气

四字格成语：多难兴邦、缓兵之计、劳民伤财、劳师动众、流金铄石、妙手回春、起死回生、耸人听闻

其他：迷魂汤、迷魂药、科教兴国

（2）使动词为不及物动词 共61个

双音词：败家、败军、败胃、崩盘、倒车、定神、斗鸡、斗牛、活命、活血、警世、惊人、惊天、恼人、倾城、倾盆、死心、退兵、亡国、消气、消声、消炎、消肿、羞人、隐身

四字格成语：闭月羞花、沉鱼落雁、怵目惊心、触目惊心、颠三倒四、颠倒黑白、颠倒是非、斗鸡走狗、斗鸡走马、翻天覆地、泛家浮宅、浮家泛宅、飞短流长、飞沙走石、飞针走线、蜚短流长、骇人听闻、激浊扬清、惊鸿一瞥、惊世骇俗、惊世震俗、惊天动地、惊心动魄、破釜沉舟、倾城倾国、倾家荡产、倾箱倒箧、息事宁人、羞花闭

月、扬清激浊

　　其他：败家子、沉住气、滚雪球、惊堂木、消声器、羞人答答

2.使动词为形容词 共101个

双音词：安神、安心、便民、烦人、烦心、肥田、丰乳、丰胸、富国、富民、王杯、寒心、横心、红脸、红眼、坏事、坚壁、健身、焦心、惊人、惊天、静心、靖乱、净身、净手、空仓、空手、苦口、宽心、宽衣、冷场、乱真、难人、暖心、美发、美容、美甲、美体、偏心、平身、平账、破冰、齐心、强身、强国、清心、热身、爽口、瘦身、松口、松心、松手、痛心、枉法、喜人、怡人、圆场、圆谎、圆梦、悦耳、悦目、壮胆、整队

四字格成语：安邦定国、安民告示、大快人心、高枕无忧、高枕而卧、固本培元、固本强基、光前裕后、横眉立目、横眉怒目、横眉努目、坚壁清野、紧锣密鼓、焦头烂额、精兵简政、净身出户、两全其美、齐头并进、齐心协力、气壮山河、强本固基、强基固本、穷兵黩武、丧权辱国、贪赃枉法、完璧归赵、虚位以待、虚席以待、裕国富民、正本清源、自圆其说

　　其他：健身操、健身房、宽心丸、偏心眼儿、强心药、爽身粉、重身子

3.使动词为名词 共8个

双音词：醒心、利己、利尿、利人、利他、

四字格成语：鱼肉百姓、损人利己

　　其他：利己主义

附录2　现代汉语意动结构词总表

四字格成语：

安居乐业、安贫乐道、兵贵神速、不耻下问、草菅人命、甘之如饴、厚此薄彼、厚古薄今、厚今薄古、敬业乐群、乐此不倦、乐此不疲、轻财重义、师心自用、是古非今、幸灾乐祸、羞与为伍

述宾式离合词宾语素隐现研究

——以"见面"为例

韩文羽

【内容摘要】"见面"是最符合离合词规律且偏误率最高的述宾式离合词。离合词是不同于词和短语、符合语言不断发展过程的语言单位。在对外汉语教学中，许多与离合词相关的问题必须用离合词的规则解释。因此以"见面"为例对述宾式离合词宾语素的隐现情况进行考查，有助于探寻"见面"使用过程中偏误的形成原因和解决方法。

【关 键 词】离合词；见面；隐现

【作者简介】韩文羽，女，吉林大学文学院语言学及应用语言学专业博士研究生（长春 130012）。

一、以"见面"为例的原因及意义

"见面"一词对于母语是汉语的人而言，只是一个普通的常用词汇，但对汉语学习者而言却是个难关。一般情况下，对外汉语教学中把"见面"归为述宾式离合词，以方便教学相长。虽然在"离合词"规则指导下使用的"见面"类述宾式词语依然高居偏误率榜首，并导致离合词的描写能力和解释能力愈发受到质疑，但离合词术语的先进性值得肯定：1.语言是不断发展的，学界普遍认同现代汉语呈双音节化趋势，甚至出现三音节化、四音节化走向的观点，在语言的发展过程中，句法结构逐步调整，语法结构处于过渡状态是必然现象，因此一些词语就出现了能离能合的现象。2.就思维方式而言，离合词既符合中庸之道的审美情趣，亦符合语言的柔性观念。3.就汉语语法特点而言，离合词符合汉语语法重意合轻形态的特征。最重要的原因在于，汉语中有一类语法单位，它们既不属于"词"（具有凝固性、中间不可插入成分），也不属于"短语"（结构松散，一般多于三个汉字），但是它们却既有"词"的运用能力也有与"短语"相近的运用规则，因此以发展、和谐、过渡眼光提出的术语"离合词"是具有说服力的。正是这种发展、过渡、和谐的眼光，使得"离合词"以一种过渡者的身份出现，其术语内涵及范畴边界模糊——如同对一个人高矮胖瘦的界定，我们只能作出一个相对的判断，并没有绝对的界限。在语法教学中，"离合词"更易于被汉语母语者接受，因为汉语母语者习得语言的环境、思维方式及相关文化知识与"离合词"产生、发展的环境是相同的，但汉语学习者因受到已具备的思维系统（特别是成年人）的干扰，难以掌握、运用"离合词"规则。

　　"离合词"最有解释力之时是"见面"类述宾式出现中间插入成分，或后接宾语的情况。但是"见面"进入语篇时，只有"与/跟老师见面"的形式，却不能出现"见面老师"这种表达方式。有学者认为这是"见面"的分离性较强导致的，而诸如"出台""进口"等述宾式离合词则因其凝固性更强可以接宾语，组成"出台政策""进口设备"。如果通过分离性强还是凝固性强分析述宾式离合词可带宾语的情况具有解释力，则"帮忙"是一个例外。"帮忙"的离合能力和"见面"差不多，但是留学生不仅在"帮忙他"（可能是想说"帮助他"）出现错误，而且在"帮了我一把"中产生疑问，不能明确"帮"后省略的成分（留学生存在省略"帮忙"的"忙"和"帮助"的"助"的疑问），这种疑问即我们要探讨的核心内容：述宾式离合词宾语素隐现情况。对于汉语母语者来说，"帮了我一把"和"帮忙""帮助"虽然意义差不多，但是语法形式相去甚远，"帮"在这里是一个独立的动词，可以直接接宾语。而对于汉语学习者来说，因为"帮忙"的离合特点（如宾语素"忙"可以前移、使用时基本在中间插入成分等）同"帮了我一把"产生混淆，甚至无法同"帮助"进行区分。"帮忙"可以说"你怎么不帮忙"，也可以说"你怎么不帮他忙/你怎么不帮他/你怎么不帮帮他"。我们可以说"帮帮忙"，但是"你怎么不帮帮他"却不能说成"你怎么不帮帮他忙"。

　　再看与"见面"类似的"跳舞"。我们可以说"舞跳了一半""跳了一支吉普赛舞"，但是"跳了一下午"是指"跳远"还是"跳舞"我们不清楚，要依据具体的语境才能判断。此外，我们说明的离合词特点不只适用于述宾式离合词，如"洗澡"也可以说"澡洗不成了""一天洗了三次澡"。但是"洗澡"并不是述宾式离合词，则若"澡"不是宾语素，又为何能同"见面"中"面"产生同样的前移效果？

　　离合词因其过渡者的身份使得范畴边界模糊实则完全符合原型范畴的思想。引入"原型"和"家族相似性"概念对离合词规则适用性再思考，可以发现"见面"作为离合词核心成员，几乎符合述宾式离合词的规则，"出台""跳舞"等则属边缘成员，它们可能只符合述宾式离合词的一些规则，因此我们以"见面"为例，以在规则适用的情况下考察宾语素隐现偏误原因和解决办法。

二、"见面"中宾语素"面"的隐现情况考察

　　我们将宾语素"面"的隐现情况分为三类："面"务必出现、"面"必须去掉以及"面"隐现皆可。

（一）"见面"中"面"必须出现的情况

　　我们先来看几则正确语料[①]：

　　（1）你跟哈桑<u>见面</u>了吗？

　　（2）那咱俩<u>见面</u>时，你咋说是二十八哩？

　　（3）在+处所词+<u>见面</u>（此格式主要与"处所词+见"的形式进行对应讨论，如：在图书馆门前<u>见面</u>/图书馆<u>见</u>；在北京<u>见面</u>/北京<u>见</u>）

---

① 此组语料中（1）（2）出自CCL语料库，（3）（4）为内省语料。

（4）用于转述别人见面约定时必须用见面（如：小明告诉我他和玛丽明天<u>见面</u>）

再来看几则留学生偏误语料[①]：

（5）因为[F为]大人要工作，孩子{CC小人}要学习，所以双方{CC两方}平常不{CJ-zy常}见面{CC2<u>见</u>}，[BC。]

（6）我想尽早跟你们见面{CC2<u>见</u>}。

通过对上述正确语料与偏误语料的对比我们容易发现：

1.在表示时间节点的"时"字前，我们使用"见面"。由于表示时间节点的"时"具有明确的指示性，特别在"我们见面时（我们见时*）"等情况中，见面的"面"具有所属性，分别遵从于见面的双方，即"我们"。若用"见"，事件语义指向不明确，此时"见"已经成为一个可以后接其他宾语的普通动词，如"我们见他时"，因此对述宾式离合词"见面"的动词性用法与普通动词"见"加以区分也十分重要，需另做一篇以详细讨论。

2.由介词引进动作的格式必须使用"见面"，如例（1）。"同/和/跟某人见面"是汉语学习者最容易出现偏误的格式，这一格式基本可以变换成"见某人"，因为"面"与"某人"构成领属意，因此这两种形式基本可以互换。

3.内省语料"在+处所词+见面"格式，是先由语感获得，而后受到存现句与"在+处所词+方位词"（如在书包里）以及"在+处所词"（如在北京）格式的区别启发，将两种格式"在+处所词+见面/在+处所词+见"和"在+处所词+见/处所词+见"加以对比获得。在进入句子系统前，"在+处所词+见面"与"在+处所词+见"似乎没有比较价值，然而一旦进入现实交际后，我们发现此两种形式必须加以区分。以"我们在图书馆见面"和"我们在图书馆见"为例，通过变换手段，"我们在图书馆见面"可以转换为"和你在图书馆见面"，然而"我们在图书馆见"却无法转换为"和你在图书馆见"，这充分证明两种形式语义结构的不同。此外，由于"处所词+见"是具有约定性且凝固性很强的告别语（结束语）形式，因此在大多数语境中不能作为话轮的出发点。但是由于"在+处所词+见面"和"处所词（时间词）+见"都有告知的作用，因此在会话中可以共现，共现顺序为"在+处所词+见面"〉"处所词+见"。"见面"作为一个述宾式离合词，无论作为一个静态词语还是进入动态结构所发挥的作用较之于"见"都要完整，所以先于"见"作为新信息出现，而与"见"搭配的短语具有凝固性和结束语的作用，具有与"见面"同指事件的回指功能。

在上述语境中黏着宾语"面"必须出现的主要原因是对话双方都出现在话语或大语境中，"面"必须出现的语境符合现代汉语词典对"见面"的解释，即需要见面的双方，彼此都出现才能完成"见面"行为。其他原因主要有二：一是在表示时间节点类词语前，"见面"所构成的述宾式比之"见"要完整，是对事件的完整阐述，除了例子给出的"见面时"可以佐证，根据这一想法我们不难推导出"见面前""见面之后"等表达方式；二是"在+处所词+见面"，"在"作为介词，需要引进所要表达的对象，丢掉

---

① 此组语料出自原HSK动态作文语料库（现已合并入BCC语料库），大括号中为考生作文原内容。

面，述宾式不完整，进而会使引进对象不完整，此外"在……见面"是一种指示效果，"见面"即活动事件。

（二）"见面"中"面"必须去掉的情况

还是先看几则正确语料[①]：

（1）旅游之后，剩下的暑[B署]假我想回国<u>见</u>你们。

（2）她回国以后我很想她，所以我很期待去韩国<u>见</u>她。

（3）一般人第一次<u>见</u>[B贝]陌生人的时候感到不舒服。

（4）处所词+<u>见</u>（此格式主要与"在+处所词+见面"的形式进行对应讨论，如：我们北京<u>见</u>！／在北京见面；我们飞机上<u>见</u>！／在飞机上见面）

（5）告别语"明天<u>见</u>"。

再看几则偏误语料[②]：

（6）考试的结果呢，它的结果{CC消息}让我失望{CC挫折}，不想活的结果，大概一个月我什么也没做，任何人也没见{CC<u>见面</u>}，这是我第一次遇到的挫折。

（7）我六月中旬，回家见{CC<u>见面</u>}你们，帮助{CQ你们}工作。

（8）二年级的有一天，我有了{CD好}机会第一次见{CD<u>面</u>}了井上老师[BQ，]{CJ-zhuy他}谈话着{CJX}喝酒。

通过对语料的考察我们可以发现：

1.不论正确语料还是偏误语料，除语料（4），其他语料都可以用"和／跟……见面"进行替换，这也再次证明上文"在+处所词+见面"因介词引进对象需要完整，而需要使用"见面"不能使用"见"的原则。反过来说，由"和／跟……见面"构成的句子，也可以由"和／跟"后面引进的对象构成"见……"的形式，例如"和／跟你们见面"="见你们"，这一变换现象也可以佐证下面第2点所说的"领属意义"。

2.不论正确语料还是偏误语料，"见"后面出现了一个可以直接替代"面"的宾语，而且这个宾语与"面"一定构成领属意义。

3.即使不是直接接宾语，也只是添加助词后便直接接宾语。

4."处所词+见"之所以和"在+处所词+见面"有所差异，是因为"处所词+见"同告别语"明天见""后天见"语用意义相似，可能是一种短暂的告别，且一般出现在前文已有约定的语境中。

我们认为，见面作为述宾式词语，大多数可以自己表达完整状态，"面"可以替代"面"的所属人与"见"共同构成"见面"，但当"面"的所属人出现时，"面"就不需要再重复出现了。朱德熙先生曾在《语法讲义》中指出一些及物动词[③]可以不带宾语的两种情形："一是在回答问题的时候，例如：你到底结不结婚？——不结"[④]，二是"原来的宾语仍在句子里出现，不过已转化为其他成分"，如"他是昨天洗的澡""面也不

---

① 此组语料中除小例（4）为内省语料，其余均出自HSK动态作文语料库。

② 此组语料出自HSK动态作文语料库，大括号中为考生作文原内容。

③ 我们将朱德熙先生文中所指及物动词如"结婚""理发""洗澡"归为离合词范畴。

④ 朱德熙：《语法讲义》，商务印书馆，1982年，第58页。

见"①。两种情形的第一种情况可以佐证我们的观点。

（三）"面"隐现皆可的情况

隐现皆可的情况中大多数语料所表达的语义基本相同，但根据语言的经济原则，不同形式能够共存，一是语义存在细微差别，二是不同交际意图的选择。一些学者认为，"见面"宾语素"面"隐现皆可的情况实则是"见面"与"见"的区别，这种观点虽有道理，但能够成立仅限于从两个词单独对比的静态视角出发。由于见面是一个具有分合句法功能的离合词，并且在篇章中与"见"的共现顺序、话轮顺序具有共同表达新旧信息的语用功能，因此不可将"见面"与"见"孤立地作为两个动词进行比较。

"面"隐现皆可的两种形式句法结构基本相同，语法意义、语义结构关系基本一致，都表示"见到某人""与某人见面"这一事件。表达同一事件却选择两种形式表达，其深层原因是交际意图的不同，这也更加佐证两种形式的差别不是"见"与"见面"形式差别、语义差别、语用差别带来的，而是"见面"进入现实语境对宾语素"面"隐现进行的话语功能选择。

例：（1）①我们下个月见面。

②我们下个月见。

③我们下个月见面吧。

④我们下个月见吧。

上述四则语料如若出现在同一组对话中，则"面"出现的情况先于"面"去掉的情况，原因在于"见面"是1+1的韵律词，又是出现在句末的重音，符合"信息尾重"原则，即属于全句焦点，是说话人要传达的新信息，是对指定活动的告知，（①我们下个月见面，"见面"的位置可以用"聚会"等活动性词语替换，因此可以证明"见面"也是一项指定活动）表达告知的交际意图。而去掉"面"的情况是对上文新信息的回指，实则依然表达"见面"这一活动，由于对话双方已经明确所要共同进行的活动内容，"见面"省略"面"指代上文"见面"符合语言经济原则。此外，若"面"隐现的两种形式并未出现在同一个话轮中，则"我们下个月见"前文一定有"双方见面"为前提才能完成的相关活动，且上文我们讨论过"明天见"的告别语、结束语作用，因此"下个月见"也有敲定事件后的确认、告别作用。在①②后添加语气词"吧"，依然遵循"见面"在同一组对话中先于"见"出现的规律。"吧"出现在疑问句中是带有确定性的疑问词，实则是期待得到对方的肯定响应，或是说话者给予听话者的暗示，期待由听话者开启新的话轮，作出"见面"的活动提议。然而附着在"我们下个月见"后面的"吧"，既有附和、同意之意，还具有更改原始提议的作用，反而使"吧"染上了不确定、敷衍的语用色彩。实际上这种从确定性语义到不确定性色彩的转化同"面"的隐现交际意图直接相关，"见面"是说话者给出的原始提议，"吧"具有说话者的确定性期待，"见"是听话者对"见面"的回指，使"吧"出现新的语用意义。

例：（2）①乔太，我们很久没见面了！你好吗？

---

① 朱德熙：《语法讲义》，商务印书馆，1982年，第58页。

②乔太，我们很久没见了！你好吗？

例（1）的四则语料语义指向对象简单明确，只有"我们"，因此"见面"这一活动直接指向"我们"，例（2）不会出现在同一组对话中，因为语义指向对象多了一个"乔太"，因此"见面"宾语素"面"隐现的原因与例（1）不同。虽然"乔太"也是"我们"中的一员，但是"乔太"单独指向听话者，"我们"却包含听话者和说话者。"见面"这一活动是指彼此面对面相见，由于【彼此+】、【面对面+】与"我们"语义内涵相容，因此在"见面"完整出现的情况下，事件语义指向"我们"；在"乔太，我们很久没见了！你好吗？"中事件语义指向"乔太"，乔太与宾语素"面"构成领属关系，因此可以隐去。

综上所述，"面"隐现皆可的根本因素源于交际意图的不同，从而产生不同的语义指向和语用意义，并选择隐现皆可的语言表达形式，虽然我们在前文指出这种两可的语言形式主要体现不同的语用功能，然而句法—语义—语用是一个连续体，是无法割裂的。

三、留学生难以掌握宾语素"面"隐现条件的原因

由于大多数留学生的年龄段处于18~30岁，因此他们在学习汉语之前已形成一套完备的思维系统，同儿童习得语言或第二语言的方法有着本质不同。我们将从目的语同母语的差异（即"见面"的中文词典释义）、母语负迁移（即英汉、汉英对译）及汉字字形辨认三个角度出发，探讨留学生难以掌握"见面"用法的原因。

1.中文词典释义

查询词典释义，有助于解释分析"见面"等述宾式离合词分离、黏合的形式与原因，更有助于发现汉语与其他语言不同的历史渊源。我们在研究汉语时，要以共时的眼光发现汉语的特点，更要以历时的眼光追溯汉语的发展进程，从而温故知新，用更适合汉语的理论去描写、分析汉语。

古代汉语多以单字为词，现代汉语则多以双音节构词，因此我们先从单字"见""面"入手，再寻"见面"之意，分别查阅了商务印书馆出版的《辞源》《古代汉语字典大字本》《现代汉语字典》《现代汉语词典》以及中华书局出版的《当代汉语词典》。《古代汉语字典》[①]中对"见"有如下解释："繁体写作'見'，是会意字，由表示眼睛的目和儿（人）两部分组成，意思是一个人正用眼睛在看"。《现代汉语词典》中对词条"见面"的解释是"彼此面对面相见"。从字典、词典释义可以推测，古代汉语中（明代以前）并无"见面"合体这种用法，"见面"是现代汉语双音节化的结果，且见和面都具有实义，不同于其他偏义复词，然而由于"见面"的语法意义处在不断发展的过程中，因此具有很强的离合性。

2.英汉、汉英对译问题

不论搜索纸质版汉英词典还是在线汉英电子词典"见面"的对译都是"meet"或

① 古代汉语字典编委会：《古代汉语字典》，商务印书馆国际有限公司，2014年，第420页。

"see"。 然而在我们查找过的英汉词典范围中，"meet"和"see"，没有一个对译的第一释义是"见面"，只有"与……会面""相见""遇到"这类与"见面"汉语释义相似，但用法有所差别的对译，或在给出的句子示例，根据整句调整，翻译成"见面"两个字。这是一个很大的问题，也让我们得知"见面"的翻译问题不能单纯归结为教学误导。由于进入动态交际的语言已经具备语用效果，使得词义静态翻译效果进入动态交际效果差距甚远，这应是词典对译的严重弊端。教师在遇到困难时会寻求规范词典的帮助，自学自查的学习者也会使用词典。因此如果教师没有深究词典中存在的上述对译问题，就会直接教给学习者。学习者在查找词典时也没能理解"与……会面"中"与"的重要性，一定会认为meet / see同"见面"的用法是等同的，忽视"与……会面"同"见面"用法的差异，从而产生"见面他"等错误的用法，甚至形成顽固性偏误。

此外，大多数语言基本都有名词对应主语、宾语，动词对应谓语的语法规则，然而由于汉语的词类与句法成分不是一一对应的语法特点，"见面"作为动词词性的述宾式离合词，可以作谓语（明天和老师见面）、主语（见面三分情）、定语（见面的时候，多说两句好话），还有分作主宾语的离析形式（他太忙了，面都见不上）。在主、宾语位置出现的"见面"通常黏着在一起使用，但作动词使用的时候却有分离、黏着两种形式，因此直接对译使得"见面"既难掌握也难运用。

3. 汉字字形辨认导致的句法混淆

离合词的典型特点是可分可合，中间还能插入成分，因此汉语学习者在运用"离合词中间能够插入成分"的规则时，受汉字字形辨析困难的干扰（即目的语负迁移）使离合词规则泛化，导致一些凝固性很强的文化词汇进入"见面"的行列，如"见世面"和"见面礼"会让汉语学习者认为两者分属"见X面（中间插入成分）"和"见面+N（见面他偏误引起的泛化）"格式，这实则是汉语字形复杂和民族文化心理差异导致的句法混淆。

（1）见世面

由于"见面"可以离合的特殊性，"见世面"从字面上看就很像"见面"中间插入成分的分离形式"见X面"，而且"见世面"还可中间再插入成分，如"见过大世面""没见过世面"。然而，"见世面"从层次结构分析，是"见"与"世面"组合构成述宾短语；从所表语义来看也和"见面"不同，"见世面"指"在外经历各种事情，熟悉各种情况"[1]"见面"是一个词语，多以动词身份出现，而"见世面"是一个述宾短语，也是一个谓词性词组。

（2）见面礼

"见面礼"是一个偏正结构，意思是"初次见面时赠送的礼物（多指年长对年幼的）"[2]。留学生在学习"见面礼"时，首先会对"见面"作"礼"的修饰语感到困惑，其次会对语义内涵产生疑问。由于"见面"是动词，做定语修饰名词"礼"在形态丰富

①　中国社会科学院语言研究所词典编辑室：《现代汉语词典》，商务印书馆，2002年，第620页。
②　中国社会科学院语言研究所词典编辑室：《现代汉语词典》，商务印书馆，2002年，第620页。

的语言中是不可能的事情。此外，"礼"可以是"礼物"，也可以是"礼节"，所以如果留学生分别学习过上述词语，就很容易根据自己已学习的目的语知识（例如"注目礼"），想当然认为"见面礼"既可以表示"见面时送的礼物"，也可表示"见面时的应遵守礼节"（现在一些网上搜索引擎对"见面礼"的解释的确添加了类似见面礼节的释义，但我们依然遵循词典释义）。此外，由于文化差异，

　　"见面礼"的"初次"和"由上至下"的属性也不一定为学习者理解，"只要见面就送的礼物""中国人送礼物太贵重、比较奢侈"可能会成为由"见面礼"一个词辐射到跨文化交际层面的差异问题，甚至导致文化休克。

文化传播
研究

新时代青年文化建设的指导思想及其现实价值

王 瑜

【内容提要】党的十八大以来，在中国特色社会主义事业进入新时代的背景下，以习近平同志为核心的中国共产党人从理论和实践上不断进行新的探索，逐步形成了习近平新时代中国特色社会主义思想，科学、系统地回答了在新的历史时期坚持和发展中国特色社会主义所面对的一系列重大问题。这一思想包含了各方面的内容，是马克思主义中国化的最新成果，而青年问题在其中占据了重要位置。习近平围绕新时代青年问题的一系列论述，对当前青年文化建设具有重要指导作用。本文拟在已有研究基础上，对该思想加以归纳、分析，阐述其科学内涵，并就其理论创新及现实价值试做探讨，为深入学习、理解这一思想提供有益参考，并为贯彻、执行这一思想提供理论支撑。

【关 键 词】新时代；青年文化建设；指导思想；现实价值

【基金项目】中央高校基本科研业务费专项资金资助项目"习近平青年思想形成过程研究"。

【作者简介】王瑜，男，历史学博士，西安电子科技大学马克思主义学院讲师（西安710126）。

在中国共产党第十九次全国代表大会上，明确提出了习近平新时代中国特色社会主义思想，而十九大报告的最后部分，特别强调了青年与国家及民族之间的深刻联系。自十八大召开以来，习近平总书记多次就青年问题发表讲话，并通过座谈、回信、寄语等多种方式对青年群体加以指引，对青年文化建设加以指导。这些论述站在党和国家发展全局的高度，涵括了多方面的内容，体现了习近平作为一个马克思主义者的洞察力。当前，社会各界都在踊跃学习、研究习近平新时代中国特色社会主义思想，并以之指导各项具体事业的进一步发展。

在当前已有的研究成果当中，不少学者都注意到习近平同志关于青年问题所做论述包含的丰富思想，这方面的研究业已取得不少成果，但是整体而言当前研究还有比较明显的欠缺①。这种欠缺主要表现在以下方面：一是高水平的研究成果较少；二是研究成果的趋同性、同质性较为明显；三是偏重于局部研究、具体研究。有鉴于此，相关研究的继续开展和走向深入十分必要。本文将重点探讨三个问题，分别是习近平关于新时代青

---

① 相关研究状况可参考王柏棣、王英杰：《习近平青年思想研究综述》，《吉林师范大学学报》，2018年第2期；梁轩铭：《党的十八大以来习近平青年观研究述评》，《昭通学院学报》，2018年第8期。

年文化建设指导思想的科学内涵，及其对马克思主义的继承、发展与现实价值。

一、新时代青年文化建设指导思想的基本内涵

（一）对新时代青年本体的认知

要指导青年文化建设，首先要回答"什么是青年"的问题，只有科学地认识青年在当代中国社会发展中的地位、特征和作用，才有可能做出正确的研判、提出科学的思想理论、进行及时的理论创新。

习近平一直以来都特别注重与青年群体进行交流，多次与青年座谈、出席青年活动、给各界青年回信以及指导共青团工作，因此他对当代青年的特征有准确把握，对他们的历史定位、历史使命有深入思考，提出了一系列新的论断。2017年4月，由中共中央、国务院印发并实施的《中长期青年发展规划（2016—2025年）》（以下简称为《规划》），明确了"青年"的年龄界限为14~35周岁。这一方面将"青年"具体化，不再是一个模糊随意的指称；另一方面赋予相关论述以科学性。据第六次全国人口普查的统计数据，处于这一年龄范围内的人口占全国总人口的34.7%，其重要性可见一斑。[①]

习近平关于青年本体的认知建立在长期的实践及理论积累之上。从作为新民主主义革命开端的"五四运动"开始，中国共产党的事业始终与青年群体联系密切。参加中共一大的13名代表，平均年龄为28岁。担任中国共产党第一任中央局书记的陈独秀在新文化运动当中创办的旗帜性刊物，就命名为《青年杂志》，可见早期革命家对于青年群体重要性的认识。毛泽东、邓小平、江泽民、胡锦涛等中国共产党领导人都特别重视青年工作与青年文化建设，习近平无疑是这一传统的忠实继承者。

习近平在许多场合都谈到青年的历史定位，基本是围绕着青年与国家、民族、人民及党的各项事业的关系而做出的敏锐判断。结合十九大报告及习近平新时代中国特色社会主义思想来看，中国特色社会主义进入新时代这一论断是其思考青年文化建设的理论背景，而努力实现"两个一百年"的奋斗目标则是具体的时代坐标。习近平从历史维度来思考青年问题，意味着他不但是结合中国社会的近代发展历程来理解当代问题，同时还意味着他在论述这些问题时，带有前瞻性的思考。

（二）对新时代青年特征的认知

青年群体的特征随着社会发展而变化，习近平从当代青年学习、生活、工作等各方面的实际出发，总结了新时代青年的鲜明特征：

第一，新时代青年充满朝气与梦想。习近平认为"青年最富有朝气、最富有梦想"，鼓励青年"梦在前方、路在脚下"，告诫青年"要树立梦想从学习开始、事业靠本领成就"。习近平提倡青年将个人梦想与"中国梦"统一起来，努力在实现中国梦的伟大实践中放飞青春梦想，他还要求共青团组织"为每个青少年播种梦想、点燃梦想，

---

① 所引数据参见《中国2010年人口普查资料》，网址：http://www.gov.cn/zhengce/2017-04/13/content_5185555.htm#allContent。

让更多青少年敢于有梦、勇于追梦、勤于圆梦"①。

第二，新时代青年有担当有作为。当代青年成长于中国社会快速发展、生活方式深刻变化的时代，但是依然葆有华夏儿女勇于担当、敢于作为的优秀品质。习近平在给北京大学考古文博学院2009级学生回信时说："得知你们近一年来不仅校园学习取得新的进步，而且在野外考古实习中很有收获，甚为欣慰。"②他在给华中农业大学"本禹志愿服务队"的回信、给"郭明义爱心团队"的回信、给保定学院西部支教毕业生代表的回信当中，都对新时代青年的担当精神、奉献精神以及高度的社会责任感给予肯定与赞扬。

第三，新时代青年开放自信。改革开放四十年，中国不断融入世界，这样的外部环境塑造了他们开放的胸怀与自信的性格，对于新事物的学习与接受能力极为突出，创新、创业、创造能力大大增强。习近平认为当代青年能够"用平等、尊重、爱心来看待这个世界，用欣赏、包容、互鉴的态度来看待世界上的不同文明"，因而他们"建功立业的舞台空前广阔、梦想成真的前景空前光明"③。

对新时代青年的积极特征加以明确肯定之外，习近平也指出了他们需要加强与改进的地方。尽管当代青年充满朝气与梦想、有担当有作为、既开放又自信，但是仍须戒骄戒躁、砥砺奋进。人类历史经验证明，成才是内因与外因充分作用的结果，新时代青年较为欠缺的是充分的实践。习近平同志自身的成长经历使他对此深有感触，因此他多次告诫当代青年要真学实干、攻坚克难，在艰苦环境中增长才干。

（三）对新时代青年的总体要求

2013年，在同各界优秀青年代表座谈会时的讲话中，习近平提出了"坚定理想信念、练就过硬本领、勇于创新创造、矢志艰苦奋斗、锤炼高尚品格"④等五点要求。此后在多次讲话中，他对此不断加以深化。2014年，在同北京大学师生座谈时教导青年"勤学、修德、明辨、笃实"⑤，2015年则提出青年应当"志存高远、德才兼备、情理兼修、勇于开拓"⑥。对这些讲话的内容与精神进行学习领会，可以将习近平对青年的总体要求总结为四个方面，即德、才、志、功。

1. 德

习近平在指导青年教育工作时特别提出"立德树人"这一首要原则。2014年12月，习近平在谈及高校党建工作时就已指出"立德树人"的重要性。2016年12月，在全国高校思想政治工作会议上，他强调："高校思想政治工作关系高校培养什么样的人、如何

---

① 习近平:《在同各界优秀青年代表座谈时的讲话》,《人民日报》2013-05-05(02)。

② 近平:《给北京大学学生回信——勉励当代青年勇做走在时代前面的奋进者开拓者奉献者》,《人民日报》2013-05-05(01)。

③ 习近平:《在布鲁日欧洲学院的演讲》,《人民日报》2014-04-02(01)。

④ 习近平:《在同各界优秀青年代表座谈时的讲话》,《人民日报》2013-05-05(02)。

⑤ 近平:《青年要自觉践行社会主义核心价值观 与祖国和人民同行努力创造精彩人生》,《人民日报》2014-05-05(01)。

⑥ 习近平:《致全国青联十二届全委会和全国学联二十六大的贺信》,《人民日报》2015-07-25(01)。

培养人以及为谁培养人这个根本问题。要坚持把立德树人作为中心环节，把思想政治工作贯穿教育教学全过程，实现全程育人、全方位育人，努力开创我国高等教育事业发展新局面。"①将德作为人才培养的中心环节与根本标准体现了更为符合新时代特征的青年观及人才观。习近平将"德"与社会主义核心价值观联系在一起，他说："核心价值观，其实就是一种德，既是个人的德，也是一种大德，就是国家的德，社会的德。国无德不兴，人无德不立。"②经过这种联系，抽象的"德"被统合到习近平新时代中国特色社会主义思想的体系当中，并且明确了具体内容与具体要求，同时也体现了时代性与实践性。

2. 才

在十九大报告中，习近平指出："人才是实现民族振兴、赢得国际竞争主动的战略资源。"③人才关系到党的自身建设及各项事业，"代表广大青年，赢得广大青年，依靠广大青年是我们党不断从胜利走向胜利的重要保证。"④正因如此，引导新时代青年的发展方向就显得尤为重要。

2013年5月4日，在同各届优秀青年代表座谈时的讲话中，习近平说："青年人正处于学习的黄金时期，应该把学习作为首要任务，作为一种责任、一种精神追求、一种生活方式，树立梦想从学习开始、事业靠本领成就的观念，让勤奋学习成为青春远航的动力，让增长本领成为青春搏击的能量。"⑤2014年与北京大学师生座谈时，习近平进一步强调要勤学、修德、明辨、笃实。2016年4月，习近平对大学生群体提出"六有"的要求——有理想、有追求、有担当、有作为、有品质、有修养。言而总，习近平关于新时代青年如何成才的思想旨在青年要勤于学习、勤于实践、关心社会、增长才干，才能够真正成为推动中国特色社会主义各项具体事业的人才资源与后备力量。

3. 志

"没有理想信念就会导致精神上缺钙"。因此在青年的成长、成才过程中，理想信念的作用不容忽视，不但对青年具有指引作用，而且对社会发展也能起到牵引效果。

习近平多次寄语青年要志存高远——"立鸿鹄志，做奋斗者"，常常将他自身人生经历所带来的深刻体悟与青年分享，还从人类历史的角度提醒广大青年："要把理想信念建立在对科学理论的理性认同上，建立在对历史规律的正确认识上，建立在对基本国

---

①　习近平：《把思想政治工作贯穿教育教学全过程 开创我国高等教育事业发展新局面》，《人民日报》2016-12-08（01）。

②　习近平：《青年要自觉践行社会主义核心价值观 与祖国和人民同行努力创造精彩人生》，《人民日报》2014-05-05（01）。

③　习近平：《决胜全面建成小康社会 夺取新时代中国特色社会主义伟大胜利——在中国共产党第十九次全国代表大会上的报告》，北京：人民出版社，2017年。

④　习近平：《代表广大青年赢得广大青年依靠广大青年 让广大青年敢于有梦勇于追梦勤于圆梦》，《人民日报》2018-07-03（01）。

⑤　习近平：《在同各界优秀青年代表座谈时的讲话》，《人民日报》2013-05-05（02）。

情的准确把握上。"①在新时代，中国社会主义事业迎来一系列新的任务与挑战，青年应当将个人的梦想统一在"中国梦"之中，牢固确立崇高的人生信念。

理想信念的重要性体现在习近平的教育思想中，就是对价值观教育的强调。在与北京大学师生代表座谈时，习近平把青年价值观养成比作"扣扣子"，"这就像穿衣服扣扣子一样，如果第一粒扣子扣错了，剩余的扣子都会扣错。人生的扣子从一开始就要扣好。"②他进一步阐述："我为什么要对青年讲讲社会主义核心价值观这个问题？是因为青年的价值取向决定了未来整个社会的价值取向，而青年又处在价值观形成和确立的时期，抓好这一时期的价值观养成十分重要。"③也就是说，在习近平的认识中，青年文化建设是一个范畴更为广大的问题，关系到整个社会的发展状况。

4.功

中国共产党对青年的重视体现为在实际工作中努力争取青年并对青年委以重任，使他们成为党的得力助手，成为国家各项事业的生力军与传承者。习近平对新时代青年寄予厚望："广大青年生逢其时，也重任在肩。"④十九大报告指出："中华民族伟大复兴的中国梦终将在一代代青年的接力奋斗中成为现实。"⑤习近平在全国高校思想政治工作会议上的讲话中，针对当代大学生的讲述更为具体："今天高校学生的人生黄金时期，同'两个一百年'奋斗目标的实现完全吻合。亲自参与这个伟大历史进程，实现几代中国人的夙愿，实乃人生之大幸。我们教育引导学生，一个重要任务就是用中国梦激扬青春梦，为学生点亮理想的灯、照亮前行的路。"⑥

习近平从对近代中国历史进程的思考中做出这样的论断："为实现中华民族伟大复兴的中国梦而奋斗是中国青年运动的时代主题。"⑦对于民族复兴的伟大事业而言，中国梦是历史的、现实的，也是未来的，因此，广大青年要肩负起时代赋予的重任。实干兴邦，事业是做出来的，青年绝不能充当看客与过客，而是要成为勇担重任的主人翁，在创新创业的实践当中发挥能量。在给河北保定学院西部支教毕业生群体代表的回信中，在致全国青联十二届全委会和全国学联二十六大的贺信中，以及在全国高校思想政治工作会议上，习近平都强调了这一点。

① 习近平：《在同各界优秀青年代表座谈时的讲话》，《人民日报》2013-05-05（02）。
② 习近平：《青年要自觉践行社会主义核心价值观 与祖国和人民同行努力创造精彩人生》，《人民日报》2014-05-05（01）。
③ 习近平：《青年要自觉践行社会主义核心价值观 与祖国和人民同行努力创造精彩人生》，《人民日报》2014-05-05（01）。
④ 《抓住培养社会主义建设者和接班人根本任务 努力建设中国特色世界一流大学》，《人民日报》2018-05-03（01）。
⑤ 习近平：《决胜全面建成小康社会 夺取新时代中国特色社会主义伟大胜利——在中国共产党第十九次全国代表大会上的报告》，北京：人民出版社，2017年。
⑥ 习近平：《把思想政治工作贯穿教育教学全过程 开创我国高等教育事业发展新局面》，《人民日报》2016-12-08（01）。
⑦ 习近平：《在同各界优秀青年代表座谈时的讲话》，《人民日报》2013-05-05（02）。

习近平对青年从德、才、志、功四个方面提出具体要求，既是站在党领导的社会主义事业的立场之上，也是站在青年群体的立场之上，以中国国情和时代特征为前提，充分体现了马克思主义者在理论建设当中尊重历史、尊重现实、尊重人的一贯原则。

二、新时代青年文化建设指导思想的继承性与创新性

（一）对马克思主义的继承

从理论发展角度来看，习近平关于青年文化建设的指导思想并不是无源之水，而是遵循着中国共产党长期以来在理论建设上一以贯之的客观规律。马克思主义的发展有着鲜明的谱系与脉络，从马克思、恩格斯的经典著作到列宁、斯大林的必要补充，再到中国共产党将之与中国实际相结合而进行的马克思主义中国化理论创新。习近平对这一理论发展脉络了然于心，他的思想也是沿着这一脉络发展而来的，同样抓住了马克思主义理论的精髓。

在马克思恩格斯的经典论著中，青年一词的出现频率相当高，他们对于青年与社会变革、历史发展之间的关系多有揭示。马克思主义中国化则是中国共产党在革命、建设、改革等各个历史阶段都坚持进行的理论建设工程。毛泽东、邓小平、江泽民、胡锦涛等历代党的领导人都高度重视青年文化建设。"马克思主义始终把关注的目光投向青年、投向未来，强调要重视青年、关心青年、依靠青年。中国共产党始终把青年看作是推动历史发展和社会前进的重要力量，在领导中国青年运动的实践中不断丰富和发展着青年工作思想。"①

习近平关于新时代青年文化建设的指导思想，主要从以下三方面继承了马克思主义：

第一，对青年本质的把握兼顾其自然属性与社会属性。人的自然属性使其必然注重自身发展，而其社会属性则决定了他必然参与历史实践。马克思认为人类的终极价值追求乃是人的解放，而这种解放只有在共产主义社会才能实现。习近平充分认识到青年的自然属性带来了对自身发展的需求，但是在具体的历史阶段，对终极价值的追求也可以容纳青年的个人价值追求，为集体事业的奋斗也能够满足个人发展的需求。这样一来，青年的自然属性及社会属性就实现了有效结合，也就将当代青年与中国共产党和中国特色社会主义事业紧密联系在一起。

第二，对青年文化建设问题的思考坚持历史唯物主义的理论立场。历史唯物主义认为历史的主体是人，因而作为"历史性存在"的青年自然就担负着创造历史的责任。马克思对人与现实之间的关系有深刻认识："随着对象性的现实在社会中对人来说到处成为人的本质力量的现实，成为人的现实，因而成为人自己的本质力量的现实，一切对象对他来说也就成为他自身的对象化，成为确证和实现他的个性的对象，成为他的对象，

---

① 刊特约评论员：《新时代青年和共青团工作的光辉指南——一论学习贯彻习近平总书记关于青年工作的重要思想》，《中国青年报》2018-06-27（01）。

这就是说，对象成为他自身。"①这也是习近平在大量论述当中所贯穿的哲学观念，新时代就是当代青年现实性存在的客观现实，如果青年脱离这个现实，就无法完成对自身本质力量的认知与确证。

第三，注重以辩证统一的方法认识青年的主体性与客体性。马克思认为实践是人主观自觉的活动，习近平对青年在学习、工作、修身、养德等实践方面提出的要求与指导，都以充分尊重其主体性为前提。与此同时，习近平也将青年作为教育、组织等工作的客体，对共青团、高等院校及从事青年工作的各个机构提出指导性思想。青年的主体性是需要通过大量工作来加以激活的，这也是习近平在做青年工作时的重点所在——"我们教育引导学生，一个重要任务就是用中国梦来激扬青春梦，为学生点亮理想的灯、照亮前行的路。"②

（二）新时代青年文化建设指导思想的理论创新

习近平在对马克思主义理论成果继承的基础上，结合时代特征与时代要求进行了必要的理论创新。综观习近平有关青年问题的具体论述与精神内涵，其理论创新主要有三个方面。

第一，对新时代青年的基本特征、历史地位做出了新的论断。马克思主义必须要与时俱进、不断结合实际进行更新与完善，这也是马克思主义作为党的指导思想必须要满足的条件。因此，作为一个坚定的、真正的马克思主义者绝不能故步自封，而要实事求是，以科学的态度认识问题、分析问题、解决问题。习近平秉承实事求是的原则和科学的态度，要求教育工作者和青年工作者"把培养中国特色社会主义事业建设者和接班人作为根本任务"。

第二，将青年文化建设提升到新的战略高度。习近平从青年的历史地位和历史使命出发，对青年文化建设提出了完整而具体的战略部署。首先是明确加强党对青年的领导，为做好青年工作提供根本保障。习近平及党中央将青年工作作为具有全局性、战略性的工作来开展，从理论上明确了"党管青年"的根本原则，《规划》的出台就是这一原则的具体体现。其次，明确了青年工作者的职责与使命。在指导党团工作时，习近平多次强调政治性是第一位的，对于共青团工作的组织定位和重要价值都做出了详细、深刻的论述。

第三，对青年文化建设提出了整体方案。《中长期青年发展规划（2016—2025年）》是在习近平亲自领导下制定出台的新中国第一个青年发展规划，这表明习近平将青年工作置于关乎党的事业、民族命运、国家前途的重要地位，将之作为当前一项相当紧迫的工作来开展。此外，他也号召全社会"为青年驰骋思想打开更浩瀚的天空，为青年实践创新搭建更广阔的舞台，为青年塑造人生提供更丰富的机会，为青年建功立业创造更有利的条件"③，这都是着眼于中华民族伟大复兴而进行的宏观布局。

---

① 中央编译局：《马克思恩格斯全集（第3卷）》，人民出版社，2002年，第303-304页。

② 习近平：《把思想政治工作贯穿教育教学全过程 开创我国高等教育事业发展新局面》，《人民日报》2016-12-09（01）。

③ 习近平：《在同各界优秀青年代表座谈时的讲话》，《人民日报》2013-05-05（02）。

三、新时代青年文化建设指导思想的现实价值

马克思主义是与实践紧密结合的理论，一旦脱离实践，也就失去了根本前提，因而在马克思主义理论的发展中，始终要注重现实指向。习近平对青年文化建设提出的指导思想也是这样，对当前中国社会主义各项事业的发展都具有重要的现实价值。

第一，为新时代青年指明人生方向。新时代青年的精神气质与群体特征都有其崭新特点，对他们进行正面引导是关乎整个社会发展的必要举措。习近平准确把握青年的本质与特征，结合时代背景，运用马克思主义的理论方法，对青年进行了科学的历史定位，为他们追求个人价值、满足个人需求、实现人生理想提供了有益的指导。同时也将青年与党、国家和民族的事业之间的关联牢牢确立，将确保他们能够成为中国特色社会主义事业的建设者和接班人。

第二，重新确立了新时代青年教育的基本原则。习近平多次对当前的教育事业提出要求，首先是明确教育的目标与方向。2013年8月召开的全国宣传思想工作会议上，习近平指出，针对广大青年开展的教育"要旗帜鲜明坚持党性原则"，为新时代青年教育工作提供了基本遵循。其次是提出涵括德、才、志、功的全面发展理念。青年教育工作千头万绪，如果只谈全面发展这个抽象原则是难以收到实效的，而习近平提纲挈领地将其主线拈出，为实际工作的开展提供了依据。再次是注重价值引领、强调立德树人。价值观教育在习近平关于青年教育思想当中占据了重要位置，这一意见既有针对性又具一般性，既是针对当代青年价值观不稳固、不注重道德修养的具体问题，又是青年群体成长成才当中无法回避的普遍问题。

第三，为实现中华民族伟大复兴凝聚了力量。中国共产党长期以来领导全国各族人民共同努力，为实现中华民族伟大复兴的中国梦而奋斗，之所以重视青年问题，也是在新时代背景下，为这一梦想服务的。习近平在一系列论述中不断强调国家和民族的未来与希望寄托在青年一代身上，当前正是实现"两个一百年"目标的历史关键时期，而当代青年的人生进程与这一历史进程高度契合。

结　语

通过对习近平新时代青年文化建设指导思想的学习与研究，不难认识到这一思想是马克思主义中国化最新理论成果的重要组成部分。习近平在继承马克思主义青年思想既有成果的基础上，对新时代青年的基本特征、历史地位、历史使命都做出了科学准确的论断，进而提出对当代青年文化建设的具体要求以及开展工作的基本原则。这一思想紧贴现实，反映了中国特色社会主义进入新时代的时代背景，是我国当前进行青年文化建设的思想指针，为实现"两个一百年"的阶段性目标以及实现中华民族伟大复兴的宏伟目标做出了重要的战略部署。

《妇女杂志》与民初的女性视觉文化

——以王蕴章主编时期的期刊封面仕女画为例

刘会军　　田小弘

【内容提要】本文通过对王蕴章主编时期的《妇女杂志》封面仕女画中女性视觉形象的梳理，获得了对历史贴近本真的了解与认知，并探讨了民国时期多维度、包容并蓄的女性形象的生产机制，进而拓展《妇女杂志》视觉文化研究视域，以此丰富和深化对民国初期女性文化的认识。王蕴章主编时期的《妇女杂志》的封面仕女画表明，民国初年的女性视觉文化尽管依然以传统文化所塑造的女性形象为主，但已经有限度地受到了西方文化的冲击，因而它是女性真正走向自我解放的重要一步。

【关　键　词】妇女杂志；视觉文化；仕女画；女性文化

【作者简介】刘会军，男，法学博士，吉林大学文学院中国史系教授，博士生导师（长春　130012）。田小弘，女，吉林大学文学院中国史专业博士研究生，吉林大学艺术学院讲师（长春　130012）。

一

封面，是书刊的门面。它通过视觉元素来直接体现书刊的内容。它在保护书芯的同时也具有美化书刊和一定程度的宣传及推销作用。《妇女杂志》创刊于1915年，它的封面均为石印彩色图画，印刷十分精美，而且，每卷封面版式及所应用图画呈系列风格，卷卷不同却又有机地结合在一起。《妇女杂志》的前6卷由王蕴章担任主编，其中第一卷12期的封面都是直接体现女性形象的水彩仕女画①。这些仕女封面画除了本身的赏心悦目之外，也反映出时代女性的性格特征、社会审美文化等，可以说，它提供了许多文字无法完全呈现的内容，对于研究民初女性文化具有重要的参考价值。

---

① 仕女画，是人物画中以女性形象为描绘对象的绘画。原指以封建社会中上层士大夫和妇女生活为题材的中国画，后为人物画科中专指描绘上层妇女生活为题材的一个分目。明、清时期，戏剧小说、传奇故事中的各色女子则成为画家们最乐于创作的仕女形象，仕女画的表现范围已从最初的贤妇、贵妇、仙女等扩展到了各个阶层、各种身份、各样处境的女子。仕女画的画家们按照自己心中"美"的理想来塑造各类女性形象，不同时代的画家都以其当时对于"美"的理解来进行创作。

　　从历史上看，以女性人物画作为封面在晚清的妇女报刊中已有先例[①]，但这类期刊封面的女性形象并不以美为先，而是通过突出表情或特定姿势的隐喻传达某些观念，因而从表现手法到画面立意来说都不属于仕女画的范畴。第一个采用仕女画作封面的是创刊于1909年的《小说时报》，当时文化界流行才子佳人情爱等消遣题材的小说。为了迎合市民世俗趣味，仕女画于是就登上了此类鸳鸯蝴蝶派期刊封面并广为流行，妇女期刊封面亦受到影响[②]。

　　通过考察《妇女杂志》第一卷12期的封面，我们发现它有如下特征：在技法上，人物描绘白里透红、清透细腻而滋润，用色淡雅而不艳俗，不明显强调笔触变化，让人耳目一新；在室内场景上，根据时间配制冷暖色调，色彩纯粹、色调一致，尤其灯下光晕及阴影表现自然；在室外场景上，以写实的手法绘制自然风光，取景开阔，天光云影、四季风景用色鲜艳，行笔均匀有力，色阶层次细腻丰富，技法娴熟，融西洋水彩画和中国传统绘画的笔法为一体，以景造境；在具体内容上，它并不放大凸显画面人物的外在形象，十二帧封面仕女面部表情淡然、身姿纤细、穿着样式保守单一，大部分以全身构图，并且将人物置于特定的环境中，从事活动多样。这些都与通常采用半身构图甚至是脸部特写构图、身材丰腴、表情夸张、色调浓艳以强调女性装饰美的鸳鸯蝴蝶派期刊月份牌式仕女封面图大相径庭。《妇女杂志》的前期主编王蕴章也经常会把自撰的小说等作品刊登在期刊上。结合他的具体作品来看，杂志从封面到内容都摒弃俗艳言情，反而具有很强的生活气息，与社会背景十分接近。

　　尽管《妇女杂志》同《小说时报》《妇女时报》[③]一样，其封面均出自徐咏青[④]之手，但它的风格却与后二者明显不同。《小说时报》与《妇女时报》都是通俗读物，它需要靠封面装帧的悦目吸引读者来提高销量[⑤]，因而其仕女画封面题材多元、场景布局新颖、强调女子从事活动的多样性（尤其是西洋文化影响的新式活动）、展示女性时髦装束、强调意境烘托氛围。作为一本以"冀妇女自立、谋妇女解放"为目的的女性刊物，《妇女杂志》的仕女封面画的题材相对统一、场景及人物活动几近相同，且每一张画底都有文字说明，分别为：兰闺清课、芸窗读画、绣阁拈针、蚕月条桑、雨前选茗、春江

---

①　参见1904年1月17日创刊的《女子世界》、1907年1月14日创刊的《中国女报》、1907年2月5日创刊的《中国新女界杂志》等。

②　参见《妇女时报》《女子世界》等。

③　刊载徐咏青绘制仕女封面画的期刊有很多，之所以提及《小说时报》以及《妇女时报》的原因详见刘秋兰：《徐咏青时装仕女封面画研究》，南京艺术学院学报（美术与设计），2015年第06期，第65页。

④　徐昌酩主编、《上海文化艺术志》编纂委员会、《上海美术志》编纂委员会："1913年起主持上海商务印书馆图画部…长于画风景，不善画人物，故常与郑曼陀合作月份牌画，进行补景。"《上海美术志》，上海：上海书画出版社，2004年，第406页；刘秋兰："在近代美术史的书写中，他被描述为中国水彩画的第一代和洋画运动的先驱。"《徐咏青时装仕女封面画研究》，第65页；宋家麟："中国早期传播西洋水彩画的重要画家。"《老月份牌》，上海：上海画报出版社，1997年，第27页。

⑤　刘秋兰：《徐咏青时装仕女封面画研究》，载包天笑：《钏影楼回忆录》，上海三联出版社，2014年，第341页。

濯锦、纺车坐月、厨下调羹、药里关心、秋窗宵织、寒闺刀尺、灯影机声。每一张画面内容及场景安排与画底文字所表达的内涵如出一辙。这足以说明这十二帧仕女封面画都是经过精心设计和安排的。

<h1 style="text-align:center">二</h1>

（一）妆容

妆容是仕女封面画十分讲究的一个方面。我们发现，这些女性即便是忙碌劳作，她们的面部却依然表现出柳叶弯眉、腮若碧桃、娇唇红润，与寻常的仕女画相比，略显娇艳了些。一号、四号、十号、十二号的封面尤为突出地表现了这一点。按照徐咏青绘制画面的整体色调来看，女性脸部色调可以说是有意如此绘制的。无论创作时是否参照了真人实景，它都说明，此时期女性面部把搓脂抹粉、描眉画唇和保养看作是一种时尚[①]。对于此时期女性对妆容的注重，有学者指出，"喜欢化妆与化妆品的，首先当然是女生，其化妆的重点是脸部皮肤保养、画眉、涂唇、美甲、烫发护发等。"[②]有的女生敢于浓妆艳抹地去上课，惹得男教师抱怨不止[③]。此时的妆饰崇尚"肤如凝脂"白皙的美感[④]，那就必定需要费力费功夫在面部。

需要指出的是，这个时期的化妆品，多是舶来品，种类较多。光是面部所用的诸如有消除雀斑水、嫩面香粉、美颜香水、玫瑰胭脂流膏、润肌水、香蜜糖、玫瑰香扑粉、点痣水、樟脑牙粉、薄荷牙粉、雪花粉、镜面散等等，仅湖南的沈瑞清女史在《化妆品制造法》文中就一一列举了十九种。[⑤]这个时期女性之所以会选择舶来品，除了西洋化妆品的质量以外，广告也起到很大的推动作用。当然，更为重要的是，民国初年人们已经形成了青睐西洋物件的风气。容妆从侧面反映出，此时中产阶级以上的女子对于西方新鲜事物进行了如饥似渴的效仿学习，其心态是十分开放的。"妇女醒觉""独立""解放""女子不做男子的玩物"……此时期已有很高的呼声。

（二）发型

《妇女杂志》第一卷十二帧仕女封面画的发型基本一致，均为长发，脑后盘髻或梳一根辫子，刘海儿有或无。一卷九号女子发型稍有卷曲，但也是长发。对于女子来说，

---

① 张竞琼等："在民国之初，仍将晚清的妆容形式作为主导性的标准。眉型偏向细而长的柳眉，所谓'柳眉桃脸不胜春'也。……在美容方面，北方及内地的人将面部涂得红白分明：雪色的肤，娇艳的唇……"《浮世衣潮·妆饰卷》，北京：中国纺织出版社，2007年，第18页。

② 施扣柱：《青春飞扬 近代上海学生生活》，上海：上海辞书出版社，2009年，第306页。

③ 陆采莲："李青崖教授上课时，常会责备女同学们化妆太浓。他说，他要建议学校，在教室门口放个洗脸盆，让爱化妆的学生洗过了脸，才能走进教室上课。"《群英斋忆归》，《大夏大学建校70周年纪念》，上海大夏大学校友会，1994年，第87页。

④ 夏士莲雪花·广告："颜色顿转嫩白，大异畴昔"，《妇女杂志》，1915年第1卷第2号；刘麟生："问运动太勤，则肤微现褐色，奈何？……用下列混合剂，皮肤即如凝脂可爱。"《美容术之谈话》，《妇女杂志》1917年第3卷第11号，余兴，第4页。

⑤ 湖南沈瑞清女史：《化妆品制造法》，《妇女杂志》1915年第1卷第5号，学艺，第18—25页。

头发亦是美的焦点，在民国初期亦是如此。当时有学者在《妇女杂志》上撰文指出，"凡妇女之妍媸，类以发为定衡，是以妇女之爱发，若山鸡之爱其羽毛。……而男人之爱妇女者，亦以发为观美之具。"①

　　辛亥革命之后，男人剪去脑后长辫的同时，接受了新思想的女性也剪短了头发，以女学生为带头者。女子剪发在民初是一种新潮行为。周瘦鹃曾描述道："女子断发之风，创于欧美，而以美为尤盛……近二年来，吾国女子，作邯郸之学步，亦疾发如仇，纷纷断发。"②这一论述既表明作者本人对于时兴的剪短发的担忧和不满，又从侧面说明剪短发在当时已经形成了不可阻挡之势。实际上，女子剪发现象在争论中愈演愈烈并在民国初年和民国十二年左右登峰造极："妇女将三千烦恼丝付之并刀一剪者日多，中以女学生为最，故青年会理发肆及观前街各大理发肆，每日各所之女主顾，莫不应接不暇也"③；当时"凡喜时髦爱新装好美观而稍开通之妇女、剪发者已十居其九，尤以京津沪聘为多"④；据周瘦鹃估计，当时"断发女子，亦几占全国百分之七十"。⑤短发成了知识与进步的象征。不过，尽管剪短一时成为时尚，但人们对它的态度却不尽相同。赞同者以梳头盘髻碍卫生、旷时间、发髻插戴饰品费金钱，鼓吹剪发。不赞成者则看到了问题的另一面："女学生剪发，于时间上似为经济，然在好尚时髦者，于金钱上不独不经济，反增消耗：剪发、洗头、西洋香水头蜡等费用，为结髻女子所无，今则每月至少必须多耗五六金，所以决不经济……"⑥；"结髻，女子的美丽会被掩藏，可防止他人生邪念"⑦；"利用短发，男扮女装，女扮男装，混迹人群中，令人无从捉摸之故"⑧。这说明，女子剪发不被认可的原因除了不符合经济条件外更有影响到传统女性伦理纲常的问题——性别及纯洁无欲。

　　当局对于流行的剪短发风尚则完全持批评和制止的态度。各省当局屡有女子剪发禁令和处罚条例⑨，不过，大潮已至，非屡禁不止，实乃禁而不止也。我们看到，虽《妇女杂志》读者群定位于女学生，兴女学、倡女子教育，但封面仕女画女性发型却绘制成保守派中青年妇女的辫发⑩，这说明办刊思想仍旧以传统的贤良淑德、恪守本分、无欲纯洁

①　褚铁华：《广说发》，《妇女杂志》，1917年第3卷第2号，第33页。

②　周瘦鹃所描述内容未见，该内容出自张竞琼等：《浮世衣潮·妆饰卷》，第6页。

③　一飞：《吴门妇女剪发记》，《上海画报》，1927年4月21日。

④　舒慧琴：《沪上女子理发经验记》，《上海画报》，1926年11月6日。

⑤　周瘦鹃：《香云新语》，《上海画报》，1927年5月15日。

⑥　张竞琼等：《浮世衣潮 妆饰卷》，第7页。

⑦　林怀青：《活在民国也不错》，武汉：长江文艺出版社，2013年，第36页。

⑧　TIF：《剪发问题》，《北洋画报》，1926年12月11日。

⑨　张竞琼等："援引当局严禁女子剪发之条例：'剪发女子，以十四岁以上为限，未满十四岁者，由警察告知其家长，责令蓄发，不得再剪。……岗警如遇有剪发妇女，即带送主管官厅传其家长，照条例办法处理。此次罚款自十五元以下，一元以上。'"《浮世衣潮·妆饰卷》，第6页。

⑩　清代末年兴起辫发风气，麻花大辫、一条垂在脑后、额上多见刘海，初多见于少女，而至民初则成为保守派中青年妇女的主要发式之一。

为教育，并未真正做到鼓励女性解放。关于女子发型或剪发的内容在《妇女杂志》中刊载得非常少，仅见诸如1931年十七卷二号的《头发的卫生和美容术》这类的零星美容篇章，可能也与这办刊思想有关。

（三）身体发育

与精致面容反差极大的是女性的身体，《妇女杂志》第一卷十二帧仕女图中不难发现，这些封面女性的身体犹如未发育的小孩，即使含胸看起来也与男性无差，根本感受不到性别的差异。如果说剪去头发有碍性别属违背伦理纲常，那么身体显露的无性别特征又做何解释？

这要从当时女学界流行的"小半臂"说起。"小半臂者，何物也？女学界新发明之物，小背心是也。即束缚胸乳之物以为美观也。"[1]查阅服装史资料，我们几乎很难发现有关于小半臂的相关记载[2]，故而这种小背心从何时开始出现，或者女学界何时开始出现缠胸，以及1927年天乳运动之前的缠胸具体细节现在无从知晓。民国六年（1917年）八月五日，从闺秀情女子蕙芳和芸兰的私密日记[3]可知当时缠胸现象已达高潮。"余尝顾之笑曰：'身未入狱，先受桎梏之刑，亦何苦来？'慧英笑曰：'此乃女子最宝贵之物，若使巍然现于胸前，得勿羞煞。'余曰：'羞乎？则女子身上，虽寸肤寸肌，亦当秘之。汝等露肘袒腮，又胡为耶？'慧英曰：'此人人如是，习见则不觉其羞也。'"[4]

毋庸置疑，缠胸的起因与旧观念的女性礼教有关，认为美为不显露。有学者在《妇女杂志》上撰文指出，"中国社会上流行一种恶观念，对于这种天然的形体（按：指女子胸部隆起），不但不以为美，反以为带有丑恶的意味。再庄重的女子，似乎都非加掩饰不可，不必说，这种观念的出发点，全因为性的意识太强，以为女子的胸部，如果不把他缚得扁平，和男子一样，必容易引动人的'邪念'，束胸的恶习，便从此种观念而来。"[5]在当时，缠胸的风气主要流行在女学界中。新来的女性学生原不知道有这东西，一到学校最先学会的就是做小背心。[6]学校对于缠胸的态度是极力反对的，"不意小半臂之盛行区域，反在文明进化之场，智识出张之所，生理如何，卫生如何，教师朝夕讲解，奈何学者不入耳膜，从无实行"[7]，宿舍的管理员常要检查，学生们便吓得东躲西藏。学生如此装扮，时髦女性便纷纷效仿，将其理解成美丽、娇媚的装扮，坚持信奉平

① 沈维桢：《论小半臂与女子体育》，《妇女杂志》，1915年第1卷第1号，第1页。
② 梅洁："小马甲，形制与普通背心相似，只是胸前纽扣甚密，紧束双乳，多半以丝织品制成，是都市内最为流行的束胸内衣。"《民国时期"天乳运动"及其女性服装变化的解读——以身体社会学为视角》，硕士学位论文，北京服装学院艺术学理论专业，2015年，第18页。
③ 喻血轮、喻玉铎著，眉睫整理："吾校近年乃有一种极恶之习气，即缠胸是也。一百余人，几人不然。余室周慧英，尤其甚焉……"《蕙芳日记 芸兰日记》，金城出版社，2014年，第159页。
④ 喻血轮、喻玉铎著，眉睫整理：《蕙芳日记 芸兰日记》，金城出版社，2014年，第159页。
⑤ 克士：《束胸习惯与性知识》，《妇女杂志》，1923年第9卷第5号，第14页。
⑥ 素涯：《女学生生活写真》，《妇女杂志》，1925年第11卷第6号，第899页。
⑦ 沈维桢：《论小半臂与女子体育》，《妇女杂志》，1915年第1卷第1号，第2页。

胸美学且变本加厉。"无奈何青年女子迷于美观，群相仿效，风行之速，一日千里"。①

　　缠胸的害处是不卫生、阻碍胸部发育、影响肺部生长，由此导致肺病、身体衰弱、乳汁不畅甚至影响胎儿健全。②社会人士为此心痛呼吁。例如，湖畔诗人汪静之与爱人符竹因在20世纪20年代写下："缠胸之害比从前缠脚更利害许多，我真不懂现在的女子为何要如此做作自残身体……身体既遭害，哪能研究学问，哪能有所作为？自己镣铐自己，女界哪能恢复？哪能赶得上男子？女同胞们真是太不自爱了！"③可是，在当时除了写文呼吁也没有其他办法。"女子的束胸比之许多妇女问题，固是些些小事，但就此一端，也就可以看出旧观念力量的强大和改革的不易了。要祛除这类恶习并不是告以利害关系所能收效，人如果存着旧观念，劝告的话，无论如何详明，决不能使她们了解的根本的救济法，只有设法增高她们的知识和思想，勉能将无谓的迷信多少革除一点。至于那束胸的恶习则根底更是深固，改革尤其困难。"④

　　缠胸的根本原因在于几千年来的封建礼教禁锢了女性的思想。缠胸陋习没有在更为禁锢女性的封建王朝时代发生，而是在女性解放运动愈演愈烈的民国盛行。清末女子服装的改变，正是有了智识的、提倡女权的女学生敏感注意到性别差异并先行做出的反应，但是，对于这种性成熟所产生的肉体诱惑依旧采取规避、隐藏的姿态，如若意识到肉体的成熟而引发少女思春则被视为礼教潜在的重大威胁，所有触及女性欲望的都是下流、可耻、肮脏的，是违背伦理纲常的。可见，在民国初年，女性主体意识尚未建立，对自己的身体仍是保守而传统的。⑤

　　《妇女杂志》第一卷十二帧封面依旧保留缠胸女子的形象，一方面是当时女子的真实写照，一方面反映了男性主编理想的女性形象确是如此：不具性别意义、孩童般的身体，传达了无欲、纯真、圣洁的形象，回避自己及他人对肉体的注意力，这正是中国典型端庄淑女的写照。不过，尽管《妇女杂志》前期的封面仕女画无一例外地倡导缠胸，但它的内容却对此现象持抨击的态度。《妇女杂志》中关于缠胸的文章篇数不多，王蕴章主编的前六卷仅见三篇。文中观点都是呈抨击的，这些文章的作者多数为女性。另

---

① 董景熙：《敬告缠胸女子》，《妇女杂志》，1917年第3卷第12号，第15页。

② 喻血轮、喻玉铎著，眉睫整理："……实告汝，缠胸一事，于卫生大有碍。人生呼吸，全持肺叶之伸缩。若使肺叶终日不得舒适，得非自戕其身耶……"《蕙芳日记 芸兰日记》，第159页；沈维桢："此即阻人天然之发育而害生理""翊紧紧扎之使胸部不能发达，肺部不能伸张乎""将来生产子女虽有乳汁必不畅旺，胎儿身体必不健全，甚至传染肺病"，《论小半臂与女子体育》，《妇女杂志》，1915年第1卷第1号，第1—2页；素英："若是乳房受了缠绕的压迫，使他不能十分发育，以致乳头陷没，后日授乳的时候，便非常困难……"《警告女学生》，《妇女杂志》，1921年第7卷第2号，第110页。

③ 汪静之、符竹因著，飞白编：《汪静之情书·漪漪讯》，杭州：浙江文艺出版社，2002年，第299页；沈维桢："天赋人身五官四肢、五脏六腑，全备诸机无可为矫揉造作者，造作此物以为美观，愚哉女同胞、谬哉女同胞。要知人之美丑出于自然为佳，安可强为之耶。以高者压之、大者束之，不顾发育与否、卫生与否、生理与否，呜呼。女戒缠足大弊未除，一弊又滋生暗长矣。"《论小半臂与女子体育》，第1页。

④ 克士：《束胸习惯与性知识》，《妇女杂志》，第14页。

⑤ 周叙琪：《一九一〇—一九二〇年代都会新妇女生活风貌》，台湾大学出版委员会，1996年，第89页。

外，它还大力鼓吹女子体操和运动，认为这些体育运动可以促进身体发育，增进健康与体力，亦可造就优美的身姿。为此，它译介了不少西方适合女子的运动的文章，如调均翻译的《女子发育时代之运动》①、杨祥麐翻译的《家庭体操》②、宗良翻译的《健康与起居》③、李德晋翻译的《妇女十五分钟之体操》④、须家珍译《奇帛氏家庭简易体操》⑤等。康健身体的提倡对于女子身体的束缚解放具有一定进步意义。《妇女杂志》形式与内容的矛盾，表明民国初年中国传统文明同西方文明在相遇之后的持续碰撞，它既坚守传统的女性观念和女性形象，又开始有限度地接受西方文明中对女性的塑造。

与缠胸不同，缠足并不为《妇女杂志》所关注。《妇女杂志》第一卷十二帧封面仕女图中只有第一卷六号可清晰看见女性的脚部，为小脚，缠足。另外，王蕴章主编的前六卷并未发现反缠足的专题，只在个别篇章细节处稍有提及，且认为缠足与缠胸恶习一样会对身体健康造成危害。从《妇女杂志》刊载的文章中可以看出，西方文明的传播，女性意识逐渐苏醒，知识也与日俱增，尤其是辛亥革命以后，缠足风气开始逐渐消失⑥。

（四）服装

再看十二帧封面仕女所着服装。除一卷五号穿着采茶服装、一卷九号穿着卫生服装之外，一卷六号下身着黑色长裤，二号、八号下身遮挡未见，其余七帧女子上身皆穿直身式或渐张式高领朴素袄衣（冬袄夏衫），配以高高的元宝领，下身黑色或深色不带绣文的长裙，长及脚面，袖子多为窄袖，长短略有区别，一卷四号虽戴围裙，但清晰可见上袄（衫）下裙。有学者研究认为这种素色无华、式样简单的上衣和深色长裙正是民初所谓"文明新装"的学生装⑦，因为其十分朴素。也有学者认为，民初的学生装袍或裙长度渐短露出脚踝、袄的下摆多呈圆角、袖长渐短并袖口扩大，为典型的"倒大袖"样式，女学生多为天足，鞋子有绣花鞋、一字袢鞋、新式皮鞋。⑧那么，观其杂志封面仕

---

① 美国马龙·麦雨柯原著、调均译：《女子发育时代之运动》，《妇女杂志》，1915年第1卷第1号，第11页。

② 杨祥麐：《家庭体操》，《妇女杂志》，1917年第3卷第3号，第18-20页。

③ 英国Marion Lalrosse原著、宗良译：《健康与起居》，《妇女杂志》，1917年第3卷第12号，第20页。

④ 丹麦米勒原著、李德晋译：《妇女十五分钟之体操》，《妇女杂志》，1918年第4卷第1、9、10、12号，第5卷第3号。

⑤ 须家珍译：《奇帛氏家庭简易体操》，《妇女杂志》，1920年第6卷第5号，第4页。

⑥ 董景熙："……其害之烈，其苦之惨，诚堪为旧时女子痛哭而流涕。何幸欧风东渐，俗趋文明，女权日形澎涨，浸浸乎有与男子并驾而齐驱之势，知识与日俱充，张其天赋权利，运其固有智慧，顿然以悟缠足之流毒，群相废除，母戒其女，姊劝其妹，缠足之习，始有绝迹之可期。"《敬告缠胸女子》，《妇女杂志》，第15页；广东维德女子中学校教员林树华："今者女智既开，痛自猛省，革千年之毒，复本来之天，诚为庆幸，然积毒既深，芟夷未易，避陋之区，尚留余秽，是所望与热诚之人，有以改革之也。"《对于女界身体残毁之改革论》，《妇女杂志》，1915年第1卷第12号，第5页。

⑦ 周叙琪：《一九一〇——一九二〇年代都会新妇女生活风貌》，载郑永福，吕美颐："民初有所谓'文明新装'，其特点是不用簪、钗、耳环、戒指等任何首饰，上衣朴素衣衫，下着不带绣文的黑长裙，此种服饰，以学生穿着最多。"《近代中国妇女生活》，河南人民出版社，1993年，第100页。

⑧ 廖军，许星：《中国服饰百年》，上海文化出版社，2009年，第75页。

女，加上清一色的辫发以及对于脚部的刻画，徐咏青所描绘的究竟是依旧保留清末服装款式的女性还是效仿学生穿着学生装的妇女或是正在受着家庭教育的女学生？或许皆有。

如同妆容、发型一样，效仿学生穿着学生装，这种风行现象不足为怪。梦寰在《务本女学级友会的演说》①分析原因可知，是有些许人想借着穿着学生装来冒充有学问、有学识，以此提高自身的价值。时髦的妇女、好面子的妇女是这样，青楼女子更是。如甦庵在《规讽小说邯郸新梦》中提到，学生装的流行是不分良娼的："盖海上良家，往往喜作北里新妆，而北里名姝，又喜作学生装以赶时髦。于是似良家非良家，非学生亦学生，不可究诘。"②只不过，青楼女子是利用大众心理以新鲜的装束来招揽顾客作为卖点。

绘制的仕女无论是穿着承传清末传统袄裙（衫）的女性或是正在受着家庭教育的女学生，仔细探究，朴素简单的服装可使女性省下许多的时间，专心致力于家庭以学习更多的知识充实生活，这正是《妇女杂志》教育女性的"慈淑端俭"。从《妇女杂志》第一卷十二帧封面仕女所着服装可以看出，它在这里提倡一种不应只追求表面的华丽而该有更丰富的内涵的"妇容"观，因而对于传统妇女的解放来说具有十分重要的意义。

三

对《妇女杂志》封面仕女画中女性视觉形象的梳理让我们得以还原民初女性风貌、探索民初女性文化，也对民初多维度的女性形象生产机制有了更多的了解：

第一，出版机构的态度。以追求销售利润为企业精神的商务印书馆③，一方面要迎合读者的需求，使内容能够反映时代潮流，以此提高销量、获得商业利润；另一方面，作为当时中国最大的民营出版机构，不得不自觉承担其文化建设使命，始终注视着文化界对《妇女杂志》的评判④，这是商务印书馆的双重角色。因此，《妇女杂志》既是畅销书，又能迎合主流的文化价值、准确地反映时代之潮流。《妇女杂志》创刊的1915年，处于最严重限制所有言论、出版活动时期，辛亥革命时期还以主张妇女解放、男女平等、妇女参政为主要内容，而在此时转换为培养妇女学习各种技能常识以改良家庭生活⑤。初创时期⑥的

---

① 梦寰：《务本女学校级友会的演说》，《妇女杂志》，1922年第8卷第5号，第45页。

② 甦庵：《规讽小说邯郸新梦》，《妇女杂志》，1915年第1卷第12号，第10页。

③ 陈姃湲：《妇女杂志（1915—1931）十七年简史》，载汪家熔：《商务印书馆史及其他：汪家熔出版史研究文集》，中国书籍出版社，1998年，第37页。

④ 陈姃湲：《妇女杂志（1915—1931）十七年简史》，载谢晓霞：《商业与文化的同构》，《中国现代文学研究丛刊》，2002年第4期，第199页。

⑤ 1914年10月创刊的《妇女鉴》公开提倡封建道德，代表了辛亥革命后思想界的一股逆流。

⑥ 一般将王蕴章主编的前六卷这段时期称为该刊物十七年历史中的前期（初创期），而且将其编辑宗旨与风格基本上定义为守旧与保守。（国籍未知）Wang Zheng, Women in the Chinese Enlightenment:Qral and Textual Histories, California: University of California Press, 1999, p.77.

《妇女杂志》是一个以"普世皆准的优生学"为基准的汇编。^①

第二，王蕴章、徐咏青以及大部分撰稿者的态度。《妇女杂志》本身是矛盾的。从杂志表面来看，以办刊受众为例。前六卷的文体为文言文，所以读者以中学生及教员^②、中上阶层的家庭妇女居多，而且不只限于女性读者^③。既是面向有一定智识、积极追求学识的群体，且办刊宗旨又为提倡女学、享受受教育的权利，那为何杂志封面仕女图中所绘的女性形象都是传统且保守的？从杂志内容来看，以化妆打扮相关内容为例，杂志里有许多指责女学生^④的文章，认为她们奢华打扮会造成家庭及国家资源浪费、败坏社会风气，例如康白情^⑤、余竹籁^⑥、程淑仪^⑦等人的观点。杂志一方面用大篇幅全页面广告来推销西洋奢华的装饰品，谓其为"时髦女性""摩登女性"应有的装扮，并与传统四德之妇容相关联。而另一方面又苛责女性过度挥霍败坏的风气。所以说，在传统儒家性别观和西方女性启蒙思想、民族主义思潮三方合力之下，《妇女杂志》一味地将"相夫教子"的古训、日本明治政府所倡导的"贤妻良母"的美德灌输到女性读者的思想里。民初女性尚处于几近失语的状态，所以在很大程度上追随了男性编辑及作者的主张：女性仍然定义为男性的附庸，礼赞中国妇女要为种族的未来而生育的天职。

《妇女杂志》创刊之初是完全提倡贤妻良母主义的，是保守的男性主编叮咛女性们"慈淑端俭、贤良淑德"的刊物，其宗旨是通过提倡女学（妇女医药卫生、抚育儿童、园艺等常识），改良家庭生活，进而促使社会进步、国家富强^⑧。从它早期刊载的内容也可看出，登载女世说、传记、弹词以及小说等中国传统文艺作品，时时提醒女性应遵守中国传统规范。而徐咏青所绘封面画内容、主题则与办刊宗旨完全吻合，以图文并茂的方式呈现了封建社会对女性行为准则、道德修养的规范，流露出贤良淑德的女性品质。不过，我们同时也能够看到，《妇女杂志》受到了西方文化有限度的冲击和影响，是女性摆脱封建束缚、从而走向自身解放的一个有机环节，这是它的积极意义。总体上看，《妇女杂志》塑造的理想妇女便是勇于吸收新知，不盲从传统的习惯和方式，以向更健

① [印]Prasenjit Duara, The Regime of Authenticity: Timelessness, Gender, and National History in Modern China, History and Theory, vol.37, no.3 (December 2002), pp.298; [美] Tani E.Barlow, The Question of Women in Chinese Feminism, Durham: Duke University Press Books, 2004, p.92.

② 朱周国真：《女学生自修用书之研究》，《妇女杂志》，1915年第1卷第5号，第3页；陈亦秦：《余之学校生活》，《妇女杂志》，1915年第1卷第11号，第2页。

③ 周叙琪：《一九一〇—一九二〇年代都会新妇女生活风貌》，河南人民出版社，1993年，第46页。

④ 王卓民："女生之程度愈高，愈长其骄纵之习，而无裨实用。有如名花纵极绚烂，只堪供养，非若禾菽麦之可供衣食也。"《论吾国大学尚不宜男女同校》，《妇女杂志》，1918年第4卷第5号，第1-8页。

⑤ 康白情："当女学生不能自己地去消费的时候，她们本身就已经变成商品，她们等于是把自己当成鲜花或玩具一样去卖给阔少、大佬当妻妾。"《读王卓民君论吾国大学尚不宜男女同校商兑》，《妇女杂志》，1918年第4卷第11号，第6页。

⑥ 余竹籁：《装饰与人格的关系》，《妇女杂志》，1922年第8卷第1号，第19-22页。

⑦ 程淑仪：《何谓生利的妇女？何谓分利的妇女？》，《妇女杂志》，1920年第6卷第6号，第1-5页。

⑧ 刘盛：《发刊辞二》，《妇女杂志》，1915年第1卷第1号，发刊辞。

康有活力的现代化生活迈进。例如，《妇女杂志》关于女子职业的文章数量相当多，如《女子职业造福社会论》《女子教育宜谋经济独立策》《妇女职业论》《桐邑妇女职业谈》《女子职业谈》等。王蕴章主编的前六卷以女子职业为专题的不算广告、图画、图文、美术专栏的就有17篇。尽管杂志中有关妇女职业的教导和调查，仍旧停留在传统女红的范围，或者莳花、养蚕、养鸡等家庭副业方面，这些可以简称为"家庭工业"。但是，它倡导新女性必须掌握一些技能，认为掌握技能既可以让女性自立，又有益于家庭生活，不失为女性解放的关键一步。

论情感语音中词的释义性表达

——播音专业基础课教学瓶颈的应对策略

曲海红　　孟健

【内容提要】艺术语言的传播中蕴含着情的渲染，播音艺术语言尤是。在教学中为提升教学效果，使之事半功倍，我们以关注词的释义性为切口，从增强表达的自然度、实现气盛言宜的通畅、实现语言的润化等三方面予以解释，由点带面，实现问题的不自觉化开。

【关　键　词】情感语音；词语；释义性

【基金项目】吉林省教育厅"十三五"社会科学研究规划项目"高校播音主持专业基础课教学瓶颈的突破"（项目编号：JJKH20190237SK）；吉林大学教改项目"播音专业中专业基础课的教学模式与教学方法改革研究"（项目编号：2017XYB091）。

【作者简介】曲海红，女，语言学及应用语言学博士，吉林大学新闻与传播学院副教授（长春 130012）；孟健，女，吉林大学博士，长春师范大学讲师（长春 130012）。

语音是有调儿的。从字来看可分为字调，从句来看，可分为语调。因此也就有了声调语言和语调语言一说。汉藏语系和非洲的语言多是声调语言，而英语等则是语调语言。作为声调语言的汉语以其阴阳上去四声的错落分明，体现语言的抑扬顿挫，加之语流中的变调和轻声、儿化，说汉语言具有音韵美并不为过。无论是语调语言还是声调语言，只要内中含有感情，我们就称为affective speech——情感语音，诸如戏剧、戏曲等富含情感的有声语言艺术创作所传达出的语音，即为情感语音。其情感语音的韵律性，不同于我们日常生活中的中性语音，区别更多是表现在音高、音长、音强等方面，因此，作为艺术语言之一的播音艺术语音也当纳入情感语音的研究范畴。

在当前语音的发声中，词的实践练习貌似意义不大，从功利的角度看，以语音形式呈现的单音节字、双音节词、四音节词只有在普通话测试中具有意义。其实不然，词的实践练声不仅是口腔内的唇齿舌牙腭的协调运动所需，更是打通气息、实现气盛言宜、顺利进入语流中的有效途径。毕竟在话语交际和语言艺术创作中词不以孤立的形式存在。然则作为声调语言的汉语，其表情性是离不开语调的，词是依附于情感的语调在语流中流畅有序地行进。后文会提及语调与情感的关系。本文今天所探讨的是教学中强化词的释义性表达，以更好地衔接语音与发声、发声与表达的延续性学习（避免脱节），或者旨在使学生在接触语音的学习时尽早摆脱"字化"，进入表达的创作样态中。

本文认为在基础课的教学中，强调词的释义性表达是较好的一个策略。所谓释义性即指体现出意义。"凡是有意义的声音，我都要让他反映出意义来，要让发音有释义性。凡是有感情含量的材料，我都要让他有表情。不要机械发声，无论是双音节词语、四音节成语还是短诗，都要让他有表情，有释义。"① 的确，任何语音的传达都是为了表意，否则便失去了交际的意义。据此，当最小的节奏单元——音步（词）体现出释义性时，方可实现听其音，明其意，辨其情。词的表达有多种形式，如何体现释义性，将其落实到语境中较为理想。因为回归到具体语境中便会获得意义，当然如同一千个观众心中有一千个哈姆雷特，由于每个人的审美经验、感受阈限等的不同，设定的语境势必也就不同，这使得语境具有了开放性，因此同一个词植入不同的语境中意义自然不同，如"札记"一词，如不设定在一个具体的语境中，就会气声脱节，口腔开度不够，唇齿力度缺乏，甚而听着觉得有些消极，因为没有态度本身就是一种态度；如把它放到注意声调学习的范畴，也许声音口腔的状态都有了，气息也注意了，但这种声音入话筒时不是顺势而入，而是机械似的，声音欠缺热度，冷冰冰的；还有就是进入具体的语境中，那么我们选择"札记"一词，如何设定？刘白羽曾写过《平明小札》，可以设定他很喜欢在清晨写一些随感，随时随地地记录生活的感悟，这些（"札记"）被他统一称为"平明小札"。"札记"一词在这样设定的语境中便获得了生命，获得了意义。

一、词的释义性表达可增强语言的自然度

情感语音有别于日常语音，体现在发声状态及用气制声等方面。源于生活的情感语音如何保有其生活化的鲜活及增强其自然度，正是言语工程领域所面临的热点和难点。针对韵律词和韵律短语，使其带有释义性可以解决语言的自然度。在播音语音发声训练的声调阶段，非常容易落入为了追求调值的规范，相对的音高概念变成发音人既定的绝对音高范畴，完全纳入一个规定性的系统中，是否要打破这个系统？本文认为辩证地看待，如果考虑到词的释义性，即使在一个系统也会锦上添花。比如《平明小札》："这里发表的是一些思索的片断。思索是随时随地都有的，而记录全在清晨。室外，一藤桌，一藤椅，晨曦乍上，清气袭人，这是我最酷爱的时间，最酷爱的所在，当然也有着我最酷爱的心境，故将这些片断统名之为平明小札。"首先，我们将其按照节奏单元进行划分。冯胜利划分普通话节奏的单元时，把如"发表""晨曦"这样两个正常声调组成的双音节称为"标准音步"，"超音步"是含有三个音节，如"一藤桌"等，而"残音步"则是一个正常音节加一轻声音节，如"这里"等，"蜕化"音步是一正常音节加延音的。可见这一段既有"标准音步"，又有"超音步"，同时也有"残音步"和"蜕化"音步。同时，这个划分也符合王洪君的"二常规，一、三可容，四受限"的对音步作为节奏单元的认定。如果对这些音步进行语音上的表达，发音人势必将这些音步纳入阴阳上去的声调系统中，更多的关注点在于调值的到位及满全化，这就会呈现出李渔所说的"作一片高声，或一派细语，俗言'水平调'"。比如"一藤桌，一藤椅"，把它

---

① 付程：《播音主持教学法十二讲》，中国传媒大学出版社，2005年版第6期，第123-124页。

当作音节念，就会语言平直，就会考虑调值，再把这种"念"放到生活中验证，会觉得意思不自然，不利于信息的接收。如果眼前似乎看到那桌在哪儿，那椅在哪儿，也就是确定了方位后，这时的"一藤桌，一藤椅"便有了意义。如果考虑到文字的传达主旨，从总体上化掉声调的意识（非不注重声调，而是注意意思的表达），即进入语调中就会解决此问题。尽管汉语是声调语言，但研究情感语言必须进入语调中已是不争的事实，毕竟语调是衡量语音自然度和标准化的重要尺度，语调是表情达意不可缺少的。对于语调国内语言学界说法不一，有认为是指句子的高低抑扬，有认为体现在句末音节，还有的从语音轻重和高低快慢来论。之所以研究情感语音越来越重视语调，是因为它体现了超音质特性，或者说是这些超音质体现了情感。国内赵元任先生开创性地阐释了字调（即声调）与语调的关系，这使后来的汉语语调研究，尤其是研究情感语音的自然度问题豁然开朗。他的"小波浪大波浪"理论——"字调的小波浪横跨在语调的大波浪上"就是解决语言的流动性，字调和语调共融的关系，语调依附于表达的内容和情感，它具有表达具体的语气的功能。这里不得不提的是"语势"。语调在某种程度上就是语言的态势。（语势分为上山式，下山式，波峰式，波谷式，半起式。）因此有了"意为先"的统领，字调便是顺着语调顺势地行进，相伴相生。在播音情感语音表达时"平直式"是一大忌，这也提出了如何解决语势上"水平调"的问题。语流不滞自然可以流动起来，语言的自然度即可得以改善。在教学中不妨对一个小语段做节奏单元的拆分，让学生在播音情感语音的实践中对最小的节奏单元——音步予以释义性表达，这样有助于从宏观上提升语音的自然度和清晰度。

二、词的释义性表达可实现"气盛言宜"

古代戏曲文论以"气盛言宜"来表明气息与歌唱的关系。气与言的关系如同水与浮物的关系，"水大而物之浮者"，将其放置于情感语音的表达中同样适用。在播音的基础课教学实践中，强调词的释义性表达是实现气盛言宜的有效途径。实现音步的释义性表达，除了进入设定的语境之外，发音人将其设定的语境告诉辅助者（教师），即"我"在什么情况下说这个词，除此之外发音人也要有积极的表达愿望，即特别想说的表达冲动，辅助者也辅之以"废"语料，带动其情感发生运动，通常在此情况下，语言的指向性得以明晰，且这种调动方式具有外送感，在气息的运用上是吐气的方式，因此较之单纯性的词的表达会更高效地掌握用气方式，当身体对腹直肌、腹斜肌都参与到呼吸中这样的用气感觉有了一定的记忆后，语音上不断地重复，身体上不断地记忆，这种发音人自身直观的感受非常重要，久而久之，正确的用气便得以掌握，较之理论讲解如何用胸腹式呼吸更能达到事半功倍的效果。气即为能量，如我们选取一个韵律短语"丰富的营养"中的一个音步"营养"，选用中性语调和情感语调两种状态进行录音，之后用Origin软件还原其能量波形曲线，如图4-1。

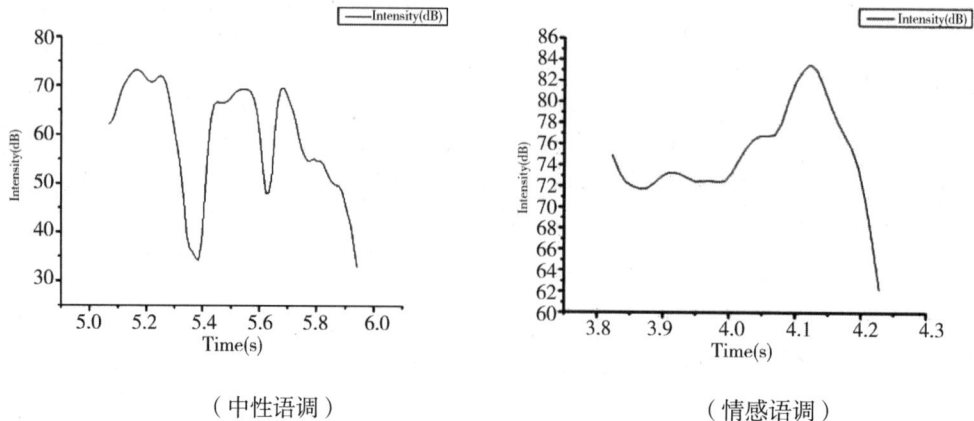

（中性语调）　　　　　　　　　　　　　　（情感语调）

图4-1　中性语调和情感语调的能量波形曲线

可见在能量平台上右图小幅度的波形荡动较为明显，正是气息的运动使得发音人的能量波动较为明显。由此也可推及，波形荡动大的音节，其音程也会得到拓宽，这也正对应了赵元任先生在研究语调语言时所得出的"橡皮带"理论。这就是为什么"好"在表示赞同和高度认可时会发成"好吅"，"好家伙"中的"好"会说成"耗——"对比中性语调和情感语调，可见后者的音程较前者变大是不争的事实。由此可见，词的释义性表达是实现气盛言宜的有效途径。

三、词的释义性表达可达成语言的润化

任何艺术创作，作品的表达都是情感的最终实现。《琵琶行》有云："转轴拨弦三两声，未成曲调先有情，弦弦掩抑声声思，似诉平生不得志……大弦嘈嘈如急雨，小弦切切如私语，嘈嘈切切错杂弹，大珠小珠落玉盘……冰泉冷涩弦凝绝，凝绝不通声暂歇，别有幽愁暗恨生，此时无声胜有声。"寥寥数句，就将情与节奏的生发关系阐释清楚。情感、气息、语音与节奏的关系如图4-2所示。

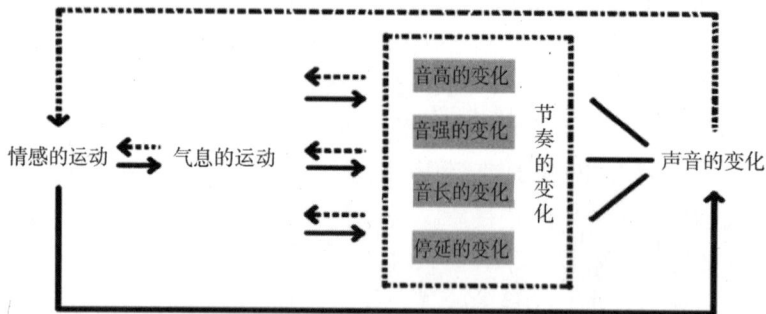

图4-2　情感、气息、语音与节奏间的关系

词的释义性表达其实是对以情带声方法论的沿用，笔者在2010—2013年的语音实验中得出"以情带气—以气托声—以声传情"理论假设的成立，并得出强调词的释义性和表情性可以增强声音的弹性的结论，如"风"既可以设定为东风，又可设定为西风，把它想象为东风的话，置入朱自清的《春》的语境中，"像母亲的手抚摸着你"，其语

音必是虚声大于实声而形成的暖声，若把它设定为西风的话，置入《忆秦娥·娄山关》的语境，"西风烈，长空雁叫霜晨月"将战场的惨烈的气氛透过西风的冷意寒意体现出来，其语音必是实声多于虚声的强控制。

情感语音的产生符合"声源–滤波器理论（Source-filter theory）"，肺部提供气流冲击声带，声带振动产生声源信号，声源信号需要激发口腔的共鸣，这种调制的结果是产生我们所听到的语音。语音学领域目前的主要工作是剖析语音现象，对语言发动过程中共鸣和气息以及声音弹性的关注较少，对创作主体感情的运动的关注更是少之又少。强化词的释义性表达在某种程度就是调动一切可以实现的要素促使创作主体的情感发生运动，在诸多表现上选取音程来观察，就是因为其会明显地呈现放大音程或缩小音程。众所周知，表现说者的态度或感情，音高是表现要素之一。因此从词的释义性入手，上可调口腔，下可调气息，音质虽不可变，但却是可调、可润化的。

润，即为不干枯、有弹性、细腻光滑、饱满集中、有光泽、有修饰。有气的支撑，语言因情而走，顺心而行，所得出的语音自然是暖声，此即为语音的润化。在表演艺术和播音艺术中追求的境界为"似—是"之间的转化，表演艺术是"与其似，莫若是——我就是这个人物角色"，而播音艺术中恰恰相反，要"与其是，莫若似——我就在现场"。无需声音化妆只求相似，只有这样语气才会贴切。"似"与"是"阐明了二者的区别就在度上的把握，"是"为夸张，"似"为再现生活。在播音艺术的情感语音中必然追求真情实感，且真实为情感的前置因素，因而席勒的"不为追求真实，只为表达情感"的创作宗旨也体现了何为创作的重中之重。在语音的初始阶段学习实践中注重词的释义性表达是很好的策略，对体会创作者情感是大有裨益的。润化的形成离不开节奏，此节奏非前文所提韵律节奏单元的划分，而是与内在情感相契合的一种外化形式。对此，郭沫若在《论节奏》中针对"音响的节奏"强调了内在韵律的重要。他认为情绪的消长是作品的内在韵律，对于诗歌，内在韵律是可以体现它的精神的，并且这种心理节奏与诗歌的节奏之间是相应合的。

当前的播音教学，存在关注声音而带来的"字化"，语势平直，稿件和声音两张皮，播的人进不去稿，语言在节奏上不敢变化，心理上也没有产生变化的依据，心理上不为所动，声音上不敢有所"动"（变化）。

综上，从词的"释义性"入手，才会摆脱无意之声、无情之声、僵滞之声，才会摆脱声足情欠，实现由"情足声欠"向"情声和谐"的必然阶段迈进，才会达到声音的刚柔并济、弹性自如，进入声情并茂、语言润化的自如阶段，唯此，播音的情感语音才会更加灵动鲜活，富有生命力。

融合传播：主流文化价值观在青年受众中
有效传播的路径

邱　月

【内容提要】在现代信息的传播过程中，传播者、受众和媒介这三个要素都在影响着传播效果的实现。在新的媒介语境下，传统媒介的信息传播方式逐渐不适应青年受众的媒介接触习惯和信息接受心理，因此，主流文化价值观在面向青年群体传播信息时，应充分关注与理解以青年受众为主体的青年文化，结合新旧媒介各自的传播优势，发挥融合传播的精准性，探索适应新媒介生态环境的信息传播路径，在深度上和广度上实现主流价值观在青年受众中的有效传播。

【关 键 词】主流文化；青年文化；传播路径；融合传播

【基金项目】吉林省哲学社会科学基金"大传媒时代青年文化与主流文化的融合路向"（项目编号：2018B147）；吉林大学哲学社会科学重点研究基地"文化融合：媒介转型中主流文化与青年亚文化的关系考察"（项目编号：2017XXJD07）。

【作者简介】邱月，女，文学博士，吉林大学文学院副教授（长春 130012）。

一、新媒介语境中的青年受众

据中国互联网络中心（CNNIC）发布的第42次《中国互联网络发展状况统计报告》显示："我国网民以青少年、青年和中年群体为主。截至2018年6月，10～39岁群体占总体网民的70.8%。其中20～29岁年龄段的网民占比最高，达27.9%；10～19岁、30～39岁群体占比分别18.2%、24.7%。我国网民以中等教育水平的群体为主，初中、高中/中专/技校学历的网民占比分别为37.7%和25.1%。" 可见，随着互联网技术的发展，媒介信息传播的渠道和受众接收信息的方式以及媒介本身都在经历一场大的变革。与传统媒介环境相比，新的媒介环境影响了青年受众的媒介接触习惯，也形塑了青年受众对信息接受的新态度。

（一）青年受众的媒介接触习惯

同其他年龄层的人群成长环境不同，中国当代青年是伴随互联网的发展而成长起来的一代。由于青年群体所处的学习和工作环境因素影响，他们更习惯通过门户网站、平台应用和QQ、微信、微博等方式接受和传播信息。互联网特别是移动网络在信息传播上的及时性和便捷性，成为青年群体乐于选择的社交方式和沟通媒介，青年每天接触互联网的时间远远高于接触报纸和电视等传统媒介的时间。

互联网技术支持下的新媒介呈现出开放性、互动性、多样性等特征，在新媒介环境中，信息传播的方式趋于多元化，因而青年接受信息的方式也更加多样，对信息筛选与选择接受具有一定的控制权和决定权。特别是在移动互联网技术的支持下，开放的社交媒体平台实现了庞大信息数据体量的互动传播，青年心理状态、行为方式、语言体系和价值观念等，因海量信息的冲击和共享而发生改变。

在新的媒介环境下，人与媒介的关系也出现新的调整，青年群体不再只是凭借与媒介的接触来获取信息，而是参与到新媒介的信息传播过程之中，即从单纯的信息接收者，转向信息接受与信息传播并存的双重身份。网络公共领域的形成则进一步释放了青年的话语权，激发了青年的表达欲，一个积极而活跃的新媒介语境在青年群体的个性化需求中构建起来。

（二）青年受众的信息接受态度

由于青年受众处于开放、互动、多元的新媒介环境，相较于以报刊、广播、电视为代表的传统媒介，青年更加乐于通过互联网特别是以手机为代表的移动设备，完成对新闻、节目、购物、交友等信息的获取，随时随地获取信息和分享交流。对信息内容与流量的控制能力也培养了青年受众的信息接受态度，即青年受众在面对媒介信息推送时，体现出明显的个人"选择性"接受倾向。

1.选择性注意

媒介技术革命带领人们进入信息时代，繁杂的信息内容和庞大的数据体量不停地瓜分受众的注意力。面对海量信息，青年受众通过个人化筛选，对媒介信息推送做出选择性接收。

青年受众对信息过滤与筛选的标准虽然从个人角度出发，但信息对受众注意力的吸引程度根源上与媒介特征和媒介内容的属性相关。首先是信息传播的媒介特征，即媒介是否提供了良好的使用体验。比如微博的开放评论区给青年受众提供了表达话语的空间，分享功能保证了信息扩散和互动的必要性；知乎和豆瓣的话题分组讨论模式，满足了青年受众的社群交流需要。其次是媒介信息内容的相关度，即媒介是否提供了与青年受众关系紧密的内容本身。比如今日头条根据青年的兴趣特征，推送满足个性化需求的定制信息；抖音通过大数据算法提供近期最受青年欢迎的短视频。社交新媒介依靠互联网技术，创造性地满足了吸引青年受众注意力的媒介条件，促进了信息传播者与接受者之间的有效交流，信息通过计算法进行整合，针对青年受众的群体特征和心理需求进行个性化推送，实现了信息的精准到达。

2.选择性理解

受众对信息的选择性理解在媒介形态多样化的新媒介语境中变得更容易发生。信息完成"生产—传播—接受"的传播路径看似清晰，但在指向受众的任何一个传播环节中，都有可能出现受众对信息内容理解上的偏差，导致原本就难以把握的受众的选择性注意发生转移，或者最终出现与信息生产端的初衷相悖的结果。加之在新的媒介环境下，信息接受者和传播者之间界限的模糊以及身份的重叠，都可能让造成理解偏差的信息有机会进行二次以及多次传播。因此，在传播效率高、传播范围广的网络媒介中，受众对信息的选择性理解加大了传播过程的难度，破坏信息本义的情况时有发生。

伴随互联网而成长的青年群体，与新媒介保持着亲密接触的关系。这种媒介关系的黏度既体现在青年以受众的身份广泛地获取并接受信息内容，又体现在他们以传播者的身份进行信息的二次加工并参与传播扩散。在外界信源的冲击和包围、群体内信息的加工与交换双重作用下，合力使信息发生二次（多次）传播，而恰恰是经过选择性理解后处理过的信息对青年受众的影响程度更加难以控制。青年群体是主流价值观传播的诉求对象，承担着推动社会文化发展以及国家民族进步的重任，在建立人生观、价值观的重要节点上，要保证青年对个人、国家、社会和世界的关系形成正确的认知。主流价值观在复杂多元的新媒介环境中，其信息传播内容将如何被青年受众正确理解，如何保证信息的本义不被曲解，这就需要主流文化价值观做到讯息编码清晰，消除信息误读可能带来的二次传播的破坏性。

3.选择性记忆

在受众选择性心理中，选择性记忆是其中的核心环节，也是是否对受众产生影响以及影响程度的决定性因素。

人们总是乐于选择并记忆那些与自身价值取向相近的信息，屏蔽或者遗忘与自己原有态度相左的内容。此外，选择性记忆的形成也与受众的成长时代和社会环境相关。青年群体所处的时代背景会对其选择性记忆产生影响，社会环境的变化亦会对其审美关注和价值认同产生作用力。社会在泛娱乐化的审美趣味影响下，青年的价值认同难免向消费文化转向。

因此，在新媒介语境下，作为承担主流价值观传播使命的信息，在内容设计上应分析青年受众的普遍接受心理，在表达方式上应选择青年群体熟悉和喜爱的风格。只有理解青年群体成长环境，才能发挥主流价值观面向青年受众的文化引导力，避免泛娱乐化倾向的信息在传播轰炸中左右青年受众的信息选择，冲淡青年受众对主流价值观的记忆。

二、融合传播中主流价值观的精准到达

传统媒介与新媒介之间，不是非此即彼的替代关系，而是在媒介技术发展和受众心理接受中不断融合，实现信息的有效传播。从信息内容层面和受众心理角度探讨传统媒介和新媒介的融合路径，以融合传播的模式充分发挥传统主流媒介的权威性和网络新媒介的灵活性，是实现主流价值观宣传在青年群体中得以精准到达的保证。

（一）信息内容的创意性表达

同传统媒介信息从传播者到受众的单向流动模式不同，新媒介环境下产生的信息增加了在受众之间扩散传播的过程，特别是社交媒体所具备的人际传播的效果，使最初的信息内容在互动交流中标记上更多不可控的涵义。由于青年受众对信息的处理有"选择性理解"的媒介习惯，因此，主流价值观在面向青年受众进行传播时，要在保证信息方向明确、核心内容不被误读的前提下，根据青年受众的媒介接受心理，创意性地设计信息内容，加深青年对主流价值观的理解。

新媒介环境的重要表征之一是基于算法革新的数字技术应用，即大数据提供的精准信息传播。青年受众在媒介接触习惯上形成的各种"选择性"痕迹，可以成为大数据分析青年群体兴趣和行为的信息基础，将青年关注的热点作为主流价值观信息内容生产的来源，再转化成青年群体容易理解和乐于接受的视觉审美形式，主流价值观在创意性表达中得以复述。

1.青年化的言说方式

被称为"网络原住民"的当代青年是网络媒介时代最活跃的主角，他们在网络世界的主场中，建构起一套具有独特的青年亚文化风格的网络语词系统，以此区别其他群体的语言方式与文化特征，并逐渐发展成为网络文化，网络文化也是构成青年文化的重要表征。网络语言在语词内涵和表述方式上与传统汉语词汇语法相区别，是青年群体之间确认彼此身份和进行社会交往的符号性表达方式。青年群体通过网络语词系统，表明族群属性，建构青年文化。

熟谙网络媒介技术和应用的青年，凭借社群优势，以网络语词系统对传统语言方式做出突围性表演，获得来自群体内部的肯定。形成于传统媒介语境的权威主流媒体，其表述方式只有与新媒介语词系统相接近，才能与使用青年话语言说方式的受众实现良性对话和沟通。

网络语词的含义有着更丰富的所指，主流媒体可以在主流价值观的信息内容编码上，注意区分和使用具有积极意义的网络词汇，适当运用青年化的网络用语，拉近主流媒体和青年群体之间的对话距离，消除青年对说教式硬传播的排斥心理，树立青年群体乐于主动接近的官媒形象，在主流文化与青年文化的良性互动中形成具有社会正能量的融合文化。例如"打call"本是青年人为表示对事物的支持和称赞而使用的网络语，在党的十九大召开之际，人民日报"中央厨房"撰文《新闻中心官网"动起来"，为十九大报道打call》，[①]官方主流媒体以对网络热词的肯定态度向人们证明了"人民日报'中央厨房'是面向受众、面向国际、面向未来的新一代内容生产、传播和运营体系，以内容的生产传播为主线，不仅服务于人民日报旗下的各个媒体，更是为整个媒体行业搭建了一个支撑优质内容生产的公共平台，聚拢各方资源，形成融合发展合力。"[②]在2018年劳动节来临之际，许多主流媒体都发出为劳动人民"打call"的号召，与以往"向劳动人民致敬"的标语口号不同，网络语言的表述风格更加贴近青年群体的言说方式，引起青年受众参与话题讨论的热情，互动传播中加深了青年群体对劳动节传统意涵的理解。

传统媒介向网络新媒介靠拢，并不意味着将传统媒介的内容简单搬运到新媒介中，而是要求新旧媒介在传播思维上做出改变，寻找面向受众进行精准传播的融合方式，实现传播效果的最大化。因此，曾在传统媒介中一家独大的权威主流媒体，亟须根据媒介环境的变化做出调整。现在几乎所有的主流媒体都在网络新媒介中开通了官方账号，但这只是在形式上迈出了融合传播的第一步，信息内容上的创意化表达才是实现传播目标

① 张天培：《新闻中心官网"动起来"，为十九大报道打call》，《中央厨房》，2017年10月18日。

② 叶蓁蓁：《人民日报"中央厨房"有什么不一样》，《新闻战线》，2017年第2期。

至关重要的一环。官方媒体在主流价值观传播中，将网络语言的风格拼贴进信息内容的表达方式中，显示出传统主流媒体对青年话语方式的理解和尊重，也更切近青年受众的心理需求和行为习惯，至此，主流价值观在信息内容上做好了融合传播的准备。

2.艺术化的主题复述

多元化的媒介形态瓜分着资源有限的注意力，信息内容要想排除众声喧哗，独享受众的注意和记忆，也许当下只有院线电影或者戏剧这种媒介形式可以实现。人们总是带着主动的意愿走进影院（剧院），电影（戏剧）在封闭的空间、独立的时间里，屏蔽掉其他信息的干扰，集中了受众的注意力，那些引发受众共鸣的内容又赢得了长久的记忆。这为主流价值观信息传播过程中时常受到影响和削弱的问题找到一个新的解决路径。

外国动作大片和科幻巨制冲击下的中国电影环境，影响了青年对电影题材和视听效果的审美追求。以往国产主旋律电影因为囿于艺术表现形式、电影市场结构和媒介宣传方式等原因，在青年群体中的关注度不高，难以吸引主导电影票房的青年观众。而2018年春节档中，电影《红海行动》不单在票房上取得了傲人的成绩，也为爱国题材赢得了口碑，引发了青年对"也门撤侨""特种部队"等关键词的搜索热度，点燃了国人特别是青年的爱国情怀。后续的爱国主义题材故事片《战狼2》《湄公河行动》，以及体现中国精神和力量的纪录片《厉害了，我的国》，都是震撼心灵和引发共鸣的主旋律电影成功之作。通过观影，青年群体在对祖国和民族的认同中充满了自信心和自豪感。

艺术手法的张力在于其可以短时间内迅速引起注意、产生兴趣、深入人心、形成记忆。电影，作为青年人群喜欢的一种艺术形式，同样也是一种信息传播的媒介。既满足视觉艺术效果和市场指标要求，又富有家国精神和情怀感召的主旋律电影的热映，带来了极大的话题性和关注度，青年群体在网络媒介上积极地参与了话题讨论，在充满正能量的话语场中，扩大了主流价值观的影响力。受《红海行动》等影片启发，在艺术和主流价值观的融合过程中，主旋律电影从青年群体的观影习惯以及关注热点出发，思考电影题材的选择和艺术形式的表现，成为主流价值观得以有效传播的重要支持，也是一条探索主流价值观面向青年受众进行创意表达的新路径。

（二）青年文化接受心理的认同性引导

新旧媒介并存的媒介环境铸就了多元的社会文化，青年在社会文化的发展变化中继承传统和不断创新，书写出属于青年群体自身的文化风格——青年文化，"青年文化是青年群体与社会互动过程中创造出来的精神产品。"① 青年群体通过与其他社会群体的互动和交流，参与社会文化的建构，推动社会生活方式、意识形态、制度结构的革新。

由于网络媒介的匿名性、开放性和互动性，青年群体在虚拟的网络世界铸造出一个自我表达和自我赋权的文化空间，激发了青年群体在网络空间表达个人思想、参与文化创造的兴趣，青年文化得以在新媒介语境下发展壮大，进而影响社会文化的格局，也重新定义着主流文化与青年文化的关系。

---

① 张荆：《青年文化的由来》，《青年研究》，1988年第8期。

生活的快节奏和工作的高压力，促使青年群体在网络中建构起相对独立而轻松的话语空间和文化阵地，并借助新旧媒介的融合将青年文化风格渗透入日常生活之中，以青年特有的审美需求影响并补充了主流文化的表现样态。从代表主流价值观的"榜样"的变化中，可以印证青年文化对主流文化表意实践维度的影响，以及主流文化对青年文化价值意义层面的认同。以往主流媒体报道的"榜样"大多是各行各业的优秀人才或道德楷模，期望通过媒介对"榜样"的宣传来影响和教育青年人群。近些年来，主流媒介宣传中的"榜样"在形象认定和含义理解上均发生了改变。央视公益广告《再一次，为平凡人喝彩》就是将日常生活中的普通人作为"榜样"，鼓励自我、培养自信、突破困境、不惧失败，做积极美好生活的创造者，以乐观向上的态度拥抱人生，肯定平凡人对社会进步的意义。个性独立和自我肯定是青年群体普遍具有的人格特征，励志进取和自我完善是他们的精神追求，同时，面对不平衡的社会资源分配和来自工作生活的各种竞争压力，一部分青年人难免在抱怨、失望、怀疑等负面情绪的干扰下自怨自艾，甚至自暴自弃。以平凡的"自我"为榜样，肯定平凡的力量，这是主流文化价值表现对青年文化心理需求做出的调整，不再一味地以崇高的理想来拔高精神，不再制定刻板的成功标准来衡量人生，而是从青年现实生活状况出发，以平等对话的姿态关心青年心理健康，肯定差异化的个体本身。以"平凡人"为"榜样"，事实地说明了主流价值观在面向青年受众传播时，主流文化对青年文化的理解认同和吸纳收编。

新的媒介环境下，社会各方力量的调整变化导致各种文化力量关系此起彼伏，不同文化间形成对话和交流的基础是对文化所属群体的尊重和理解，即求同存异才能实现共融。尽管主流文化和青年文化之间存在差异和隔阂，但青年文化对主流文化和社会体制并非持有替代和破坏的意图，而是"青年在社会化过程中的自我表达，或者说自我身份确认，是青年特有的社会存在方式"[①]，是社会文化的组成部分。青年文化与青年处于人生的过渡阶段有关，"青年并不试图改变社会，而是希望重新进入社会，青年文化则能帮助青年完成社会化的过程。"[②] 因此，主流文化应给予青年文化的创造者即青年群体足够的理解和关怀，以青年的立场做换位思考，以青年的视角去观察世界，以认同青年成长过程的态度去引导青年走向成熟。

（三）融合传播的叠加式运用

传统媒介与网络新媒介的并存带来多元的媒介形态和过剩的信息数量，面对处于复杂媒介环境下的受众，信息传播变成一场艰难的说服过程。传统媒介在灵活性上因无法满足青年受众随时随地进行碎片化阅读的媒介习惯，限制了信息传播的广度；网络新媒介因开放性和匿名性带来信息的不确定性，而即时传播的技术又制造着大量扁平化和浅薄化的内容，削弱了信息传播的深度。因此，新旧媒介的融合成为一种可能的和必要的选择。传统主流媒介的严谨态度确保了所发布信息的权威性，有利于加深受众对信息的全面理解力；网络新媒介对受众群体的细分实现了诉求目标的精准性，有利于扩大信息

---

①　陈亮：《青年文化：诠释与批评》，《当代青年研究》，2010年第6期。

②　陈敏：《青年亚文化批评话语研究》，知识产权出版社，2016年，第3页。

在受众群体中的覆盖面。新旧媒介在优势互补中形成融合传播的合力，叠加式运用促进了主流价值观在青年受众中全面而明确地深度传播。

1.权威性与精准性的融合

传统媒介的传播模式在确保信源的可控性、内容的真实性、传播者立场的客观性等方面，相对于网络新媒介来说具有权威性的优势。因此，在网络信息复杂多变，一时难辨真伪的媒介语境下，传统主流媒体的正面报道和理性解读是受众寻找真相、确认结论的权威依据，由传统媒介作为主流价值观的主要传播平台是作为社会主流文化导向性认证的需要。

网络媒介环境培养了青年受众特殊的媒介接触习惯，特别是不同社交媒介平台的应用技术对青年受众进行了更加细致的区分，通过向代表不同青年所属群体的新媒介渠道投放具有"关键词"意义的主流价值观信息，以其短小精悍的内容吸引习惯碎片化阅读的青年受众，可以有效地将受众引导至传统主流媒介平台上去主动找寻完整的信息内容，以此确保主流价值观信息可以精准到达青年群体。

《中国诗词大会》是央视于2014年推出的一档文化益智类节目，以"'赏中华诗词，寻文化基因，品生活之美'为宗旨，为贯彻落实习近平总书记关于弘扬中华优秀传统文化的指示精神，为让古代经典诗词，深深印在国民大众的脑子里，成为'中华民族文化基因'，通过演播室比赛的形式，重温经典诗词，继承和发扬中华优秀传统文化。"[1] 这档节目在电视媒介的收视率和网络媒介的话题性上，都具有极高的热度。更多的青年人通过移动网络在微博和微信上随时关注参赛选手的精彩对垒，在网络上引发了关于古诗词的讨论热潮。作为传统主流媒介代表的央视，结合网络新媒介平台传播的便捷性，通过自制综艺节目《中国诗词大会》，"强化流量思维，创新融合传播，大屏小屏互动导入，融合传播效果显著"[2] 成为向青年群体传播主流价值观，传递社会正能量，发出中国"文化自信"之声的重要传播渠道。

2.持续性与灵活性的叠加

如果说，传统媒介的单向度传播模式与彼时信息并未饱和的媒介生态环境相适应，那么当下新旧媒介并存、多元文化共享的新媒介环境，则催生出信源多样、渠道交错、数据庞杂的传播状态。浸泡在海量信息中的人们，虽然看似接触的信息体量更大、种类更多，但平均到单体信息量上，与以往传统媒介相对集中的传播影响力相比，信息的刺激性减弱，受众的敏感度降低，传播说服的难度变大。为保证处于信息充盈乃至过剩状态之中的青年群体在面对主流价值观信息刺激时，其注意力不被涌入的繁杂内容干扰和分散，对主诉信息进行持续性输出可以强化传播效果。代表主流价值观的官方媒体对信息的持续性传播，一方面符合传播规律，加强了青年受众对主流价值观的记忆；另一方面，官方媒体经过高频次曝光，在青年群体中积累了辨识度和认知度，增进青年受众与官方媒体互动交流的黏性。

---

① 视频资料来源于央视网《中国诗词大会》正月初五CCTV1综合频道20点档首播，2016年2月3日。

② 《中国诗词大会》第三季简介，《中国广播电视学刊》，2018年第5期。

当然，实现传播的持续性，并不意味着媒介要不间断地向受众重复主诉信息，而是根据目标受众的媒介接触习惯和心理活动状态进行灵活投放，并在媒介效果监测中做出适时调整。移动媒介技术改变了受众获取信息的方式和对待信息的态度，随时随地开启移动设备接收信息的行为，培养了碎片化的阅读经验。碎片化意味着用于信息传播的时间被切割成短小的单位，承载信息内容的固定空间被打破，这就需要精简的信息内容和灵活的传播渠道与之适应。

主流价值观的传播要到达碎片化媒介经验中的青年受众，就需要在信息的内容上和形式上都做出灵活性调整，将所要传播的内容设计成精简的、适合快速理解的、不受空间限制可以随时获取的信息，提高碎片时间的利用率，加深主流文化价值观在青年媒介接触中的渗透力。如，于2018年5月20日开通官方微博的中国人民解放军陆军，发布了一条一分钟的快闪视频，以快节奏的背景音乐和不断切换的镜头展现了中国人民解放军陆军的训练日常。这条视频仅用三天的时间就达到1304万次的观看率，并引发了蕴含正能量的话题讨论。短短一分钟的时间虽然不能完整地展现中国人民解放军陆军的精神面貌，但却足以激起青年热血沸腾的爱国情怀，深化对强国精神的理解。

在现代信息的传播过程中，传播者、受众和媒介这三个要素都在影响着传播效果的实现。在新的媒介环境中传播主流文化价值观，我们要考察目标受众即青年群体的媒介接触习惯和信息接受心理，结合新旧媒介各自的传播优势，发挥融合传播的精准性，在深度上和广度上实现主流价值观在青年受众中的有效传播。

中国高校艺术类专业构成与发展的若干思考

庞忠海　　高　新　　任　伟

【内容提要】探讨"艺术类专业构成与发展"问题，对推进艺术类专业改革、建设和向更高的水平迈进具有重要意义。本文以艺术类专业为研究线索，以吉林艺术学院艺术类专业建设为研究基础与案例，侧重对艺术类专业构成和培养方案的制定、教学改革的开展、师资队伍的打造、研创展演反哺教学、管理与评估、一流专业建设等与发展有关的问题进行了系统阐述和剖析，希望能引起各高校，尤其是地方艺术院校对此类问题的深入探讨，促其更加关注艺术类专业的管理、建设与发展，不断提高专业办学水平与可持续发展的能力。

【关　键　词】地方院校；艺术；专业；建设

【基金项目】吉林省教育厅教改课题"构建综合性艺术院校教学质量保障体系的研究与实践"（项目编号：吉教高〔2017〕71号）。

【作者简介】庞忠海，男，吉林大学文学院博士，吉林艺术学院教务处长、教授（长春 130012）；高新，男，吉林艺术院学科专业建设领导小组副组长、教授、博士生导师（长春 130012）；任伟，男，吉林艺术学院教务处科员（长春 130012）。

对高等学校而言，专业是其依据社会分工需要所分成的学业门类，是以一个或多个学科为支撑的若干课程的一种组织形式，是高级专门人才培养的基本单元，也是高校人才培养与社会需求紧密联系的接口。专业建设是高校内涵建设的核心内容之一，是专业持续发展的重要依托，包括专业发展规划、设置、结构、布局调整及相关要素建设，专业建设以提高教学质量为中心，出发点和落脚点都是人才培养，专业建设水平如何对办好高水平本科教育有举足轻重的影响。《教育部关于加快建设高水平本科教育全面提高人才培养能力的意见》（以下简称《意见》），从"动态调整专业结构、优化区域专业布局、提高专业建设质量、实施一流专业建设'双万计划'"四个方面，用浓墨重笔对专业建设进行了较全面的阐述，为全国高校进一步高标准推进新时代的专业改革、建设与发展指明了方向。

一、艺术类专业的构成

艺术学原为文学学科门类的一个一级学科，2011年，伴随着文化发展繁荣的需要，艺术学升格为学科门类，下属艺术学理论、音乐与舞蹈学、戏剧与影视学、美术学、设计学5个一级学科。2012年，教育部对本科专业目录进行新一轮调整，将艺术类专业确定为33个，分别归属一级学科对应的5个专业类。近年来，社会对艺术人才需求的类型进一步拓展，艺术管理等目录外艺术类专业应运而生。其他学科门类也包含一些与艺术密切相关的专业，如教育学门类的艺术教育专业，工学门类的风景园林专业、服装设计与工程专业，管理学门类的文化产业管理专业，这些专业既可授予所在学科门类的学士学位，也可授予艺术学学士学位。艺术院校专业设置以艺术类专业为主，同时也设置若干与艺术密切相关的专业。如将上述艺术类专业与艺术密切相关的专业放在一起，按共有的艺术特质划分，也可将它们分为造型、表演、综合三大类专业。

全国70%以上的本科高校都设有艺术类专业，分布于艺术院校和部分非艺术院校。因此，探讨艺术类专业建设，对相当数量的地方院校有关专业建设都具有借鉴意义。艺术院校，特别是地方艺术院校的艺术类专业在人才培养、科研创作、展览演出、专业性社会服务、国际文化艺术交流等方面具有得天独厚的优势，对所在地区的艺术类专业建设具有较好的示范与辐射作用。吉林艺术学院作为东北地区唯一的综合艺术院校，艺术类学科专业比较齐全，可在多个艺术学科支撑下开展某个专业的专业改革与建设；学校艺术学门类全部5个一级学科都入选了吉林省"十三五"特色高水平学科，其中设计学、音乐与舞蹈学、美术学入选省一流学科，均为省内同类学科唯一；4个艺术类专业入选吉林省特色高水平专业A类，占全省高校入选特色高水平A类艺术类专业总数的56%；在新一期教育部全部6个艺术类专业教学指导委员会中，学校教师在其中4个教学指导委员会中担任委员，同时学校还是吉林省高校艺术类专业教学指导委员会主任委员所在单位。多年来，学校始终高度重视艺术类专业建设，依托优势学科牵引艺术类专业改革与建设，进行了大量有益的探索与尝试，其核心成果获得吉林省高等教育教学成果一等奖，在吉林省高校优化学科专业布局、提升艺术类专业发展水平、增强服务地方文艺繁荣能力等方面发挥了举足轻重的带动和引领作用。

二、艺术类专业建设要素

（一）艺术类专业培养方案

培养方案依据国家尤其是地方文化艺术发展需求、学校艺术类专业办学实际和《普通高等学校本科专业类教学质量国家标准》（以下简称《国家标准》）制订。培养方案一般包括专业名称、专业代码、培养目标、培养规格、学制与学位、主干学科、课程设置、毕业设计与毕业论文、学生成绩评定等。其中培养目标应阐明培养什么类型的人才（应用型、研究型、复合型等）和就业主要去向；培养规格应分别明确知识、能力、素质的要求；课程设置应注意并处理好理论课与实践课、专业基础课与专业主干课、必修课与选修课之间的关系，体现"两个贯穿"，把思想政治教育与创新创业教育贯穿于人才培养全过程。目前，非常急迫的是从基础性、专业性、应用性三个方面，探索和构建多层次、多角度并与现代信息技术有机融合的创新创业教育课程体系。在《国家标准》中，设置6个方面共9类与艺术有关的专业标准：包括艺术学理论类专业标准，美术学类专业标准，设计学类专业标准，音乐与舞蹈学类专业标准（音乐类专业、舞蹈类专业），戏剧与影视学类专业标准（电影与电视艺术专业、戏剧类专业、广播电视类专业），动画、数字媒体艺术、数字媒体技术专业标准。艺术类本科专业目录中，按照偏重理论与偏重应用又可分为两部分专业，如音乐学、美术学、戏剧学、艺术设计学等9个专业为偏重理论专业，音乐表演、舞蹈表演、绘画、视觉传达设计、数字媒体艺术等24个专业为偏重应用的专业。实践性教学体系的构建，对艺术类专业实现人才培养目标特别重要，该体系一般含课内实践、课外实践两部分，课外实践又包括校内课外艺术实践、行业组织的展览演出与艺术服务和参加旨在提升适应社会能力和综合素质的社会实践等，体系应凸显理论教学与校内外、课内外多种实践活动的相互渗透、补充与融通，使课内外的每一项艺术实践活动既是课内教学的拓展和升华，也是对课内教学的充实、检验与完善。

（二）艺术类专业教学改革

高校办学实践证明，对专业教师提出全员开展教学研究、投身教学改革的要求，以高质量的教研促进教改的深化非常必要。应鼓励和支持教师结合自身教学工作和教改实际开展教学研究，积极承担国家、省教育行政部门、教育科研规划部门及高等教育学会组织的教学改革与教育科研立项。按照《意见》要求，要进一步厘清艺术类专业教学改革的思路，深化课程体系与教学内容改革，结合艺术类各专业的不同特点和需要，采用启发式教学、参与式教学、探索式教学、体验式教学、讨论式教学、案例式教学等适用的教学方法，促进现代信息技术与教育教学的深度融合，构建招生、培养、就业联动机制，探索与社会用人部门合作紧密的协同育人机制，强化人才培养质量评价保障与持续改进机制，加强对不同学科门类的专业进行针对性指导，促使其形成鲜明特色的同时得到新的发展。吉林艺术学院不断深化教育教学改革，特别是依托学校省级人才培养模式创新示范试验区，深入推进人才培养模式改革与创新，在设计学类、美术学类中具有造型特点的专业实施"工作室制""项目带动制""产学研用结合"等培养模式，在音乐与舞蹈学类、戏剧与影视学类中具有表演特点的专业，实施课堂教学、艺术专业实践、学科专业竞赛、舞台演出实战融合的培养模式；积极进行培养培育拔尖创新人才的探索，在全国地方院校率先实施了"创新型艺术人才培养工程"，有效促进了艺术类专业办学水平与人才培养质量的提高。

（三）艺术类专业师资队伍

师资队伍是专业改革、建设、发展的重要基础。师资规模、生师比和专业背景、学位、职称、年龄、学缘、海外访学经历等结构需科学合理，符合《国家标准》的要求，学校人才、人事、教务、科研、展演、教师教学发展中心等管理部门和教学单位等应密切配合，合力推进师资队伍建设，建立健全保障教师持续发展提升的制度与机制，如制定吸引、培育、培养专业带头人和专业骨干的制度，鼓励教师到国内外教育与艺术机构进修、访学、深造制度，教师攻读博士学位、提升学历层次的制度，教研、教改定期交流制度，教师定期到对应的企事业单位挂职锻炼的制度，等等。国家、省教育行政部门及其培训机构应定期组织教师更新教育理念、开阔学术视野、追踪学科前沿知识、强化专业技能、加强师德师风建设、提高教育教学水平的高层次培训。偏重应用的艺术类专业，应通过培养与引进相结合等措施，强化"双师型"师资的培养，打造德才兼备，教学技能与专业技能精湛，既能教学，又会画、会表演、会设计的高素质专业化师资队伍。

（四）研创展演反哺教学

艺术类专业教师既需要承担科学研究和艺术创作项目，也需要承担展览演出和专业性社会服务项目。形式多样、内容丰富的各类研创展演项目是艺术类专业教学的延伸和提升。近年来，吉林艺术学院建设了国内地方艺术院校类型最齐全、数量最多的省级以上科研创作平台体系（3个国家级平台、12个省级平台），获得国家社科基金项目、国家艺术基金项目、教育部人文社科项目、全国教育科学规划课题、文化部科技创新项目等60余项，学生在教师的指导下借助这些高层次平台和参加众多业界有影响的项目，使服务国家文艺发展繁荣、传承创新地域文化与专业课堂教学、科研创作、展览演出、专业性社会服务在人才培养过程中得到很好的契合，有力促进了人才培养质量、专业实践能力和综合艺术素质的提升。

三、艺术类专业建设的管理

（一）艺术类专业管理机构

国家、各省和各高校都设有分管专业建设的行政管理机构，国家、省教育行政部门的职能处室和高校的教务处，分别负责全国、各省和高校专业的宏观管理；一些特别重视专业建设的高校，专门成立了专业建设领导小组，强化对专业建设的组织、管理与指导。宏观专业管理最重要的内容是制定全国、全省、全校专业建设的指导性文件，专业教学质量标准，组织实施专业评估或专业认证，等等；微观专业管理的重点是制定专业发展规划、建立专业建设激励机制、健全专业管理制度等。高校的教学单位负责专业建设的微观管理。各级专业教学指导委员会建设特别重要，教育部、省、高校组建专业教学指导委员会，分别负责对全国、各省、各高校专业改革、建设、发展进行指导，对专业健康发展运行起着不可替代的指导和促进作用。其中高校专业教学指导委员会，具有特别重要的承上启下作用，教学指导委员会委员是从高校自身或相关政府机构、行业部门、企事业单位的专家、教授中选聘，艺术类专业教学指导委员会的主要职能为：掌握国内外艺术学学科专业教育的发展趋势，贯彻落实国家、省及学校高等艺术教育教学改革和发展的精神，依据社会需求论证学校专业结构和布局，指导学校新增本科专业的申报工作；根据《国家标准》和社会文化发展对艺术人才的实际需要，指导各教学单位研究制定"专业人才培养方案"，开展艺术学学科专业领域的理论与实践研究，指导高校专业队伍建设、课程建设、教材建设、实训实习基地建设、实验室建设等工作，审议或推荐专业教学改革方案和成果；按照教育部、省、校的要求，指导艺术类专业评估、国家、省两级一流专业或特色高水平专业的推荐申报工作等。

（二）艺术类专业评估

专业评估是高校教学质量监控体系的重要一环，是专业管理的有效手段之一。专业评估包括国家、省教育行政组织实施的面向全国或区域的专业评估，也包括社会评估机构组织的专业评估，还包括各类高校组织的校内专业评估。从1985年开始，国内关于非艺术类专业评估的研究一直没有中断，但关于艺术类专业的评估则刚刚起步，其主要问题是在评估内容和评估标准上，体现艺术教育特征不够充分，在一定意义上影响了艺术类专业评估的有效开展。从创新艺术类专业评估指标体系的角度，其一、二级指标可与非艺术院校大体相同，即可设置"定位与目标""师资队伍""教学条件""教学过程""培养质量""质量保障""优势与特色"7个一级指标及对应的二级指标；但在主要观测点的设立上，既要遵循高等教育教学的规律，也要符合文化传承创新及艺术发展的规律。为了增强可操作性，应强调如下几个原则：一是导向性原则，要全面贯彻《意见》中明确的本科教育指导思想，落实立德树人根本任务，坚持"以学生发展为主线"的评估思路，核心是对学校艺术类专业人才培养目标和培养效果进行评估，还要特别重视对艺术类专业发展规划的考量；二是代表性原则，可选取一定比例的专业骨干教师，优秀在校生和毕业生，标志性的教研、科研、创作、展览、演出项目和成果做相应指标的评估参照，并通过明晰的表格和简短的叙述加以展现，使评估的客观依据更具可信度；三是条件性原则，除了与非艺术院校类似的公共办学仪器设备设施外，对专业工作室、基功教室、演播厅、音乐厅、展馆、剧场、琴房、画室等都是考察评估内容。

（三）艺术类一流专业打造

专业设置、建设、改革是其发展的必要前提，艺术类专业要发展得有质量，就需要瞄准一个"跳一跳能够得着"的发展目标加快建设、深化改革，一流专业"双万计划"的实施，为艺术类专业的高质量发展提供了可努力的方向和参照标准。《意见》明确指出："以建设面向未来、适应需求、引领发展、理念先进、保障有力的一流专业为目标，建设1万个国家级一流专业点和1万个省级一流专业点，引领支撑高水平本科教育。'双一流'高校要率先建成一流专业，应用型本科高校要结合办学特色努力建设一流专业。" 因此，国务院有关部门所属高校与地方院校依据不同的办学定位和培养目标都可以建设一流艺术类专业，这对有条件的地方院校打造一流艺术类专业是一个很好的激励。一流专业要有一流的专业建设理念，注重支撑主干学科办学优势的引领、注重专业办学特色的凝练、注重专业培养目标的定位、注重与社会需求的契合；一流的师资队伍，应有国内业界有影响的专家担当专业带头人，同时对专业团队成员的专业背景、学位、职称、年龄、学缘、海外访学经历等都需要有更高的要求；一流的课程结构，即瞄准学科前沿与主要服务行业发展的实际，精选课程和教材内容，构建具有时代感的理论教学与实践教学体系；一流的演展与设计，即立足文化传承创新与文艺繁荣需要，依托国家艺术基金和政府委托的重要文化艺术项目等，打造在业界有较大影响的展览演出与设计服务品牌；一流的专业教育教学设施，包括购置现代化的仪器设备，打造先进的艺术教育环境，建设国内领先的社科重点研究基地、重点实验室、工程研究中心、协同创新中心和现代化的音乐厅、再造空间、剧场、艺术文献资源中心等；一流的艺术人才培养质量，教育部正在推进 "六卓越一拔尖"计划2.0版，覆盖文、理、工、农、医、教等专业领域，艺术院校这方面尚属空白，有条件的院校特别是有雄厚办学积淀的专业艺术院校，有责任瞄准一流加快专业建设，推进卓越艺术人才培养计划的启动与实施。高校的五大职能，在专业都应有所体现，基于艺术类专业的特点，在履行相应职能时要坚持社会主义的办学方向，处理好"学"与"术"的关系，将文化传承创新应贯穿于人才培养、科研创作、社会服务、国际艺术交流各个方面。近年来，吉林艺术学院注重发挥省特色高水平学科，特别是省一流学科的优势，加大力度牵引全校艺术类专业改革、建设与发展，在打造特色高水平专业队伍、科研创作、展览演出、专业办学设施诸方面均取得了一定成绩。学校国家级特色专业与省级品牌专业都加快了向一流专业迈进的步伐，如视觉传达设计专业团队层次不断提升，带头人相继获批"文化名师"暨"四个一批"人才和国家"万人计划"哲学社科领军人才；绘画专业逐步形成在国内同类专业中具有较大影响的写意性油画省级创新团队与优秀教学团队，先后承担以弘扬中华及地域优秀文化为主题的国家艺术基金项目近十余项；表演专业积极实施"以演出带动教学，以创作深化教学，以竞赛促进教学，以社会检验教学，实现从课堂走向排练场，从排练场走向剧场，从剧场走向市场"的人才培养模式，成为地方院校培养一线戏剧影视表演人才数量最多、质量较高的专业之一；数字媒体艺术专业，依托国内高校领先的现代化教育教学仪器设备设施与教学环境，不断深化基于"艺术教育与科学技术结合"的教学改革，办学水平迅速提高，近年来在全国较权威的第三方评价均位列前三甲；音乐表演专业（流行音乐方向）经过十余年的不懈能力，办学实力和水平得到国内同类专业的广泛认可，在《中国好声音》等重要流行音乐表演节目及竞赛活动中均取得骄人的战绩。

参考文献：

[1]刘兆武等.突出特色 提升水平 建设省级艺术类品牌专业[J].中国大学教学.2014(9).

[2]魏晓亮.审核评估背景下艺术院校专业评估指标体系构建策略[J].南京艺术学院学报.2016(9).

[3]刘振华.艺术专业研究生科学研究素养形成探索[J].中国高校科技.2018(5).

地域文化
研究

满族民俗文化的影像化传播

孔朝蓬　　刘乃千

【内容提要】满族民俗文化，作为东北民俗文化的重要组成部分之一，对展现我国多元一体的中华文化有着举足轻重的作用。影像，集合了多种艺术表达形式的精髓，以其直观并富有艺术感染力的表达方式成了传递满族民俗文化的重要载体之一。以文化人类学的视角探究影像内容、以传播学理论构架满族民俗文化的影像化传播结构、以多元化的视角去探究传播效果，无疑为满族民俗文化的传承与发展提供了新的可能。

【关 键 词】满族民俗文化；审美特征；文化意蕴；影像化传播

【基金项目】国家社科基金重大委托项目子课题（项目编号：YXZ2017026）。

【作者简介】孔朝蓬，女，文学博士，吉林大学文学院教授、博士生导师（长春130012）；刘乃千，男，吉林大学文学院文学传播与媒介文化专业博士研究生（长春130012）。

一、满族民俗文化的内涵与范畴

中华民族是多民族融合、共同发展的大家庭，很多少数民族都拥有自己独特的发展史、地域风俗及民族文化艺术形式，并在异彩纷呈的民俗文化上得到了充分体现。早在《汉书·王吉传》中就有"百里不同风，千里不同俗"的记载。民俗即民间风俗，在社会生活中是一种普遍现象，它可以大体分为物质民俗、社会民俗、口承语言民俗和精神民俗几大类。民俗文化是相对于书面文化传统之外的文化，以口头，风俗或物质的形式存在，以民间传承（或是口传、模仿、表演）的方式传播[①]。

在中国历史发展的沿革中，东北地区涌现出鲜卑、契丹、蒙古和满族等民族，这些民族的生息繁衍为华夏文明留下了浓墨重彩的一笔，其中满族文化对东北地区民间文化的生成与发展影响最为深广。文化的发展是一个动态的过程，是人类生产、生活及表达方式的总和。对于地域文化坐标的探索亦离不开对纵向（历史变迁）与横向（地理迁徙）的综合考量。

满族的先祖可追溯到肃慎。"东北海之外，大荒之中，有山名曰不咸，有肃慎氏之国[②]。""不咸"所指正是如今的长白山地区。根据可考史料记载，肃慎族定居长白山地区，为满族文化起源、发展于东北提供了有力的证明。历史上的肃慎、扶余、挹娄、勿

---

① 王娟：《民俗学概论》，北京大学出版社，2002年，第13页。

② 郭璞：《文渊阁四库全书·山海经》（第17卷），台湾商务印书馆，1986年，第1页。

吉、靺鞨、女真都是现代满族的族源，其发展过程中留下了丰厚的文化遗产。在随后的汉代、魏晋南北朝，直至隋初，满族（隋唐时称"靺鞨"）第一次在历史上建立政权。后历五代十国（满族在五代时被契丹人称为"女真"，辽朝因讳字，将"女真"书为"女直"）、元末明初，满族人一直活跃于历史舞台。至1644年清军入关，满族贵族逐步开始统一全国，满族文化开始主导主流文化语境。自辛亥革命后，大部分满族群落定居关内，官方定名"满族"，该称谓也被沿用至今。满族人生活在南起长白山，北至黑龙江以至更远，西起松花江，东滨大海这片地域中[①]。在这片四季变化明显，春冬季节偏长，冬季严寒的特殊自然环境中，满族人产生了"夏则巢居，冬则穴处"的居住习惯[②]。一年中漫长寒冷的冬季，使满族生产生活中逐渐形成了种植五谷，善渔猎、木石笤猎获禽兽，驯鹰，交易貂皮等习俗。

在民俗学视域下，由于不同文化空间等因素的影响，针对民俗的分类，国内外研究者们存在一定分歧。其中极具代表性的两种划分方法为"三分法"和"四分法"。三分法依托于民俗的传播方式，将民俗分为口头民俗、风俗民俗、物质民俗三大类。四分法根据地区民俗的实际应用性和社会功能，将其划分为经济民俗（物质民俗）、社会民俗、信仰民俗（精神民俗）、游艺民俗（语言民俗）。在对大量的史料、研究文献进行收集整理，并对部分民俗文化进行田野调查后，基于文化地理学及文化人类学的研究视角，同时兼顾民俗在影像人类学当中的实际应用性，满族民俗文化基本包含饮食、服饰、民居等生活习俗以及宗教、传统礼俗、社会制度、民间艺术、语言文字等范畴。满族民俗具有承担文化传播载体，传达民族文化精神与意蕴的功能。

民俗文化是民族文化的重要组成部分。我国的民俗文化历经民族融合、地理迁徙、民族战争、社会发展等因素的影响不断发生变化。同时伴随着科技发展，以及全球文化交融的态势，民俗文化传承及发展也面临着前所未有的挑战。满族民俗文化研究包括宏观研究和微观研究，所谓宏观视角的研究是对族群生活、行为、语言、艺术等群体性活动的概括，主要研究满族民俗文化的基本原理及其特殊规律，总结满族民俗文化的精神内核。微观视角即是通过对满族物质民俗的发现和寻根，找寻民俗物器背后的故事，发现个体与群体的异同，探求满族独特的文化传承[③]。

二、满族民俗文化所体现的审美特征与文化意蕴

（一）平实、质朴、粗犷的审美特征

主要体现为对日常生活审美化的追求，实用性与审美性的结合，对生活、习俗的写意化表达与呈现。早在满族原住民使用纸之前，他们的先祖就用树皮、兽皮、抹布、植物叶子等材料剪刻图形、图案。这些图案出现在满族人的门帘、窗户、墙面、衣饰等处，表达的内容也多与自然崇拜、动植物崇拜有关，后来逐渐演变出神话传说、民间故

---

①　于淼：《满族类图书出版现状、问题与策略研究》，硕士学位论文，河北大学，2015年，第3页。

②　房玄龄：《晋书》（第97卷），中华书局，1974年，第2534页。

③　宋德胤：《评杨锡春著〈满族风俗考〉》，《民俗研究》，1994年第4期。

事、人物肖像等内容。例如满族民间剪纸艺术，由于特殊的诞生背景与文化空间，使得满族剪纸在艺术特征上大多不重工笔，偏重写意。满族剪纸中经典的"嬷嬷人"，民间创作中甚至可以省略勾勒草图的工序而一气呵成，便可完成一幅传神的人物形象。值得注意的是，每一幅"嬷嬷人"在人物本身的刻画方面大体一致（如不侧重刻画人物眼睛），而每幅作品的差异是通过外部环境、外在物品来突显不同，如"嬷嬷人"的衣着、饰品、身处场景等。寥寥几剪，就能赋予人物完全不同的故事。满族民间剪纸初观之时貌似简单，但细细品评，却能找到一种大道至简的意蕴。

（二）对自然与神灵的敬畏，对生命的尊重

在远古时代，满族先民对自然的认知存在一定的局限性。自然现象的无法解释，恶劣自然环境的难以克服，关于陌生事物的种种假想，基本通过宗教祭祀的方式宣泄恐惧、敬畏等情绪。在以渔猎为生的满族文化起源中，对自然的敬畏、对生命的尊重，与萨满教信奉的"万物有灵"在历史的交叉点不谋而合。作为满族信奉的官方宗教，萨满祭祀仪式成了满族官祭、民祭活动中最重要的环节，经常在各类场景出现"萨满教"的掠影。而萨满鼓既是祭祀中的重要器物，同时也兼具民俗文化特征。萨满鼓有很多别称，如神鼓、抓鼓、单环鼓，这些称呼都形象地描述了萨满鼓结构的基本特征。用枣藤子特殊炮制的鼓圈；直径0.5米，大小适中，蒙以牛、羊、马皮的鼓面；单鼓面附带十字型抓手；配以金属环铃及不同样式的鼓槌，使萨满鼓这一民俗器物处处显露出满族人民粗率豪放的气质与极重实用主义的精神内涵。

（三）包容性与多元共生性

在中国历史上，满族人民用他们的智慧对满族英雄人物、社会风貌、风土人情、百姓生活生产进行了大量总结，以口述的形式创造了中国四大口述文化史诗之一的"满族说部"。其文本容量之大、内容涵盖之广、艺术特点之雄伟苍劲，透露出满族人民所独有的人文气质及艺术气质，使满族说部成为中华民族文化的精粹，对北方民族史学、社会学、民俗学、文艺学、宗教学产生了深远影响。吉林省著名文化学者、民习俗专家曹保明先生曾这样概括满族说部的特点：说部具有兼容性和再创造性特征；说部具有综合性和集体性特征[1]。第一，说部在传承的过程中，在不断总结满族自身文化的同时，开放包容地吸收其他民族的文化，完成不断进化和完善的过程。由此可以窥见满族民俗文化的包容精神和创新精神；第二，说部的产生与进化是一个群体性行为，并不是精英文化的代言人。说部本身的民俗性培育了一致性，强化了传播说部民族的思想认同，民族精神[2]。在后人整理的"说部"文本故事中，大到英雄史诗、民族战争、神话传说，小到民间故事，百姓生活、渔猎农耕，可谓是涵盖满族文化精要的百科全书。

在东北民族格局的更迭融合与东北复杂历史变迁中，满族文化与汉族、蒙古族、鄂伦春族等多民族文化进行了长时期的交流与融合，形成了多种生存方式、生活习俗、价值观念、民间信仰的多元复合共生性。最终经过历史淘洗，形成了复杂却又多元一体的

---

[1]　曹保明：《非物质文化遗产满族说部的传承特点和精神价值》，《民间文化论坛》，2010年第6期。

[2]　曹保明：《非物质文化遗产满族说部的传承特点和精神价值》，《民间文化论坛》，2010年第6期。

文化精神与文化意蕴。历史赋予满族人民的这些宝贵文化精髓和精神财富，也是中华民族精神的瑰宝。因此，如何在历史文化的自然消逝中保留这些历史刻痕，传承民族文化精神与文化意蕴，是亟待我们思考与解决的问题。

三、满族民俗文化影像化传播的现状分析及问题

1948年，美国学者拉斯韦尔在他的论文《传播与社会中的结构与功能》中，首次提出了传播过程中的五个基本要素，即：Who（谁）、Says What（说了什么）、In Which Channel（通过什么渠道）、To Whom（向谁说）、With What Effect（产生什么效果）。5W模式的实际应用旨在对传播信息者进行控制分析、对讯息进行内容分析、对传播媒介进行媒介分析、对受众进行受众分析、对传播效果进行效果分析五个方面，并衍生出效果与传播者的互动反馈关系。这一传播学理论体系可以帮助我们更加精准地分析满族民俗文化影像化传播的现状，并发现各个节点存在的问题。由于满族民俗文化的影像化传播目前以传统媒介为主要传播平台，传播载体相对单一，传者与受众群体存在明显"知沟"。

鉴于央视网收录的在各地方卫视及央视各频道播出的影像化内容种类的官方性与权威性，笔者以央视网数据为基础和样本。为使检索内容尽可能地具有覆盖性，将检索内容"满族民俗文化"进行词条拆解，以满族、民俗文化、满族民俗、满族文化四个关键词作为检索内容进行搜索并收集，使用"SPSS Statistics 17.0"对搜集内容进行关键词筛选，并筛除以上四个词条中检索内容重复的部分。随后在已筛除内容部分，进行人工复筛查，将视频内容标题中未显示"满族民俗文化"，但实际内容涉及满族民俗文化符号的影像化内容并入研究数据中。在统计近五年（2013年—2018年）满族民俗文化的影像化传播的数据并分类总结后，认为关于满族民俗文化的影像留存主要分为四大类：电视节目类、新闻报道类、纪录片类及影视剧类。其中影视剧类作品所占比重较小，且影视剧类影像为了达到戏剧化表达的目的，对民俗文化进行了二度创作，一定程度上失去了将其作为民俗原生文化研究样本的意义，固暂不将其作为本次研究的主要对象之一。

统计数据显示，在央视网2013年到2018年关于"满族民俗文化内容"的3078条影像内容检索结果中，电视节目类共计2031条（影像化内容主要来自中央电视台各频道及少部分地方卫视），约占比65.98%；新闻报道类共计813条（影像化内容来自央视、地方卫视及少部分地方台），约占比26.41%；纪录片共计152条（包含由央视官方出品、地方卫视联合制作、地方卫视独立制作选送央视参赛且已公开播出的纪录片作品），占比约4.94%；其余约占比2.67%的内容为影视剧类内容。

电视节目类占比最大，在广播、电视等传统媒体产业化及新媒体极速发展影响的背景下，上述电视节目类别中，如：《舞蹈世界》（20180305期，舞蹈全明星）、CCTV-2财经频道《时尚大师》（20180418期，钟爱传统文化的满族设计师——赵扬子）、CCTV-5的《运动过大年之满族赛威呼》（20170129期）、CCTV-3综艺频道的《星光大道》（20141011期《满族风情歌舞》）等。这些电视节目大多将满族民俗文化符号作为一种新颖、独特的娱乐元素或是商业化效用融入电视节目当中，为了追求节目娱乐效果

而弱化了满族民俗本身的原生文化性，其中偏重于娱乐化的解读与消费，对满族民俗文化本身造成了一定程度上的误读。

新闻报道类是占比第二的类型，主要以东北地区黑、吉、辽的早、晚间大新闻报道为主，央视新闻报道为辅。如：辽宁卫视《辽宁新闻》（20181031期"陈求发在鞍山市岫岩满族自治县和海城市调研时强调，深入学习贯彻习近平总书记重要讲话精神，努力实现高质量发展，加快推进全面振兴"）、吉林卫视《吉林新闻联播》（20160915期游叶赫美景，品满族文化）、哈尔滨电视台《都市零距离》（20150218期腊月二十九年俗：东北满族农户跳萨满舞）、河北卫视《河北新闻联播》（20130814期赵勇在青龙满族自治县调研）等。抽样调查后我们可以发现，在新闻中出现的关于满族民俗文化的报道，大多体现了地方部门主办的会演、地方领导调研讲话、相关文化内容会议的召开等，新闻报道的切入点略显单一，虽然关于民俗文化题材的涉及面具有一定广度，但是缺乏深度探究，从而导致了对于民俗文化事件的报道对文化概念的传达多为"蜻蜓点水"，如CCTV-1综合频道《新闻联播》（20180817期，体验非遗文化，共度传统七夕）虽然提及满族非遗戏种新城戏，但基本上是一语带过，只达到了信息还原和信息传递的作用，对受众的吸引力有限。

纪录片虽然在播出量上占比有限，却是非常重要的传播媒介和传播渠道。自20世纪八九十年代的纪实主义浪潮后，中国的纪录片产业经历了一段低潮期。直至2010年广电总局印发的《关于加快纪录片产业发展的若干意见》面世后，近年来我国纪录片的总产量及质量的发展日趋可观[①]，各类题材类型争奇斗艳，但是东北地域文化尤其是满族民俗文化题材的纪录片数量有限。在央视网2017年9月公开征集的55部"供养中华优秀传统文化"入围纪录片中，仅中央电视台公开放映制作的《故宫》这一纪录片与满族文化存在些许关联性；另外在国家新闻出版广电总局2012—2016年发布的"各年度纪录片季度推优及年度评优"中，2012年的85部获奖影片中，东北三省获奖影片为0部；2013年108部获奖影片中，东北三省获奖影片2部（分别为：人文历史类纪录片《长白山》《东北抗联》）；2014年108部获奖影片中，东北三省获奖影片0部；2015年154部获奖影片中，东北三省获奖影片仅1部（人文历史类纪录片《铁蹄下的东北》）；2016年174部获奖影片中，东北三省获奖影片2部（分别为：人物类纪录片《戏梦关东》，人文纪录片《过年》）。随着中国纪录片行业稳步发展，优秀纪录片的数量正在逐年增加，而以满族民俗文化为主题的纪录片的数量所占的比例却并不可观。2018年央视纪录片频道放映的纪录片《时代》（20180219期《回家过年》第二季《我的团圆饭》第四集《和奶奶过年Ⅱ》），这一集主要讲述了满族北漂歌手宋熙东带未婚妻回家过年期间与家人间发生的种种故事。虽然这一集中展现了北方满族的住宅场景、满语、满族年俗等满族民俗文化元素，但不是以满族民俗文化作为纪录片主体。在上述纪录片中，几乎没有一部专门以满族民俗文化为主体创作的纪录片。

比较而言，在优酷、爱奇艺、腾讯视频等新媒体平台，笔者找到了几部专门以满族

---

① 张同道，赵蓉：《2010年中国纪录片频道发展报告》，《电视研究》，2011年第6期。

民俗文化为拍摄对象的纪录片。其中，由东北师范大学江含雨导演出品的《最后的巴图鲁》以人文视角作为切入点，讲述三个满族青年人对于满语和满族音乐衰落的发现和传承的故事。虽然纪录片的切入点具有温度，完整度也相对较高，但是由于制作经费的短缺，导致整部片子的制作质量偏低，同时缺乏后期的宣传推广，最终并未达到良好的传播效果。虽然在制作、宣发等方面，这类"独立纪录片创作"略显粗糙，但是聚焦点却都集中在了"满族民俗文化"本身。同类纪录片，如辽宁大学广播影视学院出品的《满珠吉顺》、李文哲导演的《活着的萨满》、深圳东元文化传播有限公司出品的《萨满面具》，都表现出同样的特点。同时在一些文化交流项目中，如："看中国·外国青年影像计划·吉林行"项目2016、2017年度拍摄的跨文化研究类型纪录片《重拾遗梦》《一品乌拉》《水音》《鼓韵关东》也把主题聚焦到满族非物质文化遗产传承，并对东北满族民俗文化传承人李侠、关云德的生活进行了真实记录，也为满族民俗文化纪录片影像表达拓展了更多可能性。

综上所述，目前满族民俗文化在传承上主要存在三个问题：第一，从传播内容角度来看，东北满族民俗文化影像化内容的架构呈现雷同化、官方化等问题，同时一定程度上缺乏对于满族民俗原生文化及现代变迁的深入挖掘和翔实纪录；第二，满族民俗文化的传播方式和传播途径存在滞后性，当前满族民俗文化的传播过度依赖传统大众传播媒介，缺乏与互联网传播更加有效的链接；第三，满族民俗文化器具的保存现状并不理想。在长期的田野调查中我们发现，如吉林长春其塔木镇的"关云德满族民俗博物馆"馆藏的藏品因经费不足等原因得不到更好的保存。同时在关云德先生的工作室，我们发现了大量关于满族民俗文化的文字及图片材料，但影像资料却寥寥无几。影像作为视听语言的重要形式，既具有再现性的本质特征，同时又具有时空一体、简单直观的表达特征，是文化留存与传播的重要载体之一。与此同时，在互联网思维向"互联网+"思维发展的大环境下，依赖于广播、电视等传统媒体的满族民俗文化的影像传播渠道显得有些滞后。在互联网和移动互联网普及之后，人们获取信息的方式发生了翻天覆地的变化。根据《中国移动互联网用户分析专题报告》（2018年上半年）数据显示，截至2018年6月，中国移动互联网活跃用户规模已突破11亿。我国无疑已经继日本之后，成为世界移动互联网技术及传播领域的先驱国家，在庞大的用户群背后隐藏着巨大的市场潜力。如何在丰富满族民俗文化影像内容的同时，积极寻求更广阔的传播渠道，也是我们面临的严峻问题之一。只有多视角精良的内容制作配合多渠道传播并及时收集受众反馈，才能让满族民俗文化的传播突破桎梏。

四、满族民俗文化影像化传播策略

（一）文化表达的丰富性与多样性

目前满族民俗文化传播的内容不够丰富，拍摄题材针对性差，拍摄视角单一，影像表达文化性弱，以及影像资料缺乏人类学视域下的研究价值。虽然在内容方面也有如《天地长白》这样的对东北民俗文化覆盖相对完整的作品，但是缺少对满族民间艺术、节日习俗、宗教仪式、生活状况的分类展示和细致挖掘。2016年"看中国·外国青年影像计划·吉林行"项目中加拿大青年导演Evan Luchkow拍摄的纪录片《重拾遗梦》（*Search for the Manchus*），将驯鹰人和剪纸艺人两个拍摄对象，以具有戏剧性的剪辑和幽默诙谐的西方影像方法表达，完成了对满族文化特色的寻根。在文化发现过程中，导演不拘泥于对文化的纪录，融入了自己对满族民俗文化的思考与担忧。在轻松幽默的基调中又不失文化研究视域下厚重的历史感。而更重要的是，导演始终以文化人类学的比较视野探究东西方文化的差异与互通，为国内满族文化纪录片影像创作提供了新的视角。与此同时，目前很多反映满族民俗文化的专题片、纪录片拍摄视角多为仰视或是俯视，缺乏平视的视角，难免容易产生距离感，使受众很难感受到来自文化背后的温度。同时，传统民俗文化纪录片与近些年逐渐进入学界主流视角的"影视人类学"视域下的影像民族志相比，在拍摄者与拍摄对象的平等关系、主位与客位的赋权关系等方面也明显暴露出不足，因此增强文化表达的丰富性和多样性是影像化传播的根基。

（二）传播方式的多样化与延展性

民俗文化的影像化记录，电视台等媒体机构拍摄相关电视节目和纪录片是主要的方式，除此之外高等院校师生的影像人类学、影像民族志类型等科学、规范的影像记录、由民俗文化语境下的传承人担任记录者的"参与式影像"特性的社区影像等都是传播方式多样化、延展性的体现。近年来具有"参与式影像"特性的社区影像，逐渐被影像人类学界普遍认同。社区影像将传统民俗纪录片中的拍摄者与受访者的角色互换，拍摄者向被拍摄者传授影像拍摄及剪辑技术，由民俗文化语境下的传承人担任记录者。角色的转换不仅赋予了文化传承人影像话语权，某种程度上使文化视觉产生了社会运动。诸如此类的内容兼具影像留存、研究价值，同时在一定程度上发挥了影像的边缘效用，这也为满族民俗文化的影像化内容提供了另一种可能。

（三）传播渠道的多维化与立体化

在传播渠道方面，现有的关于满族民俗文化的影像传播过度依赖于传统媒体平台，应该拓展媒介融合的思维模式，主动连接互联网及移动互联网平台，寻求跨领域合作。满族民俗文化的影像在新媒体视域下的传播途径多种多样，如：官方职能部门打造属于满族民俗文化的影像化平台，构建专属于满族民俗文化的专业化微信公众号，借此多元化发展的平台推广满族民俗文化周边产品，普及满族民俗文化精神，创造新型文化产品，带动满族民俗文化附属经济。

满族民俗文化的影像传播是一个复杂的过程，它需要丰富的影像内容、多样化传播方式以及立体化传播媒介作为支撑。研究满族民俗文化的影像传播，不仅会为中华民族文化多样性提供样本，还可以成为我国民族民间文化的传承与传播的重要媒介和共享平台。

满语传承发展的态势研究

张士东　　彭　爽

【内容提要】满语是记载了清朝268年历史的官方语言，同时也是一种濒危语言。满语的消失，将会对古代文化遗产乃至现代语言生态造成不可估量的损失。为此，利用态势分析法对其优势、劣势、机会和威胁进行梳理，以便对其脉络进行把握。在各界的努力下（包括政府的全力支持，教育部门的大力配合，满族人士在资金和人力方面的投入），社会各界已经基本上达成广泛共识，除了要大力弘扬满族文化，下大力气搞田野调查、记录满语的语音和故事外，更要加强力量进行满语人才的培养。在实际工作中，难免会出现资金、管理和深入学习等诸多问题。基于此，也需要采取相应对策，即在政策上、教育上、家庭上、与产业结合上进行深入探讨和挖掘，以便使满语的传承更加顺利、发展更加到位。

【关 键 词】满语传承；满语发展；态势分析；对策

【基金项目】国家社会科学基金重点项目"基于SWOT分析的中国语言产业安全问题研究"（项目编号：14AYY007）。

【作者简介】张士东，男，东北师范大学外国语学院副教授（长春 130024）；彭爽，男，东北师范大学文学院教授，博士后合作导师（长春 130024）。

"一带一路"倡议覆盖了东北三省。此战略同时涉及历史问题和现实问题，许多现实问题甚至可以直接从历史中找到答案。《清史稿》等文献中就记载了当时东北的政治、经济、文化、疆域等众多的历史信息。这些信息的载体除了汉语之外，还有大量的满语。"满语文已经成为我国的濒危语言，大量的有清一代历史文献资料将被封存在历史档案馆成为永远的不解之谜"[①]。海量的满文资料，鲜有人能够识读，这无疑造成了一个极大的信息缺口，导致对历史的把握出现偏差，对现代民族与疆域的判定缺少历史的证据。如果能够将满语记载的历史资料全部翻译为汉语，既便利了学界的研究，又便利了社会各界对历史信息的了解和把握，这会是一个利在千秋的事业。基于此，满语的传承和发展便提上了议事日程。

一、满语的历史和现状

满族建立的清朝是中国历史上少数民族建立的统一王朝中历史最长、文化最灿烂

---

① 王晓为，李政：《语势理论视角下满语的保护与传承》，《黑龙江民族丛刊》，2017年第3期。

的朝代。满族的历史脉络从古代的肃慎、挹娄、勿吉、靺鞨、女真一脉相承下来。到了明末，建州女真异军突起，努尔哈赤建立了后金，迁都沈阳；皇太极改国号为清，建立了八旗制度；顺治皇帝入关，定鼎中原；康熙帝平定三藩和征服新疆。在经济、军事和文化逐步发展壮大之后，满语和满文化的发展和传播也达到了顶峰。具体体现在以下三点：1. 励精图治，奋发图强。体现在开国统治者能够充分学习汉民族的先进文化，同时利用本民族的文治武功，打下了江山，统治中国达268年之久。《满文老档》便记录了这一时期的重要历程。2. 统治之道。最典型的"康乾盛世"，跨度达134年之久。在军事上对于祖国的统一、文化上的繁荣、社会上的民族融合都起到了巨大的促进作用。将儒家经典和老庄哲学的精髓充分吸收，并为之所用。3. 好学善用。前六位皇帝都好学善用、文治武功，不但自己勤于学习，还带动了文武大臣的学习和研究。

满文是由努尔哈赤和皇太极时期的额尔德尼和达海充分利用蒙文创制出来的。它在保护和传承满族文化、典籍、规章制度方面都做出了巨大的贡献，对于满族统一中国，乃至与世界交流方面都起到了巨大的推动作用。第一，在文字创制方面，它充分吸收了蒙古文字的字音、字形和字义，通过加上圈和点，包括创制一些专门标记汉语借词的字符，使得满文不仅可以充分和高效地表达满语的意思，而且可以全面、准确地记录汉语乃至外语的词汇，使得满语从创立之初便很快迈上成熟文字的新台阶。第二，在记录本族的文化和规章制度方面比较全面和透彻，包括祭祀用的萨满神歌、外交谈判的《尼布楚条约》、制度方面的《大清律例》、文人创作的文学作品等都以满文的形式记录下来，使得各个领域的知识和信息得以保存。第三，满汉合璧的会话教材。有康熙年间的《满汉成语对待》；雍正年间的《清文启蒙·兼汉满洲套话》；乾隆年间的《清话问答四十条》《满汉合璧集要》《清文指要》；嘉庆年间的《庸言知旨》；道光年间的《问答语》。[①]这在当时对于满人学习汉语、国人学习满语及研究清代北京话都是重要的资料。

在汉民族先进文化和汉语的巨大影响下，满语便逐渐被同化而走向衰落。到了清朝末年，由于清朝统治者的腐败与无能，致使中国受尽了列强的欺凌。"驱逐鞑虏，恢复中华"便成为了革命的口号，作为统治者的满族已经岌岌可危，其语言便不再受到重视。1911年辛亥革命之后，满语更加式微，逐渐退出政治、经济和文化舞台，也渐渐从满族民众的日常语言中淡出，乃至被汉语所取代。百年之内，由南部的辽宁、中部的吉林到北部的黑龙江，满语逐渐消失。2000年后，满语只在黑龙江齐齐哈尔的富裕县三家子村和黑河地区的一些满族村为一些老年人所使用，中年人基本上只会听而不会说，年轻人就既不会听也不会说满语了。由此可见，满语在其400年的发展进程中，已由国语变为濒危语言了。"一旦一种语言消失，我们将无法接触使用这种语言记录的原始材料，也便失去了对于这个民族或者群体特有文化知识的理解与研究的可能。"[②]周恩来总理高

---

① 竹越孝：《从满语教材到汉语教材——清代满汉合璧会话教材的语言及其演变》，《民族语文》，2015年第6期。

② 李晓丽，张冀震：《濒危语言现状分析——兼谈满语的濒危》，《西北民族大学学报（哲学社会科学版）》，2011年第6期。

瞻远瞩，在他的倡导下，1961年在中央民族大学开设了一期满文班，培养了20多名满文人才。"文革"期间中断，改革开放后，其中的几位专家得以走上了满语的讲台。

各级院校办学：第一，高校满语及清史梯队。比较典型的是黑龙江大学和东北师范大学。1983年，刘景宪先生带着其弟子赵阿平创立了满语研究所，后来更名为黑龙江大学满语文化研究中心。最初招收满语本科生，后来招收研究生和博士生，形成了国内唯——个完整的满语高等教育培养梯队。1981年，刘厚生先生来到东北师大教授满语，研究清史，也培养了一批能够阅读满文文献的青年学者。2017年，锡伯族母语者庄声博士开始在东北师大历史学院招收满语研究生，继续壮大了满语的力量。第二，现代满语。河北民族师范学院开设了满语新闻播报活动。王硕和张春阳把它打造成满语教学和研究基地，这对满语的学习和推广起到了巨大的促进作用。第三，中小学满语教学。三家子及其周边的中小学、伊通县和本溪的小学也有专门的满语教师给满族中、小学生开设满语课。黑龙江大学附属中学高中部也开设了满语课。这就形成了从小学、中学到大学的教学队伍，从硕士到博士的科研队伍，说明各个层次的满语教学和科研活动已全面展开，为满语的传承和发展打下了坚实的基础。

社会力量办学：第一，有识之士的倡导。21世纪伊始，爱新觉罗·肇子瑜女士积极倡导和组织满语和满族文化的复兴活动，得到了各界人士的大力支持和配合。这促成了满语教育的三大飞跃：从书面文字到口头语言的巨大飞跃；从书斋走向民间的飞跃；从学者或满族专有到为社会各界、各民族所共有的飞跃。第二，具体的执行。1.白山开办了13期满语学堂。来自世界各地的学习者在这里接受为期二至四周的全封闭免费培训，取得了良好的效果。2.金标博士为白山满语学堂编辑满语教材，在学期为中小学生、周末为东北师大学生、假期为社会人士讲授满语课程。3.在长春师大、吉林师大等十几所高校和其他的公共场所和家庭也开设了满语学习班，参加学习的人数超过一万人次。社会各界人士参加的满语学习和交流活动一方面壮大了满语学习的队伍，另一方面也极大地推动了满语的传承和发展。

编写教材和词典、出版刊物：第一，词典类。有安双成的《满汉大辞典》《汉满大辞典》，刘厚生的《简明满汉辞典》《汉满辞典》。第二，教材类。有安双成和屈六生的《满文讲义》、刘厚生的《满语文教程》、张春阳的《初级实用满语教程》，还有《满族的历史与生活：三家子屯调查报告》《现代满语八百句》等。第三，刊物类。有国家民委于2008年8月创办的《民族翻译》，有辽宁省民委主办的《满族研究》，黑龙江大学主办的《满语研究》，相关的有《黑龙江民族丛刊》及吉林省民委主办的《北方民族》等民族类刊物。这给包括满文研究的学者、学生和爱好者提供了一个交流和学习的平台。第四，纪录片。富裕县制作了纪录片《世界满语活化石——三家子》，还有北京满文书院的《满文讲义》视频、金标满语授课视频等。

世界范围内研究满语和满文化的大国主要有美国、俄罗斯、日本、韩国和德国。中国的台湾地区对满语的研究也相当盛行。满语的历史和现状说明了满语作为满族人民的语言，其产生是符合当时的社会和文化发展要求的；其逐渐退出历史舞台则是政治、经济等多种因素的产物；其逐渐在民间乃至学校的兴起、学习和研究也是社会多元文化共同发展的必然要求。尤其在恢复、了解、学习和研究传统中华文化的社会大潮中，作为中华民族传统文化的重要组成部分，满语和满文化的重新勃兴也是历史的必然。"只有民族的，才是世界的"，世界也需要满语和满族文化。

二、满语传承和发展的态势分析

第一，鉴于满语是有清一代中国的官方语言，有大量的资料以满语形式记载下来，里面含有大量的历史和文化社会方面的信息，但是还未翻译为汉语及英语，这对文化的保护和传承是不利的。第二，基于满语濒临灭绝的事实，无论是政府部门、各级学校和科研部门、社会各界，都需要将满语和满族文化重视起来，群策群力，为满语的保存和研究、甚至推广做出各自的贡献。第三，作为语言和文化生态的一部分，满语和满族的文化和习俗的传承，会丰富中华乃至世界的语言与文化生态，对子孙后代的福祉产生巨大的益处。

优势：第一，国内的大环境。1.政府在倡导恢复中国优秀传统文化。习近平总书记在党的十九大报告中曾五次提到中国优秀传统文化。中共中央办公厅《关于实施中华优秀传统文化传承发展工程的意见》中提到"推进数字化保存和传播"。满语的传承是符合总书记的倡导和中央办公厅的建议的。2.社会有识之士在呼吁。孙东生委员在全国政协会议上提案：应下大力气部署满语人才培养工程。3.民众有一定的热情。许多满族人有自己的家谱，对祖先的历史和故事都非常自豪和憧憬，这是许多满族民众参加满语学习的原动力。在东北的各主要城市，河北的承德，甚至包括北京的清华大学都有了满语的研修班。第二，自然和历史优势。1.人口众多。不仅有满语母语者，还有数以千万计的满族人口。在东北及京津冀地区分布较密集，恢复起来有人口和地理优势。2.满族历史上是统治民族，档案等历史文献众多。将这些档案翻译为汉语，对于深度了解明清时期的历史及国际关系是至关重要的，但许多还没有翻译为汉语。《清史稿》中便记载了许多满语、蒙古语和藏语。[①]3.锡伯语的存在。锡伯语言文字的实质仍然是满语满文，它是新形势下满语满文的继承和发展。[②]其与满文的关系就像中国的普通话与地方方言之间的关系一样。锡伯人的学者为数众多，且许多人还活跃在学术第一线上，还定期举办满语、锡伯语语言、历史和文化研讨会，便利与各地的满族学术团体及高校的密切交流，这都促进了满族民族意识的觉醒和民族语言的复兴。在满语濒危的情况下，保护锡伯语是传承锡伯族语言文化的重要内容，也是传承满语的可行之路。[③]可以说，锡伯族继承满语满文对中华文化的多样化和完整性做出了历史性的贡献。[④]第三，网络发达，学习方便。年轻人基本上人手一部智能手机，下载满文字典、满文歌曲、满文书籍、满文教程都是非常方便的。甚至还有线上和线下的满语辅导班、回课群，便利了满语学习。

劣势：第一，满语在现代社会中的实用性不强。1.现代社会是一个功利和世俗化的社

① 王学奇：《〈清史稿〉中的满语、蒙语和藏语》，《河北师范大学学报（哲学社会科学版）》，2008年第2期。

② 佟克力：《锡伯族选择满语满文的文化意义》，《西域研究》，2006年第3期。

③ 李云霞：《从满语到锡伯语：传承境遇与思考》，《满语研究》，2013年第2期。

④ 佟克力：《锡伯族选择满语满文的文化意义》，《西域研究》，2006年第3期。

会。作为交际的语言倾向于选择强势的汉语，弱势的满语自然受到冷落。2.除了搞清史及东北的少数民族研究之外，能够用得上满语的地方就很少了。满族自治县的满文牌匾，鲜有人能够分辨出其具体的词，更不用说其满语的意思了。满文和满语几乎成了文化的遗迹。第二，以满语为母语的人少。满语的衰落从乾隆年间就开始了。乾隆帝强调"清语尤为本务，断不可废"，甚至人为地掀起一场"国语"浪潮①，但对于其衰落也是无力回天的。满语在东北地区是从南到北逐渐消失的。在20世纪，辽宁、吉林、黑龙江的满语先后退出历史舞台。黑龙江三家子村的满语也在1961、1986、2003的调查中显示出明显的衰退趋势。2.迟至2002年，纯粹以满语为母语，且不会讲汉语的人已经故去。现在讲满语的人都是满汉合璧的双语人。其满语难免不受到汉语的影响。第三，满族人对于自己民族语言的热情度不高。1.语言的功能主要是交流，由于周围的汉族人数众多，生产、生活、教育基本上都用汉语，满语只是在自己家里与老人聊天、在祭祖的时候使用。这样，人们自然对满语的热情度不高。2.对于本民族语言的热爱已为社会的实际需求所取代。这有个人和社会的问题，同时也有语言保护和监管部门的责任。

机会：第一，世界学界重视语言生态建设。1.满学和满语实际上是世界性的学问，其在国际上的受重视程度比在中国大陆要高。这与对语言资源的认识深度是密切相关的，因为每一种语言中都携带着这个民族的基因，要想清楚地认识一个民族，对其语言的了解和研究是必不可少的，同时也是一个捷径。2.美国、日本、俄罗斯等国家和中国台湾等地区都重视满语的研究。对于美、日而言，其固然有战略上的考虑，但是文化传承及科学研究也是其强调的重要方面。对于俄罗斯等国家和我国台湾等地区，要么是有这个民族，要么是有许多文献资料，都使其对研究满文、满语有极大的热情。苏联编写出了《通古斯——满语比较词典》，这是一部划时代的总结性巨著。②日文编著的满语、满学图书仅在大连图书馆就有12种之多，包括羽田亨和渡部熏太郎的满文论著。③3.中国也需要与世界语言生态接轨。既需要从战略，又需要从现实考虑，所以对满语及满族的研究是非常必要的。第二，国家发展"一带一路"需要历史的诉求和关照。1."一带一路"是从历史上传承下来的，满语和满文化则是历史纽带的重要节点、通道和载体，清代与东北亚各国的交流和沟通，无不带有满语的印记。2.现实的"一带一路"则更需要包括满语在内的各种语言的交流和沟通，以便让这条路既充满了历史的文化底蕴，又富于现代语言多彩的文化气息。3.与过去相比，国家政策、经济条件、各界认识、信息技术手段等都更有利于满语的传承和保护，同时有利于"一带一路"的畅通和发展。第三，语言生态和保护逐渐为人们所认识。1.保护语言生态就是保护人类的生态，因为语言是人类最重要的文化资料和工具，它是古代与现代的历史与文化的交流和沟通的纽带。2.国内各界包括学界的有识之士不断呼吁满语和满文化的传承和保护。这是从古今中外语言传承和保护的经验和教训中得出来的共识。语言是人类存在的家园。3.一些有此认识的年轻人则积

---

① 陈力：《清朝旗人满语能力衰退研究》，《中央民族大学学报（哲学社会科学版）》，2011年第4期。

② 刘宇，张松：《〈通古斯——满语比较词典〉的编纂和启示》，《黑龙江民族丛刊》，2013年第3期。

③ 薛莲：《大连图书馆藏"满铁资料"中珍稀本满语、满学图书撮要》，《文献》，2008年第2期。

极参与满语课程班和满文化的弘扬活动。

威胁：第一，满语濒临灭绝。语言的消失与使用者的急剧减少及使用频度的急速下降密切相关。1.纯粹以满语为母语的使用者且不会讲汉语的满语母语者在十几年前便已故去。这意味着留存的满语口语也是受到汉语口语的极大影响。语言环境的变化导致满语交际功能的衰退；汉语的影响导致语言本体的变化：词汇量大大减少，语音和语法的简化[①]。2.满汉双语的母语者逐渐减少。他们是满语传承的巨大财富，因为他们保留了活的发音、语法、句法及语篇。3.他们保存的语言里有完整的满族故事和文化遗迹。通过满语复数词缀就可以看到语言学成分、对数的认知过程、氏族组织痕迹、社会职能观、祖先崇拜、与蒙古族等民族的交流等信息[②]。英雄神话则反映了其先人如何与恶劣的自然环境进行抗争，从而争得了生存权和创作权[③]。"满文如果真的变成无人能懂的天书，那就不仅是满族文化的损失，而是整个中华文化，甚至是人类文化的损失了"[④]。"抢救与保护濒危满语，传承满语文化迫在眉睫"[⑤]。第二，许多人还没有意识到满语灭亡的损失。1.语言灭亡后很难再将其复原。语言失去会很容易，恢复就异常困难了，或者说近乎不可能。世界上只有犹太语成功复活，其余的还没有复活的先例。2.语言里保留的文化信息将会随着语言的消失而不复存在。3.满语灭绝后，继续研究只能从文献上进行了，这使得研究的层面变得异常狭窄，同时也会产生许多断层和断面，那时将无法对满语进行系统的、全方位的研究，只能研究孤零零的死语言了。第三，实际工作中难免会出现各种问题。1.资金。硬件上的教学楼、宿舍和桌椅板凳，软件上的人员开支。学习用品中的免费书籍和民族文化作品的原料。2.管理。管理涉及与教育主管部门、教学团队、学员的生活、安全的方方面面协调。本身学员来自各行各业，文化水平、语言水平、学习动机和领悟能力大相径庭，管理起来难度颇大。3.深入学习的问题。初级满文班举办了许多次，能坚持到最后的不到半数；在这些人当中，想继续升入中级满文班深造的人数又大量锐减；最终能够从中级满文班毕业，从而能够胜任初级班师资的更是凤毛麟角了。

三、满语传承和发展的解决对策

为了满语学习的进一步巩固和提高，也需要采取相应对策，即在政府、学界、产业界、村落和家庭各个层面进行深入探讨和挖掘，以便使满语的传承更加顺利、发展更加到位。

在政府层面，应全力支持弘扬中国传统文化，包括满族和满语文化。第一，做好宣传工作。1.满族文化的贡献和辉煌。2.满语对于文化传承和发展的巨大作用。3.尤其是学界对于满族和满语研究的最新成果，都可以在广播、电视、报纸、杂志等传统媒体上和

① 季永海：《濒危的三家子满语》，《民族语文》，2003年第6期。

② 贾越：《从满语复数词缀的接加条件看满族先民文化遗迹》，《黑龙江民族丛刊》，2012年第4期。

③ 黄任远：《关于通古斯——满语族英雄神话的思考》，《民族文学研究》，1998年第3期。

④ 李晓丽，张冀震：《濒危语言现状分析——兼谈满语的濒危》，《西北民族大学学报(哲学社会科学版)》，2011年第6期。

⑤ 范立君，谭玉秀：《衰微与融合：论东北地区满语的文化走向》，《社会科学战线》，2013年第11期。

微博、微信等现代媒体上广泛宣传。第二，政策上的支持。1.由地方政府首脑主抓。富裕县由正、副县长任满族语言文化保护工作领导小组正、副组长，具体开展满语文化的保护和传承工作。2.给懂满语的人在博物馆、档案馆安排工作。辽宁新宾猴石国家公园就率先迈出了第一步，即推荐满文成绩优秀者在猴石公园工作。3.给取得满语证书的同学在升学中予以照顾。在语言学习中，中、小学有专业基础的同学，其学术优势会在未来的大学及研究生阶段展示出来。取得满语证书的同学会是未来研究满语的中坚力量。第三，资金上的扶持。1.一种活的语言和文化的保护和传承比死的文化和语言的保护和传承意义大得多、也容易得多。资金投入也会比较少，能够取得事半功倍的效果。2.对于濒危满语的抢救和保护工作的资金投入，无论对于民族和国家的意义都是无法用金钱来衡量的。满语及满文化对于历史的传承、维护国家的稳定及与其他国家之间关系的维护和发展都是大有裨益的。第四，与孔子学院对接。孔子学院是中国文化向国外宣传的窗口。而国外更希望了解包括满语在内的原生态文化。同时满学在世界上是显学，美、德、日、俄的满学研究都是走到世界前列的。建议孔子学院开设满文课程，可以聘请国内外的满学专家给学员们上课，以便让学员全方位地了解中国文化是如何将满文化与汉文化对接的，从而为外国文化与汉文化对接提供经验。

教育界已经基本上达成广泛共识，即大力弘扬满族文化和满语人才的培养。这为满语传承的实现和积极保护乃至促进经济和文化的发展打下了良好的基础。第一，理念上：1.学校积极承办满语教育。2.各级中小学校应该从基础教育抓起。3.派出优秀教师到各个满学研究中心去学习和研究满语。第二，做法上：1.可以在民族地区的小学、中学开设满语课，在大学的本科、研究生和博士阶段有选择性地开设满语专业。尤其是高校和科研院所对于满族和满语应该加大研究力度。2.要守住目前掌握满语的人。要下大力气搞田野调查，记录满文的活的语音和故事；3.要加强力量进行满语人才的培养。在各级学校开设满文专业，为学界培养后备人才，为社会培养满语的口语实用人才。在这方面，伊通、本溪等满族自治县做得比较好。省会城市哈尔滨的香坊区也有小学开设满语课。第三，教师团队应该加强研教结合。1.在教学过程中，满语的语音、词汇、语法与英语和汉语进行联系和比较会便利学生掌握；2. 满语是满族历史和文化的一部分，学习满语必然要涉及研究满族历史和文化。第四，将满语学习与地方的满族民俗和文化紧密结合起来。包括将萨满歌曲、舞蹈、剪窗花、满族服饰等各种文化融入教学当中，寓教于乐。

家庭和村落层面，家庭是语言得以传承和发展的第一关。第一，满族村落应该鼓励年轻的父母学习满语，并在家庭中讲满语。第二，设置满语传承人。给每个传承人颁发荣誉证书，每月都有相应的资助额度。就是让其将满语及文化传承下去。而家人，尤其是后代接受满语为其母语或第二语言的传承是最有效的。第三，村子建满语博物馆、满族文化馆、举办研讨会。不但便于当地人的满语学习，更有利于提高其本族语的使命感和自豪感，也让其体会到学会满语之后的好处。2010年8月，"世界学术研讨会——中国·三家子满语论坛"在三家子村召开，国内满族语言文化学者就满族历史、文化、民居景点、满学研究对象进行了深入探讨，对满语抢救和教学研究、满文化保护传承和旅游开发提出了建议。①第四，开展满族传统的活动，以便为满语的传承创造出相应的氛围。将书斋与日常对话、交流结合在一起，提高学习的效率，使学习与实用结合到一起。包括开展满语书法、艺术、相声、故事大赛、才艺展示等，寓学于用。

文化旅游产业部门也应该抓住满语和满文化发展的机遇，利用政府、学界和全社会弘扬传统文化的契机，将满语和满文化与产业形式紧密结合起来。1.带动了产业的发展，为产业的发展开辟了一条新路，即所谓的"文化搭台，经济唱戏"。三家子满族村、满族语言文化保护区、满族历史文化博物馆以及满族八旗风情园等旅游景点，既提升了满语的影响力，又推动了旅游业的发展②。2.使得满语和满文化从象牙塔和书斋里走到民间和寻常百姓家，为广泛、全面发展打下坚实的群众基础。3.可以开展满语一日游、三日游、七日游活动，让人们在旅游中学习满语、宣传满语。三家子利用自己的满语优势，形成了以保护区为主，文化学会、文化传习所为辅，配合民俗游的满语生存和发展区域，为保护和弘扬满族语言文化奠定了基础。③

四、结　语

满语文化既记载了过去，呈现出现在，更承载着未来。过去，有其辉煌的历史和文化，包括语言，但同时也有其衰落的经验和教训。既要学习其成果，也要吸取教训，从而为做好现在开路，这是问题的关键。充分利用国际、国内环境、国家"一带一路"政策、全社会的文化传承热情，努力将满语满文化的学习、研究、保护和发展落到实处。在做到"古为今用""洋为中用"的同时，借着中国政治、经济、文化迅猛发展的东风，努力开创一个未来，即保护满语及满族文化，让它们继续留存下去，作为语言生态和文化生态的一部分，以便为满族、全国各族乃至世界民族的后代子孙服务。

①　吴旭英，安晓丽：《三家子村："满语的活化石"》，《中国民族》，2010年第11期。

②　吴旭英，安晓丽：《三家子村："满语的活化石"》，《中国民族》，2010年第11期。

③　吴旭英，安晓丽：《三家子村："满语的活化石"》，《中国民族》，2010年第11期。

吉林省城市文化品牌建设刍议

——基于文化产业视角——文化产业与城市文化品牌建设

宫寒冬　　张梦洋

【内容提要】文化品牌的成功塑造，在推动文化产业的发展过程中呈示出越来越重要的地位。城市中蕴含的深层次文化品牌内涵所发挥的效用，成为各个地区文化产业发展中的重要环节。吉林省有着深厚的历史文化底蕴，许多城市有着丰富的文化资源，但是由于并没有对文化资源的内涵进行更深层面的发掘，所以在文化发展建设上难以形成独树一帜的城市文化品牌。因此，探究吉林省城市文化品牌的构建，对吉林省文化产业的发展具有十分重要的意义。

【关　键　词】吉林省；城市文化品牌；文化产业

【作者简介】宫寒冬，女，吉林艺术学院艺术学研究所副教授，硕士生导师（长春130012）；张梦洋，女，吉林艺术学院艺术学研究所研究生（长春 130012）。

品牌指某种产品、服务或组织的象征性载体，可以生成一系列独特的识别、联想、情感认同等价值功能。而文化品牌，则是品牌中所蕴含的意识形态，这种以意识形态为核心的文化表述是品牌的文化象征部分，为品牌创造了新的价值元素。城市中含有众多因历史遗迹而带来的文化元素，这些文化元素具有识别特征的符号属性，是展现城市形象的重要文化标志。将城市赋予文化品牌的标识，城市文化品牌的概念便应运而生。城市文化品牌的建设，不仅是对一个城市的外在形象建设，更是对一个城市内在文化的传承，同时，也会为文化产业的发展注入历史底蕴。吉林省的诸多城市有着丰富的文化资源，而对于城市品牌建设的关注度却有待提高，因此，我们有必要对吉林省城市文化品牌建设情况进行剖析，深刻了解并运用吉林省城市文化资源，充分把握时代机遇，实施城市文化品牌战略，这对加速吉林省文化产业发展尤为重要。

一、吉林省的城市文化品牌构建

城市文化品牌具有物质文化与精神文化双重文化属性。物质文化是以建筑、雕塑和特色景观为代表的城市意象符号所构成的地域性文化特征，是城市外在的形象表现；精神文化是以风俗习惯和社会意识为代表的城市行为符号所构成的行为规范，这是由最初外在的强制逐步转化为内在的自觉，是在长期历史实践过程中自发形成的价值信仰和行为制度，具体表现为城市民风和人文氛围等。城市文化品牌是城市的物质文明与精神文明相融合的重要载体，它代表了该城市显著的文化内涵和历史人文，它是城市发展重要的标志性价值，也是城市发展的内在动力，它更是城市文化发展的重要传播途径，人们通过城市文化品牌形象对城市文化形成完整的认知。

（一）吉林省城市文化资源优势

"吉林省地处东北地区中部，东枕长白山林海雪原，中居松辽平原黑土地腹地，西连内蒙古科尔沁茫茫草原，松花江清流碧水自东南向西北贯穿其间。"[①]空间的广度与时间的长度共同孕育了吉林省丰富的文化资源。从历史的角度来看，吉林省见证了各个朝代更迭，最早的文献记载可追溯至战国时期："'燕亦筑长城，自造阳至襄平。置上谷、渔阳、右北平、辽西、辽东郡以拒胡'，[②]在今吉林省梨树县二龙湖发现燕国城址，说明燕国辽东郡的辖区已到达今吉林省西南部地区"[③]；从空间上来看，吉林省拥有多个文化名城，如拥有满族风情的乌拉街镇的吉林市、拥有朝鲜族文化的集安市和延吉市、拥有伪满皇宫的长春市等。丰富的文化资源为吉林省文化产业形成新的经济增长点。但从城市品牌构建的角度来说，吉林省城市文化品牌的竞争力仍处于劣势，需要依靠提升城市文化的创新能力，进一步优化文化产业结构，进而推进文化产业的良性发展。

（二）吉林省城市文化品牌发展现状

吉林省城市文化品牌与文化资源呈现发展不均衡的状况。吉林省的四平、通化和松原等地区拥有大量的历史文化遗址，如通化地区的罗通山城遗址曾是由高句丽时期遗留下来的战略性城堡，于2001年被公布为第五批全国重点文物保护单位。令人扼腕的是，罗通山古城的历史资源至今为止仍没有进行文化开发。吉林省的历史文化资源虽然丰富，但目前可以形成文化品牌的却只有长白山景区、伪满皇宫和长春电影制片厂等极为少数的历史文化资源。

城市文化品牌的成功塑造需要建立在城市文化资源的基础之上，通过历史、文化、建筑风格、人文活动等社会属性所构成的鲜明特征，反映时代发展过程中的社会文化形态。因此，城市品牌文化，可以说是表达城市人文氛围、传统风俗等多形态的复合体。文化不仅是人类改造自然和社会的活动成果，同时也是经济与社会发展的必备条件。[④]文化产业作为一种新兴经济形态，不仅可以为城市文化品牌的构建提供发展契机，更可以为城市经济发展提供新的增长点。而创意元素使文化、科技与经济三者之间相互融合，它催生的文化产业具有包容性的特点，为产品注入了文化附加值，有效延伸了产品的生命周期长度。文化产业能够把吉林省城市特色文化资源转化为文化资本，形成新的产业集群，从而提升城市产业竞争力。

---

① 邴正：《探索吉林地域特色的文化精神》，《社会科学战线》，2002年11月25日。

② 司马迁：《史记·匈奴列传》，中华书局，2011年，第2886页。

③ 谷长春，孙占国，程妮娜，曹保明：《吉林地域文化的形成及传统特色——〈中国地域文化通览·吉林卷〉绪论》，《社会科学战线》，2013年10月1日。

④ 邴正：《探索吉林地域特色的文化精神》，《社会科学战线》，2002年11月25日。

二、吉林省城市文化品牌发展中遇到的问题

（一）塑造城市文化品牌的意识不强，对于城市文化品牌的重要性没有正确的认识

吉林省城市文化品牌的构建短板主要在于对城市文化品牌建设的认知产生偏差，这是造成吉林省城市文化品牌构建乏力的主要原因。很多城市因不具备特色文化资源便放弃了城市文化品牌建设，城市文化品牌的构建一方面在于对历史的传承，而另一方面则在于对文化的创新，以日本的熊本县为例，熊本县是日本以农业为主的地区，同样缺少丰富的文化资源，但是在文化传播上却另辟蹊径地创造了"熊本熊"这一虚拟的形象为熊本县进行文化代言，熊本县运用人偶公仔将虚拟的卡通形象真实化，打造了以游客的身份对当地的旅游景点进行体验的综艺节目。熊本熊在互联网上的走红不仅使原本默默无闻的熊本县变得远近闻名，更是为日本的文化产业注入了新的活力，推动了日本旅游产业的发展。正是因为吉林省目前还没有将城市文化品牌的发展看作是文化产业的动态发展过程的一部分，缺少对于城市文化品牌发展的长远规划，面临文化资源传承的流失与文化创新的不足的境地，导致了缺乏对城市文化品牌的构建规律的理解，因而对打造城市文化品牌思路的把握也不够准确。

（二）对城市文化内涵缺少深入性挖掘

吉林省自古以来历经了多个朝代的更迭，多个民族的融合，为我们留下数不胜数的历史古迹和民族文化。如高句丽文化遗址，再如纵横驰骋的蒙古族、勤劳勇敢的朝鲜族、创造辉煌的满族等少数民族文化。城市文化品牌的构建需要以特定的文化符号为特征，这种特定的标志具有深厚的文化内涵，体现了一座城市在特定历史时期内的精神品格。这些都是无比珍贵的文化历史资源，而这些文化资源并没有得到挖掘甚至开发，如曾由长春电影制片厂出品的电视连续剧《少帅》拥有很高的收视率，尘封于历史记忆中的东北民国风潮又一次展现在世人面前，由演员宋佳饰演的于凤至这一角色受到群众的广泛好评，作为少帅张学良的妻子，于凤至这一人物无论是在影视作品中还是在真实的历史中，都是十分值得研究的。而目前公主岭市对于凤至的文化开采却仅仅以故居纪念馆的形式出现，里面除了对于氏家族的发展梳理及于凤至的生平介绍之外再无其他，没有进行深入的文化挖掘，文化品牌的建设更无从谈起，吉林省在城市文化品牌构建过程中并不能对各个地区的历史文化元素进行深刻的了解，文化旅游的内涵远远没有得到应有的体现与发挥。

（三）城市文化与文化产业无法进行有效结合

城市文化品牌是对当地的各种文化元素进行资源整合和创新，文化作为推动文化产业发展的重要因素，不仅促进了城市经济多元结构的发展，而且提升了物质文化的精神内涵。城市文化品牌是以城市形象、地域条件和自然环境等多元化因素进行的品牌塑造，是以文化为核心的内容产业，它的构建必须具备创意性和科学性。城市文化品牌展现出的城市文化理念，除了借助文化产业的经营方式进行管理和推广，体现了城市自身的文化特征之外，还为文化产业凝聚了由外向内的吸引力。从经济学角度上说，文化产业链条的稳固程度与其长短关系成正比。吉林省诸多城市有着深厚的文化积淀和内涵，

具备完善文化产业链条的条件。而由于许多文化资源并未得到充分的开发，致使城市文化品牌难以形成。如以吉林市内的龙潭山遗址为代表的文化资源虽被列为全国重点文物保护单位，但是由于缺少系统的文化宣传，使其没有较高的知名度，所以吉林省文化产业并未形成完整的产业链条，因而出现了文化资源和文化产业结合得不太好的效果。

三、对吉林省城市文化品牌建设的建议

（一）以文化资源为核心，深化吉林省城市文化品牌内容构建

近年来，在我国文化产业的发展进程中，虽然已经把文化产业的战略高度上升到了国家层面，但是城市文化品牌建设对于文化产业发展的重要驱动作用还缺少一定的认知度。文化消费多以消费者的感官体验为中心，这就需要传播城市文化品牌的价值。吉林省的多个城市都有与其自身历史发展特点相对应的文化精神，我们应该对丰富的吉林省文化资源进行深入挖掘。如吉林省四平市针对叶赫满族镇建立四平满族文化城，旨在塑造富有吉林省本土特色的城市文化品牌，这既是对吉林省传统文化的传承，也是对数千年历史文化精神的提炼和升华。

（二）充分挖掘城市文化元素，整合吉林省城市文化资源

目前，吉林省的文化资源所呈现的状态比较分散，具有历史文化元素的城市与民族特色文化之间没有做到紧密地结合，吉林省的满族文化和朝鲜族文化是独特的民族文化资源，而因地理分布原因使文化资源难以结合，而长春市作为吉林省省会拥有代表满族文化的伪满皇宫、代表朝鲜族文化的宽城区朝鲜族聚集区，但是目前长春市仅以伪满皇宫作为一处旅游景点，对两种文化资源没有进行整合开发。在对历史文化进行开发之前，我们首先要树立保护历史文化资源的意识，不能一边开发一边破坏，要以尊重历史、重现历史为原则进行保护性文化资源开发。同时，要建设专业的人才队伍，组织专家、学者对吉林省各个城市的物质文化和非物质文化资料进行翔实分析、整理，发掘吉林省特有的城市历史文化，为吉林省特色城市文化品牌进行深刻的内涵资源整合。

（三）强化城市文化品牌建设，完善吉林省城市文化产业链条

目前，吉林省的文化资源开发并不充分，缺少成熟的城市文化品牌。虽然吉林省以朝鲜族聚集区为代表的区域产业的空间布局已经呈现出民族文化特色，但是在吉林省城市文化品牌的建设上仍然缺少规划，面临着严重的产业链条发展水平失衡问题。城市文化品牌的缺失，使得吉林省文化产业难以形成具有代表性的立足点。吉林省城市文化品牌不仅引领了吉林省文化精神，也体现了吉林省文化产业的核心竞争力。打造吉林省城市文化品牌对于提升城市的文化软实力、完善文化产业链有着巨大的推动作用。

结　语

城市文化品牌是一个地区无形的文化价值资产，它可以通过合理地配置城市文化资源，增加城市的文化竞争力，促进城市文化产业的发展水平。构建吉林省城市文化品牌是一个长期的动态过程，不仅要依托吉林省丰富的城市文化资源，而且应该注重城市文化内容的体现，与大众的文化需求相结合，展现创新型的城市文化表现形式和独特的吉

林省地域文化风格；更应该强化对城市文化品牌动态构建的深入理解，充分认识到城市文化品牌建设的重要性，及城市文化品牌建设对于吉林省文化产业发展的重要作用。在我国文化产业繁荣发展的趋势下，如何进一步建设有吉林省各城市文化特色的城市文化品牌，如何进一步打造吉林省文化产业的品牌形象，如何在文化产业发展中积极参与城市文化品牌构建的自觉行动，是吉林省文化产业所要面对的重大挑战和重大命题。

台湾新乡土小说中女性叙事的变调

韦黄丹

【内容提要】崛起于20世纪90年代末的台湾新乡土小说突破传统乡土小说中"泛二元论"与"悲情"的叙事基调，以解构"慈母"、重塑"贤妻"与召唤"女儿"的方式另弹"无伤"新曲。一方面，新世代作家结合现代与后现代主义的表现手法，以弥补、矛盾、回避与投射等创作心理丰富或扭曲了台湾乡土文学中的女性形象；另一方面，他们大多欠缺形而上的求索与自我批判的意识，因而难以与笔下的乡土女性产生真正的灵魂共鸣。

【关 键 词】台湾新乡土小说；女性叙事；创作心理

【作者简介】韦黄丹，女，南京大学中国新文学研究中心中国现当代文学专业博士研究生（南京 210023）。

"女性叙事"是台湾新乡土小说研究的重要议题，学界对此问题的研讨大多局限在"女性作家写乡土"所涉及的"重建主体性""性别政治""身份认同"等常规的论述中，却忽视了"男性作家"[①]才是台湾新乡土小说中女性叙事的主导这一基本前提。是以，此文以袁哲生、童伟格、甘耀明、张耀升等男性作家的女性叙事为中心，在与台湾传统乡土小说的对照下重新评析当前乡土女性叙事的新貌，同时还将透过新世代作家复杂的创作心理来反思其女性叙事的困境。

一、台湾传统乡土女性的叙事基调

日据时期，台湾乡土小说中的女性形象大多与苦难相关，其中较为常见的情节应该是"卖女儿"，以此奏出那个时代的女性悲歌。赖和《可怜她死了》的女主人公"阿金"十一二岁时被卖作"童养媳"，丈夫意外去世后，十八岁的她为了养家不得不做富人"阿力"的姘头，怀孕后被无情抛弃，最终挺着大肚子落水身亡。如题，阿金多么"可怜"，但是，"她不敢怨恨父母，她晓得父母的艰难"[②]，"她恨阿狗嫂（媒婆），同时也恨金钱"[③]。可见，赖和要抨击的并非"父母之命"，而是"媒妁之言"背后的

---

① 据《联合文学》2015年5月"20位40岁以下最受期待的华文小说家"统计，在台湾文坛中，"男性小说家主导文学的状况，在这几十年，似乎以现阶段最为明显"。这种现象在台湾新乡土小说中更为显著，因而，研究新乡土小说中的女性叙事，不能仅仅从"女性作家"出发，还应关注"男性作家"笔下的女性形象。

② 赖和：《赖和全集》（第1卷），前卫出版社，2000年，第155页。

③ 赖和：《赖和全集》（第1卷），前卫出版社，2000年，第162页。

"金钱"。于是，作者在小说中控诉道："在此万恶极了的社会，尤其是资本主义达到了极点的现在，阿金终于脱不出黄金的魔力，这是不待赘言的。"① 与此相似，吴希圣的《豚》、杨云萍的《秋菊的半生》、杨守愚的《谁害了她》《鸳鸯》、吕赫若的《庙庭》《月夜》、龙瑛宗的《一个女人的记录》等小说，都通过女性的苦难叙事揭示传统社会对女性主体性的剥夺，同时控诉现代物欲文明对人性的腐蚀。日据作家还擅长塑造传统的"慈母"形象。赖和《一杆"称仔"》与杨守愚《慈母的心》都塑造了含辛茹苦独自将儿子抚养成人的"寡母"形象，作家追念伟大母爱与传统伦理的目的在于衬托与抵制殖民时代的残暴与金钱社会所带来的冷酷无情。另外，日据作家还以女性形象来表达现代启蒙与革命的理想追求。杨守愚《一个晚上》里的"妻子"既是封建大家族的反叛者，又是社会革命者，她临死前仍不忘叮嘱丈夫："你还是再去致力于工会，事之成否，可不必计较，虽然自身不能享到成功的幸福，但为人类将来计，也得干下去！"② 这种写法虽有革命传声筒之嫌，但在那个山河破碎的时代里，作家仍具有这种民族情怀与不畏强权的胆识实属难能可贵。

　　20世纪六七十年代的台湾乡土小说沿袭了日据时期女性苦难叙事的书写传统，陈映真的《将军族》《六月里的玫瑰花》、黄春明的《看海的日子》《小寡妇》、王祯和的《嫁妆一牛车》《玫瑰玫瑰我爱你》等小说都写了乡下女子为了谋生而出卖身体的辛酸遭遇，悲情与批判依然是女性叙事的基调。当然，这一时期对乡土女性形象的建构也有其独特的风格：第一，挖掘女性的多样性，在一波三折的命运里发现女人的主体性和光辉。黄春明在《看海的日子》里将女主人公"白梅"由"妓女"变成"圣女"，突破了以往女性命运无法自主的窠臼，同时建构起"城乡二元对立"的叙事模式。在城市里，"白梅"因"妓女"的身份而遭人作践与侮辱；回到乡下，没有人在意"白梅"曾经当过"妓女"，反而赞美她这种为了孝道而自我牺牲的精神，也无人追究她未婚先孕背后的道德问题，反而希望她能生个男孩以便后半生有所依靠，于是，返乡后的"白梅"以孝道、智慧、纯朴、果敢等内在美德赢得人们的认可与尊敬。乡土成为城市异乡者的疗伤之所，恢复了这些风尘女子未受玷污的"婴儿身"，像美国南方黑人在亲人葬礼回程中吹奏的爵士乐曲，乍悲乍喜。第二，以女性的悲剧来针砭时政，回应外省人生存困境等新的时代问题。陈映真《将军族》中的女主角是从小被卖、身心皆被摧残的"小瘦丫头"，与外省老兵"三角脸"的两次相遇后产生忘年恋。怎奈"妓女"与"退伍老兵"这两种特殊的身份很难有尊严地生存，于是，两人到蔗田里殉情，许诺来世再做夫妻，因为那时彼此"都像婴儿那么干净"③。此作品曾遭查禁，其中的女性叙事暗含冲破意识形态禁忌的意图则是不言而喻的。第三，这一时期的作家还热衷以现实主义手法描写"吧女"或"陪酒女"的遭遇，借此批判台湾人崇洋媚外的心态与揭露美、日等国家对台湾的经济殖民与文化殖民。

---

① 　赖和：《赖和全集》（第1卷），前卫出版社，2000年，第160页。

② 　钟肇政，叶石涛主编：《光复前台湾文学全集2》，远景出版社，1997年，第129页。

③ 　陈映真：《陈映真作品集1》，人间出版社，1988年，第151页。

总之，台湾传统乡土小说主要采用现实主义的手法来描写"慈母""贤妻"或"女儿"的人生悲剧，其创作心理以同情、悲悯为主。此外，它们还试图通过女性形象来呈现农业文明与工业文明的冲突、传统文化与殖民文化的对立等时代问题，具有批判性与反抗精神。可是，这类批判大多未能超越现实理想与他们所处的时代，因为其批判的形成更多源自民族主义与道德的外部呼唤，而非凭借作家内在理性的关怀，限制了他们与女性的心灵对话与艺术驰骋。

二、台湾新乡土小说中另类的女性群像

20世纪90年代以来，随着袁哲生、童伟格、甘耀明、张耀升等新世代作家的崛起，新乡土小说的女性叙事挣脱了传统的创作心理与思维，变得更加自由与个人化。下文将从"母亲""妻子""女儿"这三类角色评析新乡土小说对女性形象的重塑。

与台湾传统乡土小说擅长塑造"慈母"形象不同，新乡土小说更关注脱离"母性"光环的一面。童伟格的《无伤时代》《西北雨》《叫魂》、张耀升的《彼岸的女人》、张耀仁的《失声》《母爱像月亮》、高翊峰的《走道》等小说都呈现了母爱、女性命运及传统伦理在（后）现代语境下的裂变。

新世代作家也喜欢写"寡妇"，所不同的是，她们在晚年无法享受儿孙绕膝之福，反而更加孤绝。童伟格《无伤时代》的开篇以倒叙手法撰写一位年近六十的"寡母"独自一人乘公交车进城看病。"那是个如常的通勤之晨，公车车厢里挤满了人。在公车每一靠站、人群更流之时，她都会踉踉跄跄，尝试着蹭移到一处自觉离人群最远的角落。"[1]"她终于疲惫地全身退出医院。她骑着脚踏车回家。她看见她的儿子趴在书桌上熟睡了。"[2]原来，儿子不是因为忙得不可开交才没能陪母亲看病，而仅仅只是因为在家睡着了。小说便在这种母子疏离的氛围中展开，直至结尾，母亲"原谅"了一无是处的儿子。有人说这种"原谅"体现了母爱的宽容与伟大[3]，而笔者认为它是对母爱的彻底放逐，因为，还有什么比被亲生母亲视为"废人"更可悲与绝望的事呢？母爱应该建立在对子女的充分了解与关爱的基础之上，而常年在工厂打工的母亲受劳动异化的影响已失去爱人与惜己的能力。面对这种难解的悲哀，她们只能带着自虐性的快意，任凭命运的播弄，有如看着火葬时光苗的舞跃凄凄，令人低回不已。

张耀升长篇小说《彼岸的女人》则以"妓女"写"母亲"，让人瞠目结舌。小说中的母亲依靠出卖肉体来抚养私生子，她以自毁的方式逃离"母性"的定义，追求官能的快感与欲望。在儿子眼中，"母亲，等同于喜怒无常"[4]，母亲会在不经意间往儿子脸上扇巴掌。最严重的一次是在母亲接待完嫖客之后，看到醒来的儿子，"母亲的脸霎时失去血色与光泽，如一尊线条浅而面容淡的佛像，她慢慢伸出手，握向他的脖子，柔弱

---

① 童伟格：《无伤时代》，印刻出版有限公司，2005年，第12页。

② 童伟格：《无伤时代》，印刻出版有限公司，2005年，第16页。

③ 黄建富：《伤、废与书写：童伟格小说研究》，中正大学台湾文学研究所，2010年，第85页。

④ 张耀升：《彼岸的女人》，本事文化股份有限公司，2011年，第77页。

的母亲一用力便发抖，他用力憋气配合母亲，祈求两人当下都毁灭。"①"妓女"生子，是两个人的悲哀，怨恨与伤心让"母爱"变得支离破碎，最终将儿子离弃。因为，当下的台湾或许再也找不到黄春明《看海的日子》里的那片净土——可以让"妓女"变"圣女"，同时还能让妓女之子免遭嘲笑与孤立。

台湾传统乡土小说时常通过"妻子"形象来传达现代启蒙的思想，批判封建礼教，激发女性的自我意识。如今，受过现代文明洗礼的台湾，"新女性"已成为时代主流。然而，除了袁哲生等少数作家写"新女性"外，不少作家都不约而同地怀恋起传统的"贤妻"形象，具有耐人寻味的反启蒙意味。

袁哲生《父亲的轮廓》写了一个家庭悲剧。个性好强的妻子常因小事向家人兴师问罪，丈夫与儿子不得不以"忍一时，风平浪静"共勉。妻子的刻薄最终逼走甚至间接逼死了丈夫。其实，如此咄咄逼人的"妻子"与吕赫若《牛车》里的"阿梅"有几分神似，她俩都动摇了丈夫的权威并斥骂丈夫的无能。但是，当"阿梅"被穷困逼到卖身养家时，又引起无限的同情，她不过是工商业经济下的牺牲者。而袁哲生小说中的"女强人"常常是彻头彻尾令人生厌的人，是婚姻不幸的始作俑者，借此揭露女权主义者在急欲颠覆两性价值观后又重新堕入父权窠臼而不自知的矛盾。

与"新女性"相比，顺从的"贤妻"才是新乡土小说塑造得较为动情的角色。杨富闵《逼逼》里的"水凉阿嬷"是一位外表现代而思想传统的女性。七十五岁的"阿嬷"还保持少女般的身材，骑着"小粉红"单车，"头顶三十开孔外星人荧光黄车帽"，身穿"白底吸湿排汗车衣"，下着"黑系七分自行车裤"，活似"台湾水雉"。②然而，她的骨子里仍旧恪守"贤妻"的本分，"以丈夫为天，做到三从四德，要贞洁，孝公婆、敬天子、和睦妯娌，教育好子女"③。面对丈夫的风流成性，水凉阿嬷虽有怨恨却十分宽容，不但独自养活子女，还寄钱给丈夫在外寻欢作乐。在丈夫临死之前，她不舍昼夜为其奔丧与筹办丧事，疲劳到几乎晕倒。如白先勇所言，"杨富闵对他小说中正在经历生关死劫的人物，便产生了一股不能自已的怜悯——这也是他小说最可贵的特质"④，在当下人情淡薄、亲人疏离的后现代社会里，水凉阿嬷对丈夫的无私付出或许不被理解，但这份情意实在令人感动。

新乡土小说对"女儿"形象的塑造试图突破以往"重男轻女"的传统模式，转而探索人类宿命、历史记忆、现实关怀等议题。袁哲生《罗汉池》以宿命论淡化悲剧的冲突，把现实中的残酷与幻灭写得很有诗意。"小月娘"是妓女的女儿，"出落得标致玲珑，唇红齿白，一双清澈的大眼睛认真看人的时候，再没心眼的人也不由得低下头来想到自己命薄福浅八字轻"⑤。然而，当母亲病倒之后，女承母业成为"小月娘"难以逃脱的宿命。"一日傍晚，天顶的月娘刚刚探出半张娇嫩的面容的时候；矮厝巷尾的小月

---

① 张耀升：《彼岸的女人》，本事文化股份有限公司，2011年，第99页。
② 杨富闵：《花甲男孩》，九歌出版社，2017年，第44页。
③ 冯尔康：《中国古代的宗族与祠堂》，商务印书馆，1996年，第82页。
④ 白先勇：《大内之音（推荐序）》，杨富闵：《花甲男孩》，第7页。
⑤ 袁哲生：《罗汉池》，宝瓶文化事业有限公司，2003年，第24页。

娘也跟着出来了。小月娘一身打扮艳光照人，静悄悄地往喜春楼（妓院）的方向走去了。"①小月娘与月亮融为一体，美得让人心痛。"小月娘"是同村罗汉脚（单身汉）"兴建仔"爱慕的女神，她的失身使兴建仔跟着沉沦，他酗酒、嫖娼、荒废事业，可是悲痛反而更加难以排解，直到他意识到自己将一辈子打光棍后生活才复归平静。袁哲生看到男女宿命的相联性，他怜惜女子远嫁或为娼妓，男人出家或打光棍，于是让这些男女在"认命"中得以"无伤"地活着。但是，当妓女与光棍都安之若命时，"无后"将会对整个村落带来灭顶之灾，认命还是反抗，成为袁哲生及许多同代作家不愿正视的问题。

甘耀明的长篇小说《杀鬼》重新挖掘乡土女性的历史记忆，表现"多元的边缘历史记忆"②与人道主义精神。小说中的"拉娃"是一位泰雅人，她在梦中看到战争的杀戮本相，为了阻止父亲"尤敏"去南洋战场送死，年仅10岁的她以脚死扣住父亲的腰，形成"人锁"留住父亲，任凭日本军官"鬼中佐"软硬兼施都解不开。"尤敏用磨利的指甲割破自己的肚皮和拉娃的脚，等两边的伤口愈黏，长出的血管互通了。尤敏把养分输给拉娃，拉娃把困意输给尤敏。他们是生命共同体。"③这对"螃蟹父女"的传说不胫而走，成为一座"反战"的丰碑，激起人们对生命的敬畏、对亲情的坚守与为爱付出的勇气。《杀鬼》中女儿那句"爸爸，你要活下来！"使得战争反思超越民族与国界，直逼赤裸的生命。

在传统观念中，儿子能传宗接代，"长大以后，可以供养双亲"；而女儿"赔钱养她，终非嫁给别人不可"。④新乡土小说则很少再以"卖女儿"来控诉社会的黑暗，而是以"想要女儿"来打破"养儿防老"的神话，转而关注荒村留守老人的问题。高翊峰《好转屋家哩！》中的"阿章伯"常说："妹儿（女儿）好，知爸爸妈妈介艰苦。儿子跑出去，像丢掉样へ。"⑤老无可依的孤独感吞噬着阿章伯生命的余晖，直到亦幻亦真的"小女孩"的出现才抚慰了老伯孤寂的心。小说的结尾，阿章伯不顾老伴的反对上山呼唤早夭女儿的亡魂"好转屋家哩（回家）！"乡村的留守老人自知无法让在外打拼的儿子们回家，只好寄希望在女儿的亡魂上，多么酸楚与凄凉。

概言之，台湾新乡土小说的女性叙事在很大程度上弃绝乡土小说的泛二元论，因而笔下的女性形象更加奇幻与多变，令人迷惘。然而，我们或许能从这些女性身上看到历史、当下以及男性自身，却难以看清女性的真实面目。

三、复杂的创作心理及女性叙事的反思

新乡土小说的女性叙事具有颠覆性，解构了台湾传统乡土小说中的"慈母"形象，重新思考"贤妻"与"女儿"的当代意义。在这个不断重塑的过程中，新世代作家由女

---

① 袁哲生：《罗汉池》，宝瓶文化事业有限公司，2011年，第39页。

② 王明珂：《历史事实、历史记忆与历史心性》，《历史研究》，2001年第5期。

③ 甘耀明：《杀鬼》，宝瓶文化事业有限公司，2009年，第79页。

④ 龙瑛宗：《一个女人的记录》，叶石涛，钟肇政主编：《光复前台湾文学全集7》，第165页。

⑤ 高翊峰：《家，这个牢笼》，尔雅出版社，2002年，第2页。

性形象还原与追溯了某些被压抑或忽略的问题，同时，也流露出他们潜在的创作心理。

第一，弥补心理。进入20世纪80年代，台湾实施"第二阶段农地改革方案"等一系列政策，农村的工业化与后工业化加速以男性为本位的宗法社会的解体。同时，第二波女性主义思潮传入台湾，妇女运动此起彼伏，她们不仅要求与男性平权，还重视女性自我人格的提升，争做"女强人"。①男性作家在面对这些新时代女性时，自尊心难免受损而自惭形秽②，是故，在乡土小说中通过"丑化"或"魔化"的手段呈现女性的狰狞，以弥补自己受创的心理，重振雄风。新世代作家对这些女人似懂非懂，又爱又恨，甚至将她们视作"鬼魅"而驱赶，反映出男性潜在的性别权力危机感。因此，他们笔下的女性形象有时会像化装的小丑或提线人偶，缺乏生命的温度与脉搏。

第二，矛盾心理。虽然台湾的宗法乡村几近崩毁，传统的伦理观也遭到现代文明与女性主义思潮的冲击，但是，"根深蒂固的传统父权思想依然存在"③，在不少男性作家的潜意识中女性的从属地位并没有改变。另一方面，新世代作家以后现代的解构思维来颠覆父权的合法性，因而又有意凸显女性的价值与独立性。童伟格《西北雨》中的年轻寡妇在自己身上"重新发掘海村寡妇史"，"明白其实不是海王，而是她们，护养了今日的海村"④。值得注意的是，新世代作家对乡土女性的矛盾心理主要源自台湾异质混成的文化场域，他们"有意识或无意识地展布截然有别的面貌：一方面质疑中间价值的存在，另一方面又致力于基础价值的瓦解"⑤。于是，多元的文化既能给他们提供多元思维与自由探索女性形象的方法，同时，文化迷失又容易让他们笔下的女性面目模糊，徒具外表而缺乏内在的深度与人文精神的格局。

第三，回避心理。如果说"阿盛伯"（黄春明《溺死一只老猫》）的悲剧表现了"在一个现代性开始占压倒优势和高度相互依赖的世界里，完全拒绝现代化和西方化几乎是不可能的"⑥，那么，"江母"（童伟格《无伤时代》）等性情冷漠的女性则体现了面对发达资本主义制度下乡土社会逐渐退出历史舞台的不知所措与回避的心态。"江母"生活的村庄看似现代，拥有杂货店、公交站、工厂等都市建筑，实际却是一座面临"人荒"的"废乡"。她当了三十多年的女工，忘却了以"亲亲"精神为主体的传统伦理，她远离人群也疏离儿子，她回避自己的病情，回避儿子的无能等问题。"江母"何以活成这个样子？⑦这正是作家想处理的存在困境。或许只有回避乡土崩毁过程中所产生的如疏离、孤独、恐惧等负面情感，才能"无伤"地活着，但这种回避问题的心理又使人活得如动物一般，这反而对乡土造成莫大的伤害。

---

① 《自立晚报》副刊于1987年前后设"新女性"专栏，刊登大量的女性主义言论。

② 袁哲生的多篇小说如《寂寞的游戏》与《猴子》都写到男主角面对优秀女子所产生的自卑感。

③ 王苹：《妇女的处境在台湾》，《联合文学》，1995年3月。

④ 童伟格：《西北雨》，印刻出版有限公司，2010年，第173–174页。

⑤ 林耀德：《文学新人类与新人类文学》，《联合文学》，1990年3月。

⑥ [美]亨廷顿：《文明的冲突与世界秩序的重建》，周琪等译，新华出版社，1998年，第64页。

⑦ 罗利娜：《童伟格：以魔幻风格梳理对台湾乡土的困惑》，《时代周报》，2011年第119期。童伟格自述《无伤时代》回应了自己"对乡土的基本困惑"："大致就是这个'无可如何'的恍如命定之感：'何以如此？'"

　　第四，投射心理。弗洛伊德认为，人们会将自己身上不受良知认可的负面欲望、冲突或情感视作他人的毛病与问题，以此减轻焦虑、责任与痛苦。[①]黑格尔说："自我意识是自在自为的，这由于、并且也就因为它是为另一个自在自为的自我意识而存在的"[②]，换言之，自我无法自行确立，只能在与他者的关系中被认识。在新乡土小说中，女性对自我主体性及个性的发现，正是作家重新认识自我的镜像与投射。张耀升《彼岸的女人》里的女子几乎都是一面镜子，照见男主角及作家潜意识中不愿直视的阴暗面。小说试图从"性"的角度去挖掘女人的个性，然而，从中看到的无非是男性自身的欲求、喜怒或托辞。受"我即他人的命题"[③]的影响，不少新乡土小说其实是建立在以男性为主体的立场上来"要求"女性，而非真正地"理解"女性。

　　总而言之，女性主义思潮的崛起淡化了"男女有别"的传统观念，新世代作家不再以启蒙叙事来塑造乡土女性，而是通过女性形象来呈现他们面对宗法社会失序后的自卑、矛盾、逃避与投射的创作心理。一方面，在叙事上他们借鉴了现代与后现代主义的表现手法，丰富了台湾乡土小说中的女性群像，另一方面，他们又缺乏对女性的真正认识以及自我批判的意识，不时热衷求索种种形而下的事物，鸣出令人发噱的"觳音"[④]，难以与笔下的女性形象产生真正的灵魂共鸣。无可讳言，作家可以用不同的书写方式来表达对女性的理解，但若只囿于某一特定视角并视之为真理，则不能不陷入一种可怕的文化偏执中。是以，台湾新乡土小说中女性叙事的目的不是他们或我们凭借女性来说什么，而应该是女性透过新乡土小说向他们或我们说些什么。

---

①　[美]霍尔：《弗洛伊德心理学入门》，陈维正译，商务印书馆，1985年，第79–81页。

②　[德]黑格尔：《精神现象学》（上卷），商务印书馆，2009年，第138页。

③　黄锦树：《内在的风景——从现代主义到内向世代》，《华文文学》，2015年第1期。

④　郭庆藩：《庄子集释》，中华书局，2012年，第68–69页。"夫言非吹也，言者有言，其所言者特未定也。果有言邪？其未尝有言邪？其以为异于鷇音，亦有辩乎，其无辩乎？""鷇音"：幼鸟破壳而出的鸣叫声。

域外

视野

"身"与"心"

——通过白居易《自戏三绝句》窥其心性

[日]中原健二　　张宇飞 译

【内容提要】 中唐诗人白居易曾创作了系列作品《自戏三绝句》,不言而喻,《自戏三绝句》是受到了陶渊明的诗歌《形影神》三首的影响而创作。《形影神》的主题是如何适应人生的有限性,"形"主张现世的享乐,"影"看重死后的名声,两者的对立则是"神"的扬弃。一方面,《自戏三绝句》中只有"身"与"心"登场,分别与"形"和"神"对应,而"影"并未登场。对于白居易而言,"身"与"心"似乎是一个整体,从白居易的作品中可以屡屡见到将"身"与"心"配套描写的诗句。中唐的士大夫自知人生的有限性,并将其视为难以避免的事物而接受,虽然常常倾心于脱俗的生活,却作为官僚肩负着社会责任、自知生存于俗世的职责。白居易晚年创作了大量的"闲适诗",时常吟咏"隐吏"的喜悦。但并不意味着他完全达到了内心的平静,对他而言只是作为士大夫对生存方式进行再确认的一环而已。吟咏"身"与"心"的系列诗歌正是其最具有代表性的作品。白居易是中唐士大夫中最具有自觉意识的诗人,这一点可以说与之后的宋代的士大夫们相通。

【关 键 词】 白居易;士大夫;身与心

【作者简介】 中原健二,男,日本佛教大学文学部教授。

前　言

　　"如何对待生命的有限性"这一命题在中国从古代开始就紧紧抓住人们的内心而难以释怀。由于人们从古代开始就对这个问题的解决方法进行了各种各样的摸索,因此有考虑长生不老的仙药是直接的解决方案,也有从内在方面如老庄、佛教等这样的在思想、宗教的层面上提示的精神方面的解决方案。在文学作品里这个问题也不应该被忽视,例如《古诗十九首》、曹操的《短歌行》、陶渊明的《形影神》等都各自在吟咏这一主题。①

　　生命的有限性谁都无法逃脱,在承认这一点的基础上,那么作为士大夫应该怎样生活下去呢?虽然在"在俗"(做官)与"脱俗"(隐逸、归农)之间左右摇摆,但由于

---

① [日]入矢义高:《生与死——围绕水与冰的比喻》(岩波现代文库《求道与悦乐——中国的禅与诗》,2012年,初出《佛教史学研究》23卷第1号,1981年),该文将在中国与生命的有限性相关联的言论,以"水与冰的比喻"为中心进行概括,富有启发性。本稿所讨论的关于陶渊明的问题也被提及。

意识到自我的职责，带着所谓"放弃脱俗的觉悟"而选取"在俗"的生活方式，不正是中唐以后的士大夫们吗？

白居易于开成五年（840年）、六十九岁之际作为太子少傅在洛阳担任分司时创作了《自戏三绝句》，这篇作品让我们引起前面的思考。本稿想从"身"与"心"的表现用法出发来考虑并观察白居易的精神状态。

以下白居易的诗引用自中华书局出版的《白居易集》，其他的唐诗则来自《全唐诗》。另外，白居易诗歌的创作时间是根据朱金城的《白居易集笺校》。

一、《自戏三绝句》与《形影神》

《自戏三绝句》由《心问身》《身报心》《心重答身》等三首组成，这很容易看出是在意识到陶渊明的《形影神》三首诗之后创作的。事实上，从《效陶潜体诗十六首》开始，白居易受到陶渊明的影响已经是众所周知之事了。

那么在进入《自戏三绝句》的内容前，想先简单确认一下《形影神》这三首诗。[①]

陶渊明的《形影神》三首的序是：

贵贱贤愚，莫不营营以惜生。斯甚惑焉；故极陈形影之苦，言神辨自然以释之。好事君子，共取其心焉。

如此所述，采取用"神"来扬弃"形"与"影"的痛苦的体裁。

形赠影

天地长不没，山川无改时。草木得常理，霜露荣悴之。谓人最灵智，独复不如兹。适见在世中，奄去靡归期。奚觉无一人，亲识岂相思。但余平生物，举目情悽洏。我无腾化术，必尔不复疑。愿君取吾言，得酒莫苟辞。

"形"感叹人的生命的有限性，重视现世的快乐而劝告"得酒莫苟辞"。对于忘却生命的有限性的悲哀，大概就是最一般的方法了吧。"影"这样回答：

影答形

存生不可言，卫生每苦拙。诚愿游昆华，邈然兹道绝。与子相遇来，未尝异悲悦。憩荫若暂乖，止日终不别。此同既难常，黯尔俱时灭。身没名亦尽，念之五情热。立善有遗爱，胡为不自竭。酒云能消愁，方此讵不劣。

"影"暂且承认生命的有限性（"身没名亦尽，念之五情热"），用酒最终不能断绝悲哀，只有积累善行才能让人们永远记住自己（"立善有遗爱"），总之，就是说死后如果留下名声便可超越生命的有限性。

神释

大钧无私力，万理自森著。人为三才中，岂不以我故。与君虽异物，生而相依附。结托既喜同，安得不相语。三皇大圣人，今复在何处。彭祖爱永年，欲留不得住。老少同一死，贤愚无复数。日醉或能忘，将非促龄具。立善常所欣，谁当为汝誉。甚念伤吾生，正宜委运去。纵浪大化中，不喜亦不惧。应尽便须尽，无复独多虑。

"神"指出了两者的对应方法的无益之处，对"形"说"日醉或能忘，将非促龄

---

① 引用来自清代陶澍集注的《靖节先生集》。

具"，对"影"说"立善常所欣，谁当为汝誉"。其实不应如此，并说"纵浪大化中，不喜亦不惧。应尽便须尽，无复独多虑"是最好的方法，果然那是可能的吗？让"神"如此劝说，陶渊明连稍微一点儿的动摇都没有吗？

《自戏三绝句》也有一个短短的序：

闲卧独吟，无人酬和，聊假身心相戏，往复偶成三章。

诗题云"自戏"，序云"相戏"，但其所咏内容却不能看作如字面般的"一时的戏谑"。当然这带有轻快的腔调，白居易虽在闲职，但反省身为官僚的自己，其感其思是从诗中可以看出的。首先是《心问身》，"心"向"身"发问：

心问身云何泰然，严冬暖被日高眠。放君快活知恩否，不早朝来十一年。

白居易于大和三年（829年），在五十八岁之时辞去刑部侍郎，以太子宾客之职任洛阳分司，之后除了任河南尹的两年多以外，在洛阳作为太子宾客和太子少傅分司，末句说的正是此事，"心"向"身"说"你得到快乐是多亏了我下了退向洛阳的决心"，对于此，"身"在《身报心》中如此回答：

心是身王身是宫，君今居在我宫中。是君家舍君须爱，何事论恩自说功。

你之所以安稳正是因为我把你放置在我这里。希望你不要说以恩人自居的话。之后，在《心重答身》里，"心"又说：

因我疏慵休罢早，遣君安乐岁时多。世间老苦人何限，不放君闲奈我何。

由于我是个懒鬼，你才能到现在为止获得长年的轻松快乐，还是多亏了我的帮助。如果你得不到快乐的话，我将会变得怎样呢？

"身"与"心"相互主张自己的想法和意见毫不退让，采用相互争论、刺激的形式正是"自戏"的主意和目的，但说到内容还很难说是"戏谑"。白居易对自己过去的思念与感慨都集中包含在这里了。但是，《形影神》三首从正面对待生命的有限性传达作者迫切的感情，而相对于此，《自戏三绝句》至少从表面上没有那种迫切感，并且不是"形、影、身"而是"身、心"。"身"可以被认为是对应陶渊明的"形"，"心"可以被认为是对应陶渊明的"神"，①但"影"并没有出现。

二、唐诗中的"形、影、神"与"身、心"

那么在唐诗中"形、影、神"是怎样被吟咏的呢？这三个字在一起的例子几乎没有出现过。②出现词语"形影"或是"形"与"影"成对出现的例子却非常多，但几乎都是

---

① 这在白居易左迁江州时所作的《答崔侍郎钱舍人书问因继以诗》中也可以得到确认："常见今之人，其心或不然。在劳则念息，处静已思喧。如是用身心，无乃自伤残。坐输忧恼便，安得形神全。"

② 将此"形""影""神"三者进行对比的作品，如松浦友久的《陶渊明·白居易论——抒情与说理》237页（《松浦友久著作选Ⅱ》、研文出版、2004年）所说，本来在唐代以前其他的作品中也看不出来，并不是说特别在唐诗中有此特征。但是"形""影""心"三者出现的例子却仅有一些。如："独乘鸡栖车，自觉少风调。心曲语形影，只身焉足乐"（李贺《春归昌谷》）、"形影暗相问，心默对以言"（白居易《夜雨有念》）、"却恐吾形影，嫌心与口违"（齐己《惊秋》）。

指灯火与灯火下的影或者镜中的影等，还有作为"不即不离"的例子使用的"形影"①、以及指人或其面貌的"形影"②等，无论哪一个从过去的例子中都可以看到。但另一方面，"形神"却非常少见，只能找到三十个左右的例子。③但无论哪种情况下，都不能找到直接继承陶渊明的《形影神》的作品。

与此相比，像白居易的《自戏三绝句》一样将"身"与"心"成对的唐人作品却非常多。虽然如此，下面所举的例子中大部分都是关于佛寺、隐士或者老人的作品中的"身"与"心"。

（1）了然莹心身，洁念乐空寂。名香泛窗户，幽磬清晓夕。

（岑参《青龙招提归一上人远游吴楚别诗》）

（2）心爱名山游，身随名山远。罗浮麻姑台，此去或未返。

（李白《金陵江上遇蓬池隐者》）

（3）壮心与身退，老病随年侵。君子从相访，重玄其可寻。

（王维《送韦大夫东京留守》）

不过，从中唐开始，官僚或将要做官僚之人的"身"与"心"被对比吟咏的例子变得零星可见。④首先，举李端（大历五年进士）的《题从叔沆林园》⑤为例。

（4）阮宅闲园暮，窗中见树阴。樵歌依远草，僧语过长林。鸟哢花间曲，人弹竹里琴。自嫌身未老，已有住山心。

这是在访问叔父李沆的林园之际所作，明明还没有到垂暮之年（当然做官是前提），但已经产生去隐居的错觉，吟咏叔父园林的完美。接着举鲍溶（元和四年进士）的例子，这首诗被认为并不是在仕途时，而是落第归乡之际发出的感慨。

（5）如何不量力，自取中路贫。前者不厌耕，一日不离亲。今来千里外，我心不在身。

（《将归旧山留别孟郊》）

最后举出元稹的例子。此诗是元和五年（810年），三十二岁的元稹从监察御史被贬到江陵士曹参军时赠给当地同僚的诗。元稹从仕途开始之际到被贬江陵的状况如下所述，作为官僚的"身"与"心"之对比更加明显。

（6）昔冠诸生首，初因三道征。公卿碧墀会，名姓白麻称。……心虽出云鹤，身尚

---

① 举一些例子，如："谁言形影亲，灯灭影去身"（孟浩然《赠李观》）、"无因同波流，愿作形与影"（张籍《怀别》）、"晨兴照清镜，形影两寂寞"（白居易《叹老三首其一》）。

② 举一些例子，如："况我兄弟远，一身形影单"（元稹《和乐天别弟后月夜作》）、"形影一朝别，烟波千里分"（王涯《闺人赠远五首其三》）。

③ 举一些例子，如："盗贼纵横甚密迹，形神寂寞甘辛苦"（杜甫《寄柏学士林居》）、"既安生与死，不苦形与神。所以多寿考，往往见玄孙"（白居易《朱陈村》）、"萧条风烟外，爽朗形神寂"（李渤《南溪诗》）。

④ 作为较早的例子，陈子昂《喜遇冀侍御珪崔司议泰之二使》的序中就写道："余独坐一隅，孤愤五蠹，虽身在江海，而心驰魏阙"。但是，这个"身"与"心"是做官远游者想象都城的常见表现，与作为官僚的生活方式无关。

⑤ 此诗也被看作是吕温（772—811年）之作，诗的题目是《题从叔园林》，吕温虽有一位名叫沆的从叔，但岑仲勉的《读全唐诗札记》（《唐人行第录》所收）中说与李端交往的卢纶作《题李沆林园》，据此认同是李端之作。

触笼鹰。竦足良甘分,排衙苦未曾。

(《纪怀赠李六户曹崔二十功曹五十韵》)

事实上,多次使用此类"身"与"心"的还是白居易,其诗的数量出类拔萃。[①]现在就举其中数首来看,首先引用元和四年(809年),白居易三十八岁时作为左拾遗在长安的作品《寄元九》。

(7)身为近密拘,心为名检缚。月夜与花时,少逢杯酒乐。唯有元夫子,闲来同一酌。

这时,元稹作为监察御史在洛阳分司而不在长安,虽然开头的"身为近密拘,心为名检缚"感叹在宫中做官的束缚,但这首诗的主调还是悲叹好友元稹不在自己身边(大概正是因为那样,白居易才把这首诗放入了"感伤诗"吧)。但是,还是想确认早已可以看出的为官的白居易将"身"与"心"相对应。

(8)从旦直至昏,身心一无事。心足即为富,身闲乃当贵。富贵在此中,何必居高位。

(《闲居》)

(9)世役不我牵,身心常自若。晚出看田亩,闲行旁村落。

(《观稼》)

上面两首都是辞官服丧期间退居下邽时的作品,下面所举的例子是左迁江州时的作品。

(10)身心一无系,浩浩如虚舟。富贵亦有苦,苦在心危忧。贫贱亦有乐,乐在身自由。

(《咏意》)

与在受陶渊明《形影神》意识影响之下而作的《自戏三绝句》只吟咏"身"与"心"同样,这里举出的四个例子里也看不到陶渊明的"影"。这究竟意味着什么呢?

在白居易这里,被认为他的"身"是陶渊明的"身"与"影"合为一体,但是"影"所占的比例很大。换而言之,在陶渊明这里对待生命的有限性占了很大的部分,而在白居易这里,对陶渊明的"影"所言及的"应有的人生状态"注入了很强的意识。[②]陶渊明的"影"感叹"身没名亦尽,念之五情热",白居易不是接受而试图超越它吗?对于白居易而言,作为士大夫怎样完善属于自己的生命,正是其最大的课题。

三、心的控制

(一)从下邽时代到江州时代

对于白居易,"身"可以说是等同于作为官僚的自己的存在吧。这样看来,白居易

---

① 白居易诗中可以看出的"身"与"心"的表达的,实际上到六十七首之多。

② 当然白居易也有"古来如此非独我,未死有酒且高歌"(《浩歌行》)、"把酒仰问天,古今谁不死。所贵未死间,少忧多欢喜"(《把酒》)之类的,与陶渊明 "形"的咏叹相同而言及生命的有限性的诗歌;也有像"我无奈命何,委顺以待终。命无奈何,方寸如虚空"(《达理二首其一》)一样,想用与"神"同样的方向来保持精神的均衡。

"身"与"心"的表达从生命有限性的内部解决而远离，对于做官的"身"而言，被认为将更倾向于如何控制"心"成为必然。下面让我们来看与白居易"身"与"心"相关的表达。

首先，举出其为母服丧、隐退下邽的于元和六年到九年（811—814年）、即四十岁到四十三岁之间所作的闲适诗。

（1）遣怀

寓心身体中，寓性方寸内。此身是外物，何足苦忧爱。况有假饰者，华簪及高盖。此又疏于身，复在外物外。操之多惴慄，失之又悲悔。乃知名与器，得丧俱为害。颓然环堵客，萝薜为巾带。自得此道来，身穷心甚泰。

虽然白居易身处贫困的服丧生活，却确实咏叹了自己从官场解放出来的境地。但是，讲了"此身是外物"，接着又讲了"华簪""高盖"等都"复在外物外"，最后断言"自得此道来，身穷心甚泰"，果真按字面理解就可以吗？西村富美子曾经论及白居易在退居下邽时的闲适诗，如下所述：

总之，诗在表面上表达的虽是闲适，但此时诗人的心情被认为并不一定也是闲适。当时赋予诗人的无限的自由虽是人潜在的欲求，但那无论如何也是日常在体制的拘束下的时候，实际上实现在自己的生活上，虽然有精神的紧张感的解放，但对于以在官僚社会中生活为人生目的的人而言，如何对待便是问题吧。笔者认为，与期待未来的官僚世界的断绝感、不用考虑明天的悠闲生活、对于这种生活半永久性持续的厌恶感等，这些感情都复杂交织，作为这一时期的诗的背景而存在的。①

白居易常常吟咏退居下邽时期的闲适，其中，"身"与"心"的字眼也屡屡被使用。比如《冬夜》吟咏村居的寂寞，其主要原因写在前两句"家贫亲爱散，身病交游罢"，确实很难解读出与离开官位的关联。②但是，《首夏病间》以大病后总算被放开的心情和初夏神清气爽的气候为背景，吟咏了"忽喜身与心，泰然两无苦"，却有"内无忧患迫，外无职役羁"的官员露面的一瞬间。③接着再举一例，诗的题目《闲居》完全与"闲适"相适应。这首诗已在（8）中引用了一部分，其后接着说：

君看裴相国，金紫光照地。心苦头尽白，才年四十四。乃知高盖车，乘者多忧畏。④

---

① 《关于白居易的闲适诗——下邽退居时》（《古田敬一教授退休纪念中国文学语言学论集》，1986年，东方书店。）

② 家贫亲爱散，身病交游罢。眼前无一人，独掩村斋卧。冷落灯火暗，离披帘幕破。策策窗户前，又闻新雪下。长年渐省睡，夜半起独坐。不学坐忘心，寂寞安可过。兀然身寄世，浩然心委化。如此来四年，一千三百夜。

③ 我生来几时，万有四千日。自省于其间，非忧即有疾。老去虑渐息，年来病初愈。忽喜身与心，泰然两无苦。况兹孟夏月，清和好时节。微风吹夹衣，不寒复不热。移榻树阴下，竟日何所为。或吟一瓯茗，或吟两句诗。内无忧患迫，外无职役羁。此日不自适，何时是适时。

④ "裴相国"是指裴垍，元和三年（808年）任宰相，元和六年（811年）卒。诗的全文：空腹一盏粥，饥食有余味。南檐半床日，暖卧因成睡。绵袍拥两膝，竹几支双臂。从旦直至昏，身心一无事。心足即为富，身闲乃当贵。富贵在此中，何必居高位。君看裴相国，金紫光照地。心苦头尽白，才年四十四。乃知高盖车，乘者多忧畏。

到了这首诗，他对于官的拘泥就更加明确了。白居易在退居下邽时期虽屡屡吟咏闲适，但实际上如西村富美子所言，他的身与心都并未到达安定的境地。

为母服丧期满，白居易于元和九年（814年）冬作为太子左赞善大夫复归官场。可是，仅在第二年，因关于宰相武元衡暗杀事件上书被责难为越权行为，被贬江州司马。在此很短时间的激烈变化的遭遇，对于白居易的身与心应该有了很大的打击。

白居易于元和十年（815年）的冬天抵达了左迁地江州，第二年，他作了题为《约心》的闲适诗，时年四十五。

（2）约心

黑鬓丝雪侵，青袍尘土涴。兀兀复腾腾，江城一上佐。朝就高斋上，熏然负暄卧。晚下小池前，澹然临水坐。已约终身心，长如今日过。

诗的题目《约心》不是指"与心约定"，而是指"管控心"，总之是"控制心"之意。①开头四句所示的自画像绝没有飒爽的感觉，左迁以来，由于是毫无实权的司马之职，每日的工作和思考从"朝就高斋上"到"澹然临水坐"，白居易可能有时有比下邽时代更强的闭塞感。服丧当然有官复原职的希望，但是现在是左迁之身份，经常将复兴视为乐观恐怕很难，他的思考一定在悲观与乐观之间左右摇摆，到了那样的境遇，他痛感到不得不控制内心。

接着，看看已引用了一部分的闲适诗《答崔侍郎钱舍人书问因继以诗》，是为元和十二年（817年），四十六岁时所作。"崔侍郎"是指崔群，钱舍人是指钱徽。对二人的信，白居易从左迁第三年的生活开始咏起。

旦暮两蔬食，日中一闲眠。便是了一日，如此已三年。心不择时适，足不拣地安。穷通与远近，一贯无两端。

之后有引用的部分，其意思就是"世间之人都并非如此，为诸事所累而身心俱疲"。下面接着继续引用：

吾有二道友，蔼蔼崔与钱。同飞青云路，独堕黄泥泉。

两位友人与自身的遭遇成为云泥之别。

岁暮物万变，故情何不迁。应为平生心，与我同一源。帝乡远于日，美人高在天。谁谓万里别，常若在目前。

不变的友情。

泥泉乐者鱼，云路游者鸾。勿言云泥异，同在逍遥间。

我是在泥泉中游乐的鱼，二位友人是在云路中行走的鸾，虽然有这样的不同，但心境却相同。

因君问心地，书后偶成篇。慎勿说向人，人多笑此言。

往来的书信的内容当然无由知道，但白居易恐怕是向二人诉说通到"吏隐"的

---

① 关于"约+心"与"介词+心+约"的语义的不同，在拙稿《关于"约心"》（《中国言语文化研究》第六号、2006年，后收《宋词与诗语》汲古书院、2009年）已有论及，这里补充"介词+宾语+约"的例子："已共崔君约，樽前倒即休"（白居易《六年冬暮赠崔常侍晦叔》）、"诸庐戢与予数约游三寺，戢独沉醉而不行"（元稹诗题）、"如今暗与心相约，不动征旗动酒旗"（高骈《写怀二首其二》）。

主张。

同年春天，庐山的草堂建成，白居易作《香炉峰下新卜山居草堂初成偶题东壁》，接着又作《重题》三首，第三首广为流传，其中也可见到"身"与"心"。

日高睡足犹慵起，小阁重衾不怕寒。遗爱寺钟欹枕听，香炉峰雪拨帘看。匡庐便是逃名地，司马仍为送老官。心泰身宁是归处，故乡何独在长安。

如果看在江州吟咏"身"与"心"的一系列闲适诗，这首诗虽说是杂律诗，但颈联与尾联不难理解是在吟咏坚定的闲适境地，①之后，在江州前后大约第四年的元和十三年（818年），已经四十七岁的白居易作杂律诗《遣怀》，此番与"身与心"相约定。

（3）遣怀

羲和走驭趁年光，不许人间日月长。遂使四时都似电，争教两鬓不成霜。荣销枯去无非命，壮尽衰来亦是常。已共身心要约定，穷通生死不惊忙。

从首联到颈联吟咏生命的有限性，末句有"生死"的词语虽然是理所当然，但也混杂着"穷通"，左迁江州时的白居易的念头常常与"做官"连接在一起。并且第七句"已共身心要约定"是他控制心的到达点。②左迁江州对白居易的思想倾向、生活态度以及其诗作都是巨大的转折点。③

（二）忠州以后

元和十四年（819年）二月，白居易写下《别草堂三绝句》④宣布与草堂告别，转任忠州刺史。元和十五年（820年），四十九岁的白居易在忠州有一首感伤诗《我身》。

我身何所似，似彼孤生蓬。秋霜剪根断，浩浩随长风。昔游秦雍间，今落巴蛮中。

---

① 同年所作的《首夏》（感伤）虽说"不如放身心，冥然任天造"，但同时，与为官恋恋不舍："何必归故乡，兹焉可终老"。

② "已共身心要约定"之句参考李德裕《赐李石诏意》（《会昌一品集》卷七）中"卿与其要约，令面缚来降，卿即驰至界首，亲自受纳，苟不如此，且须进军，必不得因此迁延"，也似乎可读为"已共身心定了要约"的意思。"要约"多被用作"盟约"之意，从白居易的散文中也可以看出。这样看来，这一句变得更加带有断定的语气。

③ 白居易诗的四种分类在江州时代写给元稹的《与元稹书》（元和十年，即815年作）中才开始表明，其中讽喻与闲适都是作为士大夫的白居易经过自省后的作品群，讽喻的矢量朝向外，因此，并不是政治、社会批评，而是吟咏与元稹的友情这样的诗也可以包含在内吧。另一方面闲适朝向内，两者的不同被认为正是在那里。对白居易而言，独善是应该经常存在之物，而兼济是以独善为前提的成立之物，两者不可分离。将自己的诗设定为"讽喻"的范畴，这对江州时代的白居易而言，是对于迄今为止的工作的矜持的表现，作为标榜兼济的士大夫是理所当然的。但是另一方面，此后自己所作的诗不得不朝向"闲适"，对左迁不久后的白居易来说是特别强烈的自觉。换而言之，觉悟到自尔后自甘身为官隐的立场，毅然表明那样。那是在服丧→复归官场→左迁这样急速开展的境遇下，在精神的昂扬状态中思索的结果，这也应该是对本文开头所说的"放弃脱俗的觉悟"的印证。

④ 引用这三首的原文，其二也用了"身"与"心"。
正听山鸟向阳眠，黄纸除书落枕前。为感君恩须暂起，炉峰不拟住多年。
久眠褐被为居士，忽挂绯袍作使君。身出草堂心不出，庐山未要勒移文。
三间茅舍向山开，一带山泉绕舍回。山色泉声莫惆怅，三年官满却归来。

昔为意气郎,今作寂寥翁。外貌虽寂寞,中怀颇冲融。赋命有厚薄,委心任穷通。通当为大鹏,举翅摩苍穹。穷则为鹪鹩,一枝足自容。苟知此道者,身穷心不穷。

白居易说"外貌虽寂寞,中怀颇冲融"的原因是因为"赋命有厚薄,委心任穷通",但其真实原因是因为像"孤生蓬"那样的白居易还可能产生官复中央的可能性吧。这样,元和十五年(820年),白居易正如期待那样官复中央,任司门员外郎。

两年后,长庆二年(822年),五十一岁的白居易出任杭州刺史,在杭州的闲适诗《咏怀》中,首先与中央任官的艰苦做对比,写出了地方官的轻松,①之后,还指出心的状态的重要性而终结。白居易在江州时代以后并没有停止吟咏"身"与"心"。

人生百年内,疾速如过隙。先务身安闲,次要心欢适。事有得而失,物有损而益。所以见道人,观心不观迹。

最后看太和八年(834年),白居易六十三岁,作为太子宾客任洛阳分司时所作的《风雪中作》。运用"身"与"心"的词眼写出了晚年的心境。至此,"身"与"心"的纠葛表面上似乎可以说变弱,但绝没有消失。

(4)风雪中作

岁暮风动地,夜寒雪连天。老夫何处宿,暖帐温炉前。两重褐绮衾,一领花茸毡。

暴风雪的夜晚舒适地睡觉。

粥熟呼不起,日高安稳眠。是时心与身,了无闲事牵。

从早到晚,身与心都无忧无虑。

以此度风雪,闲居来六年。忽思远游客,复想早朝士。踏冻侵夜行,凌寒未明起。

但是,忽然想起了以前远赴为官的生活、黎明前的出勤,对自己的训导。在官期间身对这状况不得不满足,因此心必须知道自己的满足,必须控制心。末两句用"方寸"与"形骸"代替来写此意。

心为身君父,身为心臣子。不得身自由,皆为心所使。我心既知足,我身自安止。方寸语形骸,吾应不负尔。

在趋向"老"这一种停滞(安定)的过程中,关于应该做官的自己的状态,白居易内部的纠葛正因为变淡,而不能消失。左迁江州时,白居易大概并没有想到后三十年之事吧,洛阳分司以后,直到晚年,屡次吟咏"身"与"心",之所以充满闲适或吏隐②的喜悦,对他而言,是"放弃脱俗的觉悟"的确认工作吧,不能把握住只是讴歌吏隐之事。

在唐代,终结了长期的分裂与不安定的时代,确立了新的社会秩序。特别是寒门出身者参与政治中枢的情况逐渐增加的中唐以后,在士大夫那里,生命的有限性这一问题退为背景,在内心深处沉淀,变为时而触及时而浮出之物,取而代之,在他们面前最大的问题是在现实社会作为士大夫应该担负责任,自己应该怎样做。总之,就是作为官僚的处身方法。用陶渊明的《形影神》来说,白居易承认"神"的调停,其结局并不

---

① 昔为凤阁郎,今为二千石。自觉不如今,人言不如昔。昔虽居近密,终日多忧惕。有诗不敢吟,有酒不敢吃。今虽在疏远,竟岁无牵役。饱食坐终朝,长歌醉通夕。

② 白居易担任太子宾客在洛阳分司时曾题作为《中隐》的诗:"大隐住朝市,小隐入丘樊。丘樊太冷落,朝市太嚣喧。不如作中隐,隐在留司官。"其中"中隐"换为"吏隐"也可以。

有效，确认自己的职责任务和存在意义在于听从 "影"所说的方法。元和十三年（818年），白居易四十七岁，在江州的闲适诗《咏怀》中，特别是最后的八句，可以读出那种意思的表达。①

　　穷通不由己，欢戚不由天。命即无奈何，心可使泰然。且务由己者，省躬谅非难。勿问由天者，天高难与言。

结　语

　　以上围绕白居易的 "身"与 "心"叙述了鄙见，中唐的士大夫们大概作为官员都有应该怎样行动的意识。总之，在承认生命的有限性作为自明之物不得不被接受的基础上，考虑了应该为官的自我的理想状态。比如，吉川幸次郎关于韩愈有如下论述，②与本文所述重合。

　　人所受到的种种限定，死虽然是其最大之物，但对他们来说悲伤已经并不是悲痛了。或者尽管有悲伤，但都任凭传统的诗人吟咏。人所受的限定或者万物所受的限定，对他而言是确定之物，已经变得不是他自身悲哀的对象了。

　　引用的拙稿里选取了韩愈的《复志赋》的 "昔余之约吾心兮，谁无施而有获"、孟郊的《靖安寄居》里能看到的 "外物莫相诱，约心誓从初"，其意识的基础之物都与白居易相同。

　　另外，川合康三也选取了感叹生命的有限性的晋代羊祜的 "岘山"典故和春秋时期齐国景公 "牛山"的典故，并指出六朝时期那样的感情洋溢得还要强烈：

　　进入唐代……羊祜以及六朝的悲伤里能够看出的感叹自己生命无常的浓厚心情，变得薄弱，……在唐代杜甫以及中唐文学者选取羊祜的典故变得稀少，以人生苦短引起他们关心的文学主题变得几乎消失，进入宋代……作为卓越的统治者称颂羊祜成为中心，羊祜所持的人生的悲哀逐渐远去。③

　　如此说，思考中唐以及宋代的士大夫时具有启发性。白居易是其典型，或者，在中唐的士大夫中，白居易可能可以说是最具有自觉性的了。

　　那么宋代的士大夫们怎么样呢？作为以苏轼为首的士大夫们，很多都被认为继承了本文论及的白居易的精神状态。但是，现在笔者对其考察，还不具备论述的能力与材

---

① 　引用全文：冉求与颜渊，卞和与马迁。或罹天六极，或被人刑残。顾我信为幸，百骸且完全。五十不为夭，吾今缺数年。知分心自足，委顺身常安。故虽穷退日，而无戚戚颜。昔有荣先生，从事于其间。今我不量力，举心欲攀援。穷通不由己，欢戚不由天。命即无奈何，心可使泰然。且务由己者，省躬谅非难。勿问由天者，天高难与言。

　　　另外，在同年七月，白居易写下《江州司马厅记》，其中如下所述：若有人蓄器贮用，急于兼济者居之，虽一日不乐；若有人养志忘名，安于独善者处之，虽终身无闷。官不官系乎时也，适不适在乎人也。

　　　这里的 "官不官系乎时也，适不适在乎人也"也可以解释为同样的意思。

② 　对[日]清水茂《韩愈》（中国诗人选集第十一卷、岩波书店、1958年）的跋文。

③ 　《优美的悲伤——六朝文学的特质》（《汉文教室》第187号、大修馆书店、2001年5月），引用根据《中国古典文学彷徨》（研文出版、2008年）。

料。①但是，白居易与陶渊明都是以农耕为基础的知识人，同是寒门出身不得不入仕为官。相对于与官场割裂靠种地生活的陶渊明，白居易怀抱着掺杂着羡慕与憧憬的羞愧的感情，②对于两人的人生状况，宋代的士大夫们无论有意识，还是无意识，大概产生了共鸣是容易想象的。

确实，白居易直到晚年，屡屡吟咏辞官隐居与闲适的喜悦。但是，那样他也并不是完全处于平定与满足的境界。鲁迅当结束其演讲《魏晋风度及文章与药及酒之关系》时，这样说陶渊明：

据我的意思，既使是从前的人，那诗文完全超于政治的所谓"田园诗人""山林诗人"，是没有的。完全超出于人间世的，也是没有的。既然是超出于世，则当然连诗文也没有。诗文也是人事，既有诗，就可以知道于世事未能忘情。譬如墨子兼爱，杨子为我。墨子当然要著书；杨子就一定不著，这才是"为我"。因为若做出书来给别人看，便变成"为人"了。③

这难道不是应该让我们思考吗？那也不应该仅限制于陶渊明吧。

附记：
本稿是我于2016年7月23日、京都大学中国文学会第三十一回例会的口头发表《身与心——围绕白居易的〈自戏三绝句〉的思考》的基础上总结的，当日得到了很多出席者有益的提问与意见，首先在此记录表达谢意。

拙论《关于"约心"》写作时间正好是十年前，作为总结本文所选取的主题的准备一环，是以把握"约心"的语义为目的的。但此后，由于诸多事情使得我失去了整理总结思绪的机会。现在，总算勉强能达到预期的目的，正是因为以例会的负责人杨维公为首的京都大学研究生院诸位的激发而成，在此记录表达感谢之意。

又记：本论文日文版原载于京都大学《中国文学报》第88册（2016年10月）。

---

① 现在已入管见的就是在南宋周密《齐东野语》卷九《形影身心诗》中有陶渊明《形影神》三首与以此为基础上吟咏的苏轼《问渊明》诗、白居易的《自戏三绝句》和苏轼的《刘景文家藏乐天身心问答三首戏书一绝其后》诗的论述，还有南宋李纲《次韵和渊明形影神三首》、吴芾的《和陶形赠影》与《和陶神释》。但是，宋人直接在陶渊明《形影神》基础之上吟咏的作品几乎还没有看到。

② 关于中唐士大夫与农耕的关系，参考渡边信一郎的《中国古代社会论》第六章《唐宋变革期的农业构造的发展与下级官僚阶层——白居易的惭愧》（青木书店、1986年）。此外，这种情感被认为不仅限于白居易，比如韩愈的《送李愿归盘谷序》，记下了将在盘谷隐居的李愿的语言："人之称大丈夫者，我知之矣。……吾非恶此而逃之，是有命焉，不可幸而致也。穷居而野处，升高而望远，坐茂树以终日，濯清泉以自洁。采于山，美可茹，钓于水，鲜可食，起居无时，惟适之安，与其有乐于身，孰若无忧于心"。韩愈虽说"闻其言而壮之"，并非像李愿那样隐居，然而，韩愈的内心多少对于李愿应该有些内疚的成分。

③ 《而已集》所收，引用来自《鲁迅全集》（鲁迅全集出版社、1946年10月、1938年6月出版）第3卷。

明朝宫廷的耶稣会士

——文化适应策略与海外汉学的开端

福树人（Miguel Frías Hernández）　　　罗慧玲译

【内容提要】 自从16世纪耶稣会士到达中国以后，西方传教活动就与中国文化密不可分。早期的耶稣会士通过实行"适应策略"，逐渐接近中国文化，结交儒家知识分子，并在系统学习中文的过程中，实地接触了中国社会，获得了关于这个东方大国的第一手资料，成为欧洲了解中国的重要信息来源。毫无疑问，利玛窦、谢务禄、卫匡国等传教士为欧洲早期汉学和中国研究的发展做出了重要的贡献。

【关　键　词】 耶稣会士；明朝；汉学；"适应策略"

【作者简介】 Miguel Frías Hernández（福树人），男，西班牙马德里康普顿斯大学"东西方交流史"研究员，马德里"罗耀拉文化中心"副主任；罗慧玲，女，马德里康普顿斯大学教师。

　　明朝时期，来华耶稣会士的传教活动与欧洲早期的汉学研究殊途同源、密不可分。文化"适应策略"的初衷是基督教士们用以接近儒家精英学者的途径，但其客观结果却远超预期，耶稣会士们通过对中国文化的理解和阐释，为欧洲提供了有关中国的全面信息，内容涵盖地理、语言、政治、哲学、社会等各个方面，继而引起了西方世界对东方的巨大兴趣；同时，耶稣会士和中国知识分子的合作与著述，也客观上促进了明朝科技的发展。可见，这些活动都给17世纪的欧洲和中国带来了巨大而深远的影响[①]。

　　在耶稣会士形成文化"适应策略"时，大明朝仍处于繁荣开放、有创造力的时期，这也为多种文化的交汇和融合提供了宽松的氛围。在这种情况下，耶稣会教士利玛窦（Matteo Ricci）、曾德昭（Alvarez Semedo）、安文思（Gabriel de Magalhaens）、卫匡国（Martino Martini）等，都试图通过儒家传统与西方哲学思想的结合来更好地解释基督教义。然而，这种趋势随着1644年明朝的灭亡而完全走向了衰落。

　　自耶稣会成立伊始，澳门便成为其修士们前往日本传教的中转地带；相比之下，前

---

① Sobre el origen de la proto-sinología ver David E. Mungello, Curious land: Jesuit accommodation and the origins of sinology, University of Hawaii Press, 1989.

往中国内地宣教的计划却迟迟未有进展[①]。但这种情况却在1577年得到了改变，当年东方教区视察员范礼安在到达澳门后，逐渐意识到需要用战略眼光来看待东方宣教的方式，应该采取一种适应策略[②]，尽力寻找基督教义与中国传统文化的相通之处。这一观点是基于日本传教的经验[③]，同时，他意识到，具体形式上也要根据天朝的情况而采取因地制宜的变通。在分析了耶稣会士们早期收集的关于中国的信息后，范礼安意识到，如果不采取适应中国国情的策略，宣教活动将无路可走。因此，学习中国的语言和文化，以便更准确地传达基督教义，获得中国民众的接纳[④]。

因此，1579年，在范礼安的指令下，意大利耶稣会士罗明坚在一位中国儒生的帮助下开始刻苦学习中文。1582年起，罗明坚有了一位得力助手——意大利耶稣会士利玛窦，他训练有素，是克拉维乌斯神父的弟子[⑤]，受遣来到中国专职学习中文和中国文化。他们的目标是用基督教的精神征服中国，并尽力进入北京的宫廷[⑥]。罗明坚和利玛窦是第一批到达中国并持续系统学习中国文化的欧洲人[⑦]，尤其是利玛窦，拥有"汉学之父"的美誉。他的造诣和影响甚至超过了1588年就回到了欧洲的罗明坚。利氏的出众之处在于，他不仅可以用汉语交流，而且在中国的知识分子中颇有声望，正如他本人所说："我学习中文，不仅要做到能够用这门语言讲话，更要学会通过它来了解中国社会、倾听中国人的思想。[⑧]"作为该时期最杰出的作品之一，《葡汉词典》在一些中国基督教徒

---

① 在那段时间里，进入中国内地传教的数次尝试由于各种主客观原因均没有成功。例如，沙勿略神父在1552年的一封信中就阐述了掌握中国文化的重要性。见沙勿略：《沙勿略书信集》，马德里，1979年版，第383—409页。索引内容见1552年1月29日的信件。此时，广东的官员问沙勿略是否会汉语，他回答说不会，因此他进入内地的要求就遭到了坚决的拒绝。见鲁伊·马努埃尔·洛内罗：《中国志——零散研究集》中"澳门和马尼拉间的早期欧洲汉学家"，里斯本，澳门科技文化中心，2009年，第241页。

② "适应策略"是耶稣会提出的一项宗教传播政策，简言之，就是基督教文化在植入一种新文化的过程中，从新的文化中吸收营养，从而产生更适应对方社会现状的本土基督教现状。见尼古拉斯·阿道夫：《利玛窦：传教士的友谊风格》，《社会更新》杂志第三期，米兰，2010年，第172页。

③ 有关日本的"适应策略"，可参见伊莎贝尔·皮娜：《耶稣会在日本和中国：两种现实，文化适应及本土吸收》，载于《葡—日研究公告》，第二期，里斯本，里斯本新大学，2001年，第60—62页。

④ Loureiro, Rui Manuel, op. cit., pp.241-242.

⑤ 利玛窦拥有非常专业系统的教育。他精通拉丁文、哲学、神学、古典希腊-拉丁文学，并拥有丰富的天文学、数学、地理学知识。其科学知识深受克拉维乌斯神父的影响和真传。

⑥ 有关耶稣会士及适应策略，可参考莱奥诺尔·迪亚斯·德塞卜拉：《澳门及在华耶稣会士（16—17世纪）》，载于《吾尼西诺斯历史》，第15卷第3期，巴西，2011年，第417—424页。

⑦ 关于利玛窦在汉学方面的贡献，请参见鲁伊·马努埃尔·洛内罗：《中国志——零散研究集》，里斯本，澳门科学及文化中心，2009年，第249—265页。

⑧ 见尼古拉斯·阿道夫：《利玛窦：传教士的友谊风格》引文，第172页。

的帮助下编纂成功了。它成书于1582—1588年①，是早期在华传教士们的重要工具书之一。

　　不过，无论是在翻译活动中、还是在与中国文人最初的接触中，传教士们都很强调佛教在中国社会的作用和影响②。由于先前在日本宣教的经验，天主教修士们在接近中国文化的初期选择了以佛教形象为工具，他们甚至着袈裟、剃发③。

　　传教士们在不断地学习中国文化及语言。在与广州的官员们接触的过程中，罗明坚等发现，西方人接近和认识中国文化的意愿很快拉近了他们与中国官员的距离；同时，中国的知识分子们也对西洋人产生了强烈的好奇心。这种来自双方的兴趣恰恰有助于友好关系的建立和保持。得益于此，耶稣会士们于1583年得到了在中国内地肇庆居住的权利，并于1584年在中国建立了第一所天主教会所④。

　　鉴于中国传教形势的发展，澳门教区分设了两个教区：日本教区和中国教区。利玛窦被任命为中国教区的负责人。出于推动在华传教事业发展的需要，范礼安于1588年派遣罗明坚前往罗马教廷向教皇申请设立梵蒂冈驻中国使馆，以便为传教士们在华期间提供保障和保护。但最终这一计划无果而终，且1589年，耶稣会士们从肇庆被驱逐至澳门。所幸在他们到达广东后获准居住，并于1590年建造了另一所会所⑤。

　　几年来的经验使耶稣会士们对中国有了更深刻、更现实的理解，并清醒地认识到佛教僧侣在中国的社会地位低下，因而，借助佛教靠近中国的方式并不可取。同时，耶稣会士们已经意识到了中国士大夫们的重要性，他们拥有崇高的社会地位，构成了封建王朝的权力精英集团，掌握着从中央到地方的各级机构。中国的社会制度等级森严，权力集中⑥。至此，如何了解和接近中国官吏，培养与中国知识分子们交往的能力，就成了在华耶稣会士们所面临的首要问题⑦。

---

① 在范礼安1589年致信耶稣会总长之后，自1591年起，在培养澳门的中国籍耶稣会士方面起到了巨大的作用。可参见伊莎贝尔·皮娜：《我们的双手双脚：中国传教团中的混血耶稣会士（1589—1689）》，北京，2013年版，第363—394页；伊莎贝尔·皮娜：《澳门的耶稣会士：口译及笔译（16—17世纪）》；Luís Filipe Barreto, Li Changsen（合编）：《澳门翻译史》，里斯本，澳门科学及文化中心，2013年，第29—47页。

② 见伊内斯·组帕诺夫：《我是个伟大的罪人：印度的传教士对话（16世纪）》，2012年版。该书为对话体。

③ 在《天主实义》中，基督教修士被描绘成类似印度僧侣的形象，这恰恰是进行早期实行文化"适应策略"的体现之一。关于早期耶稣会士在华的情况，可参见史景迁的作品《利玛窦的记忆之宫》，巴塞罗那，图斯威茨出版社，2002年；曾德昭：《中国大王朝纪实》，澳门，澳门基金会，1994年；金尼阁：《耶稣会士入华》，纳波利，拉扎罗·斯科里奥出版社，1622年。

④ 耶稣会士于1583年9月在肇庆立足，并于次年建立了教堂。见鲁伊·马努埃尔·洛内罗：《中国志——零散研究集》，第244页；见曾德昭：《中国大王朝纪实》，第298页。

⑤ 见莱奥诺尔·迪亚斯·德塞卜拉：《澳门及在华耶稣会士（16—17世纪）》，第421页。

⑥ 尽管在"适应策略"开始实施之初，并没有把接近知识分子阶层作为目标之一；但传教士们很快就发现，这是一项行之有效的手段，因为明朝的知识分子对政局和社会的影响不可小觑。见《沙勿略书信集》第383-409页；冈萨罗·古赛罗《澳门圣保罗教堂》，里斯本，地平线书店，1997年版，第49页。

⑦ 见鲁伊·马努埃尔·洛内罗：《中国志——零散研究集》，第250-251页。

1594年11月，范礼安神父批准了这一在华传教的"适应策略"[①]。至此，在华传教士们以"西士"[②]或"西儒"的面貌出现，使用中国文人比较容易理解的"上帝"的概念来传播基督教教义。同时，摒弃了曾经使用的僧侣的装扮，蓄发留须，并学习中国士大夫一般穿戴丝绸衣物[③]。

1595年，利玛窦打扮成儒生的模样，意图前往北京宫廷。但到了南京后受阻，故被迫回到南昌。在此后的三年里，他继续向知识渊博的文人们学习，其儒家思想和文化知识突飞猛进。他先后用中文写作，在文化适应的策略上借助儒家思想，替代了1584年罗明坚的借用佛教思想的方式。利玛窦逐渐在中国知识分子群体里得到尊敬[④]，1595年完成的汉语作品《西国记法》[⑤]和《交友论》[⑥]，在中国知识界获得了广泛赞誉。也正是在这一阶段，利玛窦开始着手《天主实义》[⑦]的撰写，行文中注重利用中国文化的概念来解释基督教的理论和教义。《天主实义》无疑是一部集中反映了西方传教士们接近中国文化、进行早期汉学研究的大成之作。

作为中国教区负责人，利玛窦于1598年与郭居静一道，在南京礼部官员的帮助下前往北京，希望能够觐见大明皇帝。但恰逢明朝对朝鲜作战，因此"皇帝无心处理其他洋务"[⑧]，故此行未果。随后，利氏回到了南京，并于1599年到达韶州，次年5月与耶稣会士庞迪我再次北上，最终于1601年1月到达了北京宫廷[⑨]。通过宫廷内侍们进献了送给明朝皇帝的西洋礼物后，耶稣会传教士们得到了在京的居住权[⑩]。此后的十年间，直到1610年去世，利玛窦都生活在北京。但事实上，耶稣会传教士们始终未能亲眼见到皇帝的"龙颜"。

---

① 有关适应策略，参见鲁伊·马努埃尔·洛内罗：《中国志——零散研究集》，《利玛窦图书馆》，第249-265页；伊莎贝尔·皮娜：《耶稣会在日本和中国：两种现实，文化适应及本土吸收》，第59-76页。

② 关于"西士"一词，我们必须考虑到，耶稣会士在西方社会恰恰为知识分子精英的代表。

③ 见曾德昭：《中国大王朝纪实》，第301-302页。

④ 1584年在肇庆期间，利玛窦在绘制《坤舆万国全图》的工作中取得了重大进展。事实上，在他实行"适应策略"的过程中，地理学是接近中国知识分子的一个行之有效的方式。

⑤ 是一本有关博闻强记的方法的书。

⑥ 这是一部关于友谊的作品。起初为献给建安王的礼物，正如利玛窦本人所说，他力图通过此书表现，中国和欧洲在基本问题上的观点是一致的，见尼古拉斯·阿道夫：《利玛窦：传教士的友谊风格》，第177页。

⑦ 该作品在徐光启（又称"保禄博士"）的帮助下，于1604年在北京出版，"用中文撰写、面向中国读者"，全书采用了对话体，通过一位中国知识分子与一位西方基督教信徒之间的对话，援引中国古典哲学中的一些概念来阐述基督教的理论。在这本书中，利玛窦充分运用了自己学到的中国哲学知识，以期赢得中国文人最大程度上的认同。

⑧ 见曾德昭：《中国大王朝纪实》，第305-306页。

⑨ 见曾德昭：《中国大王朝纪实》，第305-313页。

⑩ 这些礼物中，包括一幅耶稣像，一幅圣母像，一架古风琴。万历皇帝见到礼物龙颜大悦，尤其是对古风琴青睐有加。见曾德昭：《中国大王朝纪实》，第305-313页。

在华期间，利玛窦渊博的知识赢得了中国士大夫们的尊敬[1]，这大大有利于巩固耶稣会在华的地位。徐光启、杨廷筠等中国知识分子甚至皈依了天主教[2]。与耶稣会士们合作、帮助他们学习和理解中国文化的儒生们同样比比皆是。因此，"适应策略"成为了早期在中国传教的成功范例[3]。

值得一提的是，适应策略的采取，不仅仅是在宣传宗教教义[4]，还扩展到了传统文化和科学知识的范畴：数学，地理学，天文学……同时，为了引发兴趣，引起注意，利玛窦在著作中也加入了引人入胜的插图和名言警句等。正是这些精益求精的方式赢得了中国文人们的由衷敬佩[5]。

利玛窦是"适应策略"的主要践行者。对于中国传统文化的系统学习也尤其值得称颂。1604年，利玛窦的作品《天主实义》问世，书中对西方哲学的理念和中国传统哲学观点进行了大量的引用和对比。此书得出的结论是，天主教和儒家思想的共同对立面是佛教[6]或道教。通过研习《论语》《孟子》等儒家经典以及《道德经》等其他流派哲学，利玛窦认为，基督教《圣经》的理念与中国儒家的早期思想最为接近，尽管明朝的知识分子的确对儒家思想已经有了新的解读。同时，目前流传的儒家思想，由于秦始皇焚书坑儒的破坏和若干个世纪以来佛教的侵蚀，已与最初先贤们的思想相去甚远，正是这些原因，使得基督教和儒家思想"貌似"很不一样，但实质上很多方面是如出一辙的。在适应策略中，应该对中国的传统"礼仪"加以尊重，因为它恰恰是渗透到中国社会方方面面、无所不在的因素[7]。

通过与中国文人们的接触，利玛窦认识到，要达到宣传基督教义的目的，单纯的说教显然是不够的，必须要在语言和知识层面制造共同点。继续着这条路线，利玛窦去世后，"适应策略"依然注重知识上的深刻交流，这也客观上推动了西方汉学的发展[8]。

在后期曾德昭和安文思等人的著述中可见，二位神父沿袭了利玛窦创立的交流方法。他们继续研究"四书"，对中国的社会教育和知识状况进行了详尽的描述，并做出

---

[1]　利玛窦是第一位受到朝廷官员礼遇的外国人。在他逝世后，甚至得到了皇帝恩准赐予的墓地，并以中国的传统礼仪举行葬礼。见曾德昭：《中国大王朝纪实》，第337–349页。

[2]　徐光启（"保禄博士"）和杨廷筠（"弥额尔博士"）是中国士大夫皈依基督教的典型的范例。

[3]　见鲁伊·马努埃尔·洛内罗：《中国志——零散研究集》，第249–265页。

[4]　见尼古拉斯·阿道夫：《利玛窦：传教士的友谊风格》，第176页。

[5]　见史景迁：《利玛窦的记忆之宫》；张铠：《庞迪我与中国（1597—1618）》，北京，中国国家图书馆出版社，1997年。

[6]　对佛教的攻击主要基于它与毕达哥拉斯的学说中关于"轮回"或"灵魂轮回"的思想如出一辙。中国高级知识分子对儒家思想的遵守在生活中处处可见。见弗兰西斯科·卡莱蒂：《我周游世界的道理》，米兰，穆西亚出版社，第152页。

[7]　关于儒家思想对于中国的社会生活、政治统治等所具有的重要作用，可参见：弗朗茨·舒尔曼，夏伟：《中华帝国》，墨西哥，经济文化材料库，1971年，第62–101页。

[8]　见戴维·埃米尔·芒杰利略：《神奇的土地：耶稣会士的适应及汉学的起源》，夏威夷大学出版社，1989年版，第72–73页。

了积极的评价，也保持了接近精英知识分子群体的习惯。他们实际上代表了"适应策略"的不断进步，在基督教和儒家思想融合的前提下引入新的思想①。

另外，以利玛窦为首的西方传教士们还对中国古代的地理知识的扩展做出了巨大的贡献。卫匡国神父对中国的地理、历史都做了深入的研究，这些成果传到欧洲，更加激起了西方对中国的兴趣。此前中国由于"天朝上国""自给自足"的观念而对外封闭，而这些知识的传播则加强了双方之间的联系，同样在适应文化沟通的前提下，继而把传播福音的范围扩大到了东方世界②。

综上所述，16世纪起，欧洲对中国的认识在很大程度上得益于耶稣会士在中国实施和发展的"适应策略"，它令神秘而遥远的东方变得越来越具有吸引力。正是这种相互认知的需要和实践，推动了文化间的融合，也构成了早期西方汉学的雏形。

---

① 　同上，见第74-105页。

② 　见卫匡国：《新中华图册》，阿姆斯特丹，1658年版；戴维·埃米尔·芒杰利略：《神奇的土地：耶稣会士的适应及汉学的起源》，第106-133页。

西班牙华人移民的特性及社会文化对比

马康淑　　罗慧玲译

【内容提要】中国已经不再遥远，而是离我们越来越近：这个国内生产总值排名世界前列的经济体，自从加入了世界贸易组织（WTO）以后，产品在欧洲市场大受欢迎；2000年诺贝尔文学奖高行健、2012年的莫言都来自中国；中国来源女孩儿的国际收养成功案例屡见不鲜；西班牙的街道上、学校里时常会见到中国人的身影；此外，2008年北京奥运会和2010年上海世博会的成功举办，也吸引了越来越多的西班牙企业家到中国投资……随着时代的发展，我们双方相互接近的愿望日渐强烈。本文旨在简单论述在新时期西班牙的华人移民现状[①]。

【关 键 词】西班牙华人；移民；社会融合；文化差异

【作者简介】马康淑教授（Dª Consuelo Marco Martínez），女，西班牙马德里康普顿斯大学东亚研究教研室主任；罗慧玲，女，马德里康普顿斯大学讲师。

一、中国移民在西班牙

中国政府于1978年开始了"四个现代化"的进程，人口对外流动的控制也随之逐渐减轻。伴随着国内政治经济的变化，一些欧洲国家开始成为了华人的移民目的国：除了匈牙利、保加利亚、罗马尼亚等新兴的移民接受国外，还有西班牙、葡萄牙这些老牌目的地的移民生活也已渐趋稳定。已经在异国他乡立足的亲朋好友们为中国移民们提供了很多物质和感情的保证，同时，有些欧洲国家每过一两年就会颁布有利外来移民的新法令，使得他们得以合法居住、顺利扎根。其中，西班牙和意大利就已先后采取了五次这样的"移民规范化"措施[②]。

尽管与赴美深造的学子们仍不可同日而语，但在过去的二十年之中，以德国、法国、英国为代表的欧洲大学也已经吸引了越来越多的优秀国际学生。随着中国的小康家庭数量不断攀升，成千上万的家长愿意选择送孩子到欧洲接受高等教育、甚至是中学教育。对于高考中不能取得理想成绩的学生来说，欧洲是一个很理想的去处。2007年10月中国签署的学历互认协议为许多家庭经济条件良好的学生们带来了希望，他们已经不必等拿到"西班牙语外语水平测试"的B1或B2级证书后再考虑赴西攻读研究生或博

---

① 见马康淑《西班牙中国移民的社会经济、语言、文化特性及其在社会、劳务交往中的影响》，载于西班牙语言及文学杂志*CÁLAMO FASPE*第53期，西班牙语教师专刊，阿纳亚教育出版社，2015年四月—六月刊，马德里发行，第3–10页。

② 见涅托：《中国移民在西班牙》，卡塔拉塔出版社，马德里，2017年版。

士学位了。

作为这一政策的配套措施，不少高校都会增设留学预科的语言班，帮助学生们首先破除这一基本的生活、学习障碍。马德里大学（也称马德里康普顿斯大学）的语言文学系就有"康普顿斯西班牙语中心"，为留学生提供9个月的语言强化训练。

二、中国移民形象：对西班牙是一种威胁吗

通常来讲，西班牙人用来形容中国人的词汇有：勤劳、节俭、有礼、聪明、寡言、平和、内敛、拘谨、神秘。尽管目前在西班牙的华人数量呈明显的上升趋势，但当地人仍然普遍认为中国人"自己动手，丰衣足食""不会也不愿意融入主流社会""不喜欢学习西班牙语"等等。也流传有不少关于"中国黑社会"的坊间传闻，甚至认为在西华人去世后，他们的护照将会被其他人继续使用，等等。事实上，最后一点主要是由于中国人"落叶归根"的传统思想。还有一部分人带着"衣锦还乡"的心态，在西班牙发财致富后选择荣归故里。近些年来，在西华人群体的"国际化"趋势愈加明显，有很多华人商家的业务也扩展到了地产业、私立学校及其基金会等。但从另一个角度来看，视华人移民为威胁的想法其实缺乏社会和政治背景，因此，数年前曾发生的烧毁亚洲人鞋厂、殴打华人的事件很难重蹈覆辙。

埃尔卡诺皇家学院"西班牙形象"首席研究员诺亚（J. Noya）在文章《皮影戏》（原标题为"Sombras sinescas"）中指出，当前世界政坛的阴影反倒为中国提供了不可多得的机遇和利益[1]；从布什政府到唐纳德·特朗普，美国在西班牙乃至世界面前的形象一落千丈，相比之下，中国似乎更加被看好。对于中国政治模式的批评也不再多见；对人权方面的指责也变得零星稀落、并缺乏实质的影响了。

在社会层面，华人移民处于一个无关痛痒的"灰色地带"：既没有得到对拉丁裔移民的天然好感，也没有受到类似于对摩洛哥移民的仇视。唯一值得改进的是主流西班牙社会更希望华人移民们能够向周围更加开放一些。同时我们也必须承认，在单纯经济的领域里，仇华心理还是存在的。华人商铺和工厂被认为是当地西班牙人的竞争对手，在纺织品、鞋、玩具等方面，中国产品的价格低廉，劳动力成本较低，外包公司的合作模式风险更小。

事实上，对中国"威胁"的恐惧心理仅仅限于经济领域，毕竟来自中国的产品以及中国市场的商机还是极具吸引力的。诺亚学者也指出，其实这种不安全感不是单纯针对中国的，因为按照科尔尼指数（FP/Kearney）显示，西班牙的国际化程度处于持续下滑状态；对外贸易的赤字也在增长。西班牙曾一度是纺织品、皮革制品的销售大国，但当时的竞争优势主要在于质优价廉，性价比高，而并不在于产品本身无可替代。而这种优势在面对中国这样的贸易对象时就变得无足轻重了。想来，这种劣势其实是针对整个新兴国家群体的，只是由于中国产品的市场占有率较大而更为显眼罢了。

---

① 见诺亚：《皮影戏》，ARI分析报告第121期，埃尔卡诺皇家研究院，马德里，2015年。

三、中国移民在西班牙的主要居住地区及活动

西班牙的华人移民在过去的十年内增长了十倍，目前已超过了一百万。从来源地区域上看，其中85%为南方人，因为这里是出口小商品的集散地。移民人数较多的省市为浙江（以青田、温州为最）、福建、黑龙江、辽宁、吉林、山东、上海等。首都马德里有三处移民聚集区：Usera, Fuenlabrada, Lavapiés；此外，中国移民也比较喜欢巴塞罗那、瓦伦西亚、阿利坎特、毕尔巴鄂等地。按照进入西班牙社会保险体系的数量统计，在非欧盟移民中，中国移民的数量已居第二位，仅次于摩洛哥移民。在西中国移民大多数为劳动力人口，传统的从业部门俗称"三把刀"：餐馆、裁缝、皮革作坊。在1995—1998年警方对秘密作坊进行清理后，这一行业受到了比较大的影响，于是，食品店和杂货店（又称"百元店"）开始兴起。

学者米格尔·维亚尔经研究指出，中国移民的态度有几大特点：谨慎、节俭、坚韧、敢于尝试、家庭成员间相互扶持[①]。因此，西班牙日常语汇中已经引入了一个表述："像中国人一样工作。"对于中国移民而言，西班牙的优势也异常明显：作为欧洲气候宜人、生活成本较低的国家，甚至有中国移民选择在荷兰、法国、德国等赚钱，而后到西班牙生活。1986年西班牙加入欧盟加速了这一进程：西班牙中国餐馆的数量已从当初的100家迅速扩大到了4500家。当然，语言障碍目前仍然是华人移民的一块短板。

同时，华人女性在职场的地位也不容小觑，仅次于菲律宾移民中的女性工作者。从规模来看，如果说前两代中国移民还是以家庭经济为主的话，那么现在的第三代及年轻移民们则有更大的雄心，开始在当地企业界崭露头角。在西班牙较有影响力的中国公司有：华为、海尔、高通快充、中国航空工业集团、中国水产等。服务业的发展方兴未艾，有很多华人特色的餐饮店、美容美发店、中药店、幼儿园、文具店、打印店、书店、翻译社、照相馆、旅行社、房产中介、佛教用品店、卡拉OK厅等等。西班牙甚至已经早有了中文报社，这里仅列举几份：《华心报》《中国报》《欧洲晚报》《欧华报》《侨声报》《西华报》……其中的《欧华报》还有西班牙语版：*El Mandarín*[②]。

在西的华人社团林林总总，在当地市政府登记过的有632家，其中最早的是建立于1984年的"西班牙华侨华人协会"（Asociación de Chinos en España），其余均创建于1990年以后。在此仅对最重要的几家华人社团做简单列举："华人总会"（Organización General de Chinos）、"西班牙华商协会"（Asociación de Comerciantes Chinos en España）、各地的"同乡会"、"西班牙中国妇女协会"（Asociación de Mujeres Chinas）、"长青俱乐部"（Club Siempre Verde）等等。在这些协会中，具有中国特色的"关系"概念、等级观念、"面子"观念等，仍然构成机构运行的重要规则；"开后门""送红包"的方式也依然司空见惯。对内，社团及其影响范围保持着中国本土待人接物的传统；对外，由于华人很少向别人求助，因此，社团就成为了共同开拓生存空

---

① 见米格尔·维亚尔：《中国人为什么会在西班牙获得成功？》，载于《资本》杂志2014年三月刊，第70-75页。

② 意为"普通话"。

间、提高整体社会地位、与主流社会进行对话、维护华人华侨利益的路径和渠道。很多协会也自我定位为"旅西华人利益的维护者"。

四、新环境如何影响中国移民的家庭结构

海外华人移民仍然保持着根深蒂固的"孝悌"观念，对长辈尊重敬服，对幼辈关心爱护。这种思想也由此及彼，不仅是小家，而且对于邻里和社会都如此。从这一角度，就能理解为什么中国人有"家国天下"的理念。回到家庭的层面，对于华人移民来讲，家庭义务和责任是不可忽视的一方面，而且每位成员的话语权与其在家中的辈分、关系直接相连。可以说，宗法制仍然具有很大的影响①。这一点与中国国内相比几乎是有过之而无不及。家庭成员之间的分工仍旧比较明确。尽管中国本土社会里，尤其是大城市里，新型家庭关系已经越来越明显；但由于西班牙华人移民的来源地相对集中，所以家庭模式仍然比较传统。力求"公平的平衡"是成员之间和谐相处的诀窍②。1949年以后，妇女在家庭中的地位有了明显的提高；这一点在西班牙的中国移民家庭中也多有体现。不可否认的是，工业化、都市化、教育普及化等趋势，已经使海内外的中国人思想更加开放，更易于接受新模式。正如中国人自己所说："旧的不去，新的不来。"

西班牙的华人移民与国内的中国人相比很大的不同是，他们没有受到曾经的"计划生育政策"的影响，所以年轻人家中有兄弟的情况司空见惯。另外，对于小生意的业主而言，孩子们经常很小就开始帮助父母打理工作，例如在上课之余，在自家的百元店、餐馆等帮忙。对于在西班牙出生的华裔子女，他们由于成长的文化氛围不同等原因而容易与祖父母们产生更大的代沟。当他们回国探亲时，经常会陷入"不适应"的窘境。这类华裔后代，就是俗话说的"香蕉人"：黄皮肤的中国面孔，但内心想法却与欧美人无异。如果是在跨国婚姻家庭的话，这种文化冲突就会更加明显。一般来讲，这种身份认同的模糊感在第二代、第三代移民身上体现得尤为突出。

五、社会语言及非语言的沟通

了解交际对象的文化背景有助于正确解读沟通信息、避免误会、减少文化冲突。尤其是华人群体，他们的来源文化拥有深厚复杂的社会氛围，这就注定了在交流中留意细节、领会"未尽之言"是至关重要的③。有时候西班牙人和中国人之间的沟通信息是不对称的，例如，中国人的"你吃了吗？""你去哪儿？"并不一定真正想知道答案，而是单纯的问候语；而且，在初次见面时就问到收入、婚姻状况等，对于中国人来讲也是司空见惯的。我们发现中国人会经常通过一些手势表达特定的意思，例如：别人上菜时，为了避免嘴里含着食物说"谢谢"，可以用手指轻敲桌子，以示感谢；在表示单位数字时，也经常会借用手势来进行。

---

① 见玛丽亚·杰士克，苏赞内·米尔斯（编）：《女性与父系中国：服从、奴役和逃避》，贝亚特拉出版社"当代中国图书馆"系列，巴塞罗那，2015年版。

② 见帕拉：《为什么要孩子呢？》，载于《相遇在华夏》，辅仁大学出版社，2013年版。

③ 见马康淑《西班牙中国移民的社会经济、语言、文化特性及其在社会、劳务交往中的影响》一文，第3–13页。

有一些社交礼仪千万要放在心上，在与中国人交换名片时，一定要双手递送、接收；礼物也要用双手接，并且务必事后再打开。在听对方说话时的点头并不代表"同意"，而是单纯的"我正在听着呢！"中国人不太经常喜形于色，也不太习惯身体接触，更不会使用西班牙人的"贴面礼"。

华人群体在西班牙的整体形象是遵纪守法、勤劳质朴、耐心细致、集体意识强烈，这一特性在同为儒家文化圈的东亚移民身上同样有所体现。"关系"对于人际交往的作用举足轻重[①]，而且与西方世界不同的是，中国人之间的"关系"是需要时间和感情的经营的。与之相关就是"礼尚往来"的传统。若未能遵守这一社会定律，则有可能会被定义为"缺乏感情"[②]。也许在这一方面，中西社会道德规范中有异曲同工之处，西班牙人在社会交往中也很重视个人关系的因素，只是它所占的比例更小些、表达方式更直接些。

另一个比较不同的文化方面是"幽默感"的体现。在汉语的成语、俗语、谚语中，比喻、联想等修辞手法比比皆是，文化与语言之间的关系被称之为"皮之不存，毛将焉附（《左传·僖公十四年》）"，而西班牙人的幽默则更加随性直接、贴近生活；中国人对于来源文化的自豪感和优越感显而易见，因此也不允许他人贬损中华文化及其元素符号，而西班牙人则动辄会自嘲或戏谑一下本土文化。相反，中国人有时会拿外国人开一些善意的玩笑，而且更多的是停留在浅层的外貌特征上，不会涉及任何人身攻击。不过，在这一方面的确值得多加留意，毕竟不同的幽默点如果掌握不好，也容易造成本该避免的误解。

结　语

在西欧，"国家危机"已经成为一项文化常态；而中华人民共和国却发生着截然相反的情况：恰恰是由政府在主导着民族振兴的目标，欲将中国带领到国际舞台的显著位置。这一民族振兴的期待与先进中国巨大的经济潜力、文化实力密切相关。同时，其范围已经不局限于国土内的中国人，也包括身在海外的华人华侨。从这个意义上来说，旅西华人华侨也正在感受到深刻的影响。

中国和西班牙虽然语言和文化差异巨大，但在全球化的21世纪，跨语言、跨文化的交流已为大势所趋，相互了解、寻找交流的切合点，则是势在必行。只有这样，我们这些来自不同文化维度的世界居民，才能在相互尊重的基础上和谐共生。

---

① 见霍金·贝特兰：《社会关系的艺术》，载于《西方杂志》第172期专刊《中国：改变的承诺》，1995年，第33页。
② 马康淑《西班牙中国移民的社会经济、语言、文化特性及其在社会、劳务交往中的影响》一文，第3-13页。

比较文学
与文化

东亚海域的倭寇与贼商

——南条范夫《海贼商人》的经济化倾向与审美化描写

郭尔雅　　王向远

【内容提要】当代日本倭寇题材文学即"倭寇文学"，因作家的视角和立场的不同，对"倭寇"的描写也各有不同。其中，在对倭寇、海贼进行审美化描写方面，南条范夫的长篇小说《海贼商人》颇有代表性。小说对当时较为繁荣的东亚贸易重镇堺市与马尼拉的描写，是日本贼商试图通过武装贸易活动来对政治施加影响，并以此确立自己人生价值的反映，也体现了中、日、西班牙、菲律宾各国在这一特定背景下复杂的国际关系与矛盾纠葛。作者南条范夫对这一切的描写都做了貌似超越国家与时代的纯审美化描写，将贼商的海上暴力作为纯粹的武勇行为加以欣赏，强调贼商在海上的热血冒险，从而与民族主义、国家主义、商业主义倾向一道，构成了日本当代"倭寇文学"中的另一种形态。

【关　键　词】倭寇文学；南条范夫；《海贼商人》；武装贸易

【作者简介】郭尔雅，女，天津外国语大学比较文学研究所讲师（天津　300204）；王向远，男，北京师范大学文学院教授，博士生导师（北京100875）。

对于"倭寇"在东亚海域的活动，日本"倭寇文学"（描写倭寇的文学）中都多有描写，这些描写又因其作者切入的角度和对"倭寇"所持立场的不同，呈现出了不同的样态。其中日本当代小说家南条范夫（1908～）所著的《海贼商人》，则是从武装贸易的角度描写"倭寇"，并将其进行了审美化处理的代表之作。小说是从永禄十一年（1568）织田信长攻打近江箕作城之时，守城部将建部吉保之子脱逃海上这一历史记载为开端的。如作者南条范夫在小说后记中所说："至于他们逃往海上之后的活动，历史就无有记载了。《海贼商人》便是对史料无载的部分所进行的推演。"[①] 小说主要写了建部吉保之子弥平太兄弟几经辗转逃往海上之后，弥平太先后加入"倭寇"与海贼队伍，在南海之上，在广州、吕宋以及日本之间进出往来，时而抢掠战斗，时而贸易交换，进行了一系列海上活动。后又在机缘巧合之下成为日本堺市纳屋助左卫门的养子，最终继承其名号，转而为商，成就了日本历史上一代豪商纳屋助左卫门的威名。

作者南条范夫作为一名小说家，曾因《灯台鬼》《古城物语》等小说在日本掀起阅

---

① 南条范夫：《海贼商人》（后记），河出书房新社，1986年，第237页。

读热潮并获得了直木奖，他写的剑豪小说、推理小说等也颇具影响力。而《海贼商人》
作为以"倭寇"为题材的长篇时代小说，在昭和五十三年（1978）初版之后，因广受好
评，又于昭和六十一年（1986）被纳入河出书房文库本。但该小说在中国尚无译介，导
致中国相关的文学研究者和史学研究者未能将其纳入研究范围，这不管是对以倭寇海贼
为题材的小说的文学研究，还是对16世纪东亚海域贸易交流的史学研究，都不能不说是
一个缺憾。该论文便通过对《海贼商人》的原文细读，以文史互证和比较文学超文学、
跨学科的方法，分析作者南条范夫在对主人公身份的数次转换、对其在东亚海域的进出
活动的描写中所体现的倭寇观及贸易观，为我们了解日本当代作家乃至当今日本人对
"倭寇"以及"倭寇"相关的武装贸易行为所持的观点提供了例证与参照。同时，也使
我们得以从文学的角度具象地观照历史，思考历史。

一、围绕东亚海域贸易中心所展开的武装活动

小说《海贼商人》主要写的是近江国蒲生郡箕作城的守城将领建部吉保之子弥平太
在遭遇突变，从武士流落为海贼商人，在海上的一系列贸易活动。小说在对主人公一行
所进行的海上武装贸易的描写中，可谓跨幅巨大。从日本到中国再到菲律宾，从堺市到
广州再到马尼拉，可以说当时东亚海域最为繁荣的几个贸易中心都被小说巧妙地串联了
起来。事实上，在15-16世纪，亚洲已经形成了世界上最繁荣的贸易圈。沿亚洲大陆由北
向南延伸的东海岸线附近海域，从北开始被鄂霍次克海、日本海、渤海、东海、南海、
菲律宾海沟、西伯里斯海、苏禄海、马鲁古海、班达海等内海所包围，在这片海域中，
人员的往来、货品的流通、文化的交流都极为活跃，成为了15—17世纪世界上最繁荣的
贸易圈，其规模与繁荣程度甚至超过作为欧洲文明摇篮的地中海海域。

其中，日本最大的贸易都市堺市，从1469年到1615年之间一直作为东亚海域的一
个贸易中心而极尽繁荣。以1550年为界，堺市的贸易可以分为前期和后期，前期以与明
朝的朝贡贸易为主，据说只要船只平安返航，每一艘船就有相当于现在的20亿日元的利
润。后期则主要依靠与南洋诸岛的葡萄牙人的贸易。通过贸易，堺市的商人积累了大量
的财富，于是开始兴建豪宅，但由于商人住宅不许加盖金箔瓦，因此，许多人便把自己
新建的住宅转化为寺院，而后与家人一同出家来维持这个寺院。这使得堺市商人的财产
有相当大的一部分转化为寺院的庙产，而当时的堺市也成为寺院数量仅次于京都的城
市，其中的大安寺据说就是《海贼商人》中的主人公吕宋助左卫门的旧宅。1549年，原
本打算去往印度传教的弗兰西斯科·札彼埃尔（Francisco de Xa'vier）为了获取购买印度香
辛料的白银来到日本，他甫到鹿儿岛，便感受到了堺市的繁荣，于是立即写信给身在印
度果阿的神父，他说："堺市居住着许多富裕的商人，堺市的金银比日本的任何一个地
方都多。如果在堺市设立葡萄牙的商馆，葡萄牙国王将会获得十分显著的物质利益。"
他通过在日本倒卖从中国低价收购的生丝和丝绸而赚取十几倍的利润，而到了1557年葡
萄牙强占澳门，将澳门作为中日贸易的基地之后，堺市更是成为耶稣会传教士、葡萄牙
商人，乃至后来的西班牙、荷兰、英国及欧洲的主要商人在东亚海域的汇聚地。16世纪
60年代访问日本的耶稣会士曾说"堺市犹如威尼斯"，便是说堺市是一个像威尼斯那样

地方自治的城市,是亚洲的一个非常繁荣的国际贸易城市。堺市的商人通过与明朝及东南亚贸易积聚了大量财富,成为新兴市民,并将堺市建设成了一种连军阀也难以侵入的市民"共和国"。关于堺市的繁荣与自治,小说《海贼商人》中也写到了堺地多为富商居住,全国逃到此地的武将公卿,此地独立自治,和平安乐:"……作为外国贸易的中心地,堺住着当时日本最富有的人。天王寺屋、大黑屋、纳屋、万代屋、樫木屋、红屋、宍喰屋、备中屋——无论哪一个都是大商家,他们是金融业者,更多的是兼营海运业和贸易业。他们选出了36人,称作"三十六人会合众",来管理堺的政务。堺是米、丝、盐、纸的集散地,也是珍奇的南蛮商品的输入地。战国的武将们觉得,与其让这座町镇毁于战火,倒不如不时从富有的商人们那里获取一些军资和海外的珍奇商品,而且还可以利用这里发达的铁炮制造业。因此这座町镇聚集了从四面八方而来的没落的武将家族,贫穷的公卿,以及逃离了战火的茶人、画家、工匠等等。町镇三面设有壕沟,这是为了防止流浪的武士的入侵,有时甚至也可以击退一些武将的军势。"①

然而,这样一个繁荣百余年、堪比威尼斯的地方自治城市,现在却完全不留昔日的繁盛印记,角山荣认为,堺市的财富除了建造寺院与捐赠给寺院之外,主要是用于茶道。如《海贼商人》所说的那样,在纷争不断的战国时期,地方自治、自成一统的堺市成为茶人们躲避战火的最好去处。茶室也就成了以下剋上、父子兄弟相残、彻底失序的乱世之中唯一的宁静之所。因此,大到茶室内外的布置摆设,小到茶碗茶勺等一应用具,都是无一不精的。据说当时一个茶碗的价格甚至超过耶稣会日本支部的全年预算额,这让堺市的传教士们一度十分诧异。而《海贼商人》中也写到了堺市的商人们举办茶会的盛况。可以说,堺市的繁荣,除了作为东亚贸易中心的作用之外,对茶及茶文化向欧洲的传播也起到了极大的推动作用。但是,茶道与修建寺院的花费绝不是堺市彻底沉寂下去的主要原因。事实上,堺市最初的繁荣与自治可以说跟威尼斯是如出一辙的,威尼斯也是由逃避战乱的难民迫于生计建起的商业城市,由于资源匮乏、土地贫瘠,"他们不得不到别的地方去寻找维持生活的途径,于是就驾着自己的船舶航行沿海各口岸,从而使这个城市成了全世界各种货物的集散地,城里到处都有来自各国的人"。"在意大利遭受蹂躏破坏的时候,这个地方的人却享受着安居乐业的生活,在不长的时期,他们的实力就大大增强,名声远播。"②然而,堺市与威尼斯的根本不同在于,威尼斯作为一个孤悬于海的独立国家,它所建立的以商人为主体和基石的共和体制,是没有外力干预的,不仅周边国家对商业贸易活动采取的种种限制与打击措施对它无所撼动,就连罗马教会也无法干涉他们的商业活动,正如亨利·皮朗所说,威尼斯人"处理任何事务就像教会不存在似的"③。同时,由于威尼斯是由和平移民组成的国家,它的历史也极为短暂,这使得威尼斯不存在根深蒂固的等级观念,他们"上至总督、下至平民百姓,都没有谁以从事商业为辱,相反,他们认为是体面的事"④。而且,威尼斯政府的

① 南条范夫:《海贼商人》,河出书房新社,1986年,第49页。
② 马基雅维里:《佛罗伦萨史》,李活译,商务印书馆,1982年,第23页。
③ 亨利·皮朗:《中世纪欧洲经济社会史》,乐文译,上海人民出版社,1964年,第64页。
④ 朱映红:《论影响威尼斯商业兴衰的社会政治文化因素》,湖南师范大学,2003年。

很多岗位都是向商人开放的，可以说在威尼斯，商人阶层前所未有地成为了国家的统治者。而堺市虽然三面环壕，具有一定的军事抵御能力，但它终究只是日本内部的一个市镇，因而并不具备威尼斯那样足以抵抗外力干预的政治环境。可以说堺市的繁荣与自治都是在严格的四民制之下实现的不涉及政治层面的商业自治。因此，即便堺市的商人获得再多的财富，他们依然处于"士农工商"之末，依然必须安守商人的"本份"。他们不可能象威尼斯的商人那样触及政治，甚至连修建加盖金箔瓦的住宅也不被允许。

其实，从《海贼商人》中我们也不难看出，堺市并没有如一些研究者所以为的那样实现了真正意义上的商人自治，而是一直受军阀牵制的。小说写道，自天正二年以来，织田信长为攻打本愿寺莲如上人的根据地石山城，开始驻扎堺市，自此，这里二分，一方屈服信长，一方支援石山城反抗信长。天正三年，织田信长派松井友闲为奉行来到堺市，小说以"堺的恶奉行"为题名，专门用了一整章的内容描写进驻堺市的奉行在此地欺男霸女，让商人们惧恨交加的恶行。可以说，堺市在商业贸易上的自治和暂时的安宁，很大程度上是通过为战国军阀们提供军需物资谋得的。如小说所写，堺市的存在，是因为"战国的武将们觉得，与其让这座町镇毁于战火，倒不如不时从富有的商人们那里获取一些军资和海外的珍奇商品，而且还可以利用这里发达的铁炮制造业"①。小说写道，在天正十四年末，丰臣秀吉征伐九州岛津的过程中，堺町为二十万远征军提供粮食，为两万战马提供草料，而小说主人公弥平太即日本历史上著名豪商吕宋助左卫门所提供的粮食草料达总量的三成之多。除了经济上的需求之外，军阀们也可以毫不费力地对此地施加政治压迫："秀吉从天正十一年起在大阪建城，同时，为了将经济力都集中在城下，他强制京都、伏见、天王寺、堺町的人部分移住城下。更有甚者，天文十四年，他掩埋了围在堺町三面的壕沟，将此地的军事防御力完全剥夺，使其退居到大阪补助港的地位。堺町的人切身体会到了这种政治的压迫，看着自己町镇的繁荣一天天被大阪夺去，焦虑极了。"②可见，堺市面对军阀在经济上的予取予夺和在政治军事上的强制举措，几乎是没有还击之力的。

然而，面对政治上的威压和军阀混战的乱象，这一时期的日本商人包括堺市商人绝不仅仅是面对政治压迫的焦虑和抵触，想必更有一反日本商人不得越界政治的阶层固化，而变得可以凭借经济实力对政治施加影响的跃跃欲试。这一点在《海贼商人》中其实也有体现。南条范夫在小说中便写到了堺市商人直接参与抗击织田信长攻打石山之战的情节：织田信长在两次攻打石山失败后，决定先讨伐北陆，意图击灭加越两州的门徒，将石山孤立起来，然后从四面围困石山。天正四年，织田信长如愿攻下加越两州，而后封锁了通往石山的唯一一条通路——海上通路。一万三千士兵围攻石山，石山城中的门徒在知将铃木重幸的指挥下奋勇抗战，然而城内的兵粮一天天减少，他们将求救的密信送到了堺，堺町镇上，反信长派聚集在纳屋商议对策，他们决定让芸州大守毛利辉元运送兵粮支援。用三百余艘船装载着数万石兵粮，由百余艘兵船与三千余士兵护送，

① 南条范夫：《海贼商人》，河出书房新社，1986年，第49页。
② 南条范夫：《海贼商人》，河出书房新社，1986年，第179页。

由饭田越中守义信率领，驶向了大阪。七月二十四日，船队到达播州室津，弥平太带着助左卫门的心腹八十几人，接引义信。二十五日傍晚，按照弥平太的计谋，纳屋派出一人驾着一艘小船靠近了织田方守卫的大阪川口，他自称自己是个商人，会在明晚戌时向他们提供室津最好的女人，以小船挑灯为标记，他们欣然应允。第二天晚上，数十艘挑着灯的小船靠近了川口，船帘下女人的衣服若隐若现，就在织田的士兵心痒难耐的时候，船上列出数百架铁炮，一时之间炮火轰隆。织田的士兵毫无准备，一时狼狈不堪。其他各个方位的驻军全部赶来支援，小船将织田方的军队引离川口，此时，三百余艘兵粮船堂而皇之地出现在川口，弥平太乘船引路。闻听海上战斗的佐久间右卫门尉信胜率一千士兵赶来支援，然而遭到纳屋埋伏在秒多崎的堤下的铁炮的轰袭，他们只得撤退。毛利趁机将兵粮船驶进河的分口，北到淀川筋，南到芝崎的入江，而石山城中出来数百人接应，他们将粮食驮上马背，运入了城内。而弥平太则在兵粮船入河分口之后，又返回川口，斩下了固守住吉的信长部将沼野传内的人头。

在日本，像这样商人直接参与政治甚至军事的情形可以说少之又少。在等级森严的"士农工商"四民制之下，商人的身份是固化的，无法与士、农、工之间进行横向的转换与流通。中国虽然和日本一样也有"士农工商"的阶层划分，但是中国的商人在经商致富之后却可以购买土地、投资农业，甚至可以通过向国家捐纳钱物谋得官职，商家子弟也可以通过参加科考走上仕途，从而实现商人对政治的干预力。然而日本的商人历来对政治并无干预力，大约也唯有在各战国大名之间争霸不断的特殊历史时期，因为经济力量以及由经济力量所决定的军事力量成为军阀争霸的资本，商人的社会地位与价值才因其经济实力得以凸显。他们"以自己的商业活动和经济实力对政治施加某种影响，从而确立商人自己的社会地位和体现独立于武士阶级的价值和精神。"[1]因此，战国时期虽则是日本历史上空前混乱、征战不休的时代，却也是日本商人通过经济实力确立自己的社会地位与价值，从而让他们倍感缅怀的时代。

除了日本的堺市之外，马尼拉也是这一时期东亚海域重要的贸易港口之一，而在《海贼商人》中，马尼拉也占有构架小说情节的重要地位，小说对马尼拉的描写，也可以反证马尼拉在东亚海域贸易中的繁荣以及和中日两国之间的密切联系。

在《海贼商人》的描写中我们可以看出，这一时期的中国商人，包括盘踞在中国沿海地区的"倭寇"，他们所谓的出海与海外贸易，很大程度上都是去往吕宋，具体来说是马尼拉。小说主人公弥平太起初是作为中国沿海海贼集团中的一员去往吕宋的，他们作为海贼，当然主要是为了抢掠马尼拉，但事实上在小说中不难看出，他们的海贼船上也装载了一定数量可供贸易的商品。可见即便是纯粹的海贼，在去往吕宋的时候也是有商贸往来的。而对于弥平太跟随海贼队伍攻打吕宋一事，小说家的设置是弥平太的主要目的是为了寻找被卖往吕宋的兄弟弥平次，这也是小说家为主人公作为倭寇与海贼进击吕宋所设置的相对合理的解释。在中国和菲律宾之间，除了货物的往来之外，还有奴隶的交易，这一点我们在小说中也可以发现。小说主人公弥平太与兄弟弥平次在广州被冲

---

① 刘金才：《町人伦理思想研究——日本近代化动因新论》，北京大学出版社，2001年，第57页。

散之后，弥平次便是被去往吕宋的中国商人卖到了吕宋。安东尼奥·博卡罗在说到马尼拉与中国的贸易时便提到了奴隶贸易的问题，他指出，在长途的航运中，奴隶贩运一般很少获利，但马尼拉的奴隶贸易却可获大利。[①]

此外，小说写到了一个细节，在进驻马尼拉的西班牙官员与居留在马尼拉的日本人进行交涉的时候，双方是使用中国话交流的，由此我们足可见出这一时期中国商船与商人进出马尼拉的频率之高以及对马尼拉的影响之深。

事实上，关于马尼拉，我们知道，在1565年，西班牙殖民者为了维护其在菲律宾及拉丁美洲的殖民统治，开辟了从菲律宾马尼拉至墨西哥阿卡普尔科的大帆船贸易航线，把墨西哥银元载运到马尼拉换取中国的生丝和丝织品，使马尼拉成为当时东亚海域重要的港口之一。[②]在大航海时代伊比利亚人的海外扩张中，西班牙国王多次派出船队进入远东，1521年麦哲伦船队首次到达菲律宾，1564西班牙冒险家黎牙实比(Miguel Lopez de Legaspi)率部下远征菲律宾，1569年被任命菲律宾总督，1571年攻占马尼拉，将其作为殖民地的首府，由此开始了西班牙人在菲律宾群岛的殖民统治。

中国与菲律宾之间的联系可以说由来已久，而这种联系便很大程度上表现为商贸往来，如陈台民在《中菲关系与菲律宾华侨》中所说："整部的菲律宾的对外贸易史，自从菲律宾稍为可由文字记载稽考的时候开始，在一个极长的期间中，实际上是一部中菲贸易史。"[③]的确，早在1521年麦哲伦船队到达菲律宾时，据说他们就已听闻每年大约有6到8艘中国的商船到达吕宋。中国有记载的中菲贸易，是在"隆庆开放"之后，隆庆元年（1567年），持续了约二百年的海禁政策被打破，福建漳州月港开港，而开港之后中国的主要海外贸易地点便是菲律宾。而且，菲律宾的西班牙殖民统治者起初对于中国的商船与商人也是持欢迎态度的。1570年5月黎牙实比船队远征吕宋的途中，与两艘中国商船发生了冲突，但最终西班牙人还是释放了中国商人，并给他们船只物品将他们遣送回国。西班牙人这样做，除了不想在攻打菲律宾的过程中节外生枝之外，还有一个重要的原因便是为了中国与菲律宾之间的通商往来可以延续。而在西班牙人占领马尼拉之后，他们发现当地无论是物产、手工业品还是社会经济的发展程度都比较低下，难以维持殖民当局开支，而且当地民众的日用消费品很大一部分都是来自中国。因此，为了进一步吸引中国商人，西班牙殖民政府对中国商人采取了一些保护与优待的措施。事实上，从月港出港的中国商船也有很大一部分都是去往菲律宾。据《明神宗实录》记载，万历十七年（1589年），明朝对于从月港出海、分别去往东洋和西洋的船只数量有明确规定，即东洋44艘，西洋44艘，共88艘。[④]后为满足海商的需要，又增加到110艘。但是，因为到西洋各地的航路遥远，"商船去者绝少，即给领该澳文引者，或贪路近利多，阴

---

①　C.R.Boxer, The Great Ship from Amacon, p94.

②　参见李金明：《十七世纪以澳门为中心的东亚海上贸易网》，《中外关系史论丛》第9辑，商务印书馆，2005年。

③　陈台民：《中菲关系与菲律宾华侨》（第一册，马尼拉），以同出版社，1961年，第147页。

④　参见《明神宗实录》卷二一〇。

贩吕宋。"[①] 可见当时大量的商船都是去往菲律宾进行贸易的。明代泉州籍的内阁大学士李廷机说："而所通乃吕宋诸番,每以贱恶什物贸易其银钱,满载而归,往往致富,而又有以彼为乐土而久留。"[②] 由此可以看出,明朝末年中国与马尼拉之间的贸易已经非常频繁,而且成为当时南海上贸易利润最高的一条航线,居留于马尼拉的中国人也不在少数。

中国的丝绸等商品从月港出发经由马尼拉运往欧洲美洲,同时,美洲乃至从美洲运往欧洲的白银也辗转经由马尼拉输入中国,据万明的研究可知,从1571年马尼拉大帆船贸易兴起到1644年明朝灭亡,通过马尼拉一线输入中国的白银总计约7620吨。[③] 贡德·弗兰克也认为至少有一半甚至更多的美洲白银流入了中国。[④] 葡萄牙学者马加良斯·戈迪尼奥则将中国形容为"吸泵",以此说明中国对全球白银的吸纳。[⑤] 可以说,马尼拉帆船贸易成为连接中国与美洲乃至欧洲市场的途径,也确立了明代中国参与的世界贸易网络与世界经济体系的初步形成。

至于日本与马尼拉之间的贸易,却并不能一概而论。在1590年代之前,日本与马尼拉之间是存在贸易往来的,这一时期,日本商船可前往马尼拉进行贸易,他们在马尼拉也享有与中国人印度人同等的待遇,他们将菲律宾所需的面粉、咸鱼等食物以及手工艺品乃至刀剑、盔甲等武器运往马尼拉,再将当地乃至中国、西班牙等地运往马尼拉的各色商品载运回日本。这样的贸易往来使得大量的日本船涌入马尼拉,而进驻马尼拉的西班牙人由于自己在墨西哥与秘鲁的大量银矿,事实上对日本白银的需求并不迫切,因此马尼拉当局对日本船只涌入的船只数量开始有了限制,如1599年马尼拉总督特洛(Tello)便将每年进入马尼拉的日本船限制在3艘以内。加之1580年西班牙与葡萄牙政府在联合之后,把日本划归到了葡萄牙的势力影响范围内,使得与日本之间的贸易基本由葡萄牙人所居留的澳门垄断。并且,丰臣秀吉在1591年时便放言要吞并菲律宾,后又处死了方济各会的修道士,导致菲律宾的殖民者西班牙与日本之间失去了政治上的互信。事实上,关于丰臣秀吉放言吞并菲律宾之事,在小说《海贼商人》中也是有相应描写的。小说写道,天正十九年九月十九日,丰臣秀吉命助左卫门作为使节随其所派遣的吕宋总督原田孙七郎一起去往吕宋,一行人带着丰臣秀吉的入贡要求书出发,同月二十四日,秀吉下令征伐大明。由于军力全部用来征伐大明,吕宋并不畏惧秀吉,因而并未答应纳贡,而助左卫门则被屡次派往吕宋,用以震慑吕宋。这一系列的原因,最终导致日本与马尼拉之间贸易关系的断绝。

而小说《海贼商人》所描写的,恰好便是日本与马尼拉之间由贸易的繁荣阶段转入僵滞阶段的过程中所发生的事情。小说最初提到日本与马尼拉的贸易往来,是堺市商人

① 《天启红本实录残叶》,台北,中央研究院历史语言研究所编,《明清史料》,中华书局影印本,1987年,戊编,第一本,第67页。

② 李廷机:《李文节集》卷十四,报徐石楼,明人文集丛刊本,台湾:文海出版社1970版,第1304页。

③ 万明:《明代白银货币化:中国与世界连接的新视角》,《河北学刊》2004年第3期。

④ 贡德·弗兰克:《白银资本——重视经济全球化中的东方》,中央编译出版社2000年版,第204页。

⑤ Magalhaes Godinho : Os Descobrimentos e a Economia Mundial , Vol. 1, Lisboa, 1963, p432-465.

纳屋助左卫门在去往吕宋收取砂金和兽皮的时候救了逃出马尼拉的弥平太等人。此后弥平太还多次去往吕宋。根据小说的描写我们可以看出,当时进驻菲律宾的西班牙人对居留菲律宾群岛的日本人的态度可以说相当敌视,这跟历史上这一时期日本与菲律宾关系的僵化是相对应的。小说写道,当时的菲律宾有一处大约五百人的日本人聚居地,他们是在西班牙人进驻之前就住在那里的,几乎和本地居民没什么两样,但西班牙人依然对他们极尽打压。小说写到了一个西班牙派驻马尼拉的官员对日本聚居地的日本人所采取的迫降计策。驻守马尼拉的北部镇扶司令官卡利翁(kariyon)等人决定通过离间居留马尼拉的日本人之间的关系,并在日本人聚居地的上游建筑要塞并设置大炮,使他们完全降服于西班牙当局。首先双方派代表进行了对谈,在对谈中,卡利翁提出吕宋岛在1570年已被西班牙占领,是西班牙的要地,不允许外国人居留,让他们在一个月内离开吕宋岛,离开的人可获得一些黄金作为补偿,而后赠给他们一樽葡萄酒,让他们好好商议,就离开了。日本人纷纷意动,两天过去,卡利翁又告诉他们,所给的黄金数量和每人过去五年来的收入总量相同,日本人为了获得更多的补偿金,纷纷夸大自己的收入,低评别人的收入,彼此争论不休。卡利翁在此期间,假称去上游考察,在那里筑建要塞。一个月过去了,卡利翁带着五个日本人来到建好的要塞,让他们交出过去五年的收入表,日本人交出之后,他们却说,既然收入这么多,就不必给补偿金了,还要将所报收入中的一年的份额交作税金,并且留下了四个日本人作为人质。在西班牙人大炮与舰队的威压之下,等待日本人的,除了屈服,只有死。

通过小说《海贼商人》中的这一段描写,我们可以更加清晰地感受到这一时期西班牙驻守官对于日本人的排挤,他们对原本就居留在马尼拉的日本人尚且如此,对于在此时冒险进入到马尼拉的日本商人则更加严酷。小说写道,天正十年(1582)主人公弥平太为了寻找可能被卖到吕宋的兄弟,以中国贸易商太夫差的名号前往吕宋,他驾着十几艘满载腌猪肉、麦粉、铜、绵、刀剑等商品的船只到达吕宋,西班牙驻守官员听说他是中国人,对他极为欢迎有礼。但是在卡利翁与弥平太交谈的过程中,弥平太见到了四名日本人质,其中有一人恰好是弥平太还是武士时的护卫,他曾经弃弥平太与弥平次不顾,弥平太对他极其愤恨,但由于关系五百名日本人的性命,弥平太依然决定救出他们。这使得西班牙司令官卡利翁发觉了弥平太日本人的身份,于是迅速架起十数挺铁炮将他们包围起,弥平太愿意用船上的货物换取五百日本人,卡利翁与从军僧却不仅要财物,还要税金,商谈不下,弥平太用短剑控制了最近的从军僧,以他为人质,与部下一起退回到船上,与西班牙驻守军开炮对战。我们不难看出,驻守马尼拉的西班牙官员对于中国人和日本人的态度是截然不同的,同样一队商人,只因为他们是中国人便热情款待,而发现他们是日本人之后便对他们架起了铁炮,这样的描写与历史的事实的完全吻合的。

面对马尼拉的西班牙殖民者对日本人的态度,我们究其原因,首先可以将其归因于1580年西班牙与葡萄牙在政府层面上达成的将日本划归葡萄牙势力范围的协议,但是从本质上来说,中国商人从中国运到马尼拉的日常用品和手工艺品物美价廉,基本能够满足菲律宾当地的需求,同时,由于墨西哥和秘鲁出产银矿,因此日本盛产的白银对西班牙人并没有太大的吸引力，这使得他们从根本上失去了与日本进行商贸往来的动力，再加上日本政府尤其是丰臣秀吉意图吞并菲律宾的狂言以及他们对方济各会修道士的排挤，使得菲律宾与日本的商贸往来彻底断绝。而小说中关于菲律宾的西班牙殖民者对日本人架起铁炮，甚至进入马尼拉的日本商人会有生命危险这样的描写，也就是理所应当的了。

二、对倭寇及"海贼商人"的审美化描写及其立场与动机

如上所述，我们通过对《海贼商人》的深层分析，可以看出作者用小说的形式，在有意无意之间对近世日本的社会阶层与东亚海域的武装贸易中的许多实况与问题都有所呈现。在小说中，主人公弥平太的身份从最初的武士到倭寇，从倭寇到海贼，最终从海贼成为一代豪商，这数次身份改变的背后，所折射出的是在战乱频生的战国时代，日本传统的稳固社会秩序和社会阶层的断损和四民制主导之下的固有价值体系的崩塌。也正是在这种原有的阶层秩序和价值体系断损与崩塌的混乱之下，整个社会的价值观呈现出了向经济利益倾斜的倾向。正因如此，作家也用了相当的笔墨对主人公弥平太等人在东亚海域的武装贸易活动以及他们在武装贸易中进出往来的贸易中心进行了描写，包括日本的堺市、菲律宾的马尼拉，以及中国的广州等地。日本堺市在这一时期几乎形成了一个近似于威尼斯的商人自治"共和国"，从小说中不难看出，这里的商人在面对军阀在经济上的予取予夺、政治军事上的强制举措以及各军阀混战不休的乱象之时，除了焦虑和抵触之外，更有主动打破日本商人不得干涉政治的阶层固化，通过经济与武力确立自己的社会地位与价值，从而对政治施加影响的跃跃欲试。而小说中写到的另一个贸易中心马尼拉，作为西班牙的殖民地、中国与美洲乃至欧洲进行贸易往来的主要中转地，与日本的交往交流却在这一时期处于僵化状态，而小说则以文学的形式，从民间的走私贸易和海贼行为的角度，折射出了中国、日本、西班牙、菲律宾各国的官方与民间在这一特定的历史时期之内所表现出的国际关系、价值观念等方面的种种多重性与矛盾性。

事实上，除了像这样的深入剖析之外，作家南条范夫创作这部小说的明确意图，也值得我们关注。

通览整部小说，我们不难发现，主人公弥平太在海上的所有活动，都被作者南条范夫冠上了寻找和救出失散兄弟弥平次的名头。在小说情节展开之初，弥平太便与弥平次不幸走散了：弥平太所在的倭寇队伍首次袭击广州神电卫时，弥平太冲锋陷阵，弥平次因担心兄长而下船寻找，待弥平太带伤逃回船中时，倭寇船匆匆开船逃离，弥平太只能独自跳入海中潜回海岸寻找弥平次。自此，弥平太便踏上了寻找弥平次的艰辛之路，小说也随之展开了一桢桢波涛汹涌的海上冒险的画卷。弥平太为了找到弟弟，闯入神电卫，并设法留在了明军之中，做了守备军。在军中多方打探，知道弟弟被买给了前往吕宋的商人，于是夺船出逃，漂到海南岛后，加入雷州半岛有名的大海贼李马鸿的海贼队伍，并多次随海贼队伍前往南海进行劫掠，在这期间，他一直在寻找能够去往吕宋寻找兄弟的机会。在他加入海贼集团的第二年，李马鸿从捕获的商船那里得到了关于马尼拉的守备的详细情报，于是决定袭击吕宋。在海贼队伍攻打马尼拉的时候，弥平太奋力对

战，混入敌方队伍，潜入马尼拉城内，遍寻兄弟弥平次无果，只得架小船出逃，漂泊海上之时被堺市有名的商人纳屋助左卫门所救，并跟随助左卫门回到了日本堺市，打算在此等待机会出海寻找弥平次。在此期间，弥平太还曾在织田信长围攻石山之时设计帮助石山引入军粮船，并斩杀了信长的部将沼野传内。他也因此被追杀，于是只得再次逃往海上，加入海贼队伍。他用五年的时间，成长为海上极具影响力的首领，亦贼亦商，活动范围遍及雷州半岛、安南、交趾、柬埔寨一带。同时，他也在整个南海搜寻弥平次的下落而不得，觉得弥平次有还可能在吕宋岛，于是决定再次前往吕宋。这一次，弥平太以广州贸易商太夫差的身份满载货物进入吕宋，却被驻守马尼拉的西班牙官员看出了端倪，双方开战，弥平太重伤之际，被李马鸿之女季兰救至柬埔寨，并在此偶遇了弥平次的妻儿，得知弥平次去了暹罗。于是弥平太再次踏上了去往暹罗的船，却不巧碰上了西班牙人装载有奴隶的大船，两船对战，弥平太因船小人少处于劣势，于是伺机跳上西班牙人的船，放出船底的奴隶一同对抗西班牙人，终于险胜。同时，弥平太还在奴隶中发现了兄弟弥平次，随之便带弥平次一家回到了日本。至此，主人公弥平太在海上的种种活动，包括贸易、掠夺以及冒险也都基本告终。这也是许多冒险小说惯用的套路，即为了寻找某个人或某样东西，主人公不惜历经千难万险，战胜途中的所有敌人，克服路上的种种阻拦，最终达成目标。对于那些路遇的敌人和阻拦，一开始便被作家先入为主地，在阅读过程中也会自然而然地随主人公一起生出同仇敌忾的愤慨。

　　事实上，在《海贼商人》中，主人公弥平太等人的海上活动主要还是通过拦截过往商船、攻打守备弛懈的城池等来夺取财物的，当然他们也会进行一些货物的交换，但也是以配备有武器装备为前提的，所以说他们的身份，与"商人"相比，是更偏向于"海贼"的。他们叱咤东亚海域，在中国的广州、海南，在日本的堺市，在菲律宾的马尼拉，在越南、柬埔寨走私掠夺。即便是在海洋法则和国际法规还未曾确立的十六世纪，走私掠夺对于被掠夺的国家和地区来说也是不合道义的。但是对于主人公一行的这种种武力行动，作者南条范夫却巧妙地为其冠上了搜救失散兄弟的名头，一切便显得顺理成章了。读者也由此忽略了对武装贸易乃至武装劫掠的价值判断以及对被劫掠者的同情，而是将目光投注于弥平太兄弟情深之下复仇的快意，由是，作家便在很大程度上以个人感情的凸显掩没了读者对国际道义的判断。其实，小说中作家着力彰显主人公弥平太重情重义的痕迹处处可见。例如小说写道，弥平太自幼与母舅三好日向守家的小姐津世订下婚约，后来虽然入海为寇，明知无法与其结合，却仍信守誓约。后来几经辗转，二人生死两不知，津世被迫嫁于仇人并生下一女，弥平太得知后前往搭救，津世在混战之中被丈夫枪杀，临终将女儿托付给了弥平太。弥平太在津世死后才与恋慕他已久的季兰结合。他们振兴纳屋，抚育津世之女，为其选定佳婿，并将纳屋交给了二人经营。可谓情深意重，令人感佩。可见，虽然从义理上来说，国际道义要高于民族利益，民族利益则更高于个人感情，但事实上，最能在引发人内心共鸣的，却依然是每一个普通人都能够有深切体会的个人的情感。想必，这也是作者南条范夫将主人公弥平太在海上的所有武力活动都冠之以手足之情的主要原因。这也是作家为弥平太等人在东亚海域尤其是在中国东南沿海及菲律宾之间的武装贸易乃至武力掠夺寻到的一个看似正当的、道德的理由。

也有学者以当代的眼光，从世界经济贸易的角度出发，对当时的海贼行为予以了肯定，认为他们的武装贸易与掠夺行为客观上推动了区域经济的交流与发展。但是，我们若是置身历史现场，处在被掠夺的地位，生命与财产时时受到威胁，所得出的结论便全然不同了。而且，对于历史事件，若我们当真可以以今人的视角和价值观去评判历史并介入历史小说，那么对于法律意识完备的当代人来说，不管是在海上拦截商船还是对他国沿海的侵犯，岂不都是有违海洋法则和国际法规的行为。但是，我们在阅读《海贼商人》之时，直觉上对弥平太等人的所作所为却并没有任何恶感，反而为他们在每一场争战之中能否安全与获胜而悬心。这便是作者南条范夫的高妙之处。作为一个当代人，他深知当代人在严守律法和规则的生活中、在一丝不苟和疲于奔命的工作之下的内心热望，那种人性深处对于天高海阔的浪迹生涯、对于波澜壮阔的海上冒险、甚至于对拼杀和流血的渴望，是当代人在都市生活中最难以企及也最为向往的。因此，南条范夫用小说的形式将读者带入了这样一个无规则、无约束的历史场域，正如作家在小说后记的结尾所说："但愿此书能让这个时代的日本人天马行空地驰骋对海上壮阔生活的想象，能够在古老的梦幻世界中遨游。"这里武力至上、利益至上，归根到底生存至上，它将譬如规则、秩序等等的文明社会的印记打落，试图唤起读者最原始的内心渴求。可见，作者南条范夫面对十六世纪末期横行东亚海域的海贼行为，并未像以往的倭寇文学乃至史学研究者对于倭寇史的研究那样，或从国家主义立场出发将其看作是日本民族雄飞海外的壮举，或从贸易交流的角度出发将其看作促进东亚经济交流的伟业，《海贼商人》实际上是在尽可能地摒除这些国际关系的、经济贸易的、民族国家的，等等，种种正误价值判断，而是想要纯粹地将弥平太等人的倭寇及海贼行动当成一种审美行为进行描写，以此来迎合生活在当代秩序社会之中的读者内心对自由而又冒险的海上生活的渴望，从而完成审美的共鸣。

此外，在《海贼商人》中，我们其实从字里行间依然能够或多或少查知作者南条范夫对所谓的"大倭寇"时代的缅怀与对小说所写的1570年代倭寇衰败情状的惋惜。在小说主人公弥平太最初加入的倭寇集团中，有一位叫做助次郎的人，他曾经参加过倭寇肆虐时期即1550年前后由汪直所率领的倭寇队伍。他喜欢向人展示他全身遍布的伤痕，以此作为勋章来证明他在寇掠活动中的英勇，他经常在船上跟众人炫耀当年在汪直的带领下入寇浙江沿海地区的战绩。而对于让众人惊叹的五百石（70吨）以上的大船，他表现出了见过大世面之后的不屑，他当时所参加的倭寇队伍多达一万三千人，有两百艘船，大将汪直与平户的门太郎所乘的船有一百二十步之广，可乘一千五百人，船上可以建城，甲板上可以三匹马并行。回忆这些的助次郎显得无比怀念，而听他讲述这些的倭寇则表现得无限憧憬，作者南条范夫也不无遗憾地写道："明国的防守已经极为完备，单只浙江沿岸的五十九城，仿佛沿着海岸建起了万里长城，十分难以靠近。" 同时，"从天文到永禄以来，八幡不复凌厉之势，而是变得像现在这样不再强盛。"[1] 而正是因为所

---

[1] 南条范夫：《海贼商人》，河出书房新社，1986年，第18页。

谓的"大倭寇"时代已经过去，"倭寇"对中国沿海地区包括他们认为防卫松弛的广州等地的寇掠行为也变得举步维艰。

在《海贼商人》中，作者南条范夫似乎是有意无意地虚化了倭寇以及海贼的劫掠对象，他们只是倭寇与海贼成就其"海上壮阔生活"与财富积累的途径，而完全忽略了他们的感受，看似是完全站在自民族立场上的一种书写。虽然作者描写到的在东亚海域的贸易行为本身就具备了超越国界的特点，但作者所描写的利益获取走向是单边的，而不是共赢的。这本身就不符合经济所具备的世界性的特点。他的自民族意识是潜在的，正是这种潜在的意识，让他忽略掉了被寇掠者的观感。

南条范夫《海贼商人》描绘了一幅东亚海域不同国家之间的宏大的海上往来图卷，而对于各民族各国家的交往交涉，王向远教授在《一带一路与中国的东方学》一文中为其划定出了五种模式：一是战争模式，二是传教模式，三是探险模式，四是朝贡模式，五是经贸模式。他指出，中国历朝历代与周边各民族之间的交往交流，与欧洲人的宗教战争、奴隶贸易以及以探险传教为名的殖民入侵不同，"无论是官方的，还是民间的，总体上总是以物质产品为载体，和平地交换交流，因为是和平的交换交流，因而是"文"而不是"武"，"物"的交换也包含着文化的交流，可以把这一点概括为"以物载文"。"①的确，不管是"丝绸之路"、朝贡贸易，还是"隆庆开放"之后的海外贸易，其共同特征都是基于各自的需求基础之上的物质交换与交流。即便是在中国占据绝对主导地位的朝贡体制之中，中国作为宗主国所秉持的也是"怀柔远人"、"厚往薄来"的原则。而到了"隆庆开放"之后，中国的物品通过福建月港运往菲律宾，极大地满足了当地民众的日常消费。在这个过程中，中国一贯地采取和平的方式进行商品交换与贸易往来，而没有任何领土侵占或意识形态输出的意图，因此，这一时期驻守菲律宾的西班牙殖民政府对中国商人采取了一系列保护与优待的措施。

然而，日本则大为不同，除了倭寇在东亚海域的劫掠行径之外，日本政府层面在与其他国家的关系中也显示出了一种向外扩张的勃勃野心。尤其是在丰臣秀吉统一日本的过程中，其统治的欲望和侵略的野心更是被进一步激发，他梦想以武力征服琉球、吞并菲律宾，乃至占领朝鲜、进驻中国，从而建立起一个独霸东亚的大帝国，成为东亚的最高统治者。而且他也的确将这一野心付诸了实践，他挥军踏入朝鲜，甚至已经将攻打明朝列入了计划。丰臣秀吉的海外征伐，可以称得上是日本"海外雄飞"与"大东亚共荣圈"构想的先导。这无异是自绝于东亚各国。关于这一点，我们通过《海贼商人》中菲律宾对明朝和日本所持的不同态度，其实也是能够有所了解的。小说写道，天正十年（1582）主人公弥平太为了寻找可能被卖到吕宋的兄弟，以中国贸易商太夫差的名号前往吕宋，他驾着十几艘满载腌猪肉、麦粉、铜、绵、刀剑等商品的船只到达吕宋，西班牙驻守官员听说他是中国人，对他极为欢迎有礼。但是在交谈的过程中，西班牙司令官发觉了弥平太日本人的身份，于是迅速架起十数挺铁炮将他们包围了起来，最终以一场恶战告终。我们不难看出，驻守马尼拉的西班牙官员对于中国人和日本人的态度是截然

---

① 王向远：《"一带一路"与中国的"东方学"》，《广西师范学院学报》，2016年9月。

不同的，同样一队商人，只因为他们是中国人便热情款待，而发现他们是日本人之后便对他们架起了铁炮，这样的举措，除了中国商品的吸引力对菲律宾来说远远大过日本之外，想必更有日本政府的对菲政策与态度以及日本海贼在东亚海域的劫掠行径所导致的排异和反击。

而《海贼商人》中这种自民族意识和对于他民族利益在自我行为中的损失与损害，对于作者南条范夫来说，也许是无意识之间表现出的。但这种无意识的流露却更能说明日本民族对于武力的推崇，以及对将武力进行审美化描写的武士文学传统的承继，这种文学传统发展至今，当代的历史小说家又为其添加了资本主义的商业要素，于是呈现出了小说中以武力掠夺为主要方式，以经济利益为最终目的的一系列恣肆于海上的海贼活动。他们冲击固有阶层的限制、不受法律法规的约束、劫掠可以劫掠的以供生活、避开必须避开的以保性命，同时又有手足情深的名义为他们消去所有的道德负担，这种快意海上的小说对于奔忙于都市的秩序生活之中的当代人来说，无疑有着致命的吸引力。这也与日本当代思想家柄谷行人所提出的"民族的美学"的概念相呼应。柄谷行人在对康德的《纯粹理性批判》与《判断力批判》进行创造性解读的基础上，从康德所提出的道德（理性）的"感性化"或"美学化"这一问题出发，将"民族的美学"界定为民族共同体的共同情感与想象，指的是全体国民通过共同审美趣味的结成，从而形成民族的共同的价值观与认同。[①]《海贼商人》便通过对倭寇的武装贸易以及海上寇掠的审美化描写，以引发了当代读者深刻的审美认同与审美共鸣，这种通过审美认同而达成民族认同的"民族的美学"，也影响着当代日本人对倭寇乃至对中日关系史的认识。因此，挖掘小说中所反映到的那些深层的历史经济动因和民族文化心理，并将其呈现出来，是我们作为文学研究者的职责所在。

---

① 参见柄谷行人：《民族与美学》，薛羽译，西安：西北大学出版社2016年；《世界共和国へ》第三部第三章，东京：岩波书店2006年。

作为"武器"的日本留学回忆录

——鲁迅的日本情结

靳丛林　　贾天添

【内容提要】鲁迅的日本情结，更多地在他回忆日本留学生活的文章中表现出来，譬如《〈呐喊〉自序》《藤野先生》《范爱农》等作品，在借助回忆来批判现实的同时，其中也更多寄寓着鲁迅自身与日本的不解情缘。

【关 键 词】武器；留学；回忆录；日本情结

【作者简介】靳丛林，男，文学博士，吉林大学文学院教授、博士生导师（长春130012）；贾天添，女，吉林大学文学院博士研究生（长春130012）。

20世纪20年代，鲁迅写了一些回忆日本留学时期生活的文字，这是他的"日本情结"在这一时期很显著的表现之一，同时，这些文字又都是有着现实指涉的。这可以有两种解释：一种是，他主要的写作动机在于回忆，而在回忆时涉笔成趣，顺便发表了对于现实的批评；另一种是，他的目的就在于批评现实，而以这些回忆文字作为达到这一目的的方式。笔者以为，这两种解释并不是绝对对立的，也许同时存在于鲁迅的创作动机之中，在创作有的篇章时这一种倾向更强烈一些，而创作有的篇章时则另一种倾向更强烈些。而且更深一层来说，这两种倾向的动机可能是自然而然地互相激发的。因为回忆起当年的留学生活，会对现实中的一些人与事产生更深的感慨。因为思考和批评现实，也会唤起过往的回忆。通过以前的经验来理解现在的见闻，通过现在的见闻而加深或更新对以前经验的理解，这本身就是人类的思维规律之一，而鲁迅又是特别自觉地运用这种思维规律进行思想的人，他常说看看中国的历史能更了解中国的现实，又说统治者及其帮凶们的阴谋手段都是他们的老谱上早就有的。但是具体到这一时期他关于自己日本留学经历的回忆写作，其中的感慨或许还更为复杂，因为这些回忆文字与杂文相比更加浸润着温情，观点的表达要含蓄得多，因此隐喻也就更加丰富和深邃，需要我们做更细致的解读与思索，才能真正理解日本的回忆与当时感想之间的多重映射关系。

一、《〈呐喊〉自序》与"《新青年》危机"

《〈呐喊〉自序》写于1922年12月，开篇就说到"回忆"，而贯串全篇的线索也的确是"回忆"，可是奇特的是，"回忆"其实只到创作《狂人日记》为止，然后叙事的节奏就突然不成比例地加快，仅仅一句话就概括了此后的四五年。其实如果要说《呐喊》这本书的来历，在《狂人日记》之后可说的还很多，比如1926年写的《〈阿Q正传〉的成因》中主要的内容都可以接续到《狂人日记》发表后的回忆中，而1932年写的《〈自选集〉自序》里也有发生在《呐喊》结集之前却在《〈呐喊〉自序》里只字不提的情形，那就是："后来《新青年》的团体散掉了，有的高升，有的退隐，有的前进，我又经验了一回同一战阵中伙伴还是会这么变化，并且落得一个'作家'的头衔，依然在沙漠中走来走去……"①即便在《〈自选集〉自序》中，这个叙事也是放在《呐喊》之后，作为《野草》和《彷徨》的成因而写的，然而真实的情况是，从陈独秀离开北京，《新青年》的编辑中枢随之迁到上海，《新青年》团体内部的分歧就开始滋生了，到1921年1月，已经发生几种意见并行而请同人们各自表态的事，到1922年7月出满九卷后，《新青年》就停刊了。而且，《呐喊》中的大部分作品其实都不是在《新青年》发表的，但是《〈呐喊〉自序》的叙事却会给一般读者一种与此相反的感觉。可以说，《新青年》这本刊物和这个团体以及他们的事业，正是鲁迅在撰述这篇《〈呐喊〉自序》的时候心中挥之不去的记忆和情怀，所以叙事选择了在《狂人日记》处结束，而又以大篇幅细致回忆自己在日本时的经历与感想。

　　从赴日留学，到弃医从文，再到创办《新生》失败，鲁迅实际上是在这篇《〈呐喊〉自序》中追溯了自己参与《新青年》新文化运动的心理动机，也就是他青年时的梦。鲁迅在文学革命的活跃作家中算是年长者，而与陈独秀等人之前的名望比起来，他更是一个成名很晚的人。所以他参加新文化运动、参加《新青年》团体的心态，当然和少年壮志或功成名就的人都很不一样。但他当年在日本创办《新生》时的心态，却是与新文化运动中《新青年》的年轻参与者们相当一致的。而这种心态，在鲁迅的精神成长史中，又是从走异路、求新知一步一步发展而成的。他在《新青年》已经停刊、自己的小说集《呐喊》编成时，在小说集序言中用大半篇幅讲述留日的经历，正是要再次确认自己当年那种心态，并期待能将这种心态再一次与《新青年》曾经的战友们分享。之所以不提《新青年》的分歧与停刊，一方面是不想在新文化运动的敌人们面前暴露自己阵营的伤痛，另一方面也是在希望着《新青年》的复刊与战线的重新结成。另外，很可能在他的心目中，这本《呐喊》就是《新青年》的产儿。《〈呐喊〉自序》告诉读者：他在投身《新青年》的事业时，就是带着上一次失败造成的伤痕与疑虑的，这疑虑不单是"铁屋子"，还有像大毒蛇一样的寂寞和同志者们转瞬之间就不能在一处纵谈好梦的结局；但他还是投身《新青年》的事业了，因为希望是在将来的，谁也不能否定其可能会实现。当时关心《新青年》的人读了这些，就会想到《新青年》的停刊也同样不能否定将来依然还有再出发的希望。

　　《新青年》团体的分裂和《新青年》的停刊，无论后人怎样认识其原因和性质，在当时无疑都是新文化运动的重大挫折，也会造成许多新文化运动参与者、拥护者和期待者在思想上与情感上的危机体验。鲁迅在《〈呐喊〉自序》中详述自己的日本留学回忆，正是对当时的挫折与危机表明了自己的态度，并以此激励青年继续《新青年》未竟

---

① 鲁迅：《自选集》自序，《鲁迅全集（第4卷）》，人民文学出版社，1981年，第456页。

的事业。所以青年们爱《呐喊》，也爱这篇《〈呐喊〉自序》，总能从中得到前行的力量。

二、《藤野先生》与"正人君子"

《藤野先生》是鲁迅"日本情结"中正面情愫的集中表现，是鲁迅对于日本最温暖的回忆。但是《藤野先生》的结尾，却颇为出人意料地落在了对"正人君子"的笔战："每当夜间疲倦，正想偷懒时，仰面在灯光中瞥见他黑瘦的面貌，似乎正要说出抑扬顿挫的话来，便使我忽又良心发现，而且增加勇气了，于是点上一支烟，再继续写些为'正人君子'之流所深恶痛疾的文字。"①藤野先生为什么会在鲁迅的想象中鼓励他勤奋地创作让"正人君子"深恶痛疾的文字呢？而且，这种结尾在鲁迅的回忆散文里其实是特例。虽然鲁迅在回忆散文中都会以杂文笔法做社会与文明批评，但结尾却通常就在回忆的感慨之中落笔，无论《阿长与〈山海经〉》《五猖会》，还是《从百草园到三味书屋》《琐忆》，以及《范爱农》，乃至《朝花夕拾》之外的《我的第一个师父》，等等，诸多名篇都是这样。《我的种痘》在末段点了一下国民党屠杀作家的罪行，但文末一句还是说万花筒的退步。大概除了这篇《藤野先生》之外，只有《狗·猫·鼠》和《女吊》是这样的笔法，但《女吊》的题材便是与复仇主题有关的，结尾批判损了别人牙眼却反对报复的恶人，也是顺理成章，而《狗·猫·鼠》更是首尾照应，章法谨严，唯独《藤野先生》这最后的一笔，在全文其他地方真是找不到一点呼应的线索，可以说是"羚羊挂角，无迹可寻"了。

鲁迅以"正人君子"一词称呼自己在文坛的论敌，是从女师大事件开始的，具体就是指以陈源（西滢）为主的"《现代评论》派"，原因大概是拥护北洋政府的《大同晚报》曾在风潮之中吹捧他们是"东吉祥派之正人君子"，于是被鲁迅借用来反讽他们，有时也称为"君子之徒"，犹言他们是伪君子。他们之所以受到鲁迅的反感与声讨，首先是因为他们在女师大校长杨荫榆无理开除六名反对她的学生自治会职员后，以"公正"的姿态诋毁被开除的学生，又攻击鲁迅等支持学生反抗杨荫榆的教员都是暗中鼓动风潮和"党同伐异"的人；而到了后来，段祺瑞政府枪杀请愿学生的"三一八"惨案发生，他们竟说学生的行动是被"民众领袖"煽动的，所以"民众领袖"应当被追责，这就更激起鲁迅的义愤。但在写作《藤野先生》时，鲁迅已经离开北京，女师大风潮早就以杨荫榆去职、反对她的学生返校而结束，镇压学生的那届政府也已下台，论争应该也成为过去了，但鲁迅在《藤野先生》的结尾还是特地表示自己要在藤野先生精神的鼓励和感召下，努力和"正人君子"针锋相对，可见鲁迅对于这些人的愤恨，并不只是在于具体事件中的矛盾冲突，还有着更深的原因。这些"正人君子"代表了一种文化和一种人格，那就是惯于用"公理"装饰自己的私心，用道德上的罪名攻击损害自己利益或面子的人，甚至连自己都相信自己毫无偏私之意，凡是不合自己意愿的人都是道德败坏。鲁迅在回忆了藤野先生和蔼可敬的形象之后，想到了这些人，于是信手拈来地将他们写

---

① 鲁迅：《藤野先生》，《鲁迅全集（第2卷）》，人民文学出版社，1981年，第308页。

在了这篇文章里，作为反衬英雄的丑角。像藤野先生那样尽责而热心，严格却温和，有自己的期待并为此付出努力，但绝不强加于他人，才是鲁迅心中真正的正人君子，而用笔戳破那些偏狭而洋洋自得的"正人君子"的假面，让他们深恶痛绝，知道原来他们的世界也不容易十分完美，正是鲁迅报答藤野先生、为像他那样真正的正人君子扬眉吐气的方式。从这个角度来说，《藤野先生》这篇日本留学生活的回忆录，也可以解读为掷向"正人君子"的一柄投枪，以真金映出他们的假相。这正是一篇"为'正人君子'之流所深恶痛疾的文字"。

三、《范爱农》中的日本回忆与鲁迅的"民国情结"

《朝花夕拾》中的最后一篇作品《范爱农》，虽然只有小半篇是记述留日时期的事，后边大半篇已是记述辛亥革命前后在家乡与留日时期"故人"的交往，但是这些交往中也涉及留日时期的一些回忆。这一篇中的留日回忆与《藤野先生》最大的不同点，就是都与反清革命直接有关。文中描述的第一个场景就是国内突发的重大政治新闻在留日学生群体中引发的兴奋与紧张，然后是在留学生们政治会议上自己与范爱农的冲突，还有这样的妙论：原以为满人最可恶，现在才知道其实最可恶的是范爱农，中国要革命先要除去范爱农。连表达对一个人的恼火都用这么具有政治色彩的修辞，可见当时这些留学生政治意识之强烈了。后来两人在家乡重见而成为好友后，说起当年的冲突，范爱农直言在日本时他们这一批浙东留日学生都讨厌鲁迅，原因是鲁迅作为先留学的同乡去接他们到日本时，摇头看不起他们。鲁迅于是想到，当年被他摇着头接到东京的人里，"还有后来在安徽战死的陈伯平烈士，被害的马宗汉烈士；被囚在黑狱里，到革命后才见天日而身上永带着匪刑的伤痕的也还有一两人。"[1]鲁迅因此很为自己当年的摇头感到惭愧。鲁迅在《范爱农》里写了辛亥革命后社会的照旧，写了一部分革命者在"胜利"中的迷失，而时时以自己在日本留学时候亲历或耳闻的"革命前史"来映衬。

这篇写于1926年——民国十五年的回忆文章，表现了鲁迅对于"中华民国"复杂而浓烈的感情。在民国十四年（1925年）的时候，鲁迅就曾感慨："我觉得有许多民国国民而是民国的敌人。……我觉得许多烈士的血都被人们踏灭了，然而又不是故意的。"他还希望能有一部给少年看的中华民国建国史，"因为我觉得民国的来源，实在已经失传了，虽然还只有十四年！"[2]在小说《头发的故事》和纪念文章《黄花节的杂感》中，鲁迅也表达了对于不久之前的中华民国建国历史已被人遗忘的焦虑。中华民国本来是理想的产物，却迅速变成了失去理想的空壳。鲁迅所说的"民国的敌人"，便是背弃民国理想的人。当革命者们怀揣着"建立民国"的箴言勇敢地去奋斗牺牲时，他们对于民国的理想是什么呢？或许可以用《药》中夏瑜的那句话来概括吧：大清的天下是我们大家的。《药》中的刽子手康大叔说这不是人话，而许多民国的国民却会以为这是傻话，因为他们不想做民国的国民，只想可以给无论什么人做主子，同时无妨给其他什么人做奴

---

① 鲁迅：《范爱农》，《鲁迅全集（第2卷）》，人民文学出版社，1981年，第313页。

② 鲁迅：《忽然想到》，《鲁迅全集（第3卷）》，人民文学出版社，1981年，第16–17页。

才，总之就是不能都平等，在他们看来，老子儿子都平等了，那还成世界吗？于是，民国的招牌尽管挂，民国的种种体制尽管建立，民国的理想却丝毫不能普及，而且因为招牌已挂，体制已立，所以理想还日渐萎缩消灭。看到这些景象的鲁迅总会想到自己留学日本时对于革命的向往与期待，以及那些曾和他一样是留日少年而后来为革命抛洒热血的烈士与受难者。民国国民的身份是经过了多少盼望和苦斗才得来的，民国国民的自觉依然需要付出努力才能实现。鲁迅在追忆亡友范爱农的文章中，再次给读者呈现了当年留日学生中的"革命日常"，为给少年人看的民国建国史奉献了自己作为一个文学家的一页。

跨文化传播视域中的语言美学研究

刘迎新　　黄紫茵

【内容提要】全球化时代背景下，跨文化传播视域下民族文化的传播与传承的地位愈发重要，特别是迎合大力发展文化的新时代要求以及人们对于文化愈发重视的需求，语言作为文化的一部分、思想的外现、传播的媒介在该视域下的作用及价值至关重要。同时，坚持文化自信作为新时代发扬中华文化的基本前提，语言更是文化传播的基础力量；基于此，语言美学的研究对于民族文化、文化发展、文化传承都具有重要意义，充分发挥语言美为文化带来的积极作用可依据两方面研究，即依据语言美与言语美分析跨文化传播视域下的语言美学，根据其特点以及对于民族文化、跨文化传播、语言自身的影响研究语言美学在跨文化传播视域下以及新时代背景下的重要意义所在，并且通过分析语言美为文化传播与交流的基础要素的原因，总结语言内在与外在美的关系及其在跨文化传播视域中的地位。

【关　键　词】跨文化；传播；语言美学

【基金项目】国家社会科学基金项目"基于实证分析的播音语言停连模式研究"（项目编号：18BYY072）。

【作者简介】刘迎新，女，文学博士，吉林大学文学院中国文化研究所副教授，博士生导师（长春 130012）；黄紫茵，女，吉林大学新闻与传播学院，广播电视艺术专业硕士研究生（长春 130012）。

　　语言是思想的外化，即直接现实的一种文化现象，而语言作为一种不断发展的文化现象，影响人类文明的传承以及政治、经济、社会及文化本身的发展，作为思想的外化亦影响人们的社会行为及社会关系的发展；语言即是传播的媒介，随着社会进程不断加速，各领域的全球化已将人类文明的传承与传播的重要意义推向至前所未有的高度，并使跨文化传播成为文化交流的常态，语言美学自然成为文化交流之中文化特点以及文化质量的体现，而语言美学分为言语美及语言美，言语美指的是在个人的言语活动和言语行为中言语片段的美学价值，即美学特征的总和，语言美是指语言体系固有的审美属性，是语言体系表现出来的美学价值、美学特征的总和。语言美是言语美得以表现的基础，言语美则是语言美在具体环境中的体现，因此言语美是显性的，而语言美是隐性的。[①]全球化时代的世界背景下及新时代背景下、跨文化传播视域中的我国文化传播的第

---

① 钱冠连：《美学语言学说略》，《外语与外语教学》，1996年第3期，第23页。

一要义即是坚持文化自信，同时坚持文化自信作为我国在跨文化传播领域的美学，传承五千年来的传统文化，以我国文化的传统形式直面世界性的文化的融合，不受其他民族文化的同化，亦不改写文化迎合世界，则是本民族的文化传播的美学。五千多年的文化发展与社会的发展与变革息息相关，纵观历史，从封建社会的古代到社会主义初级阶段的近代再到现今社会的新时代，我国文化中的语言美学长期以来始终以积极的方式向前迈进。①

一、言语美

跨文化传播作为西方跨文化交流不断深化的思想产物，在全球化时代背景下，促使各国皆运用跨文化传播理论进行文化交流，力求本土文化发展促进政治、经济、科技各领域的发展水平的增强；新时代中国通过跨文化传播与交流大幅缩短与发达国家的差距，却扩大了各民族的文化冲突，而全球各民族的文化不断交织带来文化冲突存在客观必然性。位于新时代的历史起点上，跨文化传播视域下我国文化传播应将注重速度和覆盖面转向质量层面的延伸度；首先，加强传播语言的美学是我国跨文化传播视域下有效提高传播质量及减少文化冲突的有效途径，同时也是我国位于新时代背景下对于文化发展要求的客观逻辑起点。其次，坚持文化自信、坚守文化特色、坚定传承文化的信念是我国文化及我国文明传播及发展的精神起点，立足于历史维度探索我国文明发展，几个阶段的社会变革使得我国的文化传播愈发需要语言的力量，而随着全球化时代下跨文化传播成为文化传承与传播的重要途径，言语美几乎成为文化传播的基本条件。言语美作为语言美在具体环境中的体现，其主要表现在包容性、细节性、显著性。

（一）包容性

语言美学即美学语言学旨在探索对于语言本质的认识以及人类对于语言的内在审美思维，准确掌握其审美规律才能正确把握文化传播领域的语言美学；而言语美的特点之所以存在包容性，是由于言语美是全息的正负美，言语美不是割裂的美或丑，而是正负美的混合。割裂的美与丑只存在于人的认识之中。在现实生活中的美与负美却是水乳交融的结合体，这全息地体现在语言体系之中和个人言语之中。②换言之，言语的美与丑是对立统一的一对范畴，而衡量美与丑的标准往往只是一个范围，跨出范围的美即是丑，而这个范围立足于现今社会的立场即可理解为时代标准或是全球背景下的人类审美，在社会不断发展的全球化背景下，各民族尽管存在文化冲突，但是大部分依旧为文化融合的状态，在此状态下人们审美的趋势为矛盾逐渐减少，呈现出包容性的特点。言语正是如此，某种意义来讲，人类审美与言语之间相互联系，语言与文化相互交织，而跨文化传播与全球化使该联系更加紧密。基于此，跨文化传播视域下的语言美学的根本在于注重言语美的度。③深入分析，语言结构和层次上的审美选择基于人对于客观事物的认识，

---

① 李殿仁：《习近平新时代中国特色社会主义思想的历史观》，http://www.71.cn/2018/0419/996920.shtml.
② 钱冠连：《美学语言学说略》，《外语与外语教学》，1996年第3期，第23页。
③ 钱冠连：《美学语言学说略》，《外语与外语教学》，1996年第3期，第24页。

为主观性与客观性的统一，倘若人类把语言视作日常交流和沟通的工具，其审美自然立足于社会生活的基础之上，对于言语美的定义即局限于表述方式、言辞运用等领域；若将语言视作文化交流与传承的途径，其即会立足于时代以及社会整体进行评价，对于言语美的定义即其言语是否对文化传承起到促进作用以及其是否有助于文化传播的正面影响。基于文化与政治、经济、科技的发展相互联系，跨文化传播视域下的语言美学应具有的包容性应体现为中国文化的包容性即语言的包容性，亦可理解为中国文化传播中的语言受文化多元化传播的多样客体所接受。最初的跨文化传播，要以较长的时间为代价来实现空间的一致；随着技术发展，又逐渐演化为在不同的空间，追求时间的同一；到了网络时代，人们被集结在一个虚拟空间，实现了时空的统一。[①]而中国文化博大精深，立足于新时代背景下的古老的中国文化正在复兴，即传统文化正在与新社会相融合，其中，中国特色社会主义文化是跨文化传播的语言美学中的基本构成要件，中国传统美德为主要构成要件，中国文化思想与精神观念为重要构成要件，三者在文化传播中的地位举足轻重、缺一不可。因此，跨文化视域下的语言美的包容性更在于对中国文化中的三个构成要素进行整体、精确的传达。

（二）细节性

语言美学的概念中细节性与包容性可理解为一对对立统一的范畴，包容性体现在语言整体的内容之上，而细节性体现在具体的语言表达之中。语言在传播中的细节性是决定传播结果和影响的决定性因素，其细节性不仅体现在语言表达在细节上的精确程度，更体现在语言表达的深层含义，即以细节表达的方式展现深层意义以及深层思考。因此，跨文化传播视域下的语言表达应在注重整体性的基础上更加注重细节性，力图达到在传播文化的同时，传播中华精神及思想的本质；换言之，该视域下的语言表达的细节性体现在接受文化传播的客体应通过文化传播的表象观察到其内在本质。相对于语言美的体现，言语美是显性的，因此在美学的角度思考其更加客观的审美选择，把语言的实际活动当成审美对象来考察，就会看到别的视角所看不到的东西，解释别的理论解释不了的现象。言语美有它深刻的根源，人在言语活动中表现出来的审美选择是生命现象。[②]而人类审美的生理根源可浅析为人类根据其生长环境而产生的审美选择，基于此，全球化的时代背景下，全球大环境正在趋于一致的现状下，人类审美选择的边界在不断扩展，使得跨文化传播视域下文化传播的效果显著，即在于语言表达贴合全球审美，此处语言表达的细节性即为在坚持不动摇文化根基即坚持文化自信的前提下，在细节上满足全球化的审美选择。具体来讲，其细节性可在表达上分为三点，首先，秉承着传承与发扬中华传统文化与美德的观念与逻辑起点进行语言表达，并将其视为根本目的，从而在此基础之上深化思想与精神的传达，细化我国民族文化与精神的表述与传达，细节性的表达不仅是言语美的直接体现，同时是传播文化的基本前提；其次，始终贯彻我国特色社会主义文化，使其贯穿于语言之中，在细节之处展现伟大的民族思想与灵魂，这同时

---

① 　侯微：《试论跨文化传播视角下的媒介技术》，《新闻传播》，2008年第9期，第67页。

② 　钱冠连：《美学语言学说略》，《外语与外语教学》，1996年第3期，第24页。

是我国文化传播的应有之义；最终，将我国传统文化及其精神与思想在细节上融合至全球化的时代背景与跨文化传播的视域之中，该细节性体现在其结合时代思想与精神，全球化时代下文化不断融合已成社会及文化发展的常态，结合传统文化与时代背景进行文化传播正是语言美学的细节性所在，以及避免文化冲突产生的有效途径。实现语言表达的细化即言语美细节性的体现不仅旨在文化传播及思想与精神的发扬，更在于中国精神的一种体现，即细致的办事风格与坚定的信念传承。

（三）显著性

言语美具有显著性，此处的显著性从表达方式方面可理解为明显，显著即显性，言语美是在具体表达上所展现出的美学；从深层内涵方面理解显著性即为两个群体的态度之间的任何差异是由于系统因素而不是偶然因素的影响。换言之，即为表示群体之间得以相互区别的能力。显著性具有客观性，两个群体的态度之间的任何差异都是由于客观因素，而该因素为决定性因素，并占据主导地位；放置于跨文化传播视域下，其群体即为各国文化群体，而导致群体之间的差异即为各国影响文化的客观因素：政治、经济、科技等；同时，两个群体也是文化传播国和受传播国的主体的审美选择，审美选择受客观因素以及受自身主观能动性对于客观存在的加工的影响，必然对文化的选择和接受存在差异。跨文化传播研究学者爱德华·霍尔的研究认为：文化作为诸多体系的复合体，具有生物性、媒介性和潜意识性。在这里的"生物性"是指尽管每种文化都是独一无二的，文化之间还是有着共同的东西——文化根源于人类的生物性。"媒介性"是指文化是人们交流的基础。正是由于不同文化信息在传播过程中的不同传递，才形成了跨文化交际中的障碍。[①]因此，该差异具有客观性，从整体层面来说，显著性旨在表示群体之间得以相互区别的能力，位于跨文化传播视域下的语言美学应更加注重该层面的显著性的体现，基于全球化的时代背景下，各国文化相交织，虽然其融合可大幅避免文化冲突的现象，但是坚持文化自信是我国的文化精神，更是中国传统美德的一种体现。因此，在确保文化传播力量的前提下，体现言语美的显著性是跨文化传播视域下我国文化传播与人文精神的融合，也是言语美的直接体现。某种程度来讲，跨文化传播视域言语美的显著性是必备要素之一，各国文化发展至今都具有其外在特色及内在内涵，在文化传播时保留文化存在的差异性及客观性是各国文化得以继续发扬和世界文明传承的应有之义。首先，各国文化差异，特别是中西文化差异不仅体现在语言上，还体现在文化的内在方面，因此在文化传播中保留文化差异，坚持文化自信的基本前提即为在语言表达的整体上体现文化的显著性，即突出表达本国传统文化及精神的特点，坚持内容的客观性与言语的显著性。其次，保持文化差异在言语美上更应当体现在具体表达之上，即保留语法系统上的差异，由于语言属于文化的一部分，语言之间的差异本就为文化差异，中国语法相较于西方的清晰直接更加隐晦，因此在跨文化传播视域下，应保持中国语法系统以及其文字表述隐晦的特征。最终，深层内涵层面分析其显著性并体现其显著性，应将文化交流与传播文化作为手段，而坚持文化自信，将向世界发扬中华文化视为目的，在语

---

①　王文娟：《跨文化传播下的中国元素》，《中国文化报》，2010年，第3版第50页。

言表达的深层与表层皆体现出坚守中华传统文化及其精神的决心以及全民对于文化的尊重。

二、语言美

语言美为言语美的外在信息形态，相较于言语美的显著性，其体现为隐性，换言之，言语美更多地表现在语言形式，而语言美则体现在内容之中，即以伦理美为中心，体现道德原则。将其放置于跨文化传播视域中即体现为坚持文化自信以及中华传统美德与精神的内在意义。基于此，跨文化传播视域下的语言美为文化传播的重要因素，并可具体体现为三要素或特征：感染性、基础性、艺术性，语言美是内在与永恒的美的先导，是语言美的内在体现，其艺术性在于以隐性的表现体现深层次的含义并引发深层次的思考，而其感染性为针对跨文化传播视域与文化而言的，即其言辞与含义具有感染传播客体审美选择的能力，进而促进全球化时代下我国文化的传承与发展。

（一）感染性

语言美之所以存在感染性，是因为语言艺术是语言美存在的根基之一，首先，文学语言能够精确描绘客观事物与物体，并以一种较为细腻的笔触进行呈现，留下深刻的主观印象；其次，文学语言拥有浓厚强烈的情感色彩，进而给予其情绪感染；再次，语言具有清晰的含义，在其表现主题与内容时可给予明确深刻的意义与印象以及思想高度，相较于其他艺术体现出的某些模糊性，语言表达较为直接；尽管语言美相较于言语美为隐性美，但其仍可直接或间接地发挥影响作用。语言的感染性不仅在于语言美的隐性体现，更在于语言艺术在语言表达中的存在，无论有声语言或是无声语言，语言艺术都是语言美的直接体现即表象，具有直接性。语言艺术在具有直接性的同时，具有间接感染的特征即间接性，其直接性为直接通过语言表象影响传播，而间接性的感染在于由深层次的意义为起点，由内而外地感染传播客体并启发联想，达到审美效果，换言之，即其可间接影响受众群体的审美选择，审美选择位于跨文化传播视域下文化是否受到认可起到一定作用，因此，审美选择为语言美学中的一个重要话题。某种程度来讲，审美选择是一种生命现象，是一种充满活力与可能性的现象，因此，语言艺术可通过文学传达思想感情，对客观形象的塑造，从而影响人类审美选择。基于此，跨文化传播视域下的语言美可通过语言艺术的直接性与间接性进行民族文化的深度传承，保持文化与精神的客观性与本质，在坚持文化自信的理念的前提下，进行文字上的语言美的体现，发挥语言艺术的直接与间接作用。具体来讲，语言艺术的直接性与间接性更体现在传播客体自身，人们在进行审美选择时，首先吸引其目光的必然为语言的艺术感即外在，其次才是内在意义，而跨文化传播视域下的语言美即体现在外在语言表述上的艺术感以及内在含义中的艺术性与感染性，进一步细化来说，其外在语言表述即是涉及中华传统文化的客观表述，中国语言本就是艺术的一种体现，并且中华文化博大精深、经久不衰，其文化内在所包含的精神、美德、伦理、道德、文字等皆为一种艺术的存在。同时其外在与内在语言艺术的现实与客观存在，这是一对辩证存在的范畴，反映着中华民族的文化自信与其屹立不倒的文化根基。

（二）基础性

跨文化传播是指在人际传播、群体传播、组织传播或者公共传播的语境中，在有着互异性的文化背景的人们之间，互动地发送和接收语言和非语言信息，从而进行文化上互相联系的认知、情感和行为活动过程。[①]基于文化在国家中的基础性地位，即可推论内在价值是客观事物拥有存在意义的基础。而跨文化传播中语言是基础，语言美是语言在跨文化传播视域拥有价值的基础。具体分析，其基础性位于跨文化传播视域下的重要意义可分为三方面。首先，从其内容层面分析，语言美的基础性体现在：隐性的语言美即内在美是不同于言语美的本质上的美，是支撑整个语言表述的核心价值，失去了本质美的语言美将失去外在美存在的意义，因此，语言美在内容层面具有基础性。狭义来说，跨文化传播视域下所传播的文化文明及精神都是一国中较为基础或是根基性的文化与文明，从而在语言表达中体现出基础性的力量，立足于跨文化传播视域下语言美基础性的发挥起到了基础性的作用，其引导、指引着文化传播的方向，同时反作用于人们的审美选择。其次，从价值层面来说，语言美的内在价值是文化传播的基础，某种程度来说，语言的美与丑很大程度上影响了人们对客观事物的看法进而影响对其的理解，语言外在美固然重要，但是内在美是支撑外在美的重要力量。新时代的中国，文化以及文化发展尤为重要的社会现状下，处于跨文化传播视域下的语言内在美不仅是语言存在的基础，更是文化传播的基础。语言的内在美决定了语言在文化传播中的价值，以及影响文化的自身价值。换言之，语言美是语言和文化传播必不可少的构成要件。再次，从社会层面分析，新时代背景下，社会的多样化需求以及社会发展要求人们保持对文化价值的高度信心以及保持文化生命力，人们对文化自身以及其发展的信心是文化继续蓬勃发展的基础之一。某种程度来说，语言的内在美是提升人们对于文化信心的重要因素，或者说语言美是文化自信坚定的基础。语言的美很大程度影响人类的审美选择，放置于跨文化传播视域下，其很大程度影响人们对于文化的选择，同时，语言美的内在美存在价值在于其可激发全民文化创造活力，进而提高全民文化意识与观念，增强文化软实力，这是我国文化发展经久不衰的基础之一，而发展文化是实现中华民族伟大复兴的中国梦的要求之一。基于此，总体来说，语言美的基础性不仅体现在语言自身价值，更体现在社会、文化发展、文明传承以及跨文化传播视域下的文化价值的基础性地位，为文化及社会发展不可或缺的重要因素。

（三）艺术性

艺术性通常体现在人们反映社会生活和表达思想感情所体现的美好表现程度，以往艺术性更多地体现在音乐美术等范围，随着社会的不断发展以及全球化趋势下的各领域相融合的发展，可体现在影视作品中，影视作品属于文化产业的一部分，综合来看，艺术性总体上属于文化特色的一种体现，以上为依据艺术的体现形式分析。深层次来看，语言美的艺术性不仅为文化领域出现的艺术性词汇，更为语言的内在所展现出的艺术

---

① 石井敏：《用东亚社会文化的视角与实践完善当代跨文化传播研究》，《中国传媒研究》，2006年，第13—20页。

性，而这种艺术性随着中华文化与文明不断传承，已成为语言的一部分，同时是语言内在美存在的重要因素之一。进而可推论语言美的民族性及独创性则为内在特征，同时也是中华民族文化发展对语言文化的要求之一，即民族性与独创性应为深嵌于人民灵魂深处的重要原则。因此，跨文化传播视域下，应在坚持文化自信的基础之上，展现语言美的深层艺术性即文化的民族性与独创性。首先，随着社会进程不断推进，各国文化不断交融，对文化的国际性要求不断加大，但是文化的民族性与国际性不是对立而是统一的一对范畴，世界文化由各个民族文化组合而成，民族文化是世界文化的根源，同时民族文化与世界文化相互联系、共同发展，即文化的国际性既是民族文化的世界性也是世界文化的民族性；因此，体现民族性首先在于认同民族语言，传统的民族语言如古汉语也应适当出现在语言中。宏观来说，其民族性更在于精神文化层面，即行文之中或语言表达之中深刻贯穿中华民族精神与思想，将中华民族美德的传承与传播视为逻辑起点，将中华民族文化可持续发展视为根本目的，同时坚持时代性与民族性的融合，即坚持保留文化传统的同时，结合世界人民所需要的精神文化进行传播。其次，民族语言本身具有独创性，各个民族的语言都具有其自身的特色并蕴含着其精神、思想、文化发展与历史进程，而独创性作为语言美的艺术性则体现在中华民族语言的独特风格与美感。具体来说，中华民族语言的独特风格在于中国是多民族共同发展的国家，少数民族的语言是中华民族宝贵的文化遗产之一，各个少数民族的语言有其独立的语言体系，独立的民族语言与其内在精神与意义皆为语言美的艺术性的直接体现；基于此，位于跨文化传播视域中，民族性与独创性的存在为中华民族坚持文化自信、坚持民族文化精神的基础力量。

言语美与语言美，即语言美学基础的一对范畴，为语言价值存在对于文化的重要意义，其外在美与内在美相结合形成中华民族文化精神与内涵的外现，对于新时代中国坚持文化自信的要求以及跨文化传播视域下中国文化继续蓬勃发展的目标起到推动作用，并且为人类的审美选择提供支持，进而将中华民族文化与精神向世界传播，为中华民族文化传播做出重要铺垫。文化的不断发展与创新，关键在于稳固传统文化的基础，中华民族五千年来民族文化精神始终贯穿社会及生活即是传统文化根基毫不动摇的体现，位于文化全球化的大环境下，坚持文化自信、持续弘扬中华文化力量是中华民族伟大民族精神的要求，也是发展全民文化、创造活力、实现文化梦想的基本条件。基于跨文化传播视域下文化发展的种种现象，坚持文化民族性与独创性为文化传承的宗旨，语言这一传播媒介以及思想的现实外壳给了文化发扬的机会，语言作为中华民族文化的重要组成部分，在跨文化传播视域下起到的作用及影响尤为突出。辩证来看，语言美学与文化之间的联系不可分割，并且立足于文化发展层面，两者相辅相成，缺一不可，语言赋予文化生命及活力，是文化继续传承的重要因素，而语言美学价值的存在与体现基于文化发展以及传承。因此，跨文化传播视域下，语言美学的存在对于文化传播与文化价值传承具有重要意义及深远影响。

《太平记》中的忠臣观

——以楠木正成为中心

张静宇

【内容提要】忠臣观是儒家思想的重要理念之一，也是中国古代政治思想不可欠缺的一部分。然而，儒家思想传入日本之后，忠臣观在很长一段时间并未对日本文学作品产生太大的影响。平安时代末期，武士阶层开始登上日本历史舞台，强调君臣之间的忠，并反映到文学作品军记物语之中。本文主要通过考察军记物语《太平记》中楠木正成的忠臣形象塑造，在和中国忠臣对比的基础上，揭示中日忠臣观的异同。

【关 键 词】《太平记》；忠臣；楠木正成；张巡

【作者简介】张静宇，男，文学博士，首都师范大学外语学院讲师（北京100048）。

序　言

在日本东京皇居广场前竖立着一尊醒目的武士骑马铜像，该铜像是住友财团于明治年间捐赠的，是镰仓幕府末期到室町幕府初期的著名武士，被日本人称作"军神"的楠木正成。楠木正成是镰仓时代末期响应后醍醐天皇倒幕的武士首领之一，曾在"元弘之乱"中，在千早城和镰仓幕府大军激战，以少量的军队成功阻止了幕府大军的进攻。在足利尊氏反叛后醍醐天皇之时，楠木正成竭力效忠后醍醐天皇，在和足利尊氏进行的"凑川之战"中战死。日本江户时期，儒学家安东省庵将楠木正成称为日本三大忠臣之一，他在《三忠传》的序言中将楠木正成和万里小路藤房、平重盛并列在一起，认为他们三人是日本忠臣孝子的典型。之所以为他们立传，是因为这三位忠臣在君昏臣逆之时，极力匡扶王室。①江户时代的《大日本史》的编撰者德川光圀、儒学家林罗山等都纷纷在自己的著作中讴歌楠木正成的忠贞。江户末期的倒幕势力将楠木正成作为精神导师，致力于推翻幕府，举起"尊王攘夷"的大旗，强调忠于天皇。②在明治维新之后，日本建立了以天皇为首的近代国家，当时日本政府不仅将楠木正成的故事编入中学国语课本，还强制让学生学习，并谱写了许多关于楠木正成的歌曲让学校传唱，甚至还干涉学术界对楠木正成是

---

① 张静宇：《〈太平记〉中的忠臣观——以万里小路藤房为中心》，《日本学研究》第24辑，2015年。

② [日]松浦光修：『維新の源流—楠木正成と日本人のこころ』，『祖国と青年』，2008（2）。

否为忠臣的探讨研究。[1]

　　楠木正成的忠臣形象塑造最早可以追溯到中世的军记物语《太平记》。该书成书于日本室町幕府初期（14世纪70年代），是日本中世军记物语之集大成，与《平家物语》并称为日本军记物语的双璧。该作品篇幅浩大，长达四十卷；时间跨度较长，描写了后醍醐天皇的倒幕、镰仓幕府的灭亡、建武新政、室町幕府的建立、南北朝的对峙、观应之乱、室町幕府内部大名之间的争斗、足利义诠的去世、细川赖之就任"管领"（辅佐将军之职）等一系列重大历史事件。《太平记》对楠木正成寄予了很大的同情，将其塑造为日本忠臣的典范，对后世产生了很大的影响。

　　第二次世界大战之后，日本学术界对《太平记》中楠木正成忠臣形象的研究取得了长足的进步。釜田喜三郎在将《太平记》和同时代的书籍《增境》《梅松论》《神皇正统记》等对比之后，指出了《太平记》中楠木正成的忠臣形象是作者受儒家思想影响虚构的。[2]佐藤进一等人指出楠木正成实际上出身于中世的"恶党"。[3]所谓"恶党"是指在镰仓后期到南北朝时期，以武力反抗统治阶级的武装集团。因此，可以说《太平记》中楠木正成的忠臣形象只是文学作品的一种虚构。对于楠木正成忠臣形象的塑造是否受中国某位忠臣的影响也存在争议，江户时代的日本学者认为楠木正成忠臣形象的塑造受唐代张巡的影响，如石川安贞在其《圣学随笔》卷下中有如下记述：

　　太平记中楠公固守金刚山的叙述看起来是根据唐书忠义传中张巡固守睢阳城而写，……大概是玄惠法印模仿而作。[4]

　　对于江户时代的这一说法，日本学界认为很难说是受中国故事的影响，中日同为东亚国家，古代相似的故事有很多，因此楠木正成形象的塑造也可能是日本人的创造。[5]至于楠木正成在作品中所起的作用，大森北义作了详细的论述，他认为《太平记》中楠木正成的登场预示了后醍醐天皇倒幕的成功，而楠木正成的战死暗示了对后醍醐天皇的批判，预示了后醍醐天皇终将败于足利尊氏、失去国家政权。[6]笔者拟在前人研究的基础之上，对《太平记》中楠木正成父子的忠臣形象以及与楠木正成类似的忠臣形象进行梳理，通过和中国忠臣的对比，探索楠木正成忠臣形象塑造的特点以及中日两国忠臣的不同之处。

一、以战死彰显"忠"

　　楠木正成为镰仓幕府末期到南北朝时期著名的武将，和结城亲光、名和长年、千

① ［日］森正人：『近代国民国家のイデオロギー装置と国民的偉人—楠木正成をめぐる明治期のふたつの出来事』，『人文論叢』，2007（1）。
② ［日］釜田喜三郎：『文芸とは何であるか：楠木正成の神謀鬼策』，《神戸商船大学紀要文科論集》，1956（3）。
③ ［日］佐藤進一：『南北朝の動乱』，東京：中央公論社，1965：227。
④ 国民図書株式会社編：『日本随筆全集』第八巻，東京：国民図書，1950：76。
⑤ ［日］釜田喜三郎：『文芸とは何であるか：楠木正成の神謀鬼策』。
⑥ ［日］大森北義：『「太平記」の構想と方法』，東京：明治書院，1988：141。

种忠显并称为后醍醐天皇手下的四位大将，在后醍醐中兴皇权的过程中起了重要作用。1331年的"元弘之变"中，楠木正成参加后醍醐天皇发动的倒幕运动，在赤坂城举兵。1333年据守千早城，大破幕府征讨军，促进各地反幕军的兴起。建武政权建立后，正成以其有功任河内、摄津、和泉三国守护及记录所寄人等职。1336年，足利尊氏和后醍醐天皇对峙时，楠木正成同新田义贞联合迎击足利尊氏于兵库一带，并于凑川之战中兵败自杀。那么，《太平记》对楠木正成是如何描写的呢？

　　《太平记》对楠木正成的描写主要集中在第一部卷三的《赤坂战争之事》和卷七的《千早城战争之事》，主要是关于楠木正成用兵如神、神机妙算的描写；第二部卷十六的《正成下兵库之事》《正成战死之事》，侧重楠木正成忠臣形象的描写。卷十六《正成下兵库之事》的背景是当足利尊氏率大军再次向京都进攻之时，楠木正成建议天皇应暂时从京都撤出，将足利尊氏的大军引诱到京城一举歼灭，然而他的建议被认为有损天皇颜面而未被采纳。于是，楠木正成抱着必死的决心率兵进驻兵库，在出发之前，楠木正成在樱井（地名）和儿子楠木正行诀别（被称为"樱井诀别"），预言自己死后天下将归足利尊氏，他勉励自己的儿子长大成人之后要继承父志，辅佐天皇消灭朝敌。在这一节中，楠木正成对其儿子有如下告诫：

　　如若听说正成战死，你当知晓天下必将归于将军。然即便如此，绝不可为了保命而失去多年之忠烈，做出投降不义之事。一族的年轻人之中，只要一人幸存，就固守金刚山，如有敌人来犯，<u>应将命悬于养由之箭头，将义比作纪信之忠</u>，这才是你最大的孝行。……彼为外国良弼，<u>此乃吾朝忠臣</u>。虽时隔千载，然前圣后圣其揆一也，均是举世无双的良佐之人。①

　　画线部分是流行本《太平记》之添加，在古老版本的基础之上增加了养由和纪信的典故。楠木正成要求楠木正行要像纪信对刘邦的忠贞一样，绝不投降，为后醍醐天皇而战。在作品的第三部，也即卷二十六《秦穆公之事附和田楠战死之事》一节中，楠木正行继承父志，在和北朝战斗中战死。楠木正成、楠木正行父子为后醍醐天皇以及南朝战死，《太平记》将他们比拟为替主舍命的纪信，是日本忠臣的典范。

　　在楠木正成战死之后，卷十六《正成战死故事》对楠木正成的忠臣形象做了进一步的描述，其中有如下叙述：

　　原本元弘以来，承蒙后醍醐天皇的信赖而尽忠耀战者何止千万。然而出现尊氏之乱以后，不知仁义之人舍弃朝廷之恩，突然投靠敌人，无勇之辈苟且逃生而遭到刑罚，无智之人不辨时机变化而自我迷失、时进时退。其间，兼具智仁勇三德，（1）<u>守死善道</u>，为朝廷立功，从古至今未有如楠木正成者，尤其是处在国家兴废之际，国运存亡之时，正成（2）<u>能逃而不逃</u>，兄弟一起自杀，诚为武德倾覆王威的先兆，无人不对此忧虑。②

　　上文画线部分（1）的出典是《论语》中的"守死善道"，强调了正成的忠臣特点。需要注意的是（2）部分，作品认为楠木正成能逃走却不逃，宁愿战死，而据历史学家

---

① ［日］後藤丹治、釜田喜三郎校注：『太平記2』（流行本）東京：岩波書店，1960：444。

② ［日］尾順敬校注：『太平記』（西源院本），東京：刀江書院，1936：452。

们的研究，认为楠木正成是无后路可退，无法逃跑，只能战死，也就是说作品虚构楠木正成的战死来塑造其忠臣的形象，进一步说作者认为为天皇"战死"是彰显楠木正成忠臣形象的最好事例。或许流行本《太平记》也正是根据这一点在卷十六《正成下兵库之事》一节中增加了纪信的典故，将楠木父子比拟为为主舍命的纪信。

　　楠木正成身上所体现的忠臣观在其儿子楠木正行身上也体现了出来。在作品的第二部卷二十六《四条战争之事》中，作者对长大成人之后的楠木正行做了描述。成年之后的楠木正行在大阪起兵进攻北朝，在"藤井寺之战"中击败北朝大将细川显氏，在"住吉之战"中击败细川显氏和山名时氏的联军。和高师直、高师泰的大军在"四条畷"对阵之际，楠木正行到吉野皇宫觐见了天皇（后村上天皇）。在向天皇的上奏中，楠木正行向天皇叙说了其父战死之前的交代，表明自己要继承父亲遗志，消灭敌人。引述如下：

　　如今正行、正时已经壮年，待帝运再开之日，草创天下，然而如不舍命而战，既违背父亲遗言又会被讥笑毫无战略。然有待之身（佛教用语，指依赖他力才能存活的人不安定的一生），随心所欲乃世之习惯，故如我等害病早逝，是对君不忠，对父不孝，因此此次对师直师泰的战斗将舍命而战。此次战斗是正行取他们的首级，还是他们取正行、正时的首级？将决一雌雄。今为此生一睹龙颜而特来此觐见陛下。①

　　由上述引文可知，楠木正行欲和高师直、高师泰在"四条畷之战"进行鱼死网破的战斗，同时他也将这次战斗看作是对天皇的忠和父亲的孝。然而对于楠木正行的上奏，后村上天皇有如下一番劝解：

　　之前的两次战斗获得胜利，使敌人失去斗志，朕心甚慰，你父子之功劳令朕敬佩，值得嘉奖。然而此次敌人倾全军之力前来进攻，所以此次战斗关乎天下之安危。进退适度，临机应变，这才是勇士应该采用的方法，因此朕不应下达命令。知可进攻当进攻，是为不失机会；见可撤退当撤退，是为确保最后的胜利。朕把汝作为股肱之臣，望卿慎保性命。②

　　很明显，面对楠木正行以必死的心态请战的决心，后村上天皇让其审时度势，不可逞匹夫之勇。后村上天皇还将楠木正行看作股肱之臣，让其保全性命，便于日后再为其效力。楠木正行没有听从后村上天皇的意见，在"四条畷之战"中盲目地企图取得高师直的首级，结果战败被杀。③

　　实际上"四条畷之战"并不是南北朝之间决定性的战争，"天下的安危"也并非仅仅就体现在这一次战斗之中。《太平记》之外的史料对"四条畷之战"只有如下的记述：

　　今年五月楠木带刀、同弟次郎、和田新发、同舍弟新兵卫尉以下凶徒数百人、于河

---

① ［日］尾顺敬校注：『太平记』，東京：刀江書院，1936：728。

② ［日］尾顺敬校注：『太平记』，東京：刀江書院，1936：729。

③ 江户时代初期成书的《太平记》的注释书《太平记评判秘伝理尽钞》对楠木正行这种毫无谋略的战法持批判态度，参见佐伯真一：『戦場の精神史：武士道という幻影』第三章『掟破りの武士たち』，東京：日本放送出版協会，2004：128。

州佐良良北四条所讨留也。①

　　虽然楠木正行战死于"四条畷之战"，但后村上天皇和楠木正行之间的对话显然是《太平记》的增补。楠木正行以战死来表达对天皇的忠和对父亲的孝，这一点和楠木正成忠臣形象的塑造有共同点，和纪信的舍身救主也有相似之处。然而，纪信的舍身救主是在刘邦面临生命危险之际，帮助刘邦成功逃亡；而楠木正成、楠木正行的以死报君却没有起到任何实际的作用，似乎仅仅是以死来彰显"忠"。也就是说以死来彰显"忠"是《太平记》中楠木正成忠臣形象塑造的特点。

二、未以死谏君

　　除了楠木正成以外，《太平记》还有一些中国的忠臣形象，如伍子胥、史官等，构成了一种类似于楠木正成身上所体现的忠臣观。在卷四的《吴越故事》中，作者描述了伍子胥的忠臣形象，其中有如下叙述：

　　忠臣进谏，吴王却不采用。伍子胥难以进谏，想到纵使被杀也要挽救国家危难。某天，伍子胥带着磨光的青蛇之剑，拔剑于吴王面前说："臣磨此剑是为了屏退邪恶，应对敌人。细细思量国之将亡皆出于西施，西施乃国之大敌。愿斩西施之头，挽社稷于危亡。"言毕，咬牙威严站立。忠言逆耳之时，君王没有不犯错误的。吴王听后大怒，欲杀伍子胥。伍子胥毫不悲伤地说，①诤谏而死，良臣之则也。与其死于越兵之手，不如死在君王之手，也是怨恨中的喜悦。只是②君王因为臣之忠言而怒、赐臣死之事是天抛弃君王的象征。三年之内，陛下将会被越王打败而亡。②

　　引文描写的是：在吴越战争中，越王勾践战败，作为人质被吴王夫差囚禁在吴国。三年之后勾践被放回越国，接着吴王夫差遣使者来越国索取天下第一美女勾践的皇后西施。越王无奈，采纳大臣范蠡的建议，将西施献于夫差。于是，得到西施的夫差整日沉溺于酒色之中，不理政事。在此情况之下，虽然忠臣伍子胥不断进谏，夫差却置若罔闻。无奈之下的伍子胥提剑进谏，欲亲手杀掉西施，吴王夫差怒而将伍子胥处死。范蠡听说伍子胥已死，非常高兴，认为灭吴国的时机已经成熟，于是派二十万大军消灭了吴国。引文中的"三年之内，陛下将会被越王打败而亡"预言了不听忠臣伍子胥谏言的吴王将失去国家。卷四《吴越故事》是在《史记》的《越王勾践世家》等部分的基础之上的创作，③然而《史记》卷四十一《越王勾践世家》中对伍子胥的被杀却有如下叙述：

　　居三年，勾践召范蠡曰："吴已杀子胥，导谏者众，可乎？"对曰："未可。"

　　《史记》中伍子胥的死并未直接导致吴国的灭亡，吴国的灭亡也并非就完全归于伍子胥的被杀，而《太平记》却将伍子胥的被杀视为吴国灭亡的决定性因素，无非是为了突显吴王不重用忠臣而亡国的主题，也批判了吴王的昏庸无道。

①　[日]長谷川端校注：『太平記3』（天正本），東京：小学館，1998：247。
②　長谷川端、加美広、大森北義、長坂成行編：『太平記』（神宮征古館本），東京：和泉書院刊，1994：107。
　　小秋元段认为神宮征古館本《太平记》等的卷四是最古老的部分。小秋元段：『「太平記」卷四古態本文考』，《国語と国文学》，2008（11）。
③　[日]増田欣：『「太平記」の比較文学的研究』，東京：角川書店，1976：247。

　　如上述卷四《吴越故事》引文画线部分的"忠臣""忠言"等词语，很明显《太平记》是将伍子胥塑造为忠臣，强调了他是以死来诤谏吴王夫差的。画线部分①和《古文孝经》中的"诤谏死节，臣下之则也"十分相似，①即以死诤谏是大臣应尽的职责。画线部分②将"忠"和"谏"放在一起，突出忠臣诤谏。该故事可能受到了《史记·越王勾践世家》《吴越春秋》《伍子胥变文》等中国典籍的影响，②然而笔者查阅这些中国典籍，发现均没有将伍子胥塑造为忠臣的记述，也没有引用《古文孝经》中的语句。在日本平安时代的汉诗中出现了关于伍子胥的诗歌，但主要都是吟咏伍子胥庙的诗，如大江匡房的《秋日陪安乐寺圣庙同赋神德契遐年》："彼萧萧暮雨、花尽巫女之台。袅袅秋风、木下伍子之庙"③。在中世的军记物语中伍子胥谏臣的形象开始突出，如《平治物语》中有如下叙述：

　　吴国有一位叫伍子胥的大臣，谏言吴王说："不诛越王，吴国将亡。"吴王不听，伍子胥强谏，吴王怒而杀伍子胥。④

　　伍子胥谏言吴王杀掉越王以绝后患，然而吴王不听，伍子胥强谏，被吴王杀掉。虽然《平治物语》受《史记》影响将伍子胥塑造为谏臣形象，但是其忠臣形象并不是很突出。和《太平记》有很大关系的《胡曾诗抄》是晚唐诗人胡曾的咏史诗，经过宋代陈盖、胡元质的注释之后传到日本，并且加入了日语的注释，对日本中世文学产生了很大的影响。⑤《胡曾诗抄》中有一首《吴宫》诗："草长黄池千里余，归来宗庙已丘墟。出师不听忠臣谏，徒耻穷泉见子胥。"明确地指出了伍子胥的忠臣诤谏性格。⑥

　　此外，在卷三十五《北野通夜物语》中，对忠臣诤谏也做了描述。南朝的"云客"在批评南朝的施政时，引用了中国的两则故事，一则是理想君王周大王的故事，一则是理想大臣史官的故事。其中的史官故事中有如下的叙述：

　　听说忠臣谏君，匡扶世道，然当今朝廷的大臣却不然，……国有谏臣其国必安，家有谏子其家必正，然而如果吉野之君诚怀安天下人心之虑，其臣无私谏君之非，那么，或许失去权威的武家的天下将会被宫方夺取。⑦

　　这部分主要讲述了唐玄宗抢夺了其兄弟宁王的妃子杨贵妃，而史官对这件事能秉笔直书、毫不隐晦。为此，唐玄宗大怒，杀了史官。然而，接下来的史官仍旧是照实记录，毫不畏惧，也被玄宗杀害。在第三个史官仍旧如实书写之时，唐玄宗终于幡然悔悟，认识到了史官的忠义，于是赏赐了第三个史官。《太平记抄》认为这个故事是根据《春秋左氏传·襄公二十五年，以及《史记·齐世家》中"崔杼弑君"的故事改编而来

---

①　汪受宽：《孝经译注》，上海：上海古籍出版社，2007年，第138页。

②　[日]增田欣：『「太平記」の比較文学的研究』，東京：角川書店，1976：252。

③　[日]大曾根章介、金原理、後藤昭雄校注：『本朝文粋』，東京：岩波書店，1992：103。

④　[日]信太周、犬井善壽校注：『平治物語』，東京：小学館，2002：547。

⑤　[日]黒田彰：『中世説話の文学史的環境 続』，東京：和泉書院，1995：314。

⑥　[日]山田尚子：『伍子胥と范増—「太平記」巻二十八所引漢楚合戦譚をめぐって』，芸文研究，2005（1）。

⑦　[日]尾順敬校注：『太平記』，東京：刀江書院，1936：1014。

的。①在《太平记》史官故事的最后作者做了评述，即以上引文画线部分的"国有谏臣其国必安，家有谏子其家必正"这种用法和《古文孝经 · 净谏章》中的"天子有争臣七人，虽无道不失其国。父有争子，则身不陷于不义"十分相似。②很明显，《太平记》作者认为以死净谏的史臣是忠臣。

《太平记》中也叙述了楠木正成向后醍醐天皇的谏言。当足利尊氏大军从九州向京都攻来之际，楠木正成建议天皇应暂时从京都撤出，将足利尊氏的大军引诱到京城一举歼灭。后醍醐天皇没有采纳楠木正成的建议，仍命令其率兵到兵库阻击足利尊氏。对此，楠木正成并没有如伍子胥、史官那样以死来净谏天皇，而是选择了率兵慷慨赴死。对于这场关系到后醍醐天皇能否保全天下的战争，楠木正成没有死谏天皇，或者保全势力来保护天皇，而是选择了战死。这点或许是楠木正成和伍子胥、史官忠臣形象的不同之处。

三、为尽忠而尽忠

楠木正成忠臣形象的塑造是否受中国唐代张巡故事的影响，目前还无法给出肯定的结论，或许还有待新材料的发掘。但可以肯定的是楠木正成忠臣形象的塑造和张巡具有相似性，可以类比。张巡是唐朝中期的忠臣，在"安史之乱"的"睢阳之战"中战死。"睢阳之战"的背景是757年，安禄山死后，其子安庆绪派部将率十几万大军进攻当时的南北交通要道睢阳（今天的河南商丘市），张巡以不足一万的兵力坚守睢阳，多次打退安庆绪部将的进攻，坚守睢阳十日之久。张巡的坚守睢阳保障了朝廷不断地得到江淮物资的接济，为收复长安、洛阳提供了有力的经济支持。在张巡战死后不久，《蒙求》的作者李翰写了《进张巡中丞传表》，其中有"伏见故御史中丞赠扬州大都督张巡，生于昌时，少习儒训。属逆胡构乱，凶虐滔天，挺身下位，忠勇奋发……奋身死节，此巡之忠大矣"③的记述，高度赞扬了张巡的忠义行为。韩愈在807年经过睢阳时，听到了当地流传的张巡守城故事，十分感慨，写下了《张中丞传后叙》一文，其中的"竟与巡俱守死，成功名……当其围守时，外无蚍蜉蚁子之援，所欲忠者，国与主耳，而贼语以国亡主灭。远见救援不至，而贼来益众，必以其言为信；外无待而犹死守，人相食且尽，虽愚人亦能数日而知死所矣"④，褒扬了张巡对唐朝的忠义。无论是《旧唐书》还是《新唐书》，也都将张巡列于《忠义传》之中。

张巡的忠义行为激励着后世之人，南宋的文天祥写下了《沁园春 · 题潮阳张许二公庙》一词，充满了对张巡的仰慕：

为子死孝，为臣死忠，死又何妨。自光岳气分，士无全节，君臣义缺，谁负刚肠。

① ［日］室松岩雄校訂编辑：『太平記抄 · 太平記賢愚抄 · 太平記年表 · 太平記系圖』，東京：國學院大學出版部，1908：502。
② ［日］長谷川端校注：『太平記4』，357。
③ 董诰等：《全唐文》卷四百三十，上海古籍出版社，1985年，第4379页。
④ 马其昶校注、马茂元整理：《韩昌黎文集校注》，上海古籍出版社，1986年，第73页。

骂贼睢阳，爱君许远，留得声名万古香。后来者，无二公之操，百炼之钢。①

文天祥不仅仅对张巡充满仰慕，在和元军的战争中还以张巡的行为来激励自己抗击元军。在元军逼近南宋首都临安时，文天祥赴元军大营谈判，被元军扣押，后乘隙逃出，在其《指南录后序》中，文天祥详细地描述了自己从元军大营逃出的经过。虽然文天祥多次面临死亡的威胁，然而在南宋处于危险之际，文天祥为了抗元大业保全了性命。在《指南录后序》中有"未几，贾余庆等以祈请使诣北。北驱予并往，而不在使者之目。予分当引决，然而隐忍以行。昔人云：'将以有为也。'"其中的"将以有为也"是引用韩愈的《张中丞传后叙》，以张巡等人的故事来激励自己。从元军大营逃出的文天祥率兵多次打退元军的进攻，后来在和元军交战中兵败被俘，慷慨赴死。

张巡、文天祥是中国忠臣的典范，他们在为国尽忠之时，并未做无意义的牺牲，而是站在战争的全局来考虑，最后不得已才牺牲生命。并且张巡、文天祥的牺牲都起到了一定的作用，要么保障了江淮物资的供应，要么延缓了南宋的灭亡。将楠木正成的战死和张巡、文天祥之死做对比，可以看出楠木正成的战死毫无意义，对后醍醐天皇并未有任何帮助，似乎只是为了死而死。也就是说通过和张巡、文天祥的对比更加可以看出《太平记》中楠木正成的战死只是以死来表现他的忠臣形象而已。

四、结 语

楠木正成父子和伍子胥、史官均是《太平记》中的忠臣形象，都是以死报君。虽说楠木正成也向后醍醐天皇净谏了，但这种净谏在天皇不听之后就放弃了，似乎只是流于形式，并没有如伍子胥、史官那样以死净谏、以死阻止君王犯错。楠木正行不顾天皇的建议，毫无意义地战死，以战死来表现其忠孝。很明显伍子胥、史官的忠臣形象是强调净谏君王的忠，完全是站在君王的立场；而楠木父子的忠臣形象是强调以死报君的忠，是为表现忠而忠。以死报君的忠在作品中描写得哀婉凄凉、催人泪下，具有强烈的抒情性。

这种以战死来表现忠的描写在家臣对主君尽忠的事例中也有体现，也描写得极具抒情性。楠木正成首先在赤坂城起兵响应后醍醐天皇的倒幕，于是镰仓幕府派大军前去镇压。在幕府大军兵临城下开始攻城之前，幕府军中却有武士人见恩阿与本间资贞两人为留名后世而抢先一步来到城下，通报了姓名后英勇战死。本间资贞之子本间资忠得知父亲战死之后，也不顾一切地单枪匹马赶到城下苦苦哀求，终于感动了守军，让他入城来到父亲尸体旁边战死。在这里三人之死都是主动的，都是为了尽忠于幕府而战死。这三位武士的"忠"虽然是家臣为主君尽忠，和楠木正成尽忠的对象天皇不同，但也是以对战争的胜利无丝毫帮助的毫无意义的战死来表现忠。作品卷六《赤坂交战之事附人见本间率先攻入敌阵之事》将这三位武士的战死描写得哀婉感人、催人泪下，其中有如下描述：

左边的柱子上写着一首和歌："不能使开花的老樱花树腐朽了，但其名却没有隐藏

---

① 唐圭璋编纂：《全宋词》，中华书局，1999年，第3304页。

于苔藓之下（我虽然老了不能建功立业，但却想率先攻入敌营而留下名声）。"（人见恩阿）……又看右边柱子，上面写着："因思念孩子之情而迷茫，请等一下，我带您到六歧道。"还写着："相模国之人本间九郎资贞嫡子，源内兵卫资忠生年十八岁，正庆二年仲春二日，以父死骸为枕在同一战场而亡。"父子恩义、君臣忠贞，在此两首和歌得到体现，即使骨化朽于黄壤一堆之下，却名留高于青云九天之上。因此，至今见到石碑之上留下的三十一字，无人不流泪。[①]

上述引文以两首抒情性很浓的和歌来表达了人见恩阿的忠君、本间资忠的孝。作品还意犹未尽地添加了一句评论，表达了欣赏之情：此歌至今可见，见之者无不为他们留下感动的眼泪。这种战死的"忠"描写得详细而风雅，让人感动不已。

在第二次世界大战中，日本的"神风特攻队"以自杀式的袭击来表现对国家的忠诚，这种理念和《太平记》中楠木正成父子身上所体现的忠臣观具有相似之处，实际上都是一种毫无意义的牺牲。日本纪念二战战后七十年的许多电视节目把目光聚焦于"神风特攻队"，对那种哀婉凄凉、催人泪下的忠诚抱有深深的同情。或许可以说，《太平记》中楠木父子身上所体现的忠臣观在今天的日本人身上也留下了些许烙印。

---

① 　[日]尾順敬校注：『太平記』，東京：刀江書院，1936：139。

新闻专业
主义研究

新闻专业主义：中国视角与批判视野

李 彬

【作者简介】李彬，男，清华大学新闻学院教授、学术委员会主任（北京 100084）。

如果说20世纪80年代的社会主义新闻学一度以"党性"与"人民性"作为核心议题，那么在90年代以来资本日益主导的市场化语境中，学界的核心议题渐渐蜕变为"专业性"与"公共性"之辨。

以专业主义为旗号的学术思潮，无论内含何种政治意味和新闻理念，无不将所谓专业、专业化、专业精神等奉为新闻的大道之行。与之相对，公共性话语虽同专业性话语不无关联，如专业主义也以维护（资产阶级）公共领域公共性，避免过度商业化为号召，但公共性本身毕竟敞现着一种远为辽阔的社会政治及其代表性的话语空间，特别是吕新雨、赵月枝为代表的（社会主义）公共性追求，更彰显着鲜明的人民主体性，从而将公共性而非专业性视为新闻传播的人间正道。

因此，细究起来，专业性与公共性的问题无论在理论与实践、新闻与社会的层面，还是从历史与现实、中国与世界的视野，都提示了一系列迥异其趣的新闻理想与价值立场，就像当年胡适与鲁迅为代表的文化政治之分道扬镳，格格不入。

如今，问题的严重性在于，学术界以及难免受其浸淫的新闻界，俨然已是专业主义独占鳌头，颇有一统天下、混一海内之势，而马克思主义新闻观以及（社会主义）公共性则势单力薄，与数十年来马克思主义脱实向虚而自由主义一路挺进如出一辙。

为此，我们组织了这组专题文稿，希望对新闻的专业性与公共性展开理论探讨，以期引起深入的问题辨析与主义争鸣。文章作者虽然均为青年才俊，但不乏学术勇气与思想锐气，不信鬼，不信邪，不唯书，不唯洋，唯以"五千载""十三亿""九百六十万""两个一百年"等为立论之根基。

随着中国特色社会主义进入新时代，"以洋为尊、以洋为美、唯洋是从"的学术思潮开始面临穷途末路。与此同时，立足中国土的"真学问""大学问"渐如春草绿色，春水碧波，或将迎来贺雪峰所言的大破大立、大开大合的"野蛮生长"。1978年春天，在全国科学大会闭幕式上，郭沫若发表了热情洋溢的书面讲话，最后以诗一般的语言说道："'日出江花红胜火，春来江水绿如蓝'。这是革命的春天，这是人民的春天，这是科学的春天！让我们张开双臂，热烈地拥抱这个春天吧！"那么，也让我们迎接新时代新闻学的春天吧。

新闻专业主义的文化政治

盛　阳

【内容摘要】作为一项历史性的新闻实践学说，新闻专业主义的出现，是打破社会力量平衡的激进改革的结果。作为以脱离传统的政党管制、谋求行业独立为目标的思想再造工程和历史改写运动，新闻专业主义应当被还原至历史语境和复杂的政治关系中进行分析。首先，本文从西方新自由主义思潮与政策切入，系统性检视新闻专业主义概念的文化政治及其政治经济学意涵。其次，本文从媒介技术变革的历史与当代语境，分析新闻专业主义的实践诉求与现实困境。最后，本文从中国语境出发，阐释新闻专业主义的历史意义及其局限。

【关 键 词】新闻专业主义；文化政治；新自由主义；传播政治经济学

【作者简介】盛阳，男，清华大学新闻与传播学院新闻传播学专业博士研究生（北京 100089）。

一、引　言

新闻专业主义是当代中国新闻学研究的重要命题。在现代通信技术升级改造、信息生产与传播方式不断发展的转型过程中，传统新闻业在技术、政治、伦理和正当性层面也受到诸多挑战。在这些不确定条件下，新闻专业主义既被用于充当巩固行业合法性的理论武器[1]，这一概念自身也持续遭到解构和挑战[2]。作为不断延伸和拓展的知识范畴，新闻专业主义内部不乏客观性、中立平衡等重要的价值理念，但是，如果将专业主义视为整合新闻实践及其价值判断的基本前提，作为标尺存在的专业主义本身就已经高度"意识形态化"。

事实上，新闻专业主义是历史性的话语构造。根据哈克特和赵月枝对新闻客观性的观念史研究，在19世纪的北美，正是商业报刊对劳工报刊民主话语的吸纳，客观上奠定了新闻专业主义的基石，造就了工人阶级报刊的迅速退化[3]。在20世纪后期的西方社会，新自由主义进一步推动了新闻专业主义理念的发展。在新自由主义思潮和政策安排

---

[1]　潘忠党，陆晔：《走向公共：新闻专业主义再出发》，《国际新闻界》，2017年第10期。

[2]　参见王维佳：《新时代的知识挑战：中国新闻传播研究面临的几个历史性问题》，《新闻与传播评论》，2019年第1期；张慧瑜，李飞：《从文本到实践：传媒业变革背景下重建中国新闻事业的社会有机性》，《新闻与传播评论》，2019年第1期。

[3]　哈克特，赵月枝：《维系民主？西方政治与新闻客观性》，沈荟，周雨译，清华大学出版社，2005年，第10-13页。

下，新闻专业主义不断扩张，发展出了一套完整的概念体系①。如果类比丹·席勒（Dan Schiller）对传播技术政治性的论述，新闻专业主义不是天然存在的哲学概念，而是保守性的政治力量：新闻专业主义的出现，"正是打破社会力量平衡的激进改革的结果，而不是原因"②。

本文将从社会结构和文化思潮切入，对新闻专业主义的文化政治展开分析。首先，本文从新闻与文化政治的角度，系统梳理新自由主义的思想内涵。作为当代新闻专业主义的思想背景和历史语境，新自由主义的行动诉求和政治原则，为理解新闻专业主义的文化政治及其政治经济学意涵提供了结构性框架。其次，本文从媒介技术变革的历史与当代语境，分析新闻专业主义的实践诉求与现实困境。最后，本文从中国语境出发，批判性地分析新闻专业主义的历史意义及其局限。

二、流动的学说：新自由主义知识考古

作为现代经济学理论的分支，新自由主义的论述最早可以追溯到20世纪20年代。作为对社会主义理念及其制度的批评，新自由主义在米塞斯、哈耶克等小范围的经济学家内部传播。这一思潮最初秉持的理念是，"不必对人类需求进行探求，只需用科学规划的方式把握住买主偏好"③。作为理论设计，新自由主义以新古典经济学为核心，简要来说就是把经济从政治中剥离，用私有产权、自由市场、程序正义等手段替代高度组织化的经济生产模式和实质正义，批判国家干预和福利政策。

新自由主义不是通约式的公理，也从没有在现实政治中获得彻底执行，是一种"不完整"的历史和政治实践。作为实用主义的政策设计，新自由主义被国家政府部分提取并选择性执行。在执行过程中，它被认定为强有力的反社会主义理论资源，这里的社会主义既包括世界体系中的社会主义国家制度，也包括西方资本主义内部的社会主义元素④。因此新自由主义是一项激进的政治议程。

需要历史性地理解新自由主义的政治威慑力。在理论诞生的最初，它并没有进入西方的主流政治议程，却通过单向度的知识输送、政策引导、技术支持、舆论宣传等多种方式，参与到20世纪80年代的苏联解体、拉美军事政变等一系列社会变革中。世界范围内的广泛试验帮助新自由主义完成了政治资本的原始积累，使得它通过"理论旅行"的方式从"试验场"再度回到欧美政治舞台中心，成为里根—撒切尔时代执政的主导资源。

在世界范围内的后社会主义国家，新自由主义理论落实为实现资本主义现代化的建构性目标，其中包括在行政体系、经营管理、财务审计等宏观制度层面去组织化的改

① 吴靖：《电视屏幕中的乾坤：新自由主义人格的塑造与不满》，陈开和，刘小燕，吕艳宏编：《北大新闻学茶座精编2》，北京：清华大学出版社，2017年。

② 丹·席勒指出，技术发展不是必然性的，而是政治性和社会性的，"技术发展必然性的出现本身正是打破社会力量平衡的激进改革的结果，而非原因"。参见丹·席勒：《信息资本主义的兴起与扩张——网络与尼克松时代》，翟秀凤译，王维佳校译，北京大学出版社，2018年，第106页。

③ Davies W. The New Neoliberalism. New Left Review, September-October 2016, 101.

④ Davies W. The New Neoliberalism. New Left Review, September-October 2016, 101.

造；也包括微观层面，对于去技能化的、竞争型生产关系的塑造。哲学层面用个人主义、普遍主义理念替代全球结构性不平等条件下激发的集体主义、民族主义和国际主义；技术层面，新自由主义政策通过对生产率、比较优势、法制程序等经济、政策、法律指标的强调，替代管理自主、技术主权、阶级政治等实质正义过程。新自由主义表现为有着强烈政治对手——发生在被外部化的内部和被内部化的外部的，想象的或实体的激进主义。

可以借助政治社会学进一步理解新自由主义。哈佛大学批判法学家昂格尔（Roberto Unger）对政治有广义、狭义两种区分。在他看来，政治可以被狭义解释为"政府机构及其权力配置"。一般而言，这是西方自由主义政治学对政治的传统定义，进而通过政治科学公理化、量化研究和概率论等对社会政治的不确定性进行开放分析。另一方面，政治也可以被广义地解释为"统领于社会生活、个人生活所有方面的组织形式和交往方式"①。在他看来，应当更多地从广义方面来理解政治。从这个角度看，新自由主义视野中的政治体现为双重性：政治首先被框定在狭义的行政范畴中，再寄希望于国家政策的进入、推动和落实，用政治进入的方式反政治。换句话说，新自由主义将国家的意义全部挤压在狭义政治的密闭空间，再用广义化政治行动的方式，发动对国家政治的反叛②。

新自由主义政治议程在抹去国家政权丰富意义的同时，又以要求国家推动市场化的方式拓展了政治权力的边界。在新闻实践中对应着新闻专业主义的要求。这种广义化政治不是人民民主意义上的政治实践，而是被资本和权力捆绑住的政治议程，也就是去政治化的政治过程。

三、新自由主义思潮中的新闻专业主义

切换到传媒行业，新自由主义主要表现为"去规制化"的政策手段，即通过降低媒体准入门槛、开放市场准入权利，让多样化资本进入原来封闭、垄断的媒体行业，从而改变原有公共服务的垄断格局。最具代表性的是美国《1996年电信法案》（*Telecommunications Act of 1996*）。从全球范围看，这演变为一场"历史上无与伦比的资产集体转让"："从1988年智利电信运营私有化开始到2005年，不少于80个欠发达国家进行了网络私有化"，巨大的资本密集型行业对私人投资的开放，将美国"曾经最大的工会化雇主变成了股票交易量最大的商业公司"③。

根据北京大学吴靖教授的分析，电信法案的发布，直接导致了20世纪90年代末期、21世纪初期出现的大量媒体兼并。这一兼并过程不仅在资本规模方面越来越大，内部更出现了跨行业的资本整合。而原本基于公共服务的考虑，媒体不能一家独大，例如虽然

① Unger R. Politics: The Central Texts. London: Verso, 1997.

② 传播学者李彬和黄卫星认为，"新自由主义的起源俨然超凡脱俗的学术，而结果则是实打实的政治，甚至是当代世界的头号政治"。参见李彬，黄卫星：《从去政治化到再政治化——读赵月枝〈传播与社会：政治经济与文化分析〉》，《新闻大学》，2012年第1期。

③ 丹·席勒：《信息资本主义的兴起与扩张——网络与尼克松时代》，翟秀凤译，王维佳校译，北京大学出版社，2018年，第106页。

电视行业存在垄断，但它的另一面是广播或其他媒体渠道对电视行业的竞争①。凭借政策推动和资本执行，新自由主义被注入美国媒体专业主义的观念体系中②。

有学者认为，新闻专业主义进入公共服务的正当性，建立在"新闻媒体不应当被赋予过多的角色期待"的行业定位，以及"制约公共生活的真正障碍来自体制结构"的双重认知条件中③。"中立"的新闻专业主义被积极调动，改造被体制束缚的公共服务体系。相反的观点认为，新闻专业主义不是客观中立、价值无涉的观念，它恰恰建立在对新自由主义体制结构的认同上："新闻专业的意识形态及其实践"反映了新自由主义反意识形态、"后政治"（post-political）的意识形态话语④。

更为重要的是，新闻场本身就是公地（commons）的一部分，内在于社会关系中，因此"新闻专业主义进入公共服务"这一议题牵涉到谁是新闻传播的主体这一问题。如果承认新闻事业本身是社会建设的一部分，中国的新闻事业是与人民民主专政在主体性方面高度统一的，那么新闻专业主义试图"进入"公共服务的议题则至少包括了两层含义：第一，新闻专业主义首先要割断新闻事业与国家制度的联系，即新闻"离开"公共服务；第二，在完成行业独立、资本化运作改造之后，再重新"进入"公共服务市场，瓜分马克思主义新闻学及其文化领导权。所以真正需要讨论的不是新闻专业主义如何走进、参与公共领域，而是公共性如何在新闻报道中得到体现，"无论用哪种最前沿的理论或最新潮的视角来看，'走基层'报道的实质都是让新闻报道回归其'人民性'和'公共性'的主体，让普通民众成为新闻生产和传播的主体"⑤。这再次说明，新自由主义并不能仅仅从市场原教旨主义、极端消费主义以及绝对个人主义的形而上学层面去理解⑥。

事实上，对于新闻专业主义的辨析，无法脱离开传媒资本运作等权力体系和社会政治经济结构。新闻专业主义在西方传媒机构中的展开，自有其政治经济土壤和社会文化语境。与新自由主义相同，新闻专业主义只是自由主义的乌托邦想象，从来没有完整地得到执行。以西方媒体中大量存在的"恐怖主义"宣传报道为例。西方思想界已

① 吴靖：《电视屏幕中的乾坤：新自由主义人格的塑造与不满》，陈开和，刘小燕，吕艳宏编：《北大新闻学茶座精编2》，清华大学出版社，2017年。

② 史安斌，廖鲽尔：《"去政治化""去意识形态化"的神话——美国媒体价值观传播的历史脉络与实践经验》，《新闻记者》，2016年第3期。

③ 潘忠党，陆晔：《走向公共：新闻专业主义再出发》，《国际新闻界》，2017年第10期。

④ Phelan S. Neoliberalism, Media and the Political. London: Palgrave Macmillan, 2014.

⑤ 史安斌，李彬：《回归"人民性"与"公共性"——全球传播视野下的"走基层"报道浅析》，《新闻记者》，2012年第8期。

⑥ Wilson J. Neoliberalism. London: Routledge, 2017.

有对《纽约时报》、CNN新闻台等主流媒体的深刻反思①。《美国的恐怖主义成瘾症》（*America's Addiction to Terrorism*）一书就指出，对"恐怖主义"的混用，恰恰是造成社会和思想失序的根源②。事实上，如果媒体配合当权政府，对当代中东、伊斯兰等复杂问题一概贴上"恐怖主义"的标签，仿佛只要把社会矛盾的原因全部归咎于恶的"恐怖主义"，就可以停止追问、停止思考，一切就得到了合理解释。这种思想的懒惰造成了对其中蕴含的阶级分化、贫富差距等全球性议题的视而不见。进一步说，新闻界的思想快餐和眼球经济只是专业媒体缺陷的表象，更重要的是，那些把持信息和思想生产权，同时以客观中立为标榜的资本化媒体——它们客观中立性的前提是承认资本主义制度的合法性——直接抹去了对社会问题进行严肃辩论、分析和思考的公共空间。

实际上，专业性只是西方媒体报道在操作层面的规范，而这种专业性的行业规范不是专业主义所断言的去政治化的、排他性的绝对主义。进一步说，专业性理念本身就有自己的前提预设和政策主张，即它是在特定的西方资本主义制度土壤中生长的，因此主要是对这一制度的默认和维护，并通过信息传播、改造资源配置的方式保持和推动这一制度的运转，是一种保守性的政治力量。这并不匹配社会主义中国的文化政治语境。

理论上，新闻专业主义可以理解为在新闻生产环节中对生产过程、工作伦理的规范化要求。但若我们仅仅从本质主义层面对其进行辨认，那么我们对它的认识就基本止步于"真实、客观、平衡、全面等天然正确的理念"③。然而新闻专业主义运动是在新闻伦理和政治社会学范畴内展开的一项政治改造运动。它通过对麦克切斯尼（Robert McChesney）所言的"美国新闻史的黑暗时代"（the Dark Ages of American journalism）的批判，建立自身的合法性④。因此，我们需要在动态的政治关系和更开阔的社会空间中论述这一过程。它至少包括四个方面：

第一，在西方传统媒体中，新闻专业主义首先将存在着劳资对立的行业群体抽象为一个整体的"新闻人"，忽略了作为劳动过程的新闻生产内部的雇佣关系和劳资关系，抹去了政治经济分析的空间；

第二，专业主义将广义上的新闻生产裁定为编辑部内部的专业化职业生产。编辑部行业门槛和自我隔离，切断了与制版、印刷、分发等传播产业链之间的联系（在新闻生产的数字化时代，传播产业链延展至全球范围），理论上拒绝了整体性分析的可能；

第三，法权层面，新闻专业主义对使用权的强调，以及对所有权转移问题的遮蔽，催生了新闻领域内的雇佣劳工职业群体。"从阶级撤退"的劳动分工方案，使得文化政

---

① 《新左翼评论》（*New Left Review*）、《每月评论》（*Monthly Review*）等思想类杂志都对商业逻辑主导的大众传媒以及它们关于"恐怖主义"的报道进行过大量分析。可参考Vanaik A. Strategy after Bush, New Left Review, 2006, 42; Riley D. Politics as Theatre?, New Left Review, 2016, 101; Foster J. Revolution and Counterrevolution, 1997–2017. Monthly Review, 2017 (7)等。

② Giroux H. America's Addiction to Terrorism. New York: Monthly Review Press, 2015.

③ 王维佳：《追问"新闻专业主义迷思"——一个历史与权力的分析》，《新闻记者》，2014年第2期。

④ McChesney R, Nichols J. The Rise of Professional Journalism: Reconsidering the roots of our profession in an age of media crisis, 2005-12-07, http://inthesetimes.com/article/2427, 2019-03-20.

治与阶级意识形态的辩证分析变得不可能；

第四，全球金融资本主义、世界劳动分工体系与全球市场的形成，以及西方中心主义的全球史观、意识形态的形成，共同培育了阶级情感与国际主义意识模糊的西方中产阶级群体，这一群体在供给侧孕育了作为职业群体的新闻从业者，在需求侧再生产了意识形态模糊的都市消费主义群体。

问题是，在西方大众媒体议程中，很少能看到对这一全球性问题的思考，而中国都市媒体除了对传播消费过程——例如点击率、收视率、票房、移动通信和新媒体终端销售状况等——给予关注，媒体视野中的中国南方生产线以及产业工人几乎都被纳入国家与市场对立的分析框架中[①]。用沃勒斯坦世界体系理论解读，这与西方媒体处在全球传播生产体系相对优渥的核心地带，中国媒体处在亚核心地带，因而处在各自特定的政治经济视野密切相关。西方媒体看到的非洲，不是在后殖民主义时代依旧受到西方资本主义盘剥的、苦难深重的不平等地区，也不是日复一日将通信产品原材料运输到全球南方进行再生产的产业链底层，这个具有全球意义的跨国劳资问题被翻译为文明等级与文明冲突问题。

四、媒介变革视野中的新闻专业主义

传播技术的发展再次将新闻专业主义推上议程。在新媒体研究中，一个重要的议题是如何看待新技术对新闻业的影响。主流逻辑是，互联网技术通过人工智能、云计算、平台媒体等科技手段，在国家产业政策倾斜条件下，将信息传播的产业化不断纳入互联网产业内部。传统新闻业不得不被动地展开新媒体技术转轨，否则将遭遇无情的行业洗牌。这被广泛解读为技术问题：技术发展对传媒业来说不是令人欣喜的文明进步，而是一个"生存还是毁灭"的生死存亡问题。不仅如此，技术变革和普及还带来了"后真相"的道德恐慌，坚守专业主义则是这一逻辑下的必然产物。

如果单从技术发展史来看，技术升级本身只意味着技术间的迭代，是提高资源配置效率，其进步性在于提高了传播生产力。那么，新媒体技术的发展何以造成媒体行业内部恐慌，甚至在现实层面造成了实践转型和大规模的失业问题？为回答这一问题，我们可以首先回到《资本论》。在《资本论》第一卷中，马克思就生动地讲述了百年前的欧洲"人机大战"斗争史：在1758年，英国首先制成了水力剪毛机，但是它随后就被10万名失业者焚毁；19世纪初期，蒸汽织机的应用又造成英国规模浩大的工人破坏运动，即著名的鲁德运动（Luddite Movement）[②]。在那里，新技术的发明对掌握旧技术的工人来

---

① 市场化媒体在对待劳工反抗资本的事件时，往往以专业主义的中立性原则为标榜，客观冷静地处理劳资纠纷议题，而在面对劳工反抗体制的事件时，媒体却常常选择打破"中立"的束缚，站在同情弱者的立场，用悲情的方式对体制发起讨伐。笔者认为，其中更深入的问题是，新自由主义和新闻专业主义对新闻事件中主要矛盾的判断，本身就建立在国家/市场二元对立的政治立场上。对相关问题的具体分析，参见赵月枝、吴畅畅：《网络时代社会主义文化领导权的重建？——国家、知识分子与工人阶级政治传播》，《开放时代》，2016年第1期。

② 马克思：《资本论（第1卷）》，人民出版社，2004年，第492–504页。

说不意味着生产方式的提高，而是劳动机会的替代。工人与技术之间不是相互促进的关系，而是相互排斥的关系。

马克思从"劳资关系"展开人机斗争史的分析："资本家和雇佣工人之间的斗争是同资本关系本身一起开始的……在采用机器以后，工人才开始反对劳动资料本身，即反对资本的物质存在方式"①。他特别指出两点：第一，工人反抗机器和技术是不理智的，工人学会区别开机器和机器的资本主义应用，从而把攻击的矛头从物质生产资料本身转向它的社会使用形式，是"需要时间和经验的"；第二，工场手工业内部为工资进行的经济斗争，是以这一生产关系本身为前提的，因而是不彻底的，"根本不反对它的存在"②。根据马克思的判断，与资本捆绑的技术发展，只能带动新兴资本对原有资本主义生产方式的挑战，在现实生活中表现为对原有市场结构、资源配置、劳动分工等多方位的冲击。因此，技术的发展才会一方面表现为现代文明的进步、新的劳动分工的形成，另一方面同时表现为对部分劳动机会的摧毁。

数字平台技术对市场化传媒业的改造也是如此。在新的历史条件下，我们可以看到许多个体的斗争，比如斯诺登对美国新闻业和秘密政治的揭露③、反对知识私有化的"著佐权"（Copyleft）运动、政治权力对网络知识共享倡议者的压迫④，以及《点共产主义宣言》（*The dotCommunist Manifesto*）、《开放存取游击队宣言》（*Guerilla Open Access Manifesto*）等数字媒体工人革命纲领等等，它们都是21世纪的鲁德运动。

另一方面，技术政治史叙事也广泛存在于最普遍的日常条件中：资本主义商业竞争的条件下，技术对人的牵引，迫使部分传统媒体人离职，或转型为以互联网为生产资料的网络自媒体。与此同时，政治蜕化为权力控制，最直观的表现是互联网媒体平台的删帖现象（例如左翼言论也常常被暴力删除）。在宏观层面，媒介融合也可以被理解为新闻生产方式、劳动分工方式对数字技术——技术发展本身由资本带动——的妥协。

在这一意义上，如果依旧用新闻专业主义的道德放大镜考察传媒业困境，只能造成对困境根本原因的视而不见。更为重要的是，在中国条件下发生的新闻专业主义运动中，行业独立、经营自主、资本化恰恰成为其首要诉求，因此新闻专业主义甚至都不是根除中国商业新闻业困境的配方，而恰恰是症候本身。用斯迈思（Dallas Smythe）的话说："真正需要承担责任的，恰恰在社会组织和政策内部——西方资本主义的意识形

---

① 马克思：《资本论（第1卷）》，人民出版社，2004年，第492页。

② 马克思：《资本论（第1卷）》，人民出版社，2004年，第493页。

③ 哥伦比亚大学数据新闻中心出版了对斯诺登进行访谈的专著，并专门讨论"后斯诺登时代"的美国新闻业未来。参见：Bell E, Owen T, Khorana S, Henrichsen J. Journalism After Snowdon: The Future of the Free Press in the Surveillance State. New York: Columbia University Press, 2017.

④ 2013年，网络积极行动主义、网络知识共享、反网络私有化的倡导者阿伦·斯沃茨不堪遭受美国联邦检察官多达11项的重罪指控和可能长达35年的监禁，在纽约寓所自杀身亡。参见：王维佳：《"点新自由主义"：赛博迷思的历史与政治》，《经济导刊》，2014年第6期。

态……（而）幻想通过'技术'治愈西方社会病，就如同奢望天上掉馅饼"①。

在此我们不妨畅想，只有从资本化的新闻业内部的生产关系和劳动方式等问题切入，重新阐述联合化生产、技术主权、管理主权、剩余资料分配等政治经济学问题，从结构层面对这一系列危机进行反思，才能真正理解传媒业困境。这是因为，新闻行业危机是以新自由主义危机为内核的表象；新自由主义和新闻专业主义不是问题的答案，而是问题本身。

五、小 结

如果认为新闻专业主义的根本要求在于通过变更产权关系的方式，改变生产力和生产关系，它固然起到过一定积极作用。但是，新时代中国的主要矛盾已经从"人民日益增长的物质文化需要同落后的社会生产"转化到"人民日益增长的美好生活需要和不平衡不充分的发展"之间；人民美好生活的需要，不仅在于物质文化生活，更在于"民主、法治、公平、正义、安全、环境"等各个方面。这恰恰提醒了当代的中国新闻实践，在改进传播生产力与生产关系之外，必须重新挖掘"公平、正义"平等政治的落实方式，重新思考党群与新闻事业的辩证关系，重新探讨新闻实践如何全面切入社会建设的历史进程。

如果把新闻学作为参与社会历史进程的进步力量，必须重新思考新闻传播的文化领导权问题。在中华人民共和国的新闻发展进程中，群众办报思想、人民通讯员制度、农村电影放映队到当代的打工春晚、新工人网络文学等都是文化领导权具体的体现。坚持新闻媒体的社会主义性质，不是在国家权力/市场的二元论框架中对国家制度的排除，而是广泛吸纳政策制定者、新闻工作者、城乡群众，共同参与到传播制度设计和新闻书写。因此，如果说新闻专业主义是西方资本主义新闻实践在新自由主义思潮中的内卷化，是知识分子对资本主义结构内部的批判，而不是对资本主义制度本身的批判，那么在中国语境中，新闻专业主义无法担当指导新闻实践的行动纲领，对新闻业的构想应该置于更为开放和建设性的历史空间。

① Smythe D. Counterclockwise: Perspectives on Communication. Boulder, CO: Westview Press, 1990, pp. 218.

作为话语的新闻专业主义：基于历史和逻辑的考量

石谷岩　　常　江

【内容提要】本文从2016年美国总统大选出发，通过对美国主流媒体与新媒体机构与其选举政治之间的互动过程的分析，探讨作为"信仰"的新闻专业主义和作为"话语"的新闻专业主义之间的差异。本文进而从马克思主义的基本原理出发，对新闻专业主义的历史内涵进行剖析，进而以历史与逻辑相统一的方式生成本土新闻理论的问题。

【关 键 词】新闻专业主义；新闻生产；马克思主义；进步主义

【作者简介】石谷岩，女，清华大学新闻与传播学院博士研究生（北京 100084）；常江，男，文学博士，清华大学新闻与传播学院副教授、博士生导师（北京 100084）。

一、引　言

　　作为欧美新闻业普遍遵循的价值规范，新闻专业主义自诞生之日起就始终受到严肃的学术和政治审视。在美国社会的土壤中，它不仅是新闻生产应该客观、独立、抱有社会责任感的价值伦理标准，也是一种具体的行业实践，代表了权威话语体系对新闻业的规训，并与特定历史条件接合（articulation）[1]。在美国本土，对于新闻专业主义的（反思性）研究多从新闻职业的社会学入手，取得了一些颇有启发性的成果[2]。自20世纪80年代引入中国后，美国式的新闻专业主义成为构筑本土新闻行业专业化的强势话语，并长期为业界、学界相关人士所关切。但对于新闻专业主义在中国本土文化土壤中的内涵、模式、本质、流变，至今尚未形成准确的、可为人们广泛接受的理解。美式新闻专业主义诞生的社会土壤是进步主义和专业主义运动的开展，经济土壤则是社会化大生产和生产资料私人占有并行，以及劳动分工逐渐专业、精细化。新闻专业主义在进步主义时代的美国社会土壤中得以形成、发展壮大的历史语境，以及这种历史语境所标识的鲜明的"美国性"，往往在中国语境的讨论中被有意无意地忽视。

　　前沿传播技术的不断发展改变了人们的时空观，也在某种程度上打破了新闻行业的对主流信息生产的垄断地位，进而重新组织了新闻机构的存在形式和运作机制。这实际上为我们提供了一个观察和反思新闻专业主义话语的机会。一方面，若技术的变迁是导致自媒体平台上假新闻横行、"后真相"时代全面到来的重要原因，那么新闻专业主

---

① 陆晔、潘忠党：《成名的想象：中国社会转型过程中新闻从业者的专业主义话语建构》，《新闻学研究》，2002年第77期。

② Anderson, C., & Schudson, M., Objectivity, Professionalism, and Truth Seeking in Journalism. In The Handbook of Journalism Studies, London: Routledge, 2008, p. 108-121.

义作为一种"放诸四海而皆准"的新闻实践范式，其效力究竟如何体现？另一方面，在新闻行业普遍陷入"失范"危机的情况下，那些呼吁新闻专业主义回归、呼吁新闻教育"专业化"的口号，又究竟能发挥多大的作用？本文即以2016年美国总统大选期间新闻业的表现，及其与美国选举政治之间的互动为考察对象，对新闻专业主义的存在方式及实践形式进行批判性考察，并尝试从马克思主义的基本原理出发，做出对新闻专业主义的符合时代特征和本土旨趣的判断。

二、新闻媒体与美国选举政治

马克思和恩格斯曾将刊物出版物匿名发表文章称为国家的第三种权力，美国政治体系的设计亦称新闻是独立于立法、司法、行政的"第四权"。这是新闻专业主义在学理上的合法性基础。无论何种体制，均认可新闻行业在保障公民权利和监督政府的权力使用方面具有重要作用。一般意义上认为，奉行"新闻专业主义"的新闻媒体是进行专业化新闻生产的独立新闻机构，从事新闻工作的记者和编辑则是与普通民众不同的"专业人士"，两者之间的差异体现在前者有能力以客观、公正的态度进行专业化的新闻采编工作，因而有"资格"获得后者的授权，为其把关信息。

美国社会学家弗莱德森认为，专业主义代表的是有别于资本和国家权力逻辑的"第三种逻辑"，它强调了自主运行和专业性的价值观[①]。但欧美主流学术理论始终无法在一个问题上达成共识（或刻意回避这个问题），那就是：专业的标准究竟由谁制定并为何制定？从马克思主义的视角出发，"专业"即为劳动分工制造合法性的话语，其本身就是维护国家机器权力和意识形态权威的工具。专业受到资本和国家力量的双重牵制，其内部凝聚力建立在对"专业化"的生产机制的再生产的保证之上。在特定的时空语境和代表性案例中，新闻专业主义的确发挥着有效的权力制衡作用（如《纽约时报》和《华盛顿邮报》在"五角大楼泄密案""水门事件"中的表现）；但若着眼于历史的长河，不难发现，新闻专业主义要维护的东西远远超越"监督政府行为"或"揭示社会问题"这样具体的概念范畴，维护国家政策的延续和促进主流意识形态再生产才是专业新闻生产更为重要的任务，哪怕其生产内容及议程设置和新闻专业主义倡导的客观性、理性、独立有所背离，或者和民意有所背离。这一点在2016年美国总统大选中体现得格外明显。

回顾2016年美国总统大选，在民主党候选人希拉里·克林顿和共和党候选人唐纳德·特朗普的角逐中，前者得到了新闻媒体几乎一边倒的支持，而后者则成为绝大多数媒体戏谑、挪揄的对象[②]。尽管美国主流媒体历来有自由主义和保守主义的价值立场差异，但是在面对代表着民粹主义力量的唐纳德·特朗普和传统政治精英希拉里·克林顿的竞争时，我们会看到，绝大多数主流媒体几乎统一声音，共同消除异见，一致为维护

① Freidson E., Professionalism: The third logic. Chicago: The University of Chicago Press, 2001.

② 史安斌、王沛楠：《作为社会抗争的假新闻——美国大选假新闻现象的阐释路径与生成机制》，《新闻记者》，2017年第6期。

美国精英政治传统发声。更有甚者，多年来一直试图在党派政治中保持中立的美国《大西洋月刊》在这次大选期间罕见发表社论支持民主党，而众多长期稳定支持共和党的媒体，如《亚利桑那共和报》《圣迭戈联合论坛报》等也纷纷为希拉里·克林顿背书。倒戈的媒体还包括上次支持民主党要分别追溯至1916年和1944年的《辛辛那提问询者报》和《达拉斯晨报》等①。在内容生产方面，以全球最具公信力和影响力的主流大报《纽约时报》为代表——有研究表明，《纽约时报》在对特朗普和希拉里的相关事实报道中存在明显的好恶偏向②。在美国，新闻媒体党派化已经不是新鲜事，所有人都知道CNN和福克斯新闻台之间的立场差异，但是绝大多数媒体如此一边倒地偏向某位候选人，甚至造成了特朗普支持者的"沉默的螺旋"效应，的确很难令人看到新闻机构在有意识地履行新闻专业主义对"客观、公正"的要求。

　　一方面，主流媒体背离专业主义标准，一边倒地维护"最大的意识形态"即美国的精英政治传统；而另一方面，有利于特朗普的各种非专业新闻，以及假新闻，却在网络媒体和自媒体上兴起并获得大量转发。与主流媒体的喜好形成强烈对比的是，在以Facebook为代表的社交网站上，特朗普的支持率一路碾压希拉里·克林顿，他因此被人称为"社交媒体总统"。沃尔特·李普曼曾在《舆论》中提出"拟态环境"的存在，他认为多数人的认知过程的形成都要依赖媒介机构，所以媒介机构创造的"拟态环境"极大地影响了人们的想法和行为③。算法时代的总统大选更具有这样的特征。自由主义者和保守主义者分别在各自的阵营中，通过算法过滤机制接触、传播个人想要了解的新闻，形成内卷化的"我群"（in-group）趋势，结果是持有不同政见的人各自为政，在"另类空间"中封闭自我，意见和阵营"极化"更为明显，而这一过程明显令特朗普受益。在这其中最为典型的媒体是布莱巴特新闻网（Breitbart News）。这是一个支持特朗普的极右新闻网站，史蒂夫·班农（Steve Bannon）在特朗普竞选期间担任该网站的首席执行官，他曾任特朗普竞选团队主管，被人称为"白宫操盘手"。该网站发布了大量种族主义、性别歧视、贸易保护主义、白人优越论、反对全球化的内容，成为特朗普竞选的舆论推手。该网站还发布了大量具有一定依据，再加上一定推测性的贬损希拉里·克林顿的"假新闻"，且浏览量极高，在一定程度上改变了竞选期间的舆论生态。这样的舆论环境使得公众对媒体逐渐失去信任。美国盖洛普咨询公司在2016年9月14日发布的民众对媒体信任度调查结果显示，仅32%受调查者表示对媒体充分信任，创历史新低。该年仅有32%的受访者认为大众传播媒体"对新闻的报道全面、准确、公正"，与去年40%的比例相比，降幅达8个百分点。盖洛普公司认为，这可能要归咎于总统选举中各路媒体的表现④。

　　无论是主流媒体对新闻专业主义的背离，还是新媒体中"假新闻"的频发，都与

① 《美国媒体站队成"大选常态"各自代表不同政治思潮》：http://world.huanqiu.com/exclusive/2016-10/9532697.html.
② 高蕾：《媒体政治报道的专业表现及民粹表征》，四川外国语大学，2018年。
③ 沃尔特·李普曼：《舆论》，北京大学出版社，2018年，第14–26页。
④ 《盖洛普：美国民众对媒体信任度创新低》：http://money.163.com/16/0916/10/C132T5DS002580S6.html.

旨在消解一切真相、反对权威的后现代主义语境无法分离。在这种情况下，很多业内外人士都在声讨传统媒体违背了新闻从业者们一直奉为职业信仰的新闻专业主义。但实际上，这种"莫名惊诧"实在没有太大必要，因为传统新闻行业在美国本来就是一种意识形态国家机器，正如有学者指出的，"从传播政治经济学的视角来看，新闻专业主义是一种媒体企业经营管理的理念与方式，但为了掩盖其高度功利性的实际功能，它通常被标榜为新闻业的职业操守和最高信仰"[①]。因此在维护大资本家与政治精英的权威，防止民粹主义获得胜利的过程中，传统新闻行业选择维护代表精英利益的希拉里·克林顿，弱化其"邮件门"的影响，并攻击特朗普的言论政策也就不足为奇了。

三、坚守还是批判

面对逐渐衰落的传统媒体和众声喧哗的媒介生态环境，对新闻专业主义的态度有两种截然相反的观点：坚守或者批判。有人认为，"新闻专业主义仍然具有规范新闻实践的重大意义……在人人生产并通过社交媒体分享信息的'技术民主'当中，新闻专业主义需要以理性交往模式为'元传播范本'展开重新阐释，并以之与现实条件相勾连"[②]。还有人指出，"在新闻业承担的内容生产和社会责任的关系中，在信息爆炸与众声喧哗中寻找到独立新闻价值才是新闻专业主义的关键之所在"，并且提出坚守新闻主义是要坚守新闻客观性，注重社会责任，在信息爆炸和多媒体融合发展中坚守伦理规范[③]。

以上"坚守论者"认为，对新闻专业主义的态度应该随着媒介环境的改变而发生变化，应充分思考传播技术的变迁对新闻专业主义话语提出的新的时代要求。通过对澎湃新闻"东方之星"长江沉船事故报道这一个案进行话语分析，借用齐格蒙特·鲍曼 (Zygmunt Bauman) 在《流动的现代性》(Liquid Modernity) 一书中所使用的 "液态的"概念，陆晔认为新闻业目前正呈现出鲍曼所说的"液化"状态，具体体现为记者群体、新闻职业共同体边界模糊、职业流动性强等特征。在这种情况下，她认为更应该"将新闻专业主义不仅视为有关媒介公共性和记者职业角色的期许，也将其视为以自由表达和公共参与为核心的社会文化价值体系的组成部分"，这样的话，"新闻专业主义理念及其话语实践，依然是推动社会进步的重要话语资源，并且具有新的普遍关照（general relevance）的理论意义"。由此可见，"坚守论"认为新闻专业主义在媒介融合、信息爆炸的时代更应该肩负起重任，应当将其核心话语贯彻于新式的新闻生产中，并为其赋予抽象的"信仰"角色。

而在政治经济学的视域下，如果对新闻专业主义进行历史性考察，就会发现专业主义的本质并非是信仰，而是一套资本促使新闻业独立于社会政治机构、促使新闻从业者取得"独立的"合法性的政治话语。从这一视角出发，新闻专业主义所面临的危机其实

---

①　胡翼青、汪睿：《新闻专业主义批判：一种传播政治经济学的视角》，《现代传播（中国传媒大学学报）》，2013年第10期。

②　潘忠党、陆晔：《走向公共：新闻专业主义再出发》，《国际新闻界》，2017年第10期。

③　胡翼青、汪睿：《新闻专业主义批判：一种传播政治经济学的视角》，《现代传播（中国传媒大学学报）》，2013年第10期。

并不主要由前沿技术导致，而源于其服务于作为意识形态国家机器的新闻机构的本质。

例如，赵月枝、王维佳等考察了新闻专业主义产生的历史环境和制度因素，认为新闻专业主义最初是"媒体业主们防范国家干预其资本积累自由和维护私有新闻产业的政治和社会措施"①。它能有效地规避国家干预，促进新闻行业的资本原始积累，扩大行业规模。王维佳还认为，19世纪后期资本的集中和产业的垄断促使美国新闻业产业化；与此同时，"作为社会中坚力量的劳动群体从自由劳动转向了工资劳动，对体制的依附相应地增强"，进而提出"要区分市场新闻业的两种参与者：一是作为职业群体化身的新闻记者等劳动力，二是作为资本化身的媒体机构"，由此得出"媒体机构实际上篡夺了职业记者群体的专业主义诉求，变为媒体资本脱离社会控制、独立操控舆论的至关重要的合法性屏障……记者的独立自主实际上只能是一个永远无法兑现的理想和被资本力量随意调用的意识形态"的结论②。胡翼青、郑保卫等也持类似的观点。胡翼青认为，从倡导新闻专业主义的美国报业巨头普利策（Joseph Pulitzer）开始，新闻专业主义就是作为一种管理的意识形态而存在。也许在记者眼中，新闻专业主义是新闻行业的职业信仰，但是对于传媒企业主来说，"一方面它可以尽量减少报道所造成的社会风险和市场风险，尽最大可能不得罪复杂的政治势力和财大气粗的广告主；而另一方面，它又可以约束新闻从业者的个体行为，增加其专业认同度，加强自律与自我审查，使之便于管理"③。而郑保卫、李玉洁认为，"新闻专业主义观念所具有的理想主义色彩让人忽视了职业观念背后的政治经济力量对其所进行的操控和限制，也忽视了新闻机构作为美国社会中一个重要的政治—经济机构的运作过程"④。

基于对"坚守说"和"批判说"的理解，本文认为，新闻专业主义更像是社会专业化运动在新闻业的延伸，是科层制管理在新闻行业的应用体现，但被巧妙地包装成了记者应当遵守的职业信仰。在社会机制运转平缓的时候，基本矛盾被掩盖，新闻专业主义有丰沃的对自身存在的社会条件进行再生产的土壤，因而往往可以很好地发挥其效能——监督政府、揭露问题等。但在主体权力结构受到系统性的挑战（如极端民粹主义力量获得角逐国家最高权力的入场券），或社会的变迁的轨迹因某些力量的出现而导致动荡（如前沿传播技术对话语生态和意识形态力量对比的影响），新闻专业主义作为"话语构型"（discursive formation）而非基础价值观的本质就会表露出来，成为被操纵和利用以维护"更大的稳定"的工具。

从2016年美国总统大选期间的媒体表现来看，新闻专业主义其实有着鲜明的功能指向——它不是服务于某一个政党或某一类观点，而是服务于美国制度底盘的稳定性，包括两党政治、精英治国、三权分立等。当这些基本政治原则有被破坏的危险，它所强调的客观和中立都是无从谈起的。美国式新闻专业主义伴随新闻行业的专业化生产而出

---

① 赵月枝：《"窃听门"与自由主义新闻体制的危机》，《文化纵横》，2011年第5期。

② 王维佳：《追问"新闻专业主义迷思"——一个历史与权力的分析》，《新闻记者》，2014年第2期。

③ 胡翼青、汪睿：《新闻专业主义批判：一种传播政治经济学的视角》，《现代传播（中国传媒大学学报）》，2013年第10期。

④ 郑保卫、李玉洁：《美国新闻专业主义观念发展史的评述与反思》，《新闻与传播研究》，2013年第8期。

现，它本身就是劳动分工的必然产物。没有资本的社会化大生产，没有新闻教育、新闻采编、新闻出版和精细化分工协作，没有新闻行业雇佣制度成立，就不会有新闻专业主义的诞生。从本质上来说，正如甘斯在《什么在决定新闻》中对新闻编辑室的考察一样，在信源的选择、新闻内容的生产方面，作为官方意识形态生产机器的国家新闻生产机构会遵循一些有利于权威巩固的"法则"[1]；而作为官方行业标准的新闻专业主义，也是为了巩固掌握了信源、从业者教育资源以及宣发路径的权威地位而诞生的产物。对此，正如有学者指出的，"从严格意义上说，新闻专业主义不过是媒体精英社群的标准和理想，与普罗大众之间还存在脱节甚至是分裂，是媒体精英建构的乌托邦"[2]。

四、余　论

在所谓"后真相"时代的美国，一方面是精英媒体影响力的衰落，传统媒体纷纷倒戈一方，新闻政党化显露无遗；另一方面则是新媒体平台上假新闻层出不穷，造成了类似"气泡过滤""回声室"等舆论和态度极化现象。这为我们反思新闻专业主义的本质提供了丰富的素材。在马克思主义基本原理看来，传统媒体的公信力一直在下降，究其根本原因，是权贵阶层联合霸占了新闻信息的生产资料，并按照自己的意愿不断对这种生产关系的社会结构进行再生产的体现。在"二元对立，尊重权威"的现代主义被"多元化消解一切真相"的后现代主义逐渐取代后，公众对宣泄情感的需求大于对事实追问的需求，慢慢不再在乎真相是什么，不再相信传统媒体的报道。公众对专家、学者、媒体的不信任，对精英主导的社会的不满意，在2016年美国总统大选中体现得淋漓尽致。在这种情况下，不对新闻专业主义的本质进行反思，并努力超越"专业"的边界，去建立起一种新的行业范式，而一味捍卫作为"信仰"的新闻专业主义，其实也是一种"内卷化"的体现。

新闻专业主义源于美国，是在代议制民主政治、高度发达的海洋法体系、纯粹的商业化大众传播市场、高度发达的市民社会和市场经济社会、庞大的中产阶级社会以及由此兴起广泛的专业化运动等等独特的社会基础上诞生的[3]，它的适用性必然也要受到这些因素的影响。在中国，传统主流媒体在大众传播市场中并未实现纯粹的商业化，且也没有两党制的传统，社会利益、宣传效果是主流媒体的首要考量，这也决定了简单的"挪用"，哪怕只是话语甚至表达层面的"挪用"，都会带来认知混乱的问题。诚然，在20世纪80年代，新闻专业主义曾经是中国新闻业谋求独立发展，脱离政治与社会束缚的理论武器，也在特定历史时期为新闻业专业化程度的提升发挥了重要的作用。但是，正如有学者指出的，"学术界揭示出的西方新闻主义各类模式，实质上是中国学者站在中国的语境下，对西方主要是美国新闻专业主义的一种描述乃至想象。甚至进而说，在这里展现出更多的是作者们自己关于中国新闻业发展的寄望与愿景"[4]。因此，从某种意义上

① 赫伯特·甘斯：《什么在决定新闻》，北京大学出版社，2009年，第87—357页。

② 吴飞、龙强：《新闻专业主义是媒体精英建构的乌托邦》，《新闻与传播研究》，2017年第9期。

③ 胡翼青：《碎片化的新闻专业主义：一种纯粹概念分析的视角》，《新闻大学》，2018年第3期。

④ 陈信凌：《"西方新闻专业主义"的层累构造及其依据》，《国际新闻界》，2018年第8期。

说，新闻专业主义作为舶来品，一直以来就是一个在多数场合，使用者本人并不知其历史条件的情况下便随意使用的概念。在对新闻专业主义话语进行有限、有效借鉴及本土化的过程中，必须时刻警惕"橘生淮南则为橘，橘生淮北则为枳"的问题。

　　总而言之，"新闻专业主义"虽然是一个在历史中形成的、有着自己独特的政治内涵的概念，但它对于新闻生产的客观性和公正性要求，对记者的专业意识的培育，以及它对新闻业和政府之间关系的考量，的确可以为我们在不同时空语境之下理解新闻业的本质和使命带来有益的启发。但正如新闻专业主义这一概念本身是"历史地形成"的一样，我们对于中国新闻业的具体实践及其理论化，也应当是一个基于历史、忠于历史的过程。在全球化时代，不同制度和文化条件下的人类社会有着不少相通的地方，观念上的相互借鉴甚至相互引用，是不可避免的过程。在这一过程中，如何让我们的认知还原到准确的历史脉络之下，同时以历史与逻辑相统一的方式生成本土理论，是中国新闻传播学界需要持续思考的问题。

回归实践：中国道路视野下的新闻学和新闻业

张　垒

【内容提要】在中国道路的视野下审视新闻学和新闻业，要把当代中国的新闻学和新闻业置于中国传统基体和从革命到改革的历史进程中。在这一背景下的新闻实践，不仅是业务实践、职业实践，更是一种社会实践，新闻人正是在这种具有社会革命意蕴的实践中真正完成了主体性的建构。在中国道路的视野下审视新闻学和新闻业，还要深入认识中国独特的社会治理模式，以及这一模式所形塑的新闻观念，坚持把实践作为新闻学和新闻业的逻辑起点，从真理和价值两个层面把握新闻学科，倡导"参与的政治"，以掌握平衡代替对独立的片面追求。
【关　键　词】中国道路；新闻学；新闻业；新闻实践
【作者简介】张垒，男，新华社新闻研究所主任编辑（北京 100040）。

当前，关于中国特色新闻学的争论是学界的热门话题。作为一门学科，新闻学追求的当然是普遍真理，但在现实中，中国的新闻学和新闻业也的确呈现出与西方不同的景观。那么，这种不同在多大程度上是学科之间的差别，还是中西所选择的不同发展道路的结果，抑或是这种种因素的交织？中国特色新闻学所具有的"特色"，离不开中国道路的宏大背景，以及中国道路对中国新闻学和新闻业发展的作用和影响。深入认识和了解这一背景，剖析其中的作用机制和影响方式，显然是第一步要做的工作。

一、中国道路与中国特色新闻学

（一）中国道路要求"把中国作为方法"

中国道路只是一个比喻，中国与西方，不仅仅是道路的不同。在很大程度上，中国与西方有着不同的"基体"：中国所具有的文明的完备性和异质性，使其不可能重复西方的道路。中国道路不仅是成功经验的总结，更是历史实践的描述。沟口雄三曾就此做过充分论述：

"中国之所以可以保持自在的世界，是由于它曾是有自己的原理的道统的世界。这意味着，中国与其他的道统世界（例如基督教世界）在原理上是对等的，就这一点来说，是自为的世界。也就是说，说中国是道统性的，是说它本身就是一个世界，是本来多元的世界中的一个。……以中国为方法的世界，就是把中国作为构成要素之一，把欧洲也作为构成要素之一的多元的世界……只要我们愿意，也可以通过中国这一独特的世界（无论好坏），即透过中国这副眼镜来观察欧洲，批判以往的'世界'。"①

　　如果说强调中国道路意味着"从内部而非外部，从过去而非现在"来观察和思考，那么，以之为依托的中国新闻学的"特色"也必然来自中国新闻实践内在的历史演变。比如，与西方所强调的新闻专业主义不同，中国的新闻理念和新闻实践有其有趣的"特殊"之处。其中一例就是"文人论政"和家国情怀。笔者曾经从近代报刊的起源和王韬出发，发现这种历史遗传的成因之一就是近代新闻从业者群体的特殊形成过程：以新闻传播为核心的现代印刷业给了传统文人在条约口岸"谋生"的新平台，而不要求近代西方的知识体系和学科训练，现代印刷业成为一条新旧文人转化的重要通道。相比其他近代化职业，"报人"的身上被附加了更多传统儒士的色彩，其"江湖"与"庙堂"类的自我期许，也与西方从业者"守望者"和"扒粪人"的职业定位形似而神异。这种特殊的新陈代谢，使中国的新闻学和新闻业不可避免地打上了特殊印记。②

　　（二）中国道路强调真正的"普遍意义"

　　作为当今世界格局的缔造者之一，当代中国始终在世界中发挥着举足轻重的影响，今天的中国更是在体量和影响上走到世界舞台中央。在二战后轰轰烈烈的民族独立运动中，在黑人争取民权运动的斗争中，在第三世界争取发展权益的探索中，中国道路始终是一支解放性的力量。从这个角度来看，中国道路的本质特征并非"特殊化"，而在于以自身的探索给全人类的解放事业贡献力量，这正是中国道路背后最强烈的普世性追求。

　　中国特色新闻学同样如此，它的"特色"并不应该限于特殊，它能否站得住、立得稳，还在于它在多大程度上反映了一般规律，在多大程度上能够实现一般化。只不过这种"一般"，不是把西方的"特殊"普世化后的一般，而是将之放在全人类解放事业视野中来考量的一般。因此，其首先要做的，就是全面审视当下全球新闻传播中各种看似"普世"的原理和规律，从中剥离出背后的种种"特殊"，以此展开对一般性的探求。如果以中国自身的历史和逻辑为对照，考察西方新闻专业主义的发展过程，就会发现，西方的专业主义逻辑产生于西方特殊的社会结构和历史传统，内在于资本主义分工体系，而以中国为代表的多数国家的新闻业则是在反帝反封的斗争中逐渐成长起来的，其所走过的是与西方不同的路径。③

　　（三）中国道路需要回到中国实践

　　在中国道路的视野下审视新闻学和新闻业，要把当代中国的新闻学和新闻业置于中国基体和民族复兴的历史进程中，置于中国革命和改革的具体实践中，置于全世界反剥削反压迫、进而实现人类解放的终极目标中，探究新闻学和新闻业与这些宏大叙事之间的双向作用方式——新闻学和新闻业如何具体参与这些宏大叙事的构建，这些宏大叙事又是通过怎样具体而微的运作机制影响甚至形塑了当代中国的新闻学和新闻业。

---

① 　[日]沟口雄三：《作为方法的中国》，孙军悦译，三联书店，2011年版，第131–132页。

② 　张垒：《理想与回声：中国近代新闻理念的呈现与演变》，清华大学2015年博士论文，第87页。

③ 　张垒、刘昱：《职业理念够了吗：新闻专业主义话语的另面》，《新闻与传播研究》，2015年第3期，第49–58页。

历史的连接往往是通过活生生的人及其现实生活来实现的。中国道路对当代中国新闻学和新闻业的影响，也是通过人们具体的新闻实践来展开的，这些具体的、延展的，并且不断变化丰富的实践定义着新闻，以独特的方式参与和推动着社会进程。新闻实践，构成了中国道路和中国特色新闻学之间的连接点。

二、新闻实践的难题：何为实践、何种实践

（一）实践的"矛盾"：经验压倒理论

在中国新闻学和新闻业的发展进程中，实践似乎让人爱恨交加。在中国新闻学诞生初期，新闻学的困难主要来自学科的"幼稚"以及实践的薄弱，但随着新闻实践的不断发展，实践的薄弱转化成为实践以及相应的技能训练对理论的支配。对此，复旦大学教授黄芝晓曾总结说：

"由于新闻事业具有实践性极强的特点，而且实际上它与政治、道德、意识形态等社会环境有着服务与被服务的关系，因而它本身的学术内涵常常被大量日常的新闻采访、编辑以及经营管理的技术性操作或技能性训练所淹没，它的理论肌理也常常被其他社会科学及文学等理论所遮盖，容易受到传统学术界轻视或漠视的'待遇'"。[①]

梁衡同样认为，新闻无学论是因为新闻"被化掉了"："化作似有似无，化在了政治、经济、艺术、哲学、科学，以及各种专业知识和生活知识之中，化在各行业、各种人身上，大家都能感觉到它，就觉得很平常，平常到没有一样。"[②]从严格的学术意义上说，这种"被化掉"的新闻所强调的仍然是实践对理论的支配地位。这种支配性的结果就是新闻学领域中理论发育的不完全。由于缺乏系统的抽象知识，难以形成独特的观察视角和研究方法，新闻学难以和其他学科共享其独特的分析工具，难以为人文社会科学研究做出独特贡献，遑论为学术共同体提供背景知识和科学方法。其在学术共同体中的地位不彰也是顺理成章之事。

如此种种，新闻学似乎呈现出实践压倒理论、经验性知识的发达阻碍抽象性知识生长的奇特景观。那么，实践只是依托于经验性知识的"做工"和"技艺"的传承吗？

（二）职业实践：一场管辖权的斗争

跳出日常语境中的经验和技艺之外，实践首先是一种"职业实践"。实事求是地说，与哲学社会科学其他组成部分不同，新闻学这门学科从其诞生开始就与新闻职业实践有着密切关联。在中国，以北大新闻学研究会创立为肇始的新闻学教育，则更是受到当时中国报业发展中种种问题的刺激。有学者考察了美国和英国130多个职业在职业化过程中的若干阶段，得出与之相关的一些"重大事项"的出现次序：

首次形成（全国性）职业协会——政府推动执照许可立法——开始出现职业资格考试——首次出现独立于其他一些职业的职业学校——首次出现以大学为依托的职业教

---

① 黄芝晓：《回归本源 与时俱进——关于共建新闻学院的理论思考》，《新闻大学》，2002年春季刊，第7—11页。

② 梁衡：《新闻有学 学在有无中》，《中国记者》，1995年第4期，第51—52页。

育——首次形成职业规范——首次出版全国性的刊物——首次出现学校认证（美国）或协会认证（英国）。[1]

从中能够看出，在职业形成过程中，"以大学为依托的职业教育"是一个核心环节。这一点也鲜明地体现在邵飘萍和普利策等中外著名报人在新闻教育和新闻学研究中所起到的重大推动作用中。不仅如此，历史地看，新闻学作为一门学科的理论发展程度反过来还将给新闻业带来巨大影响。美国学者安德鲁·阿伯特研究发现，职业发展离不开职业间的相互关系，一个职业的发展是和"追逐管辖权、打败职业对手紧密联系在一起的。"在其背后，则是职业知识体系的权力，即"这些知识体系用新方式界定老问题的抽象能力""抽象知识使职业得以幸存"。[2]安德鲁·阿伯特考察了近代各种消失的职业后认为，知识和技术既能开创管辖权，也能消除管辖权。如，近代的铁路调度员和票务代理并未演变成现在的运筹学家和旅行社，而是随着他们所依托的技术的衰落而消亡了：

"这些群体依赖于单一技术和组织结构；依赖于同它们面临的特定任务有关的知识，而非抽象知识。铁路电报员走的是一条发展抽象知识的道路，向现代电气工程学迈进，于是他们成为了唯一的幸存者。"[3]

历史经验证明，抽象知识是有效界定职业的基础。对一种职业的发展来说，只有结合不同抽象层次对知识进行详细阐述，才能在职业的相互竞争中胜出。这种抽象知识一方面要求具备较强的形式化特征，以免沦为一种"手艺知识"而失去委托人的信任，另一方面要求与从业者的实际工作之间保持紧密联系，以免其他行业从业者介入并获得这一领域的"管辖权"。

职业社会学的视角颇有启发，它提醒我们，新闻学的"抽象知识"对新闻业的兴衰存亡至关重要，并且雄辩地证明了建立在"手艺知识"上的经验并不足以维系整个行业的发展。但与"铁路调度员"和"票务代理"这些职业不同，现代新闻业在中西社会中都享有特殊地位，甚至直接构成了各自社会的基石——不论是"第四权力"，抑或是"耳目喉舌"，对其不可替代作用的评价都是一致的。换句话说，仅仅从职业实践的角度看待新闻学和新闻业恐怕也还是不够的。

（三）从职业实践到社会实践：在改造世界过程中建构主体

由此，对新闻实践的思考必然进入更为广泛的社会实践层面。随着概念抽象层次的上升，有必要回顾一下哲学范畴中对实践的分析界定。

在早期思想家，如亚里士多德乃至康德的思考中，实践更多的是一个与个人"伦理"相关的概念，亚里士多德认为，实践是以善为目的与导向的行为，实践活动本身

---

[1]　安德鲁·阿伯特：《职业系统：论专业技能的劳动分工》，李荣山译、刘思达校，商务印书馆，2016年，第34页。

[2]　安德鲁·阿伯特：《职业系统：论专业技能的劳动分工》，李荣山译、刘思达校，商务印书馆，2016年，第54页。

[3]　安德鲁·阿伯特：《职业系统：论专业技能的劳动分工》，李荣山译、刘思达校，商务印书馆，2016年，第142页。

就是一种目的：实践活动的目的既在于活动之外又在于活动自身。康德提出"实践理性"，强调通过规范人的意志而支配人的道德活动，并以此达到自由。①近代的费尔巴哈从唯物论出发，认为实践是理论的根源，黑格尔站在唯心主义的立场，重在揭示人类实践活动的创造性特征。

马克思则把实践作为辩证唯物主义与历史上的其他一切唯物主义和唯心主义哲学相区别的重要因素，认为，要从"感性的人的活动"、从"实践"、从"主体方面"去理解"对象、现实、感性"。②正如杨耕所说："在马克思主义哲学中，实践首先是指人们能动地改造物质世界的活动，是人所特有的对象化活动。具体地说，实践是以人为主体，以客观事物为对象的现实活动；更重要的是，实践把人的目的、知识、能力等本质力量对象化为客观实在，创造出一个属人的对象化世界。"③

人们通过实践，一方面使自己的本质力量转化为对象物，另一方面，客体也从客观对象的存在形式转化为主体生命结构或本质力量的一部分。因此，实践活动的本质是一种"主体和客体之间能动而现实的双向对象化过程。"④作为主体的人，往往"一身两任"，既是主体又是客体：

"在现实的实践活动中，实践的人通常是实践活动的主导者，是能动的作用者，但实践的人也往往是被作用、被规定、被改造的对象。对象性地存在着的实践客体，也并非始终是消极被动的'受动体'，它在实践活动中也通常规定和作用着主体，并且不可避免地渗入到'主体'之中，转化为一种主体性的存在，能够能动地反作用于主体。"⑤

对新闻学和新闻业来说，哲学层面"实践"定义的最大启发就在于实践所具备的这种"双向对象化"的典型特征。正是在更广泛的社会实践过程中，新闻人通过"双向对象化"实现了改造社会和自我改造的双重目标，并在这一过程中，生成和实现了新闻人的主体性。

延安时期是其中的典型代表。包括解放日报改版、文艺工作座谈会等一系列重要事件在内的延安整风，首先是一个自上而下的政治运动。这一运动通过彻底的报纸改版、建立广泛的通讯员制度、要求新闻报道与根据地的实际工作相结合等一系列具体细致的动员措施和实施路径，既打破了中国新闻从业者中普遍存在的对苏联办报模式的模仿，也为包括新闻从业者在内的人文知识分子重新"在地化"创造了条件。

尤其值得研究的是，中国新闻知识分子在这一过程中实现了从被动接受到主动参与的转变，从初期的"要我改造"变成了后期的"我要改造"，随着主体意识的觉醒和报道源泉的增加，这一阶段爆发了新的创作高峰：在报道形式层面涌现出"典型报

---

① 李泽厚：《批判哲学的批判：康德述评》，三联书店，2013年，第317页。

② 马克思：《关于费尔巴哈的提纲》，《马克思恩格斯文集（第一卷）》，中共中央马克思恩格斯列宁斯大林著作编译局编译，人民出版社，2009年，第499页。

③ 萧前，杨耕等：《唯物主义的现代形态：实践唯物主义研究》，中国人民大学出版社，2012年，第141页，本部分的执笔人为杨耕。

④ 萧前，杨耕等：《唯物主义的现代形态：实践唯物主义研究》，中国人民大学出版社，2012年，第130页。

⑤ 萧前，杨耕等：《唯物主义的现代形态：实践唯物主义研究》，中国人民大学出版社，2012年，第131页。

道""主题报道"等多种报道样态，在理论层面涌现出"全党办报""群众办报"等持久的新闻传统，新闻从业者与人民群众的关系也发生了根本转变，变得越来越一体化、有机化。正在这个基础上，涌现出以穆青为代表的一大批具有明确主体意识和自觉精神的新闻从业者，这种与群众休戚与共的精神以"勿忘人民"的方式融入当代中国新闻从业者的血脉，在事实上确立了当代中国新闻学和新闻业的基础。

正是这种一体化的社会实践过程，打破了新闻从业者所固有的边界和框架，作为新闻从业者报道对象的社会生活和基层群众的种种特征逐渐渗入报道者自身，成为报道者主体建构的重要组成部分。以穆青为例，从延安时期的《工人的旗帜赵占魁》，到中华人民共和国成立后的《县委书记的榜样——焦裕禄》，再到改革开放后的《为了周总理的嘱托——记农民科学家吴吉昌》，以及在其晚年结集出版的《十个共产党员》，穆青和报道对象一步步融为一体，不仅成为现实生活中的好朋友，在情感和精神上也发生着共振共鸣，从而在一个新的共同体中彰显着主体意识和主体精神。

三、整体性的方法论：中西不同社会政治结构中的新闻实践

从社会实践的层面认识和理解新闻实践，需要把具体的新闻实践置于宏大的社会结构中来把握。制约今天新闻学和新闻业的诸多结构化特征来自过去百年来持续不断的新闻实践，而今天的新闻实践又不断再生产着现有的环境结构。因此，定义当代中国新闻学和新闻业的，既是过去给我们打下的印记，还有我们今天参与生产出的新闻环境和社会结构本身。

（一）从历史看，中国的新闻实践具有社会革命的内在意蕴

前文述及，在当代中国的语境中，实践的概念并非一般意义上的"做工"，也非职业范畴下的"从业"，而内含了对于自我和世界的认识与改造。如果再深一步梳理，可以发现，实践从早期着重于个人的伦理范畴的概念一步步成为着重于集体的社会理论的重要组成部分，并通过黑格尔和法国大革命，在马克思那里成为认识论和世界观的核心。从黑格尔到马克思，都赋予了作为理性实现途径的实践以强大的批判色彩和否定性因素。在他们看来，实践的过程，就是一种对现存事物的"否定"或者说是"革命"的过程："理性始终作为一种内在的驱动力，去驱使主体投入实践行动，按理性的要求去改造现实，这种主体的改造现实的实践活动就是革命。"①

"国家要独立、民族要解放、人民要革命"是近代多数非西方国家或发展中国家的共同命题。对近代中国来说，新闻实践始终是"革命实践"的重要组成部分，其目的在于通过对现实（事实，fact）的认识，实现对理想（真理，truth）的追求。作为一种与西方不同的参与社会生活的方式，中国新闻实践的独特性就在于它要求既"忠实于事实"，也"忠实于真理"。事实的第一性在于它是人们认识真理的起点和唯一路径。从事实到真理，中国的新闻学和新闻业所寻求的是对社会生活的积极介入，是一种以理性

① 程志民：《中译本序》，载于赫伯特·马尔库塞：《理性和革命：黑格尔和社会理论的兴起》，程志民等译，上海人民出版社，2007年，第6页。

的实现为目标导向的行动，它必然以双重方式要求现实的改变：既以监督批评的方式激浊扬清，也以鼓励倡导的方式推进革新。中国的新闻学和新闻业所追求的是一种"积极自由"，在这一过程中，它总是具有某种运动的属性和动员的力量，不断在融入社会实践的总体中实现着自身。

（二）从现实看，当今中国独特的社会治理模式构成新闻实践展开的前提

中国道路蕴含着传统的中国基体和近代的革命追求，形成了一整套与西方不同的社会政治结构和社会治理模式：与西方社会各部门（各职业领域）间大体相互并列和独立不同，中国社会政治结构呈现出辐凑与放射状，社会各部门在各自独立并相互联系外，都直接与中心关联，共享相同的政治标准和价值理念。"东西南北中，党是领导一切的"——这一宣言可以作为这一共享价值的政治概括。

如果说，我们可以把西方的社会政治结构比拟成为集团下属的一个个独立的事业部，那么，中国的社会政治结构就类似一个中心辐凑式的车轮（图5-1是以新闻界、法律界、学术界三者为例所做的一个简化版的示意图）。在西方的社会政治结构中，各部门领域之间的"边界"是第一位的要素，其首先要做的工作是划清各种界限，而在中国的社会结构中，各部门领域既连结又共享。在这一体系下，单独强调"界限"会使某一部门领域"逸出"整个结构之外，而在价值共享的同时，又必须保持一定程度的主体性，只有如此，才能保证整个结构的运转有序。

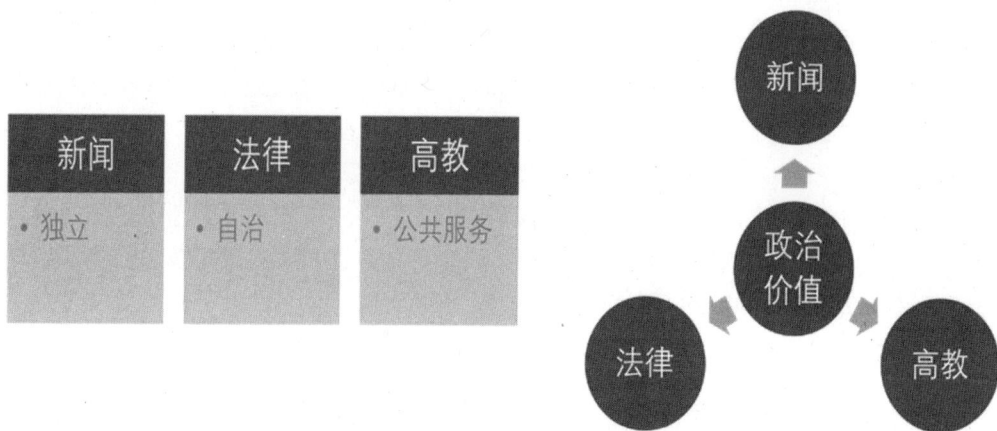

图5-1　中西社会政治结构比较示意图——以新闻、法律、学术为例

在这种独特的治理模式中，新闻业和新闻实践的重心首先不是追求西方式的"独立""自治"，而是把握某种"平衡"关系。也就是说，既不能脱离政治价值来孤立地寻求独立和自治，也不能以政治价值取代自身领域的特殊性。除此之外，还需要处理好与周边领域的关系，在相互关系的动态均衡中处理和把握自身。

（三）从观念层面来说，中国独特的社会治理模式形塑着指导实践的新闻观念

中国独特的社会治理模式及其背后的中国道路，不仅为新闻实践的展开规定了前提和条件，并且作为一种制约性因素在观念层面发挥着持久影响。以马克思主义为底色，中国的新闻观念在很多方面与西方以"客观性"为核心的新闻观有着重要差异。这些差异包括：

马克思主义对人类社会发展规律的科学把握使中国新闻观念突出强调借由"批判"和"实践"达成对真理的认知，与西方建立在真理"不可知"认识论前提下的"客观性"理念形成对照。马克思主义把认识和遵循人类社会发展规律（即所谓"真理"），并借之实现全人类的解放作为终极目标。马克思认为，"人的思维是否具有客观的真理性，这不是一个理论的问题，而是一个实践的问题。人应该在实践中证明自己思维的真理性，即自己思维的现实性和力量，自己思维的此岸性。"[1]实践的目的不仅仅是认识"事实"，更在于认识"真理"。真理的具体性和可认知性，正是通过实践而得以验证和实现。这与西方新闻"客观性"所强调的真理"不可知论"构成鲜明对比。

马克思主义作为"人民的理论"使中国新闻观念形成对"人民"整体性和具体性的认知与认同，与西方建立在利益分化基础上的"第四等级"等理念形成对照。作为一种能动的政治概念，"人民"在中国新闻观念中占据重要地位。中国新闻理论和实践中的"人民主体"与西方政治概念下的"人民主权"不同，以人民为中心要求新闻从业者在动态的社会实践和持续的自我改造中成为人民的一员，同时通过直接参与各类现实斗争实现对人民的引导。这与西方"客观性"理念强调利益分化以及代表性构成鲜明对比。

马克思主义致力于改变世界的实践取向使中国新闻观念内蕴"积极"与"参与"的主动性角色，与西方强调"局外人"和形式中立的"客观性"形成对照。在中国，包括新闻从业者在内的知识分子群体是作为"内部人"而为实现整体性目标服务，从而与西方"客观性"理念背后知识分子作为"旁观者"和"局外人"的定位圆凿方枘。正如马克思所说，哲学家们只是用不同的方式解释世界，问题在于改变世界。[2]中国新闻理念也是一种致力于"改变世界"的理念，与西方"客观性"理念强调形式中立和价值无涉南辕北辙。

无论是历史、现实，乃至观念层面，都在提醒我们，从实践层面理解中国的新闻学和新闻业，都必须首先把握一个整体性的方法论：首先把中国的新闻学和新闻业置于中国道路的宏大背景下，厘清中国道路带给中国新闻学和新闻业相对于西方的特殊性，以及这种特殊性之中所蕴含的普遍价值。与西方的交流和对话只能在此基础上来寻找。

四、从实践出发：重回新闻学和新闻业的逻辑起点

实践是鲜活的、动态的、当下的。从实践出发、回归实践，就是要真正把实践的特点融入新闻学和新闻业的血脉，不仅从业务实践、职业实践的角度看待问题，而且从社会实践的高度把握问题，把实践作为中国道路的宏大背景和学科行业发展变迁间的连接点，作为新闻学和新闻业的逻辑起点。

---

① 马克思：《关于费尔巴哈的提纲》，载于《马克思恩格斯选集（第一卷）》，中央马恩列斯编译局编译，人民出版社，2008年，第55页。

② 马克思：《关于费尔巴哈的提纲》，载于《马克思恩格斯选集（第一卷）》，中央马恩列斯编译局编译，人民出版社，2008年，第57页。

（一）从新闻学科来看，既要服从真理原则，也要坚持价值原则

从实践出发，首先要认识到新闻学这一学科与实践的关联点。与自然科学相比，新闻学有着双重独特性。作为哲学社会科学的重要组成部分，新闻学的科学性并不等同于自然科学的认知方式，其探索和发现真理的手段和方法不仅仅包括模型、数据等自然科学的认识手段，还包括人文性的理解与阐释。这就意味着新闻学所致力发现的"真理"，并非是唯一和固定的，真理"不能理解为一种'绝对的'立场，而是一种经验的方法"①。新闻学的研究要把当下与历史、甚至研究者和研究对象融合起来，重心在于当下的现实实践。正如伽达默尔所说，研究的本质"并不在于对过去事物的恢复，而是在于与现时生命的思维性沟通。"②

当我们把新闻学置于这种更为开阔的"科学"视野之下时，新闻学与实践的联结就有了更具体的内容。我们可以运用"话语分析"等各种具体方法理解不同媒体话语背后的隐秘逻辑，更好了解制约特定社会结构和文化背景下的从业者判断和表达的"集体无意识"；可以重新发掘和认识自身的新闻传统，探索其中"不能被丧失并独立于一切时间条件"的意义内涵，而非仅仅局限于对新闻传统的创造性转化和创新性发展；可以尝试在更大的尺度上扩展新闻学的研究视野，立足于当下的新闻实践但又超出现在的界限，立足于我们的视域又尝试与他人视域相交融，就某些特定问题开展有意义的全球对话。

由此，活跃的现实新闻实践中包含无限的理论可能，就可以被最大限度地激发出来，新闻学在这些研究过程中所积累的视角和方法就可以被整个人文社会科学所共享，为这一知识园地做出独特贡献。

新闻学另一种独特性在于，在科学逻辑之外，新闻学还与政治和意识形态有着千丝万缕的联系。事实上，不只是新闻学，即使是看似更为抽象、离实践更远的哲学，都与意识形态关联密切。在当代哲学领域，甚至存在着"哲学是科学"和"哲学是意识形态体系"的争论，而多数哲学家们公认，"哲学本身存在的必要和意义正在于，它既是一门科学，却又不同于仅仅以知识为形式的具体科学；它既是一种价值观念、意识形态的体系，又不同于以信仰和意志为形式的宗教。"③

与之类似，新闻学既服从真理原则，也接受价值原则。真理原则要求新闻学必须按照世界本来面目和规律去认识世界和改造世界，这是新闻学能够发挥作用的前提条件；而价值原则则要求新闻学按照价值主体的尺度和需要去认识世界、改造世界，并使之适合于人类社会的进步发展。可以说，有什么样的主体，就有什么样的价值标准和价值原则："承认价值原则就意味着承认主体性，承认主体自身的利益和立场；坚持价值原则就意味着要自觉地为社会上某一部分人或全体人类的利益而斗争。"④从价值原则的角度

① 伽达默尔：《真理与方法（第二卷）》，洪汉鼎译，商务印书馆，2007年，第617–618页。
② 伽达默尔：《真理与方法（第二卷）》，洪汉鼎译，商务印书馆，2007年，第237页。
③ 萧前、杨耕等：《唯物主义的现代形态——实践唯物主义研究》，中国人民大学出版社，2012年，第502–503页。
④ 萧前，杨耕等：《唯物主义的现代形态——实践唯物主义研究》，中国人民大学出版社，2012年，第496页。

来看，新闻学的目的并不只是发现外在的新闻规律，并根据这一规律去认识世界和改造世界，它的目的还在于通过主体能动性的发挥，使现实及其规律为主体的发展服务。

（二）从新闻业来说，既要秉持专业精神，更要提倡"参与的政治"

从实践出发，对新闻业来说，还要将当下主导性的思想观念还原到各自的历史情境和社会实践中去理解。如美国学者舒德森发现，西方客观性理念的形成是新闻界追求真理的朴素理想不断受到现实冲击和挑战的产物，同时也和通讯社的出现，以及党派媒体的衰落有关。"客观性"作为一个"折衷"的标准，是一种"便利"的操作技巧。这种操作技巧在一定程度上也是逃避责任的"挡箭牌"。

与之类似，回到中国新闻业自身，早期的"去塞求通""文人论政"的新闻观，背后是传统儒家知识分子的救亡实践。而延安时期形成的一整套新传统，则建立在马克思主义的依靠群众、发动群众，引导群众寻求自身解放的社会实践全局中。也是在这个基础上，中国新闻业逐渐形成了全党办报、群众办报的"业余性"传统。这种"业余性"的背后，内核则是一种大众参与的政治。通过广泛发动群众参与新闻传播，既普及了知识、教育了群众，也使新闻从业者走出单纯职业化的小圈子，实现了自我教育。

这种与西方的"客观性"和新闻专业主义完全不同的观念和路线，能够跳出以"公共服务"为借口换取自身利益的陷阱，避免行业发展过程中的种种异化，从而将整个社会更加紧密地整合在一起。在传媒生态发生巨大变化的当下，进一步弘扬这种"参与的政治"，需要新闻从业者进一步发挥延安时期新闻大众化运动的传统，以服务最大多数人为旨归，把人民群众作为政治参与的主体，通过发动人民群众更广泛地参与新闻传播，帮助人们增强能力、提高素养，引导人们通过新闻传播有序参与国家治理，更好地实现人民民主。强调参与的政治，就是把个人的"成名"、行业的发展纳入社会实践的整体，共同推进实现人的全面解放这一宏大理想。

（三）从相互关系的角度来看，以把握平衡代替追求独立

从实践出发，就是要采用马克思主义的分析方法，从"关系"的角度把握新闻学和新闻业。马克思指出，"人的本质不是单个人所固有的抽象物，在其现实性上，它是一切社会关系的总和"。[①]新闻学和新闻业也不能离开现实的社会关系。尤其是中国特殊的社会政治结构和治理模式，使新闻学和新闻业与其他学科和职业领域紧密地连接在一起。

以学界和业界都颇为关注的新闻伦理问题为例，一者，中国的新闻伦理并非单纯局限于从业者群体的职业伦理，在当下中国，新闻伦理还嵌入了中国共产党治国理政最核心的政治伦理。公平正义、国家秩序的宏大叙事以及对人民（群众）主体性的弘扬等等，都是中国新闻伦理的重要基石；二者，新闻伦理同样也要遵循一切伦理理念的"内生性"特征，也要强调从业者的"自主性"，不能以政治伦理代替新闻伦理。

在这个意义上，中国新闻伦理的首要问题不是西方专业主义式的"独立"与"自

① 马克思：《关于费尔巴哈的提纲》，《马克思恩格斯选集（第一卷）》，中共中央马克思恩格斯列宁斯大林编译局编译，人民出版社，2008年，第56页。

治"的问题，而是如何在动态均衡中处理和把握各种"关系"的问题。包括把握新闻与"党性原则""人民主体"等核心价值的关系，与"宣传""文化"等相关领域的关系，既承认新闻具备所有领域所共同遵循的价值原则，又寻找落实党性、人民性等价值原则的特殊规律；既清楚它与文化、宣传等领域的相互关联，又要求其与文化、宣传等相近领域保持适当距离。正是在对各种关系"平衡"的把握上，新闻学和新闻业得以既坚守其主体性，又更广泛地融入社会整体。

以动态且相互联系的平衡，代替静止而彼此隔绝的独立，这样一种分析视角和思考逻辑，将赋予我们对新闻学科和新闻行业发展更为深刻的洞察，也是践行从实践出发、回归实践的最好方式。

创意写作
访谈录

关于文学教育

张清华　　谭宇婷

【作者简介】张清华，男，北京师范大学文学院教授、博士生导师、副院长，北京师范大学国际写作中心执行主任，北京师范大学当代文学创作与批评研究中心主任，中国当代文学研究会常务理事（北京 100875）；谭宇婷，女，吉林大学文学院汉语言文学专业（长春 130012）。

谭宇婷：老师，您可以大体介绍一下北京师范大学创意写作教育目前的状况吗？

张清华：先纠正一下，我们这儿不叫"创意写作"，我们的叫作"文学创作"。我们没有"创意写作研究中心"，我们的中心是"北京师范大学国际写作中心"。因为"创意写作"是美国来的一个概念，跟大众文化、实用的、流行的、消费的写作联系可能比较密切。我们强调"人文"意义上的"纯文学"的创作，这是概念。人民大学的叫作"创造性写作"，我觉得这个概念也挺好。创意写作是"MFA"，是专业学位，侧重于实用写作训练，可能强调技术化的训练。我们则强调纯文学意义上的写作教育。

我们的理念，我简单介绍一下，就是文学教育要复兴。文学教育要复兴主要是基于最近几十年来形成的一个——我认为是陈规、陋习，即完全把中文教育当成了一种知识教育和学院教育。而其作为素养和能力的向度被长期漠视了。大学老师会公然宣称"我们不培养作家"之类的说法。当然作家也确实不是培养的。但是你不能说在你的教学当中只强调知识，不强调能力。这样的话，它就不是一种知行合一的教育。古代中国的文学教育也不是没有问题，但是它有一个很大的优点——所有受教育者都是既能读又能写的。一个古代的学人字写不好，肯定不行；不能写一手好文章，不会写诗，肯定不行。也就是说，只要他接受了基本训练、基本教育，他的这两种能力是同时兼备的。新文学早期那批学人也都是这样，因为他们深受传统教育的熏陶，既能研究又能写，比如执教女师大的鲁迅、执教北大的胡适、陈独秀、沈尹默、刘半农、宗白华等。他们既能做非常深的学术研究，又能写一手好文章或者好诗歌。

在最近若干年，大学文学教育被边缘化为以"写作教研室"为主导的一种能力训练，但是写作教研室在最近三四十年中，在各个大学里都萎缩了。萎缩的一个原因，我认为是定位有问题。它把写作定义为应用文或者是一种专用文体、实用文体的训练。当然也会有少量写散文的训练，但离艺术真正的核心部分比较远。第二个原因是方向。文学教育体系的构建方向仍然是"知识化"。写作课老师还要讲一套理论，而这个理论实际上是没有太多实际意义和用处的，也缺少学术上的自足性和深度，有些知识属于假知识，那么实际上受害的首先是老师。

谭宇婷：老师，请问如果不用一套理论去指导学生写作，您觉得应该用什么指导？

张清华：第一，它不是说不应该用理论指导，关键是这些理论是一套完全知识化的东西。这些知识化的东西在实际理解中并无真实的价值；第二，写作不应该只是纸上谈兵，关键在于实践与互动。这就需要教师不只会"教"、不止懂得一些看上去无比正确的理论，还需要老师能够自己写，能够真正指导学生的写作练习。

谭宇婷：有些教写作的老师后来会渐渐转向中国现当代文学或者文艺理论这两个方向。

张清华：这也是一个原因。因为写作专业的专业边界、学术内涵不清晰，那么老师的自我发展就会受到影响。老师写论文都不知道写什么样的论文，在哪里发表，这个学术体系怎么建立？老师评职称都成问题了，要想在写作教研室评职称，要么靠到现当代，要么到文艺理论专业去。作为其他专业的附庸，他才能够有饭吃。所以对老师的影响很大。总之，我认为主要的原因是专业设置的方向和定位不清晰、不准确。

谭宇婷：请问老师，你们是怎样解决这些问题的？

张清华：我们主要通过几种方式。一是大学要引进作家。真正的作家，他是懂得创作的。同时大学的老师在自我发展中不能忽视写作能力的保有。大学里的学术老师自觉保有写作的兴趣，方能对学生有更多的影响。第二是课程的设置上，增加实用的、能够促进文学能力增长的、对学生实际写作能力有帮助的课程。这些课程可以由作家来讲授，也可以由懂创作的学术老师来讲授。第三就是招收文学创作专业或方向的本科生，甚至研究生或者博士生。通过这种专业方向的增设来促进创作人才的培养以及写作风气的养成。

我觉得主要还是通过各种各样有益的形式，来提高所有学生的文学素养。中文学科的所有学生必须以既能读又能写作为自己的成长目标和学习使命。你会写了，自然你就会看了。因为你的标准已经比别人更苛刻、更贴近语言本身了。一个会写作的人对语言的敏感性、对语言的要求的苛刻程度比一般人要高得多。如果每个学生有这样一种自我要求，整个教育的品质肯定会有提高。一个中文系的学生不能说上大学就背了一堆知识，离文学仍然很远，甚至越来越远。大部分学生是这样的情况——入学的时候对专业还有一些热爱，毕业的时候便对专业基本没有任何感情，也没有任何发自内心的热爱了。这主要是知识化带来的问题。知识化现在在中小学是问题最严重的，大学里的知识化倾向也是越来越严重。

还要再强调一下——我不是反对知识，我是反对单一的知识化，特别是文学教育是不能单一知识化的，因为审美活动是一种精神活动，对艺术的感知是一种经验的、心灵的、审美的、精神性的活动。这种能力的培养与知识化的东西有时候是有关的，有时候是无关的。不只是单个的施教的老师，整个教育观念和体系都应该有一个反思。所以我们北师大就是借助莫言老师的加盟，成立国际写作中心，并且秉承我们过去的传统。因为北京师范大学文学教育的传统还是有一些值得梳理和挖掘的。当年鲁迅先生在女师大任教时间是最长的，他在女师大任教六年，女师大是北师大的一个前身。后来像沈从文、穆木天、黄药眠、郑敏等很多作家和诗人都曾任教北师大。当代以来，特别是20世纪80年代以来，苏童、莫言、余华、刘震云、迟子建、严歌苓、陈染、刘恒等一大堆作家都是从北师大各类不同的办学方式中走出来的。

谭宇婷：请问老师，具体到课堂上，你们是怎样做的呢？

张清华：我们文学创作方向和当代文学方向的研究生主干课程是一致的，并在这个基础上再给学生另开三门课。一门是作家的专题讲座课。每届学生都要有一个学期的课由作家来讲，每次作家讲的题目都不一样。十几个作家分别讲，每人讲一到两次。作家们的创作观念、文学主张都很不一样。这样对学生创作会有多方面的启发和激活。然后由擅长创作的老师给学生开设文学创作和创造性写作的实践课，分两种形式，一种是直接在课堂上进行文学虚构训练，跟爱荷华的写作坊很像，我们直接在课堂上就开始写。比如说有一个题目，大家尝试如何去虚构，写了之后相互交换、讨论，互相给对方提出评价、分析。这样相互激活、认知如何进行虚构，如何推进文字的生成等，构成写作的一个全过程的训练。另外一种方式就是通过讲一些写作中的问题，让学生学会不同形式的写作模型。比如我们会让学生写一篇向某个原型致敬的小说。比如我出一个题目，"失物复得"的原型叙述，以《今古奇观》里面《蒋兴哥重会珍珠衫》为原型。《蒋兴哥重会珍珠衫》是一个非常经典的古典传奇，它的故事非常曲折，但是可以归纳为"物归原主"。以它为原型，可以找一些现代的故事，让学生写一篇以失物复得、物归原主为内容的小说。我的一个学生崔君，就写了一篇非常漂亮的中篇小说，发在了《西湖》杂志上。人家还让我给她配上一个评论。她就写得特别好。我们希望学生有类似的训练，让他知道写作是有规律的，好的作家的写作一定是和前人有关系的。这也是艾略特讲的传统与个人才能之间是一种呼应关系，没有哪一个人的创作是单独依靠自己的才能能够成立的。你现在的写作一定是和前人的经验发生关系的。

谭宇婷：请问老师，您觉得这个规律是可以总结的吗？

张清华：当然可以。

谭宇婷：可以总结并且可以教授吗？

张清华：美国人是这样认为的，但这只是一种训练。真正的创造性的写作是把这种训练作为一种有效的技能，在这种基础上还要"出走"，还要跟他的写作个性结合，也就是"去知识化"。要不然老师就讲一堆知识，讲一堆知识学生都听得很明白，但是学生还是不会写。不会写有什么用？但对于更多的学生来说，即便不会写，也要能够懂得文学的肌理——不只是懂得作为知识的文学，更多是懂得作为艺术的文学。我们应该实现这样一种教学。

谭宇婷：老师，写诗也能总结出规律吗？

张清华：到目前为止我都不敢跟学生讲如何写诗。写诗只能单独指导，作为课程我觉得很难。

谭宇婷：是因为觉得写诗是需要天赋的吗？

张清华：对，但不只是天赋，因为天赋不是先验的。你说你有天赋，你的天赋在哪里？天赋是通过实践来验证的。你不写怎么知道你有天赋？你只有写了才能知道有天赋。而且你的天赋有时候是不可预料的，就是说一开始你没准什么天赋也没有，但突然就很厉害了。这是个人悟性和努力程度决定的。所以，如果不在写作实践当中，而且是多少年如一日、持续地努力地写作的话，一个人是没有什么天赋的。没有离开语言的思想，也没有离开写作实践的文学天赋。你说一个大作家那么厉害，你说他天赋确实厉害，但是你知道他肯定是痴迷这件事，沉迷其间，他才能最终成为作家。但对很多人来说，他成不了作家。成不了作家没关系，能写一笔也很好。比如你学一学汉赋的铺排，你说话的气度就不一样，你的修辞就比别人华美和丰赡。当然，你要是能写出汉赋式的句子就很厉害了。我几年前给我曾就读的中学写了一篇赋，写到最后，我觉得写得最出彩的句子都是跟《楚辞》借来的。"转吾道夫昆仑兮，路修远以周流……"前面我觉得写得都平平，但写到最后，我写着写着把自己都感动了。一到学校的重大活动，中学里的所有师生就一起高声齐诵这篇赋，挺有气势。我觉得，就我的目力所及范围，我的中学里出来的人，如果我不写，别人写了可能不靠谱。我写了以后，这篇赋可以用很多年，直到将来出现一个比我更厉害的，把它废了。这个东西必须是在某种情况下才有效，你不能无条件地认可它。

诗呢，可能不能作为写作课来讲，只能作为分析课。但是老师还是不能把诗当作知识来讲，必须把它当作诗来讲。这是有难度的，不是每个老师都能做的。

谭宇婷：请问老师，您对美国的创意写作教育有了解吗？

张清华：我们与爱荷华签有合作协议，我们也去访问过，他们也来我们这儿回访过。我们每年暑假都有学生被派到爱荷华去。在他们那儿，学生还是觉得挺有收获的。他们是小班嘛，每个班就是几个学生，不超过十个学生，老师跟学生互动较多。

谭宇婷：请问老师，在爱荷华的学习中，您觉得写作训练对学生个人影响更大还是中美文化差异、冲突对写作潜力的激发更大？

张清华：中美文化没有什么冲突。这可能是想象出来的。总体上可能有这么一回事，但具体到个人就不一定了，看你交流什么，如果是单就一个文学问题，你跟一个美国人交流极有可能比跟一个中国人的交流还要顺畅，这是有可能的。

谭宇婷：思维方式上的差异呢？

张清华：至于思维方式，如果你是读一个美国诗人的作品，和你读一个中国诗人的作品，谁离你更近，不一定。你要是读一个好的诗人，比如史蒂文斯、狄兰·托马斯等，你会觉得你和他们其实很接近，心灵并不遥远。从人性上来讲，并没有什么。所谓文学差异更多是被言说、被虚构和夸大的一种政治叙述，是从制度上和所谓的文化上被构造的。

谭宇婷：请问老师，您对我们这个年龄的学生学习写作有什么建议吗？

张清华：学习写作，要尽快地丢掉自己。我给我们学生上的第一节课就会说，从现在开始，把你们原来写的那些校园生活、你自己的小的情感经历通通扔到垃圾桶里。这只是一种说法，就是说你要尽快地尝试、学会普遍意义上的写作，而不是一种自发写作。像写日记、小孩写成长故事等都是自发写作。大部分在中学成名的小孩写了很多东西，有的出了很多书，有的家长拿出来说，你看，我们孩子都出了一摞书了。我说，那我也不看，你出这一摞书没什么用，因为它不是什么文学作品。当然这只是一种强调。不是说张老师怎么这么偏激、武断，我是希望学生学会不只是用自己的经验来写作，而是以他人的经验去写作。你必须走出自己，走向别人，建立多个主题。你在写作时不止作为一个作者，还要作为一个读者。你只有同时作为读者，你对自己的作品才有反思。你写给谁？只写给自己吗？你只写给自己有什么意义？那你就写，写了一会儿搁在抽屉里你自己看。那不是文学，文学是将所有普遍的形象重新还原它一个生命，是对大多数人，甚至所有人共同经验的传达。这也是它的难度。

谭宇婷：嗯，老师，请问您对现在文学教育不满意的地方在哪里呢？也是知识化的那一面吗？

张清华：我觉得现在大学中文教育的问题，归根结底就是单向度的知识化。

谭宇婷：请问老师，您觉得写作教育以后的发展会越来越好吗？

张清华：写作教育，归根结底不是目的。你不可能培养太多的作家，所有的人都成为作家是不可能的，也是没有必要的。但所有的人都应该成为艺术的知音或者是内行，文学的知音和内行。写作教育归根结底是一种人格教育。古人还说，"腹有诗书气自华"。中文系如果培养市侩或者完全不懂文学、没有文学气质的人，那设置中文系干吗？现代社会人的分工都很精细，文学是既有分工又包罗万象的，它是一种人格教育。从文学系出来的人应该比从其他系出来的人更有气质，更懂得文学和艺术本身的奥妙，作为人，他的人格也更健全和复杂。

谭宇婷：请问老师，北师大在写作方面的培养目标是什么呢？

张清华：没有一个定制的目标，我觉得最终还是培养人，作为艺术知音和内行的人，培养人文精神。拿音乐类比，你可以弹巴赫，但是你也可以弹很多练习曲。这个练习曲是什么意思呢，实际上就是练习你的技术。从艺术角度来说，练习曲可能不是一个自足的艺术作品，但是它会更多地包含艺术的元素和要素。

谭宇婷：老师，您平常会写很多诗，请问您觉得写诗对您最大的改变是什么？

张清华：写诗其实也没有什么改变，但是它会有另外一个自我，会让你觉得你比别人多活了一世。你这辈子既是作为一个"俗人"在生活，同时也是作为一个"潜伏者"，一个可能的诗人在生活。你处理你所遇到的事务，所遇到的一切境遇和经验的时候，你等于是比别人多活了一遍。

文学教育帮助我们判断自身

格　非　　谭宇婷

【作者简介】格非，男，原名刘勇，作家，代表作有《望春风》《人面桃花》《山河入梦》《春尽江南》等，清华大学中文系教授，主要研究方向为小说叙事学、文学理论，著有《小说艺术面面观》《小说叙事研究》《塞壬的歌声》等（北京 100084）；谭宇婷，女，吉林大学文学院汉语言文学专业（长春 130012）。

谭宇婷：老师，目前国内创意写作受到越来越多的关注，请问您是怎么看待的呢？

格非：我其实不太了解什么叫作"creative writing"，这个词在国外就是创作的意思，但是我们这儿都翻译成创意写作。在我来看，写作就是写作，创作就是创作，怎么会有一个词叫作"创意写作"？创什么意呢？这就很像是一个公司，在搞一个文案，搞一个创意。写作本身就包含一个最重要的东西，就是创造性，或者说创造力，想象力。所以不需要专门来强调创意。这个词翻译得让人困惑。但是不管怎么说，"creative writing"这个概念在欧洲或者美国很早就在用，后来我们把它这样介绍过来了。我个人的看法是这样，文学呢，大家都知道，经历了一个非常漫长的镜像的文学的发展过程，在这个当中，非常要紧的一个概念就是所谓文学科学化的过程，文学在原来是一个神秘的终端，它是不可解释的东西。

谭宇婷：请问老师，您觉得文学可以解释吗？

格非：过去文学是不能解释的，也就是说你解释了文学，还是原来的样子，它不会被你消费掉。在以前，像汪曾祺先生说，他当年在西南联大，老师们上课，刘文典给他们讲《诗经》，就是把它读几遍背几遍，一个字都不讲，那个课就结束了。过去中国人讲"冥会"，冥冥之中的那个"冥"。冥会，就是你读着读着，读不懂。读不懂没关系啊，你总有一天会懂的。有些诗歌你记在脑子里不一定懂，但是到了一定阶段你就懂了，需要你和作品之间慢慢去体会，每个人体会的东西都不一样。所以在很长一个时间段里，不管是中国还是西方，文学都是神秘的知识。但是到了俄国形式主义、索绪尔的普通语言学概论出来以后，整个世界开始出现一个大的转折，文学被纳入现代学科体制里面，大学也开始设立文学史。在这个过程里面，文学被逐步地科学化、学术化了。大学培养的都是拥有精深理论的一些学者。这样一来就使得文学在近现代历史发展中一度变得特别重要，不管是西方还是中国。可是这也造成很多问题，就是文学和普通读者之间开始脱节了。文学科学化是为了作品能够解释，它没有那么神秘，我们可以分析。比如新批评，它可以进行文本细读。但是因为它要对文本进行细读，要形式化，要对叙事进行分析，它发明了太多的概念。它在反对一个神秘的同时又制造了另外一个神秘，这个神秘就是理论。你也许能读懂很多小说，但是你读不懂理论，一代一代的大学生都沉浸到理论里面去。所以20世纪80年代以后，全球都有一个很重要的反思——学生进入大学后，是学习对文学的解释呢，还是直接接受文学。这个当中，重新演变出一个问题，就是我们研究的不是文学，而是关于文学的知识，或者说关于文学一系列的话语。那么在这样一个过程中，文学作品本身跟读者之间的关系就隔膜了。所以很多大学生他们对理论很熟，但是没有办法来具体判断这个作品，也很难说清自己的感受。

从这个意义上来讲，全世界各个地方都开始重新思考。让我们跟文学更近，就不要那么多理论，不要那么多学术化。这个过程中，西方很多高校，引入了驻校作家制度。它开始有很多的与文学直接相关的课程，特别是写作课程。国外像MIT里面，单是写作课，就有十多门之多，非常多。它有黑人写作、妇女写作、传记写作……分得非常细。

我们国家也大致经历了这样一个过程。就是说一开始研究文学都是感性的，文学评论都是一种随感式的。"啊，我觉得不错，我觉得这个作品写得很空灵……"但什么是空灵，大家不知道，大家都凭自己的直觉在发表自己的看法，后来慢慢就规范了。你使用语言要准确，你引入理论要有逻辑性。后来写作也好，文学评论也好，都发生了很大变化。而且80年代以后，各个高校都在科学化、正规化。写作教研室，原来我们各个高校都有的，后来都被砍掉了。砍掉了，当时的想法就是说，写作这个东西，直接归入文艺理论好了。那么写作课就没有了，没有了就造成非常大的恶果——很多学生连一个基本的文章都不会写。中国过去几千年，你要做官也好、做别的什么事都好，都得首先会写文章。我讲这些是为了说明它的历史变化是怎么过来的。

直到21世纪以后，大家又慢慢发现，写作能力是一个特别重要的素质。比如说，你要到一个公司工作，公司交给你大量的文案，你要处理，要写文章，要写报告，给领导起草讲话稿等，都得有很强的写作能力。更重要的一点是，写作能帮助我们去理解我们自身的存在。不是说我们的存在是我们自身可以解释的，而是说有的时候我们的存在是需要通过写作来发现的。写作帮助我们沉思，帮助我们思考自身存在的意义，帮助我们了解这个社会、了解自己。写作不是把自己所了解的东西记述下来，不是这样，本身写作就是一种发明，它能把你心中蒙昧、黑暗的部分照亮。它是认识自己的非常重要的一种方式。所以写作不仅有实用性的一面，还对人认识自身、对人的成长极其重要。

最近十几年，大家都在谈大学生人文素质，各个学校，比如清华大学，一直在争论大学生是开一门大学语文课呢，还是开写作课，写作变得特别重要。最近一段时间，像复旦大学、北京师范大学、北京大学等都设立了写作中心，都有作家去高校担任老师。现在作家进入高校也成为一种时髦，我觉得这个过程反映了历史变化中的某种诉求。这是很自然的。

谭宇婷：请问老师，您觉得写作是可以教的吗？

格非：写作不是教不教的问题，首先设立一个课程，比如清华做这么一个中心的意义不是我们手把手地去教学生写作，不是这个意思。从根本上来说，写作也许是不能教的，但是这并不是说你给学生开写作课，你来设立创意写作中心，你来帮助学生改作文就没有意义。这是两回事。我觉得最重要的一点是看你怎么教了。当年沈从文在西南联大，他也是写作老师，他教写作的方式就是他抱一大摞书到学校去，抱到教室去，然后把这些文章发给大家看，让大家学着来写，他也跟学生们一样，也来写，看谁写得好。这样一种方法能慢慢提高大家的写作能力。过去很多大作家，像吴组缃、叶圣陶，他们都在帮学生改作文，我也非常重视修改这一方面。因为我当年的写作也是一个例子，如果没有《收获》许多重要的编辑帮我们改稿子，认真要求我们写好每一个字、每一个词，我不可能有今天这样的对写作的认识。

这个过程是非常需要的。如果不由大学中文系来完成这个工作，那么还有哪一个机构能完成？当然应该由大学来承担。至于它有没有用，它肯定是有用的。至于它是不是来教写作，不一定。它把写作本身所需要的基本东西都教给你了。比如小说这个体裁，它大致的形式，它曾经有过的各种各样的变化，老师把它作为一个背景介绍给你了，帮你扫走很多问题，让你有章可循。然后呢，不是说每个同学在接受了这些基本东西之后，就能马上成为作家，不是这样的。而是你必须提供这样的教育、这样的训练，提供了这样的训练以后，可能会有些人脱颖而出；有些人能极大地提高自己的写作能力，改善写作技能；还有部分同学能够精通文字；有些同学能读一些作品，能提高自身修养。从这几个方面来说写作都非常重要。不是说写作课一定要教人写作，而是它带来的这个训练过程对大学生的素质和成长来说极其重要，我们应该这样来看待问题。而不仅仅是说它是不是能培养作家，能不能教出学生来。所以你刚刚提的那个问题是不对的，不能这么提问题。

谭宇婷：开设了创意写作专业后，很多人就在争议这个问题。

格非：这个争议是不对的。他们只看到了皮毛，好像大学一旦设立了创意写作中心，设立了写作课程，开硕士班，就是为了培养作家。能不能培养呢？其实这个问题不应该这么提出来，而是说这个举动到底带来了什么，这不是一句"能不能教"就能涵盖的。我们中国人很喜欢偷懒，喜欢把复杂的问题简单化。媒体很多时候就喜欢把一些问题弄得很简单，这样的话很多问题非黑即白，然后他们给你提一些质疑。但实际上从高校来讲，不管是对一个人心智的成熟、对文学的了解、对于整个文学史的纠偏，还是出于对整个高校培养人才的综合考虑，写作都极其重要。应该从这个角度来考虑问题，而不是说它能不能培养作家。很多人没有必要当作家。试问中国每一个读《红楼梦》的人都想当作家吗？不是这样。他觉得读《红楼梦》是一个非常好的享受，这就足够了。他从里面读到一些道理，他觉得对自己的生存有帮助。他有时候遭遇危难，《红楼梦》给他提供很大的安慰，给他提供很多想象，使他生活在一个历史的人文环境里面，让他跟传统、跟现实保持一种紧密的关联，这些东西都很重要。你刚刚提这个问题，为什么我要不断纠正？这个问题不重要。正因为我们提了这个问题，把很多重要的问题都掩盖了。

谭宇婷：请问老师，您现在上课的话，也是跟学生一起读作品，然后跟他们一起写吗？

格非：我们那个课程叫作"文学名作与写作训练"，首先是文学名作，我上课的时候给他们介绍大量的作品，每次课结束的时候我会布置他们读一些作品。

谭宇婷：请问老师，你们布置的作品会有一个体系吗？

格非：嗯，当然讲到某些部分的时候会推荐一些，跟我讲的内容相关的作品。你光讲了某些理论，大学生不一定能理解。你给他推荐作品，他一对比就明白了。比如叙事速度，这个速度有快有慢，你就提供叙事速度快和叙事速度慢的作品给他，他就知道为什么节奏感在叙事中特别重要。你讲到节奏的时候肯定要讲到叙事的快和慢。比如说你把帽子从头上摘下来，你这个动作本身可能需要几秒钟，你把这个动作写下来需要几秒钟。但是如果是慢速叙事的话，会非常复杂。在文学史中有非常多这样的现象。我上课就是让学生了解关于文学也好、写作也好、叙事技巧也好，它所有的背景知识，然后给他们提供大量的作品，这是一个方面。第二个方面就是，我每门课，一个学期至少也会要求学生很认真地写三到四篇作文。

谭宇婷：请问您也会参与吗？

格非：我不去，都是我的助教在管这个事。

谭宇婷：请问老师，您对写作教育的前景是怎样看的？

格非：这个不存在前景的问题，我们在做一件事的时候首先要判断它有没有意义，它有意义就行了，我们就去做。你说的前景是什么？就是我们以后要取得很大的成功？

谭宇婷：不是，我指的是它以后的发展趋势。

格非：任何学科的设置，都是在一种知识的平衡体系里面，这个体系需要达成一种平衡。如果大家最后又都鄙视理论了，鄙视这种科学的总结，大家都在创作，那么理论最后也会反弹，它慢慢会达成一种平衡。而现在我们的平衡是在另外一面——这个学科规范化、理论化很厉害，大学生空有一些理论。还有一个问题是现在大学生本身的经历匮乏。由于他们大部分是独生子女，被父母保护得太好了，跟社会几乎是隔绝的。像我们那个年代，十几岁，你就已经在生产队挣工分了。你一个人在外面待个三四天，父母也不会找你。那个年代，你很早就懂事了，就能独立地面对所有事情。今天的学生是做不到的，不管是从情感还是他们对社会的了解程度来看。从这个角度来说，我觉得文学非常重要，文学提供了非常多的了解社会的途径。

至于前景，我是觉得，"前景"这个词我没法判断。要是说发明一个火箭，我可以说这个火箭将来可以极大地提高中国国力；发明一个航空母舰，我可以说它可以极大地提高中国海军的战斗能力，那这是前景。创意写作能有什么前景啊，它重要，我们就去做，这个前景你是看不到的。只有等这代人的素质提高，这个社会处于一种平衡，达成一种良性的运转，你才能判断。人文方面，很多东西，化成天下，你看不到的。雨落到地里，麦子长出来，水怎么进去，养分怎么吸收，你是看不见的。所以呢，我觉得这种前景呢，有的时候很难把握。我们考虑一件事情不是说它会带来什么功利性的目的，而是说它对知识的积累、对学生的成长重不重要。如果大家觉得重要，就去做。至于你说的这些，一定会有作用，这个也许需要很长时间才能评估。现在这个事情我们才刚刚开始做，就不应该急急忙忙去预测它的前景。

谭宇婷：老师，您先前提到大学的教育对您的写作有很大的影响，又提到了您的经历对您有很大的影响，请问您觉得对写作来说，教更重要，还是经历更重要？

格非：我觉得时代不一样了，原来写作是真的不需要教的。因为我们读大学的时候，写作课我们从来不去上，写作课讲的都是那些条条框框，怎么写文章，怎么写论文……老师拿来的范文，都是我们认为写得很差的作品。80年代我们读大学的时候要比老师走得快得多。你知道的东西老师很多都不知道，你整天在图书馆看的东西太多了。那个年代很特殊，那个时候我觉得写作确实是不需要教的。

可是在今天我认为写作是需要教的。为什么呢？因为今天学科门类的知识非常复杂。在古代，大家考虑写文章主要是为了科举考试。今天写文章，语文只占一部分，作文只占一部分，中学也都是应试教育。学生到了大学里面读书，他会受到各种东西诱惑，比如说游戏啊，网络啊，平面媒体……大量的时间就被消耗在这些东西上面。那么人怎么能判断自身？我刚才说过，文学非常重要，它帮助我们来判断自身在整个社会关系里的位置。这个过程中，人文变得非常重要，因为一切行为，都需要确定行为的意义，就是我为什么需要做这个事情，我的生命到底为了什么。我们今天很少有人讨论这些问题。当然，在一个基督教的国家里面，这些问题是不需要讨论的，只要信教，这些意义是本来存在的，你是为了信奉上帝。在我们国家，没有宗教传统，所以我一直认为人文很大程度上承担了这个工作——提供意义。人文里面非常重要的一块就是文学，就是写作。而且对于今天的大学生来讲，他要能够有效地对抗今天这样一个欲望化的社会，他必须有自己的定见。这个当中，人文教育就变得非常重要。我觉得在这个过程中，需要有这么一个课程，一个训练，帮助你多读一些作品。你要知道哪些是好作品，怎么去理解，这个阐释史是怎么过来的，这些都需要教。

而过去呢，是依靠基本经验就可以写作的时代，你拥有别人没有的经验，便可以把你的经验写下来。从某种意义上来说，文学创作实际上就是经验的交换。比如我经历过一次海难，你没经历过。我到过好望角，你没去过。我把我的经历写出来，你就得看我的，我把经验发给你。你谈过恋爱，我没谈过，你把你谈恋爱的经历写给我看，让我感动。那么我们就在交换经验。在过去，这个东西是没有问题的。在过去，很多人没读过大学，像高尔基、狄更斯等，但他们经验非常丰富，他们读过一些书以后，有一定能力，就能写作了，他们的经验就可以呈现出来。今天不一样，今天大家拥有个人独特经验的可能性越来越少。所有人的经验几乎是一样的，你们都是在学校里读书、做题目，大家对未来的期待、梦想都一样。现代社会对人的掌控越来越严格。这样的时候，你把你的经验写出来没人看，因为所有人经验都差不多，我们把它称为同质化时代，或者另一个概念，碎片化时代。碎片化时代的意思是说，过去的社会是整体性的，比如一个农民，他要烤出面包来，首先要选种子，种麦子，再慢慢浇水，等麦子长完了把麦子收下来，再去烤面包。今天不是这样的，今天是选种有人负责，播种有人负责，管理有人负责，收割有专门的人负责，脱粒、磨碾、做面包全部分工了，这个工序有几十种，没有任何一个人了解全部工序。可是过去所有工序农民都了解，从选种到面包烤出来。今天没有人拥有整体的知识，在这样的情况下，你的知识碎片化，同质化了，大家都一样。在这样的过程里，人慢慢丧失了自我。你渐渐地发现你跟大家完全一样了，你不知道为什么，便跟着这些人在走。

在这样一个环境里，你怎么判断自身？文学就提供这样一个方面的思考。所以我觉得在今天这个时代，文学的训练，你说能不能教，一定要教。在过去，一个人上个大学了不起了，可是在今天，所有的作家必须上大学，你可能还要读一个好的学校，你有好的训练你才会不一样。你得有很多方法，你才能确定自身，你才能看到很多很难看到的、自身存在的隐秘的东西。这个东西不再像过去，五十年前那样，不言自明。比如过去在农村，像赵树理这样的，听听故事啊，农村谁和谁谈恋爱，闹了纠纷，把它写一写，城里人看一看，觉得这些很好玩，他就成了大作家了。今天你能做到吗？做不到。所以呢，今天大学就提供了这样一个训练的情境，大家水平普遍提高了。我觉得将来不太可能有什么没读过大学的、没有什么知识积累的人能成为大作家，不可能的。所以我觉得时代不同了，原因就是我刚才讲的那些。

谭宇婷：老师，作为一个学者去研究东西的话，他的思维可能偏理性，作为一个作家，他需要感受力，请问你觉得这两者思维之间会有什么冲突吗？

格非：这个问题也是一个似是而非的问题，其实不存在这样一个分别，这个问题被别人夸大了，好像人有两种能力，一种理性思维能力，一种感性思维能力，你仔细想想，这不可笑吗？难道你在需要感受力的时候，你没有理性思维吗？你没有逻辑吗？你在写作的时候，你不知道开头、结尾、中间，这个故事怎么写吗？不需要理智吗？难道你不知道别人作品写得好是因为什么吗？你不分析吗？所有这些东西都是综合的。只有中国人才会问这样的问题，在西方没有人会问这样的问题，因为像纳博科夫、艾柯等都是大作家、大教授，艾柯还是符号学专家，国外没有人问这个问题，说理性思维会跟感受力冲撞。而且我刚才讲了，我们大部分人都受过同样的教育和训练。即便你没有上过大学，你可能也在互联网里，跟大家受到一样的知识熏陶，大家看到的新闻都是一样的，都是某种新闻供应商供应给我们的。这个世界可能有另外一种真实，但是你看不到。一个单位、一个村庄随时都在发生无数有意义的事情，但是新闻供应商是不让你看到的。新闻供应商一定让你知道黄晓明怎么样、周杰伦怎么样、他的岳父怎么样……一定是让你看到这些东西。就是说你接受的东西是被别人控制住的。因为这是资本生产的一个非常大的逻辑，它可以融化很多含义在里面。在这样一种情况下，其实大家接受的东西都差不多。

这个过程里面，我觉得首先是不要害怕，说你的逻辑思维、分析能力会妨碍你的写作，另一方面我觉得这种分析对写作是必要的。在今天的社会，如果没有这种分析能力，你连找到自身起码的真实的可能性都等于零。人就是一个欲望的奴隶，跟着所谓的时尚在走。所以当年章学诚说"时趋可畏，甚于刑曹之法令也"。如果一个人要跟着时尚在跑，这个人就完全不可能思考。时尚比抓你去监牢的人更可怕。你怎么建立起自己的独立能力？你一定要有分析能力，一定要对现在林林总总的社会现象、对控制你的话语要有分析能力，要能够去刺穿它。写作也一样，写作这个刀、这个针一定要扎穿这个帷幕，然后你才能看到那个真实性，写作才变得那么珍贵。而我们今天呢，因为我们缺乏分析能力，有些写作就按自己的意愿、基本的经验写了。写出来的东西实际上是固化了那个资本的逻辑。你没有办法对社会提供帮助，反而是助纣为虐。在这样一个情况下，你觉得你干了一个好事，因为你作品写得很差，提供了一个消费的很糟糕的作品。大家都陷入一个麻痹的状态。所以我认为这个时候我们需要非常好的分析能力。所以理性思维也好，感性思维也好，还有那种想象力、勇气等都是综合的，是不能分开的。你问我这样的问题肯定不是你想问，而是大家都在问这样的问题。没关系，我不是说你问得不对，是这个问题其实已经不存在了。

谭宇婷：嗯，老师，我们知道您之前参加过爱荷华写作计划，请问那里给您最大的感触是什么呢？

格非：我觉得没有什么感触，爱荷华写作计划是邀请了三十多位世界各地的作家到一起，住在一块儿，然后唱唱歌、喝喝酒、看看电影，大家在一起住一个月，然后还分成好几拨小分队，到美国各地去旅游，钱都是美国政府或者亚洲基金会之类的提供，待遇很好啊。但是我是一点兴趣都没有，所以我基本是足不出户，待在房间里睡大觉。因为我觉得他们那种东西花了很多钱，作家们到了一起，真正能进行研讨的东西不多。搞一些朗诵会，它的目的很明确，但我觉得这个交流并不是很有效。

如果是我要请你来，我一定是把你的书先读一下，然后挑出你的书里最好的一些书；我要请来的另外的作家，一定是把你的书先读个好几遍，对你充分了解，然后大家再做一些专题的讨论。只有这样，才能真正形成交流。你把三十多个人往那里一放，有的是克罗地亚来的，有的立陶宛来的，有的法国来的，还有印度来的。这些人语言五花八门，而且它也不提供翻译。大家交流只能靠一些蹩脚的英文。比如那个韩国人，他的英文比我的还差，但是他被要求用英文演讲。他的演讲除了他自己之外别人都听不懂。这样呢，我觉得它有一些细节的设置是形式化的。当然它有一些青年作家项目，也不能说人家毫无乐趣，我觉得对我最大的帮助是我了解了美国，我在那里观察了一些美国人，我到美国家庭里面去，在那个环境安安静静地待下来。我觉得还是有帮助的，但是我觉得它整体还是做得比较粗率。

谭宇婷：嗯，我们国内现在一些高校觉得那边做得比较成功，然后把那边的研讨会之类的组织形式引进来了。

格非：中国人，实际上，我觉得有些地方已经做得比他们好了。中国人呢，很崇拜西方，但是西方呢，是不崇拜中国的。西方人也不崇拜立陶宛，不崇拜非洲人。它把你请过来是有一个目的的，这个目的我不讲你们也清楚，这背后很复杂。它觉得把你请过来是给你提供了一个机会，大家到了一起。中国人不一样，中国是你把一个国外大作家请过来，是当菩萨来供的，研讨会非常深入，会有大量的翻译，不会浪费时间，会有无数人来。这在美国是做不到的，它就是把一大帮作家招过来，你爱干吗干吗。它还有很严格的规定，每个作家经常会做一些研讨，这些研讨都是非常皮毛的。我现在感觉没有一次研讨会让我有深刻的印象，爱荷华的那些在我看来是很需要改革的。

我在那里最大的收获就是聂老师，聂华苓老师。我基本什么活动都不参加，整天猫在聂老师家里，聂老师就请我喝香槟酒，然后把一些中国作家、朋友请来，一天到晚海阔天空聊过去，真过瘾。这是中国人的做法。但是它们那个中心IWP，我觉得过于形式化，机械化，没什么意思，就玩一些游戏。

最后的时候，他们提出来，要我跟一个伊拉克的作家去演一个电影，扮演一个角色，我们当时觉得不去也不好，就去了。去了之后，他们要我们俩站在一个山坡上，我们就站在一个山坡上，要我们走过来，我们就走过来。然后有一个美女走过来，背着一个吉他，从我们身边走过去，他们叫我们转过身来，去看那个美女。这个视频在网上还能搜到，我有段时间还能搜到自己演的那个视频。它做得很好玩，为了调动大家的积极性，它想了很多办法。但是我觉得作家不需要这个，作家重要的是思想的碰撞，就是你的问题在哪，我的问题在哪，怎么面对我们共同的文化境遇，这是非常要紧的。他们这样显然是面对中学生的做法，如果搞个夏令营这样做是可以的。

谭宇婷：请问老师，您对现在的文学教育有什么不满意的地方吗？

格非：我很难说，因为我不了解清华大学以外的学校是怎么做的。虽然我也是北师大的驻校作家，但他们怎么做的我确实不是特别清楚。你们将来可以去访问张清华教授，他是那边负责人。复旦怎么做的，北大怎么做的，人大怎么做的，我都不了解。我只了解清华怎么做的。

清华刚成立这样一个中心，所以我们也没有什么经验可以给你们提供。这个中心刚成立，还没有开始运行。但是我们的设想是这样的，从大的方面来讲，我觉得需要去和世界的重要的作家去进行某种沟通、交流。而重要的作家，我们过去的一种想法就是，所谓的，他们开玩笑说是一些功成名就的、得了诺贝尔奖的大作家，把他们请过来。但是我个人的想法不太一样，因为你想想看，我们今天有很多作家，可能要等到一百年后，他们的名字才会被别人知晓，就像卡夫卡死后几十年别人才知道他；就像耶茨这样的大作家，美国的，差不多过了五十年，世界才突然发现，这里还有棵大树。我们不仅要关注那些已经被肯定的、重要的作家，也要关注那些真正的、还没被肯定的大树。所以，从大的方面，我比较希望跟五十来岁这个年龄的作家交流。第二呢，我觉得国内的创作界有很多不被人知晓、非常重要的年轻人，我觉得我们需要来进行对话。再有一个就是校园文学，清华大学自身的学生的创作。我们这个中心成立以后，所有同学都可以向我们中心提交作品，我们随时请作家给他们修改，给他们提供反馈的建议。当然我们也会有中心的开放日，一个月一次，邀请学者、作家还有学生来座谈。当然我们也会设立一些文学奖项，面对清华大学的研究生，这样有助于校园文化的开展。至于其他学校写作中心的问题我不太了解。

谭宇婷：请问老师，您对我们这个年龄的学生学写作有什么建议呢？

格非：有一个词叫"多元化"，这个"多元化"我们今天谈得很烂了。我们今天说什么东西的时候，你都用多元化来为自己找借口。你爸爸妈妈要说你什么东西的时候，你说我多元化，你有你的一套，大家彼此共存，别来干涉我。美国人要叫你干什么的时候，你说不不不，我们多元化，中国人有中国人的一套。这种多元化慢慢就变成一种相对主义的东西，它实际上是一种被伪装起来的多元化。

我希望你们不要被这种虚假的多元化所迷惑。在这个多元化里，占得最多的可能还是流行文化的东西。我们小的时候也崇拜流行文化，崇拜影视歌星，都一样，但真正的多元化除了这些流行文化的东西，也包含了很多重要的、正规的知识，比如经典的文学作品，大量的关于戏曲、绘画、音乐等方面的知识。我觉得我们今天修养、视野等方面都很狭窄，我们需要扩大我们的视野，这样的话，才会对写作形成真正的帮助。举个例子，比如张爱玲这样的人，基本上不怎么出门，比较傲慢，比较清高，脾气也比较怪，但张爱玲的知识面还是很丰富的。中国传统历史章回小说、中国的笔记、戏曲、大量关于民间文学的东西以及很多西洋的知识等，她都很用心地去了解。当然这跟她的家庭有关，这是不一样的。我们今天的多元化变成相对化了，所有知识都被分割了。所以我觉得在你们大量阅读网络科幻、悬疑、穿越这些东西的时候，也应该多关注关注真正的文学史的重要作品，因为这些东西都是千锤百炼的精品。我们如果把这些东西都放在一边不看，而去看一些缺乏营养的快餐式的作品，你想你是一个理智的人吗，你根本不是。并且你的压力非常大，你是被这个社会所裹挟的。如果你不了解经典作品，你跟很多人没法对话。不是说你不能听那些流行音乐，是在这同时，你要知道音乐史上那些更重要的作品。当你在网络上浏览那么多摄影照片、艺术作品的时候，你要了解整个艺术的发展过程，了解艺术史的脉络，西方的、印度的、中国的……如果你不了解这些东西，你的人生是有非常大的缺憾的。你要调整你的知识面，只有调整了，你的知识才会在一种真正多元的结构里面。然后所有这些流行文化也能给你提供帮助，流行文化能够帮你直接了解现在人的情感、基本状态，那也很重要。我觉得我们现在太偏，偏于一隅，这样的话，就谈不上写出好作品。

我觉得现在同学的写作能力都很强，很聪明，大家都是独生子女，父母对孩子的成长倾注了太多心血，在各方面要求都很严格。我在读大学的时候远远达不到你们现在读大学时的文字能力，这是你们非常大的优势。可是你们也有你们的问题，问题就在于没有那么丰富的知识系统，太受流行文化的影响，这样的话，这个文化的状况聊起来就让人担忧。这种担忧不光存在于中国一个国家，全世界都是这样的。你想在美国社会里面很多人不读莎士比亚，这很正常。谁读莎士比亚？大家都在读那些流行的东西，那些乱七八糟的东西。韩国人也一样，我觉得中国人比韩国人好一些，我在韩国教书一年，都快憋死了。在韩国，没有一个人跟你谈稍微严肃一点的话题，没有人感兴趣。在中国，你可以聊聊福柯、德里达等等，你要到韩国，找人去跟你谈福柯，当然不是没有，有，很难很难，他永远跟你谈的就是那些乱七八糟的流行的东西，那些网络新闻整天曝光的东西。所以我的一个建议就是我们需要建立一个比较完善的知识系统，不要被我们今天所谓多元化的东西迷惑。今天我们说的多元化其实就是相对主义。而真正的多元化是需要你的经验与他者的经验互相碰撞，碰撞以后你能够及时发现自身的特点，然后不断改进自身，使自己提升到一个更高的境界，这有助于个人的成长。我们中国人过去说的就是致良知，或者说修身，这个特别重要。这些东西都会对你产生非常重要的影响。

我觉得我们今天学习途径非常广阔，如果你想学习什么东西，今天的社会所能提供的便利是我们当时的不知道多少倍。举例来说，我们当年一本书出版要等很多年，今天没有这个问题，今天所有书你都能在网上查到。而且查资料我们要到专门的地方去翻，然后用相机拍照，拍出来之后慢慢地查，再弄出来复印，很困难。今天这些问题都不存在了，大量东西在网上都有。正是因为你们的条件很便利，使得大量的时间被消耗了。你们都知道你们专有的知识在哪个层面，你们最拿手的知识在哪个层面。我现在跟我的学生在一起接触后，我发现我跟他们确实是两种不同的人，他们一拿到手机之后哗哗哗哗，一些东西就运过来了。我觉得对我来说很神奇，他们说太简单了。一旦要我在淘宝上购东西的时候，我就特别恐惧。所以我们跟你们不一样，在这些东西面前，我们有我们的局限。

所以我们要能够发现他者。如果在一种自以为得意、甜蜜的、永远在肯定自己的虚假的东西里面，你的自我就迷失得更快，而且更彻底。它没有办法促使你反省。《红楼梦》里面说"眼前无路少回头"，是因为人在欲望里面，你不到眼前无路的时候你是不会回头的。眼前无路的时候就是"他者"。为什么当一个人生了病，这个人马上就会反省自己？因为这个病是"他者"，这个东西是你不愿意要的，它强制进来。这个时候你突然发现自己的生命没有多久了，你会反过来思考一些大问题，平时你是不会思考的。当然我觉得不必要等到那个时候，文学作品里面有很多你原来根本不适应、不喜欢的东西。比如陀思妥耶夫斯基，他根本没有鹿晗那么好看，那么漂亮，那么赏心悦目，但是他等着我们去理解他，一旦你理解了之后，你会获得一个非常大的天地。这个东西是鹿晗不可能提供给你的，鹿晗是会让你舒服，他肯定你的动作，肯定你的选择。

说到年轻人的文化，我的想法比较多，可以提供的建议也很多，说不完。但为什么要挑"多元化"？我不反对大家对流行文化有兴趣，我刚才说了我们过去也是这样，但是我觉得要在一个真正的多元化过程里会比较好。比如说我要有能力来肯定我的生活，比如我有一个朋友前几天跑到温泉旁边买了一栋房子，他与世隔绝，跟所有人都不来往。我突然给他打电话，说有一个地方需要你去干一个什么事，能挣很多钱，他说不不不，他不干。当他做出这样一个决定的时候，他要有能力肯定他自己的生活。那么这个动力是哪的？是基于他对世界的了解，生命的理解，他才可能做出这个有意义的举动，并且他承担了这个后果。

我们今天往往要挣扎一下，你要选择你的生活道路，你的依据是什么，你哪来的动力，谁在支持你，你能不能承担这个后果，这都是问题。假如所有问题都不想，那么好了，我们走一条最舒服的道路，你跟着别人跑。这样对年轻人的危险更大，这个责任不在你们，这是我们这个社会造成的。目前我们这个社会欲望化的过程还远远没有过去。我觉得年轻人对这个要警惕。今天有很多网络作家，写了好几千万字的东西，这些东西有价值吗？就是一堆废纸而已。挣了多少个亿的钱，有用吗？如果我们真正热爱文学，我们需要了解什么是文学，然后在这个过程里有自己不可动摇的对于文学的见解。要建立这个东西，你没有真正多元化的知识，你是很难做到的。如果你连这个都做不到，你就没必要写作了。因为写作是一种重要的发现，写作的重要功能绝对不是提供消费。

我们培养的是 "创意写家"

　　　　　　　　金永兵　　　谭宇婷

【作者简介】金永兵，男，文学博士，北京大学中文系教授、博士生导师，中文系党委书记兼副系主任（北京 100871）；谭宇婷，女，吉林大学文学院汉语言文学专业（长春 130012）。

谭宇婷：请问老师，你们当时设置创意写作专硕的想法是什么？

金永兵：北大中文系与其他大学中文专业的专业设置可能不完全一样，我们分了三个专业：语言、文学、文献，我们本科就已经分了这三个专业。吉林大学本科中文专业是一个专业，所以呢，你们相当于三合一。过去北京大学中文系本科生一入学就分成这三个专业，现在是二年级以后再分成这三个专业。我们系大概每年招本科生一百个人，分专业的时候他们自由选，文学是七十五左右，占到了百分之七十到八十的比例。这群人对文学的热爱，还不是简简单单的爱读书，爱读文学作品。爱读书是前提，其实他们更多是爱写。爱写呢，遇到两个障碍，一个障碍是，我们一般理解，一个优秀的作家是没法培养出来的。因为写作跟个人天分、跟个人后天持之以恒的勤奋这两个因素紧密相关。也就是说，先天条件跟后天机遇、个人努力结合在一起，才有可能成就一个人的写作。

那么第二个障碍是，现代大学教学制度强调的是可教。必须有什么东西可教。这也就是我们后来在文学批评上兴起的科学学派，新批评啊、结构主义啊……它有很多的可操作性。我能够告诉你一些方法、技巧、模式，让你面对一个不同的文本都能够有工具、有技术。这里不是那么强调个人独特的感受力、领悟力。这是大学教育制度引发的一个问题。大学教育制度还引发了另外一个问题，这个有点中国特色。什么中国特色呢？就是20世纪50年代以后，很长一段时间内，中国作家很大程度上与当时的体制之间不是那么合拍。所以呢，从一定意义上讲，大学尤其是大学中文系，不太希望专注于培养作家。当然，这个东西可能并没有文字记载，但是这个东西在某种意义上是实际情况。大学中文专业在20世纪90年代之前恢复过一段时间的写作课程。但写作课程在20世纪90年代整个大学学术量化的过程中淡化了，淡化的原因不是因为同学们不喜欢写作，而是因为学术化的过程中数字化的考量，写作因很难出研究论文而日渐边缘化。

谭宇婷：很多人就把研究方向转向了叙事学之类的研究。

金永兵：对啊。北大中文系也曾设有写作类教研室，包括很多著名的教授都曾任教于这种写作类教研室，但后来写作类教研室取消了，老师们都转到了当代文学或者文艺理论教研室。这个情况跟整个社会评价量化倾向有关。这诸多的因素导致了大学中文系不敢大大方方地说你们热爱写作、热爱文学的人来吧，我可以培养你们。一是并没有这样的文化氛围；二是没有形成这样的教育传统；三是现有的学术文化体制也制约了老师们对此的投入。从文学专业学生培养的角度讲，这是一大欠缺。可以说，这是我们当时考虑的一个因素，学生是有这个需求的。

第二个因素呢，当代大学生，甭说是非中文系的理科生、工科生，就是中文出身的相当一批人，进入大学以后越学越不会写。高中时候他们还会写点风花雪月，等到高中毕业进入大学越学越写不出来了，就是笔头子越来越涩。这里面可能如一些同学所言，是理论学得太多，文学史学得太多，恰恰窒息了自己创作的激情或者说创作的灵感。不能写，导致一个学中文的人就失去了自己最根本的核心竞争力。你有什么竞争力呢，你说读过三毛、张爱玲，但可能全国有无数的人都读了三毛、张爱玲。你读过博尔赫斯、卡夫卡、艾略特，可是，我是学桥梁设计、信息工程的，也都读过这些人的作品，可能比你读得更多。你中文专业毕业比我强在哪儿呢，因为我还会桥梁设计呀，你不会啊。就这一点上而言，中文专业门槛低，很难获取核心竞争力。我们说一个学中文的人应该做到坐下来就能写。

谭宇婷：请问老师，您觉得中文学科的核心竞争力就是写吗？

金永兵：这是一个重要方面吧。

谭宇婷：还有读？

金永兵：还有读，还有想，开阔的想象和思维，这与写也密切相关。写作可以深化思考与想象。思想是写出来的。基于此，我们就想把写作提上来，弥补本科教育的不足。还有一个考量就是鉴于当代文化产业的发展，这方面你们也都很熟悉，你们都是文化产业哺育的一代，比如自媒体、影视剧、动漫、游戏、大型的娱乐活动等。我觉得整个社会对当代文化产业的迅猛发展有点准备不足，尤其是人才方面。现在从业者主要是两类人，一类是当年的那些技术精英，特别是计算机专业的，他们对与此相关的产业就比别人熟很多。第二类就是对此有兴趣的一些人，不管他们学文史哲还是政经法的，因为他们对文化产业有点兴趣，于是就一脚踩了进来。那么这两种人都有一个先天的不足，就是人文素养和文化基础的不足。他们从事产业发展的基础性工作，没问题。但是，要想出精品，能生产出具有国际竞争力的作品，甚至说具有长时间流行性的作品是非常难的。千万不要说流行的作品就没有好的，流行的作品一样有好的，关键能不能流行并流传下来。譬如电视剧，我们今天有些同学还在追1987年版的《红楼梦》。流行的东西只要是精良的东西，它也一样能够流传下来乃至被经典化。这种意义上讲，现在的很多从业者是缺乏足够的专业化训练，或者说是未经专业化的培养的。而我们创意写作到底要培养什么人呢？我们恐怕不能简单地说目标就是培养诗人、作家。首先我们说能培养作家、诗人。为什么这么说呢？从一个一般的写作爱好者、尝试者到一个登堂入室的写作者，这样一个过程中，无论是过程的长短还是水平的高低，其实是可以在特定的专业训练中获得改变的。这是可培养的部分。这个可培养的部分有诸多方面，比如说我们的课程设计，通过阅读、分析研究优秀作品，从优秀作品中汲取营养，汲取技巧，这个东西是可以感受到的，比如陈晓明老师下学期有一门课"当代外国长篇小说精读"，他对当代非常好的、受到广泛关注的小说从各个方面进行深入的解读。这些作品在当代为什么会流行？

谭宇婷：这些作品可能本来就写得好。

金永兵：对，一般意义上可以这样说。好的标准是什么？如何在当代写出这样的好小说？阅读分析这些作品能够给你带来很多的东西，无论是思想层面的、技术层面的、美学层面的还是社会思潮层面的，它会带来很多有益的东西。那么我们看，在这样一个更切近的优秀文本的影响下，它会打开你的视野，激发你的灵感，这个东西自然就会有潜移默化的能量。

谭宇婷：所以创造性思维是可以被激发被培养的？

金永兵：对，它不可能完完全全在学习创作理论的过程中被打开，它一定是在与大量作品的对话中获得丰富的。这样呢，有专业人士的引导，有同学之间的切磋，有各种各样的课堂训练，那毫无疑问，必然会对那些有灵感或者有天分的同学起到一个很大的辅助作用。

谭宇婷：请问老师，您刚刚提到刚入门的写作者和登堂入室的写作者，这两者之间有什么样的衡量标准吗？

金永兵：没有。这里面很难说有什么绝对的标准。一般的爱好者和大家认为已经接近专业水平的写作者之间的区别，很可能找不到一个硬的标准，但是，对于专业研究者而言，还是能够感受得到的。

谭宇婷：就是那种质的提升吗？

金永兵：对，你能够感受得到。比如说你回过头来再看你的小学作文和你的初中作文，你感受不到差异吗？能感受到差异。但从哪篇开始决定了这已经不是小学作文而是初中作文呢，那是很难做一个标志性、阶段性的衡量的。但是，这里面的差异性却又是明显的。举一个例子，比如技巧的问题、思想的问题、情感的控制力的问题，这都能感受得到它们的成熟程度不一样。所以在这种意义上讲，一个初学者逐渐专业化的这个阶段是可培养的。但你说到一个优秀作家，这个却很难。就像你们都是大学生，但我们没有任何人能保证能把你们培养为成功人士。你们都具有了这样一个潜质，但谁能成功，不知道。

谭宇婷：请问老师，你们把创意写作和文化产业结合起来，培养这方面的人才，那新闻或者艺术学院他们不也是培养这方面的人才吗？

金永兵：这个问题好！我们之间还真不一样。我曾说过，我们培养的是创意写家。当然我们也是期待出诗人、作家的。我们始终认为文学思维、诗性仍然是当代文化产业、文化事业等整个文化发展的母题性、基因性的东西。这是最根本性的东西。我们是非常强调这一点的。至于我们跟新闻传播、跟艺术、跟影视它们之间有什么区别呢？区别就在于我们的主要方向就是作为内容生产者，作为内容提供者。比如电影学院，它们可能更多地侧重于编、导、摄影、摄像、舞台、剪辑等方面，技术层面的东西更多。我们请过电影学院、戏剧学院的老师来讲编剧，他们和我们老师讲的就不一样。我们老师

讲得更多的是这部作品表达的是什么，面对的问题是什么，人物的性格、情节是怎样的，语言如何，这些形式、内容背后的时代文化，等等。电影、戏剧编剧的老师就不完全一样，有相同的地方，但是他们会告诉同学们诸如关于分镜头的描写、这些镜头对推动整个剧情有怎样的意义，以及关于桥段使用的技巧等很多专属于电影、戏剧的技巧，所以学生听得也非常有意思。我们的老师很少做这样的解读，各有侧重。而且，编剧不是他们的主业，他们更多的是表演、导演、摄影、剪辑、灯光、舞美……这类东西比较多。而我们不是，我们更多是个体化的工作，其实是创造性思维那一部分。当然在中国现在的产业分工中，这一部分不那么被重视。但中国整个文化产业最缺的恰恰就是精神含量这一部分，创意含量这一部分。这是我们的一个培养目标。

目前，对于我们最大的挑战既不是师资问题，也不是生源问题，更不是人才市场的需求和学生的竞争力问题，这些情况都非常好。最大的现实问题是整个中国语言文学学科并未设置创意写作专业。北大中文系是全国最早在中文系大规模招收创意写作专业硕士的，可以说，我们是最早扛起创意写作这个牌子的。当然是借鸡生蛋，借壳上市，名不正，言不顺。从招生就业情况看，非常受欢迎。生源质量非常好，百分之八九十都是来自"985"高校的同学。吉大也有很多同学来报考，还不止中文专业的同学，考上的也不止一个两个了。就业呢，就更不用说了，创意写作专硕的就业情况甚至比我们一些学硕的还要好一点儿。

谭宇婷：因为他们可能跟现实更加接近。

金永兵：对呀，一个显然的情况是，创意写作的学生毕业时手里都会有作品，不管是长的、短的、大的、小的，他不会像很多学术硕士毕业时手里什么都没有，这样在就业竞争时还是容易占得先机的，因为人才市场很看重这一点。

谭宇婷：请问老师，创意写作的学生在读期间都会发表作品吗？

金永兵：有发表的，当然也并非全都是。我们在招生的时候就要求学生有创作经验，我们没有严格要求一定有发表的作品你才可以报考，但是你一定要有写作你才可以报考。也就是说你可以没发表，但老师可以把你的作品拿过来看，你就是手写的你也得有。我记得有一位考生她现场提交的一篇散文，打动了我们五个老师，其中有三个老师为她流泪。

谭宇婷：她写的内容是什么？

金永兵：其实就写了她自己的生活，写得很好，文笔很好，很感人，我觉得那篇散文可以比肩很多著名作家忆故乡、写父母的散文。所以在这个意义上讲，我们就是要为社会上热爱写作、热爱文学的人提供一个成长空间和发展路径。当然很多毕业生最后也没有走向文化产业，那没关系，指不定哪天他又回去做了。比如说，我们有的同学毕业去清华附中、北大附中、人大附中做了中学语文老师，还有同学去做了公务员，这都没关系。其实热爱创作的人自然而然会有自己的表达方式，会在职业之内之外有广阔的用武之地，而且我们没有要求所有的人都去当专业作家。如果这么多人都去当作家，我们的作家还能活得下来吗，活不下来了吧。所以，我觉得这是一个把文学的形而上精神和世俗社会对高水平文字写作的需求结合起来的一个专业方向。

谭宇婷：请问老师，为什么不能在中文学科内部为创意写作设置学位呢？

金永兵：这是教育部的事，教育部认为文史哲这种基础学科不应该太世俗化、应用化，不应该跟现实走得太近，应该做好它最本质的工作，最本质的工作就是文化传承。但实际上，文化传承的专业化人才不需要这么多，这类基础学科全国每年有多少毕业生啊，不可能这么多人都去做研究，这是一个问题。第二个问题，社会的需求。社会的需求是一个很大的现实性的存在。这个问题值得教育主管部门研究。

谭宇婷：请问老师，您觉得创意写作以后会发展得越来越好吗？

金永兵：一定。我可以这样说。因为中国现在是以工业经济为主，肯定要转向后工业经济，以现代服务业为经济主体，这是现代发达国家的基本路径。中国这么大的人口需求，快速的城市化进程，人们巨大的高质量的精神文化消费需求，决定了至少你们这一代是会看到文化产业的蓬勃兴起的。科技越发达，由科技衍生的文化产业越兴旺。比如人工智能的发展，肯定会给文化产业带来新的发展。科技与人文越来越呈现出交汇合流的趋势，这里面大有可为。不用担心科技发达了会不会饿死诗人，我学了文学以后会不会无路可走。自古以来，受穷的是那种坚守非常的个性化创作，拒绝与大众沟通的天才式的诗人，这是其存在方式。那种"接地气"的诗人，如果想在世俗社会生活中取得成功，应该不是什么难事。真的是这样的。可以看到很多这样的例子，北大也好，外校也好，很多诗人转行最后都成了世俗的成功者。这就是一种创造力的转换而已。所以我觉得我们应该对创意写作专业有充分的信心。我也希望能够看到吉林大学开设这个专业。

谭宇婷：嗯嗯，谢谢老师！